Für Edeltraud

- Danke für die viele Geduld -

Leo Abel

Paradies Erde
und seine
seltsamen Bewohner

Zweite Auflage

© 2016 Leo Abel
2. Auflage
Umschlaggestaltung: Corinna Podlech, Leo Abel
Bildrechte: Umschlag © Romolo Tavani – Fotolia, Innnenteil: © Leo Abel (Privatarchiv)
Satz, Korrektorat: Corinna Podlech, Hamburg

Verlag: tredition GmbH, Hamburg

ISBN
Paperback   978-3-7345-0475-4
Hardcover   978-3-7345-0476-1
e-Book   978-3-7345-0477-8

Printed in Germany

Das Werk, einschließlich seiner Teile, ist urheberrechtlich geschützt. Jede Verwertung ist ohne Zustimmung des Verlages und des Autors unzulässig. Dies gilt insbesondere für die elektronische oder sonstige Vervielfältigung, Übersetzung, Verbreitung und öffentliche Zugänglichmachung.
Bibliografische Information der Deutschen Nationalbibliothek: Die Deutsche Nationalbibliothek verzeichnet diese Publikation in der Deutschen Nationalbibliografie; detaillierte bibliografische Daten sind im Internet über http://dnb.d-nb.de abrufbar.

Inhaltsverzeichnis

Am Anfang war das Wort

Gewogen und zu leicht befunden

Stellen Sie sich vor, es gäbe ein geistig vereinigtes galaktisches Oberkommando in unserem Universum, das einen Boten zur Erde sendet, um etwas über den Zustand des blauen Planeten und seiner Bewohner zu erfahren und sie können das verfolgen.

Wem diese Formulierung zu abstrakt ist, der kann sich den Gesandten auch als Gottesbote vorstellen.

Sie sehen wie der Bote mit Hilfe eines galaktischen Mikroskops den blauen Planeten in sein Geisteszentrum holt und den Zeitraffer anstellt. Die Daten von Millionen von Erdjahren ziehen in Sekundenschnelle in den Superspeicher seines Gehirns. Der Bote ist über das, was er sieht, erstaunt und entsetzt gleichzeitig und leitet die Daten sofort per Gedankenübertragung direkt an das galaktische Oberkommando. Dort richten sich die Augen zuerst auf den blauen Planeten. Über das, was man sieht, ist man begeistert und staunt darüber, was aus dem ehemaligen Feuerball geworden ist und man ist sich einig, dieser Planet ist wirklich ein Paradies und er ist würdig, erhalten und unter Schutz gestellt zu werden. Bei der Beurteilung der Bewohner des Planeten runzelt man die Stirn, es gibt Verwirrung und man ringt nach Worten. Sind sie gut oder schlecht, die Erdbewohner, ungewöhnlich, seltsam oder gar misslungen? Das Oberkommando erkennt, dass die Bewohner einerseits zwar im Stande sind die größten Geistesleistungen zu verbringen, so können sie bis zur eigenen Aufopferung ihren Mitmenschen helfen, sie können heilen, pflegen, monumentale Bauwerke errichten und die kompliziertesten Maschinen bauen. Ja, und sie greifen jetzt auch schon zu den Sternen.

Sie können andererseits aber auch kaum vorstellbare und grausame Verbrechen begehen sowie lügen, betrügen, manipulieren, intrigieren, indoktrinieren und sogar morden und brandschatzen. Nun sind sie sogar imstande, das Leben von 150.000 ihrer eigenen Mitmenschen auf einen Knopfdruck hin auszulöschen und die ganze Erde, ja, sogar das Sonnensystem gefährden. Das Oberkommando fragt ungläubig nach, ob möglicherweise bei der Erfassung ein Fehler passiert sein könne und gibt dem Boten die Weisung, sich auch mal den Verstand der Bewohner genauer anzusehen. Die Rückmeldung erfolgt prompt. Nein, kein Fehler bei der Erfassung, aber mit dem Verstand der Bewohner muss etwas schiefgelaufen sein. Sie bringen sich nicht nur gegenseitig um, nein, sie morden auch ihre Mitbewohner, die sie Tiere nennen, und fressen sie auf. Als wenn das noch nicht genug wäre, jetzt beginnen sie sogar ihre eigene Existenzgrundlage, das „Paradies blauer Planet", zu vernichten. Sie vergiften ihre Böden, verpesten ihre Atemluft, sie holen den Kohlenstoff wieder ans Tageslicht, der zuvor, um die Erde überhaupt erst bewohnbar zu machen, von der Vorsehungsbehörde aus der Atmosphäre rausgezogen und tief in der Erde vergraben wurde. Ihr Gott ist das Eigentum und sie wollen viel davon besitzen, das gilt für jeden Einzelnen, aber auch für Gruppen, Länder und Staaten! Es gibt viele Menschen, die ein Leben in Armut führen und ganz ganz wenige, die den größten Teil des Vermögens unter sich aufteilen. Dazwischen gibt es eine Schicht, die auf „Pump" lebt, satt gehalten wird und zu allem schweigt.

Das galaktische Oberkommando erkennt „seltsame Lebewesen, diese Menschen", der Versuch ist misslungen und entscheidet: Ehe es den Menschen gelingt die Erde zu vernichten und die kosmische Ordnung zu stören, senden wir als letzte Warnung Naturkräfte wie mächtige Orkane und Überschwemmungen, und zwar so lange und mit steigender Wirkung, bis die Menschen ihre Fehler einsehen, die Würde aller Kreaturen auf der Erde anerkennen, global denken und handeln. Sie müssen lernen, sich so zu sehen wie sie wirklich sind und sich vor der Macht und der Größe der Natur verneigen.

Was wissen wir überhaupt?

Die Antwort darauf ist „wenig".

Wir wissen, dass wir leben, wir wissen, was wir erleben. Alles, was darüber hinausgeht, beruht auf dem Glauben. Alle Ereignisse, von denen uns berichtet wird, können stimmen, sie können aber auch bewusst oder unbewusst falsch dargestellt sein.

Das Buch geht bis zu den Anfängen zurück und gibt dadurch dem Leser die Möglichkeit, seine eigene Meinung zum Ablauf der menschlichen Entwicklung und Geschichte zu entwickeln und darüber nachzudenken, wer wir sind, woher wir kommen und wohin wir gehen. Er wird auch feststellen, dass es uns heute im Vergleich zu anderen Zeiten nicht gerade schlecht geht und dass von vorneherein nicht alles selbstverständlich und gottgegeben ist, was wir heute genießen, Achtstundentag, kurze Wochenarbeitszeit, viele bezahlte Feiertage, Lohnfortzahlung im Krankheitsfalle, Rente usw. Er erfährt auch in kurzen, schnörkellosen Sätzen, wie sich Leben und die Menschen auf dieser Erde entwickelt und ausgebreitet haben, von den ersten wirbellosen Mikroben bis zum Homo sapiens, wie Menschen andere Menschen dogmatisieren und manipulieren, und er erkennt, dass im Laufe der Erdzeiten nichts Bestand hatte, selbst der Zustand unserer Erdkruste nicht, und dass das nicht nur in der Vergangenheit so war, sondern auch heute noch so ist. Das wird von uns nur nicht so bemerkt, weil die Zeitabstände, in denen große Umwälzungen in der Erdkruste geschehen, sehr lang sind und über viele Menschengenerationen hinweg vor sich gehen. Auch wird er erkennen, dass es über alle Erdzeiten hinweg eine Anpassung des Lebens an die Natur gegeben hat. Jede Änderung in der Natur ändert insbesondere auch die Lebensbedingungen der Lebewesen. Bisher hatten die großen Umwälzungen ausschließlich einen geologischen Ursprung, darauf hatten die Menschen keinen Einfluss. Das sollte aber berücksichtigt werden bei der Entsorgung von giftigen und strahlenden Substanzen. Durch seine Eingriffe in die Natur schafft der Mensch sich seit einiger Zeit zusätzliche, ja, existenzgefährdende Dinge.

Unsere Erde ist ein winziger Bestandteil unserer Galaxie, der Milchstraße. Diese und Milliarden anderer Galaxien bilden unser Universum. Der Raum, den das Universum vor Zeiten einnahm, dehnt sich ständig aus. Er war angefüllt mit einem Nebel aus kleinsten atomaren Bestandteilen, Plasma oder auch Ursuppe genannt, die, aus welchen Gründen auch immer, Verdichtungen (Cluster) enthielten. Durch Hitzeentwicklung gab es Innerhalb dieser Ursuppe eine atomare Explosion ungeahnten Ausmaßes (Urknall), bei der erste Atome entstanden. Das war im Bereich der Cluster der Ausgangsstoff für die Bildung der Galaxien, in denen durch die Anziehungskräfte und unter Mitwirkung unbekannter Materie und unbekannter Energie Sterne entstanden, aber auch wieder vergingen, explodierten. Aus den Explosionstrümmern dieser Sterne entstanden letztlich unsere Erde und die Atome, aus denen wir zusammengesetzt sind. Wer oder was veranlasste die Zündung? Wer oder was ist die unbekannte Materie, die unbekannte Energie, und wer oder was hauchte den Menschen das Leben ein? Dunkle Materie und dunkle Energie sollen zusammen 95 % des Universums ausmachen, 25 % die dunkle Materie und ca. 70 % die dunkle Energie. Die Bezeichnung „DUNKEL" ist von der Wissenschaft erfunden, sie hat mit Dunkelheit überhaupt nichts zu tun und hätte jeden anderen Namen erhalten können. Was sich genau hinter dieser Bezeichnung aber verbirgt, davon haben wir noch keine blasse Ahnung. Es ist einfach die wirkende Kraft im Hintergrund. Das vorausgesetzt, bedeutet, dass die gesamte bekannte Materie aus Sternen, Planeten und Gasen, die Menschen eingeschlossen, nur 5 % unseres Universums ausmacht. Nur 5 % sind bisher nach unserer Physik erklärbar, der Rest ist uns trotz des enormen Fortschrittes der Wissenschaft noch fremd. Die 95 %, die als dunkel bezeichnet werden, bestimmen aber für den gesamten Rest, den wir kennen, das Geschehen und Funktionieren; ist also für alles andere eine Art von Schöpfung. Ob die 5 %, also das, was wir vom Universum wissen, die absolute Wirklichkeit sind oder ob sie nur auf Konsens der Wissenschaftler beruhen, ist die Frage. Sicher ist nur, dass sie das repräsentieren, was durch unsere Physik und Mathematik erklärbar ist.

Soweit in aller Kürze unsere Kenntnisse. Viele Wissenschaftler arbeiten daran, die noch bestehenden Rätsel zu lösen. Es übersteigt aber den menschlichen Verstand, soll er glauben, dass aus nichts etwas entstehen kann, ob Materie, Energie oder Leben.

Wer oder was ist die Kraft im Hintergrund, auf die alles zurückgeführt werden kann? Das ist eine Frage, die so alt ist wie die Menschheit, die Frage nach dem Schöpfer, nach Gott, oft mit dem Ausdruck „intelligenter Designer" beschrieben. Viele kluge Menschen haben im Laufe der Zeit nach rationalen Beweisen für die Existenz Gottes gesucht, ein Versuch, mit Hilfe der Vernunft die Existenz Gottes zu beweisen, unter anderen Thomas von Aquin, Anselm von Canterbury und der niederländische Philosoph Baruch de Spinoza (1632-1677). In seinem Buch „Die Ethik[1]", widmet dieser dem Thema 34 Seiten mit 36 Lehrsätzen und ebenso vielen Beweisketten und Anmerkungen. In seinem Lehrsatz Nr. 15 schreibt er: „Alles, was ist, ist in Gott, und nichts kann ohne Gott sein noch begriffen werden". Im Anhang ist zu lesen: „Hiermit habe ich die Natur Gottes

---

[1] Baruch Spinoza, Die Ethik, Hans Heinrich Tillgner Verlag Berlin und Wien 1924

und seine Eigenschaften entwickelt, nämlich dass er notwendig existiert, dass er einzig ist und handelt, dass er die freie Ursache aller Dinge ist …". Alles, was er weiter schreibt, ist genauso interessant, es aber hier wiederzugeben würde den Rahmen dieses Buches sprengen. Immanuel Kant war der Meinung, dass die genannten Gottesbeweise nicht zwingend die Wirklichkeit wiedergeben müssen und lässt als einzigen Gottesbeweis den moralischen Beweis gelten.

Ohne Beweger keine Bewegung und ohne vorhergegangene Aktion keine Reaktion, ohne Ursache keine Wirkung! Das sagt uns das Rüstzeug, das wir fürs Leben mitbekommen haben und das Wissen, das die Menschheit sich erworben hat. Jeder, der sich einmal mit dem Thema beschäftigt hat, kommt immer nur bis zu diesem Punkt und erreicht eine für uns Menschen unüberwindbare Grenze; das war schon in der Antike so und ist bis heute so geblieben. Einige Philosophen nennen dieses Ende „letzte Bewegung" oder auch „letzte Ursache" und sehen diese als „intelligenten Designer" an, der über allem steht und durch dessen Willen der gesamte Kosmos und alle Dinge, einschließlich der Mensch, existiert. Aber in der Forschung tut sich etwas. Die Quantenmechaniker haben bei der Erforschung des Mikrokosmos eine ganz verrückt scheinende und bis heute unerklärbare Feststellung gemacht. Nämlich, dass sich kleinste Elementarteilchen, wie Elektronen und Photonen zur gleichen Zeit an unterschiedlichen Orten aufhalten können. Diese Beobachtung hat man bisher nur an den wirklich kleinsten Teilchen gemacht; sie konnte bisher noch nicht auf größere Teilchen übertragen werden. Sollte dieser Beweis gelingen entspräche dieser einer nie da gewesenen Revolution unseres Wissens, unseres ganzen Lebens und würde auch die Frage klären, was mit uns bei unserem Ableben passiert, denn die kleinsten Teilchen sind unsterblich. Wir würden wahrscheinlich so verwirrt und geblendet sein, wie die angeketteten Menschen in der platonschen Höhle, auf die ich später nach zu sprechen komme, als sie aus ihrer Scheinwelt erlöst wurden.

So oder so, das Leben geht, wie gehabt, auch ohne Gottesbeweise, weiter. Die Suche nach Gott hört aber nie auf, denn sie gibt dem Menschen Veranlassung, über sich, über sein Verhalten und über den Umgang mit Mitmenschen, über Gott und die Welt nachzudenken.

Egal, was der Ausgangsstoff für unser Universum war, Ursuppe, Gase, Elementarteilchen, Plasma, Wasserstoffatome oder bisher noch unbekannte Energie oder Materie, es muss irgendwo hergekommen, muss erschaffen worden sein. Einen endgültigen Beweis dafür wird es wohl bis zum „Ende unserer Tage" nicht geben; an den Schöpfergeist glaubt man, weil anderes für uns überhaupt einfach nicht denkbar ist! Deshalb glaubt auch, bis auf einen ganz geringen Teil, die ganze Menschheit an einen Schöpfer und an das Jenseits, wie immer es auch aussieht.

Bleiben wir bei dem, was wir gut kennen, bei unserer Erde. Ihre Existenz kennen wir vom Anfang bis zum bitteren Ende. Ihr bisheriger Werdegang soll hier noch mal vor Augen geführt werden.

Unser Planet

Explosionssplitter und Brocken vom Urknall und explodierten Sternen fliegen durch das All, prallen aufeinander, ziehen sich gegenseitig an, verklumpen und vereinigen sich zu einem riesigen rotierenden Flammenball, zur glühenden Hölle. Nur langsam, in vielen Millionen von Jahren, kühlt sich die Oberfläche ab, erstarrt und bildet eine Gesteinsschicht, den Sockel des Urkontinents, der auf einem glühenden Kern schwimmt, zu unserer Erde. Das soll etwa vor 4,6 Milliarden Jahren gewesen sein. Das Zeitalter nennt man Hadaikum. Die Erde war zu jener Zeit ein wirklich höllischer Ort, wurde von Meteoriten bombardiert, von Vulkanen immer wieder umgewälzt und zerrissen. Viele Millionen Jahre lang kreist der Gesteinsbrocken so durchs Weltall. Der Urkontinent, der auf dem flüssigen siedenden Kern schwimmt, verändert im Laufe von Millionen Jahren ständig seine Lage, spaltet sich auf, verschiebt sich und wird überschoben. Das Zeitalter, in dem das geschieht, nennen wir die Urzeit und den betreffenden Formationsabschnitt das „Archaikum", und das begann vor etwa vier Milliarden Jahren. Die Zug- und Schubkräfte in der Kruste sind erheblich, ständig türmen sich hohe Gebirge auf, die durch die Erosion wieder abgetragen werden. Aus diesem Abtrag werden später in Verbindung mit Wasser unsere Sedimentgesteine. In den Vertiefungen dieser Erdkruste sammelt sich das Wasser, Mulden werden zum Meer. Durch die Bewegung in der Erdkruste verändern auch die Meere ihre Position, sie kommen und sie gehen. Wie das Wasser überhaupt auf die

Erde gekommen ist, ist nicht sicher geklärt. Ist es abgeregnet aus einer riesigen Wasserdampfatmosphäre, aus chemischen Veränderungen von Substanzen, oder wurde es von Kometen abgeladen?

In den Meeren auf diesem unwirtlichen Gesteinsbrocken entsteht durch bisher nicht genau bekannte Vorgänge irgendwann einfaches Leben, das später auch das Land erreicht und sich dort ausbreitet. Zweieinhalb Milliarden Jahre waren einzellige Bakterien und Archaeen ohne Zellkern die Alleinherrscher auf dem vorherigen Wüstenplanet und veränderten den unwirtlichen Steinbrocken. Sie sind sehr anpassungsfähig und haben sogar den Übergang von der Kohlenstoff- auf die Sauerstoffatmosphäre überstanden und wahrscheinlich sogar an ihrer Entstehung mitgewirkt. So sind uns die Bakterien und Viren bis heute erhalten geblieben. Sie sind fester Bestandteil der Menschen, Pflanzen, Tiere, des Meeres und der Troposphäre. Ihr Einfluss auf unser Klima und unsere Ökosysteme ist ganz erheblich.

Vor 1.000 Millionen Jahren entsteht dann eine Lebenswelt in Form von einfachen wirbellosen Meerestieren. Vor 600-800 Millionen Jahren traten die ersten Vielzeller auf. In den ältesten Schichten finden wir nur Spuren von Algen und wirbellosen marinen Tieren. Später entsteht eine reichhaltige Meeresfauna, die sich bis zum Land vorarbeitet. Entstand Leben auf unserem Planeten durch einen chemischen Vorgang unter Mitwirkung von Blitz und Donner oder ist es doch eine Schöpfung Gottes, wurde es gar von Außerirdischen gebracht, kommt es von Kometen und Meteoriten? Darüber rätselt die Fachwelt noch.

In der Altzeit, und zwar in der Formation Karbon, deren Beginn 275 Millionen Jahre zurückliegen soll, gibt es für die Dauer von 75 Millionen Jahren eine ausgeprägte Vegetation. Riesige Wälder mit Bäumen, die eine Höhe von 30 Metern und einen Durchmesser von zwei Metern erreichten, sowie Schachtelhalme, Bärlappgewächse und Farne gediehen prächtig in der damals vorhandenen stark kohlendioxidhaltigen Atmosphäre. Eine Baumgeneration nach der anderen entsteht und bindet so den Kohlenstoff, bildet Kohlenflöze und begünstigt den Aufbau einer Sauerstoffatmosphäre. In den Gesteinsschichten dieser Zeit, vorwiegend Tonschiefer, Sandstein, Schieferton und Konglomerat, entdecken wir die ersten Kriechtiere und Insekten. Insgesamt sind 1.300 Insektenarten bekannt, die auch in dieser Zeit das Fliegen erfunden haben. Neben der

Eroberung des Wassers und des Landes beherrschen sie jetzt auch die Luft.

Die Erdkruste ist auch noch in der Karbonzeit in ständiger Bewegung. In Mitteleuropa faltet sich ein über 8.000 Meter hoher Gebirgszug auf, das Variskische Gebirge, das heute durch Erosion von Luft und Wasser vollständig abgetragen ist. Auch die Flöze werden gefaltet, es bilden sich Sättel und Mulden, die wiederum auf- und abgeschoben werden und sich uns heute als geologische Störungen zeigen. Entsprechend den Veränderungen in der Erdoberfläche kommen Meere und verschwinden wieder. Es kommt zu riesigen Überflutungen, ähnlich der Sündflut, es gibt einen ständigen Wechsel zwischen Wachsen und Gedeihen einerseits und Überflutungen andererseits. Das abgelagerte Altholz wird überflutet und von mitgeführten Sedimenten überdeckt. Luftabschluss, Hitze und Druck sind ideale Bedingungen für die sogenannte Inkohlung. Aus den organischen Pflanzenresten entsteht zuerst Torf, dann Braunkohle und nach längerer Einwirkungsdauer der Faktoren letztlich unsere Steinkohle. Die älteste Steinkohle nennen wir Anthrazit. Anthrazit (deutsch: Glanzkohle) gilt als die hochwertigste Kohlensorte.

Der Kohlenstoffgehalt von Anthrazit kann bei über 90 % liegen. Der Kohlenstoff kommt in der Natur in vielen Verbindungen vor und auch in amorpher oder kristalliner Form. Amorph beim Anthrazit und Grafit, kristallin beim Diamanten. Anthrazit, Grafit und Diamant sind also in der Grundsubstanz verwandt. Vor und nach der Karbonzeit lag der Kohlendioxidgehalt in der Atmosphäre bei 4.000-6.000 ppm, was „Parts per million" bedeutet, also millionstel Teile. Heute liegt der Anteil bei 385 ppm mit stark steigender Tendenz. Es darf uns nicht wundern, wenn wir den kompakt gebundenen und vergrabenen Kohlenstoff wieder in die Atmosphäre entlassen und dadurch die Erde aufheizen. In der Formation Trias, vor 160 Millionen Jahren, gibt es die ersten primitiven Säugetiere sowie Dinosaurier.

Erst in der Kreideformation, vor etwa 100 Millionen Jahren finden sich Abdrücke von höheren Säugetieren. In dieser Formation sterben aber schon die riesigen Reptilien wieder aus, wie zum Beispiel die Dinosaurier. Der Bergmann findet heute in den Schichten über den Flözen in 1.000 Meter Tiefe Rippelmarken, wie sie an Meeresstränden zu sehen sind, sowie versteinerte Muscheln und Abdrücke von Baum- und Farnrinden. Der Grund: Durch das Erkalten der Erdkruste und das Auseinandertreiben

Eigene Funde

der Kontinente wurde die Erdkruste durchgeknetet, ver- und überschoben und mit durch Erosion entstandenen Sedimenten überlagert. Bei meinen Arbeiten im Gedärm der Erde konnte ich die Versteinerungen sehen und bewundern. Es sind nicht nur Einzelstücke, nein, es gibt davon in dieser Tiefe eine derartige Vielzahl, wie wir heute Muscheln an unseren Stränden finden. Heute liegen einige der von mir gesammelten Exemplare zur Ansicht in meinem Wohnzimmer, sie faszinieren mich noch immer und erinnern mich an Werden und Vergehen. Irgendwann in der Neuzeit, dem Neozoikum, tritt der Mensch in Erscheinung. Er musste bis zum Homo sapiens viele Entwicklungsstufen durchlaufen. So wurde in Millionen von Jahren aus vielen Explosionsbrocken unter Mitwirkung der Mikroben die Erde, wie wir sie kennen. Während ihrer Entstehung war sie eine Hölle, dann ein unwirtlicher Gesteinsbrocken und erst viel später wurde daraus ein Paradies, maßgeschneidert für eine Spezies, aus der nach mehreren Vorstufen (Versuchen?) der **Homo sapiens** entstand, **ein verstehendes, verständiges, weises, gescheites, kluges, vernünftiges Wesen,** der Mensch, WIR! So sehen wir uns wenigstens.

Die ersten Menschen auf dem Planeten

Vorstufen des Menschen gab es schon vor rund einer Million Jahre. Das waren Zwischenstufen zwischen Menschenaffen und Affenmenschen. Der Homo sapiens, der Kulturmensch, tritt erst vor circa 80-100.000 Jahren vor Christus in Erscheinung und beginnt, aus Nordafrika kommend, sich die Erde untertan zu machen. Die Wissenschaft kann heute seine genetischen Spuren verfolgen, die in mehreren Schüben von Afrika aus zunächst gen Osten und dann nach Norden und Westen führen. Wir wissen heute, dass wir alle von einer Urmutter abstammen, auch die später mutierten Regionalurmütter. Wir wissen auch, wann, wie und wo sich die ersten Kulturmenschen aufgehalten haben und in welche Richtungen sie sich ausbreiteten, aber wir wissen nicht, woher er, der erste Mensch, kommt und wie er überhaupt auf diese Erde gekommen ist. War es die Evolution, die aus den Affen und Vormenschen den Kulturmenschen, also uns, werden ließ? War es eine Schöpfung Gottes, brachten Kometen oder Meteoriten die Bausteine des Menschen zur Erde oder ist die Erde gar, wie einige Außenseiter meinen, eine Genbank für Außerirdische?

Wir wissen es nicht und können nur glauben und weiter forschen. Wir wissen heute aber, dass der Mensch in seinem Körper nicht allein ist. Der Philosoph David Precht hat ein Buch geschrieben mit dem Titel „Wer bin ich – und wenn ja – wie viele?" Wenn man das liest, möchte man sagen: „Jetzt ist es aber so weit ..., ich bin einmalig und einzigartig, von mir gibt es keine Doubles."

Tatsächlich haben die Biologen aber herausgefunden, dass auf der Erde keine biologischen Individuen existieren. Alles Biologische ist von Mikroorganismen durchsetzt, so bezeichnet man die Gesamtheit aller nicht mit bloßem Auge erkennbaren Organismen, eine spannende Entdeckung. Mikroben werden von der Wissenschaft in Gruppen eingeteilt, wie zum Beispiel Bakterien, Viren, Pilze und andere, die krankheitserregend oder auch nicht krankheitserregend sein können. Sie sind nicht bösartig, sondern erfüllen sogar wichtige Funktionen für alles Biologische auf dieser Erde. Diese Tierchen waren erheblich früher auf der Welt und hatten 2,5 Milliarden Jahre hier die Weltherrschaft.

Der Biologe und Wissenschaftspublizist Bernard Kegel hat ein ganzes Buch darüber geschrieben unter dem Titel „Die Herrscher der Welt". Er schreibt auch: „Der Planet Erde, darüber kann kein Zweifel entstehen, ist eine Mikrobenwelt", und an einer anderen Stelle: „Jeder von uns ist nicht einer, sondern sehr, sehr viele ... Superorganismen (Gemeinschaft verschiedener Lebewesen) bestehen nach einer Schätzung des Human Mikrobiome Consortium aus einem Menschen und mindestens 10.000 *verschiedenen Mikrobenarten.*" Diese kleinen Tierchen, die alle eine eigene DNA haben, sind so unendlich klein, dass man es einfach nicht glauben möchte. Eine Gruppe Wissenschaftler hat geschätzt, dass der Mensch mit circa 100 Billionen Mikroben besiedelt ist. Das sind tausendfach mehr, als es Sonnen in unserer Milchstraße gibt und mindestens genauso viele wie die Anzahl unserer Körperzellen. Einige Forscher glauben sogar, dass unser Körper zehnmal mehr Mikroorganismen enthält als Körperzellen. Hunderttausende verschiedene Typen von Mikroben gibt es auf dieser Welt, aber nur einige Hundert dieser verschiedenen Arten leben im Menschen. Sie sind überall, auch in den Bestandteilen unseres Blutes und gelangen damit an jede Körperstelle, sogar bis zu den Schaltstellen in unserem Gehirn. Sollte sich herausstellen, dass sie auch Einfluss auf die Betätigung der Schalthebel haben, werden wir in vielen Dingen unsere

Vorstellungen vom Leben und Tod ändern müssen. Das sind einerseits wichtige Forschungsansätze, andererseits bieten sie aber auch Anlässe zu mancherlei Spekulationen.

Ist der Mensch also aus der Sicht der Mikroben für sie ein Planet oder gar ein ganzes Universum?

Unser Universum soll 13,7 und unsere Erde 4,6 Milliarden Jahre bestehen. Unsere Existenz basiert, so meint die Wissenschaft, auf dem sogenannten Urknall, einer Explosion, die von einer Stelle ausging und sowohl Masse als auch Energie in den Bereich schleuderte, den wir unser Universum nennen. Nicht endgültig geklärt ist auch, woher die Masse und die Energie kamen, die Milliarden von Galaxien, in denen es wiederum Milliarden von Sternen gibt, entstehen ließen. Ebenfalls ist ungeklärt, was vorher dort war, wo aus dem Urknall das Universum entstand.

Es ist für uns Menschen unverständlich, dass etwas aus dem NICHTS entsteht. Das wird auch nicht durch unsere Physik erklärt. Nach unserem Verständnis muss jeder Reaktion eine Aktion vorausgegangen sein. Deshalb

Bild aus dem Naturwissenschaftlichen Museum in Wien

suchen unsere Wissenschaftler nach einer Weltenformel, die den Makro- und den Mikrokosmos erklärt.

Bis jetzt muss man wohl davon ausgehen, dass nichts kommt und nichts vergeht, sondern dass alles immer schon da war und nur eine ständige Umwandlung von Masse in Energie und umgekehrt ist und dass die Zeit dabei eine größere Rolle spielt als wir annehmen. Da unser Verstand und das angelernte Wissen uns sagen, dass aus toter Materie nichts entstehen kann, muss es einen Schöpfer gegeben haben. Natürlich ist hier die Frage erlaubt: **„Und – wo kommt der her?"**

Nichts spricht dafür, dass sich die Schöpfung des menschlichen Lebens mehrfach wiederholt hat. Stand der Wissenschaft ist, dass der Schöpfungsakt in Afrika lag und die Erde von dort aus in mehreren Wellen bevölkert wurde. Es bedarf schon einer großen Fantasie, um sich vorzustellen, dass auch unsere Vorfahren diesen Weg gegangen sind, aber so muss es doch gewesen sein. Solange die Wissenschaft nicht eindeutig das Gegenteil beweist, glaube ich an einen Schöpfer. Ist diesem der Mensch aber so geraten wie beabsichtigt? Aus unserer heutigen Sicht hätten wir uns eher eine friedlichere Welt gewünscht. Sollte das auch die Absicht des Schöpfers gewesen sein, so ist ihm das nur bei wenigen Menschen gelungen. Bezogen auf die gesamte Menschheit wäre das Ziel verpasst. Ob der Schöpfer aber, wie man früher annahm, ein strafender Gott ist, der Sünder ins Fegefeuer und in die Hölle schickt, oder eher ein liebender, nachsichtiger Gott, wie wir heute glauben, der verzeiht und Sünden vergibt, das ist die Frage. Es sieht eher so aus, dass die Menschen sich ihren Gott nach ihrem Gusto zurechtreden, sich ein Bild von ihm machen, wie sie ihn gerade gerne sähen. Seine Sicht und das Maß seiner Bewertung aller Handlungen unterscheidet sich aber sicher ganz erheblich von dem, was wir für gut und was wir für schlecht halten.

Den Menschen ist der Verstand gegeben. Sie haben damit die Technik und die Fähigkeiten vermittelt bekommen, das ihnen übertragene Paradies Erde zu hegen, zu pflegen, zu erhalten oder auch ganz zu vernichten.

Zur Vernichtung dieser schönen Erde, ja, sogar für den Overkill, gibt es inzwischen ausreichend atomare Waffen. Der Mensch muss aber gar nicht erst seine Waffen einsetzen, sondern kann das auch auf anderen Wegen erreichen, zum Beispiel durch weitere ungenügende Beachtung des Kohlendioxidproblems. Wird die vom Menschen verursachte Erhöhung des Kohlendioxidgehaltes weiter nicht ernst genommen und sogar weiter gesteigert, kann die Natur auch ohne weiteres Einwirken der Menschen einen Automatismus in Gang setzen, der unumkehrbar die Erde wieder unbewohnbar macht. Vielleicht eine zweite Karbonzeit, in der der Kohlenstoff wieder gebunden und in der Erde eingelagert werden muss, um mit nachfolgender erneuter Schöpfung, einem neuen Versuch, die Erde noch einmal mit intelligenten Lebewesen zu füllen?

Was werden sie tun? Reicht der Verstand, den die Menschen mitbekommen haben, aus, um das Problem zu lösen? Wie auch immer, zunächst bleibt es wohl bei der Gefahr der gewollten oder ungewollten Vernichtung der Menschheit oder gar der ganzen Erde, sowie bei Krieg und bei Not irgendwo auf dieser schönen Erde.

Wir Menschen schaffen uns, das Menschliche betreffend, unsere eigene Wirklichkeit. Zum Handeln steht uns die gesamte Bandbreite zwischen sehr gut und ganz schlecht zur Verfügung. Bei all unseren Verhaltensmöglichkeiten wägen wir zwischen Gut und Böse ab, wobei das Gute immer das ist, was mehr Lust erwarten lässt und das eigene- sowie das Überleben anderer sichert. Böses beginnt dort, wo von Menschen oder von Gott gesetzte Schranken, wie Gebote und Gesetzte überschritten werden. Von Natur aus Böses gibt es also a priori überhaupt nicht. Aristoteles wird der Satz zugeschrieben: „Es gibt nichts Gutes außer man tut es". Oder auch: „Böses ist Gutes, was man unterlässt". Für den Menschen sind, so gesehen, alle Möglichkeiten offen. Ob ein Mensch gut oder böse handelt, entscheidet er allein. Individuen Religionen und Staaten setzen nach eigenem Empfinden und Bedürfnissen dafür Eckpunkte wie Gebote und Gesetze. Sie nehmen sich auch das Recht, sie nach Bedarf auf der Messlatte zu verschieben, zum Bösen wie zum Guten! Davon wird auch reichlich Gebrauch gemacht, und das ungeachtet der Gebote Gottes, die leider oft selbst von vielen christlichen Würdenträgern in aller Offenheit ignoriert werden. Als Beispiel für das Hin- und Herschieben der Wertung einer Handlung möchte ich die Homosexualität anführen, es gibt sie wohl von Anfang an und sie wird auch nachweislich seit Menschengedenken praktiziert. Zeitweise wurden Homosexuelle von der Gemeinschaft toleriert, Männer in gehobener Stellung hielten sich sogar ungeniert gegen Bezahlung Lustknaben. Aber nicht nur das, sexuelles Vergnügen mit Knaben galt sogar ein Erziehungsmittel. In anderen Zeiten dagegen wurden Homosexuelle verachtet, bestraft und das sogar mit dem Tode. Heute rangiert diese Minderheit für die Politik finanziell noch vor der staatstragenden Institution Familie mit Mutter, Vater, Kind. Das weiter zu erläutern, würde ein ganzes Buch füllen.

Aber zurück zur Erde. Dass es Gefahren für die Erde gibt, steht außer Frage. Auf die außerirdischen und die geologischen Gefahren, haben wir bisher noch keine Antwort. Wie aber schon erwähnt, gibt es auch „hausgemachte" Gefahren für die Existenz unserer Erde. Das kann man nicht mehr als ambivalent bezeichnen, diese Gefahr besteht real und die Folgen unseres Handelns sind abseh- und auch schon spürbar. Nach langjähriger Ignoranz besteht jetzt endlich Einigkeit darüber, dass die Hauptverursacher fossile Energien sind, sie setzen das Kohlendioxid und Methan frei, das uns den Treibhauseffekt mit all seinen Wirkungen auf unser Klima beschert. Viele Länder sind aber inzwischen mit ihrer Industrie absolut abhängig von fossilen Energien. Ein plötzlicher Ausstieg aus dieser Energieart würde ihnen große wirtschaftliche und gesellschaftliche Probleme bereiten. Deshalb wurde das Problem der Klimaänderung durch Treibhausgase zunächst ignoriert, bezweifelt und wird nun, nach Ermittlung einer Toleranzgrenze, je nach Sicht des Beobachters hin- und hergeschoben. Es ist zu hoffen, dass die jetzt festgelegten Zeitgrenzen für einen Ausstieg ausreichen einen weiteren dramatischen Anstieg zu verhindern.

Das Problem erfordert einen schnellen Ausstieg, der aber mit den jetzt festgelegten Grenzen nicht erreicht wird. Mit jeder Verzögerung steigt aber das Restrisiko, dass die eingesetzte Entwicklung unumkehrbar wird und unaufhaltbar weiter geht und so die menschliche Existenz auf Erden gefährdet. Hiermit soll keine Apokalypse beschworen, sondern der Ernst der Situation aufgezeigt werden.

Auch sollte deutlich geworden sein, dass das Erkennen von existenziellen Problemen nicht leicht ist. Selbst wenn sie endlich erkannt werden, können verschiedene Interessen sowie unterschiedliche Auffassungen von Gut und Böse erforderliches und entschlossenes Handeln verzögern oder sogar verhindern. Das mit den Treibhausgasen ist ein aktuelles Beispiel. Warten noch andere Überraschungen diesbezüglich auf uns?

Wie sieht es denn eigentlich in unserer materiellen Welt aus? Entspricht das, was wir sehen, hören riechen oder vermuten der Wirklichkeit? Was ist die Wahrheit, die ganze Wahrheit? Wir haben großartige Naturwissenschaftler, sie haben viele wichtige Erkenntnisse gewonnen in der Mathematik, der Physik und in der Astronomie, und das sowohl über Sterne, Galaxien und sogar über unser und andere Universen, denn es scheint tatsächlich mehrere davon zu geben. Selbst bei den kleinsten Teilchen, bei der Teilchenphysik, gibt es enorme Fortschritte. Täglich erweitert sich unser Wissen. Aber ist das, was wir inzwischen annehmen, auch die Wahrheit, ist es die echte Wirklichkeit?

Die Wissenschaftler unterscheiden heute zwischen der **äußeren Wirklichkeit**, das ist die Welt, wie sie von Natur aus beschaffen ist, der **Konsenswirklichkeit,** das ist die Wirklichkeit, auf die sich die Fachwissenschaftler verständigt haben und letztlich auch noch über die **innere Wirklichkeit**, die unserer subjektiven Wahrnehmung entspricht und durch mancherlei Einflüsse gefälscht sein kann, gefälscht ist.

Der Sinn des Lebens

In Kenntnis dieser Vorgeschichte stellen sich viele Menschen die Frage nach dem „Sinn des Lebens". Das ist eine Frage, die einige Menschen sehr beschäftigt und anderen aber nur ein Lächeln abringt. Hierzu gibt es vielfältige und verschiedene Meinungen, fast jeder bekannte Mensch hat sich dazu geäußert. Ich habe an der Universität eine ganze Vorlesungsreihe gehört mit der Bezeichnung: **„Des Lebens Sinn nach Thomas von Aquin"**.

Thomas meint, **„Das letzte Ziel des Menschen ist das Glück"** Viele Menschen bezweifeln das und glauben, dass Glück nicht das Ziel, sondern das Ergebnis sein muss und dass das Streben nach Glück unisono ins Unglück führt.

Etwas seltsam klingt die Version von Peter Ustinov:

> **„Sinn des Lebens ist etwas, das keiner genau weiß.**
> **Jedenfalls hat es wenig Sinn,**
> **der reichste Mann auf dem Friedhof zu sein".**

Interessant fand ich auch die Aussage des deutschen Philosophen Immanuel Kant zu diesem Thema, der im ehemaligen deutschen Königsberg gewirkt hat und auch dort begraben ist:

> **„Die größte Angelegenheit des Menschen ist, zu wissen,**
> **wie er seine Stelle in der Schöpfung gehörig erfülle**
> **und recht verstehe,**
> **wie man sein muss, um ein Mensch zu sein".**

Johann Wolfgang von Goethe sagte: **„Der Sinn des Lebens ist zu leben."** Was genau er damit meint, ist nicht zu erkennen.

Es kann wohl unterstellt werden, dass er, Goethe, damit nicht meint **„... wie auch immer und ohne gegenseitige Rücksicht zu leben"**! Einen wirklichen Sinn ergibt seine Aussage nur im Zusammenhang mit seinen andern Werken.

Der Physiker und Mathematiker Max Tegmark meint,

„zwar gibt unser Universum dem Leben keinen Sinn, aber das Leben gibt dem Universum Sinn". Er findet es bemerkenswert, dass ein Haufen Teilchen in der Lage ist, sich seiner selbst bewusst zu sein. Er glaubt, dass ein Haufen Teilchen aber nicht im Laufe der Zeit zwangsläufig intelligent werden kann und verweist darauf, dass die Dinosaurier schließlich die Erde 100 Millionen Jahre beherrschten, also 1000 mal länger als es uns Menschen gibt und die Evolution sie nicht zwangsläufig in Richtung höhere Intelligenz geschubst hat. Wir Menschen und nicht sie haben die künstliche Intelligenz auf den Weg gebracht. Eine Intelligenz, die uns möglicherweise mal übertreffen und sogar über uns herrschen wird; die Anfänge hierfür sind ja schon erkennbar. Wichtiger als die Frage nach dem Sinn des Lebens war von Anbeginn immer die Frage: „Wie kann ich, wie kann meine Familie, wie kann mein Land, wie kann die Menschheit überleben und das in der vor stehenden Reihenfolge. Die Frage ist eng verknüpft mit den in jedem Menschen schlummernden Eigenschaften GUT und BÖSE, die letztlich unser Handeln bestimmen in der Vergangenheit, der Gegenwart und der Zukunft.

Die Erdzeiten

Während es vorstehend in erster Linie um unsere Erde selber ging, soll im Folgenden das menschliche Leben über alle Erdzeiten betrachtet werden. Wie haben sie gelebt, gearbeitet, gelitten unsere Vorfahren. Ja, auch deine waren dabei, denn, dass wir alle von einer Urmutter abstammen ist in der Wissenschaft Konsens. Der folgende kurze Überblick über alle Erdzeiten zeigt, dass es früher wie heute stets ums Überleben ging. Um Schutz vor Naturgewalten, wilden Tiere und „Nachbarn im weitesten Sinne" und, wenn Schutz allein nicht ausreichte, war Kampf angesagt, zunächst nur um sich zu wehren, dann auch, um des Nachbarn Gut, Weib und Land zu gewinnen und dieses sich untertänig zu machen. Entscheidend war die physische oder geistige Überlegenheit. Der Stärkere gewinnt immer, was bis heute ja so geblieben ist!

Altertum

Von Beginn an sind die Menschen begierig zu wissen, was vorher war und woher das alles kommt. Der Mensch ist damit neben Raum und Zeit der dritte Träger der Geschichte, durch ihn wird Geschichte überhaupt erst möglich. Deshalb kommt ihm innerhalb der Geschichtswissenschaft eine besondere Bedeutung zu. Die grobe Unterscheidung in Geschichtsepochen fängt mit dem Altertum an und umfasst die gesamte Zeit von der Entstehung der Erde bis etwa zur Zeit 800 v. Chr. Obwohl zeitlich weit von uns entfernt, gewährt uns die Forschung einen guten Überblick sogar über diese Zeit, vom Chaos der Entstehung der Erde bis zur Entwicklung von Pflanzen, Tieren und Menschen. Die Menschen waren zunächst nicht sesshaft, sondern zogen als Nomaden durch das Land. Sie waren Jäger und Sammler und wohnten aus Schutz vor Tieren auf Bäumen oder in Höhlen. Ihr Weg war durch die klimatischen Bedingungen und Tierwanderungen bestimmt. Familienclans bestanden ursprünglich ausschließlich aus Blutsverwandten. Später verbanden sich mehrere Familienclans zu Stämmen, die matriarchalisch und zeitweilig sogar in getrennten Gruppen von Männern und Frauen organisiert waren. Das Entstehen von Privateigentum bei den Männern wird als Grund für die Auflösung der Matriarchate angesehen, was letztlich zur monogamen Ehe geführt haben soll und zum Übergang zum Patriarchat.

Zum Überleben benötigten die ersten Menschengenerationen neben ihrem Verstand fast von Anbeginn an Hilfsmittel, Waffen! Sie gruben Fallen und fertigten Speere, Pfeile, Bögen sowie Steinäxte an und verbesserten diese von Generation zu Generation. Eine dieser Verbesserungen geschah durch die Steingewinnung und Steinbearbeitung. Die Hilfsmittel dienten ursprünglich ausschließlich der Nahrungsbeschaffung, später auch als Hilfsmittel im Kampf gegen Konkurrenten.

Schon die Urmenschen betrieben deshalb Bergbau. Sie und kein anderer übten das älteste Gewerbe der Welt aus. Abgebaut wurde Feuerstein, er war der Stahl der Altzeit, der zu Werkzeugen und Waffen bearbeitet wurde. Das geschah wahrscheinlich auch schon kurze Zeit vor dem Auftauchen des Homo sapiens auf dieser Erde. Belegt durch die Universität Heidelberg ist das für die Zeit vor 40- 50.000 Jahren. Zu dieser Zeit wurden schon Steine gesägt und gebohrt und zu Äxten, Beilen, Speerspitzen und Keulenköpfen verarbeitet. Um 2000 v. Chr. begann die Bronzezeit. Jetzt wurde mit Kupfer-

und Bronzeprodukten auch Handel betrieben. Im Siedlungs- und Kriegswesen waren die Gerätschaften aus Metall sehr begehrt. Parallel dazu wurde eine Verhüttungstechnik entwickelt. Dass die Waffen schon in dieser Zeitphase häufig verwendet wurden, wissen wir aus der Geschichte.

Antike

Nach dem Altertum folgt die Antike. Der Zeitraum wird in der Literatur unterschiedlich angegeben, die Angaben reichen von 2000 v. Chr. bis circa 500 n. Chr. Die Antike ist die Zeit der Griechen, Römer, Perser, die Zeit Ägyptens, Mesopotamiens und Assyriens sowie Chinas, das zu den ältesten Zivilisationen und Hochkulturen der Menschheit zählt. Auch diese Zeit war schon von Auseinandersetzungen, Kriegen und Eroberungen geprägt. Fast unglaublich aber wahr ist es, dass man mithilfe von DNA-Analysen heute schon die Abstammung eines Menschen bis ins Altertum nachweisen kann – aber davon später!

Auch der Zeitraum der Antike geht über tausend Jahre und im Laufe der Zeit war nichts beständig und das Leben war regional sehr unterschiedlich. Dies gilt auch für die Familie. Oft werden mit dem Begriff Familie nicht nur die Blutsverwandten, sondern ein Personenverband aus Blutsverwandten, Dienern und Sklaven bezeichnet, denen ein Patriarch vorstand. Dieser Personenverband war Keimzelle des Staates. Liebesehen waren die Ausnahmen, Zwangsehen die Regel. Das Wort „Liebe" drückte nicht unbedingt Gefühl aus, sondern meinte eine auf Dankbarkeit und Zuneigung aufgebaute Beziehung. **Frau, Kinder, Diener und Sklaven unterstanden der umfassenden Gewalt des Vaters, der Herr eigenen Rechtes war, und das beinhaltete sowohl das Straf- und Züchtigungsrecht als auch alle Maßnahmen zur Wahrung des Hausfriedens. Das galt, solange der Vater lebte, egal welche Position die Kinder später erreichten.** Die Menschen waren der Familie, im Sinne des genannten Personenverbandes, und dem Vaterland verpflichtet. Die Familie, wie wir sie kennen, wurde einfach als Vater-Mutter-Kind-Verbindung bezeichnet, die jedoch nicht sehr stabil war. Die Kleinstfamilie war nicht gerade das Idealgefüge jener Zeit. Eine hohe Anzahl von Scheidungen und eine hohe Sterberate führten dazu, dass viele Kinder in Patchworkfamilien aufwuchsen. Begüterte Familien ließen ihre Kinder durch Sklaven und Ammen betreuen. Das Heiratsalter lag bei zwölf Jahren. Haupterwerbszweig war die Landwirtschaft.

Zu Beginn der Antike löste die Eisenzeit die Bronzezeit ab. Das revolutionierte damals die Arbeitswelt, das Kriegswesen und die Gesellschaft. Bis 600 v. Chr. war die Eisenverhüttung in ganz Europa verbreitet, jetzt konnte in jedem Dorf gehämmert und geschmiedet werden.

Alle Nachrichten aus dieser Zeit weisen auch darauf hin, dass sich die Menschen schon von Anfang an Gedanken über das „SEIN" machten. Für das, was für sie unverständlich war, erfanden sie Mythen und Gleichnisse. Diese sollten helfen, den Platz im Universum zu verstehen und ihnen Halt geben. Sie machten sich auch Gedanken darüber, ob das, was sie sehen auch der Wirklichkeit entspricht. Ein Beispiel dafür ist das nachstehende Höhlengleichnis von Platon, der 427 vor Christus geboren wurde und ein Abkömmling eines Athener Adelsgeschlechtes war.

Eine Gruppe von Leuten lebt von Geburt an in einer Höhle. Sie sind gefesselt und sitzen mit dem Rücken zum Höhleneingang, durch den die Sonne hereinscheint, sie können nur auf die Wand der Höhle sehen. Zwischen dem Höhleneingang und ihrem Rücken bewegen sich Menschen, deren Stimme sie hören und deren bewegte Schatten sie deutlich auf der Höhlenwand sehen können. Die Angeketteten halten das, was sie sehen, für ihre Welt, für ihre Wirklichkeit. Nun wird einer von ihnen von den Ketten befreit und sieht plötzlich die Menschen. Dann wird er auch noch gezwungen, aus der Höhle herauszutreten in das Sonnenlicht. Zunächst ist er verwirrt und geblendet und es dauert sehr lange, bis er erkennt, dass die Schatten, die er bisher ausschließlich wahrgenommen hat, nur Abbilder und nicht die wahren Dinge sind und dass er in einer Scheinwelt gelebt hat. Das Höhlengleichnis ist unzählige Male und unterschiedlich interpretiert worden. Darauf einzugehen würde den Rahmen dieses Buches sprengen. Ich überlasse es dem Leser, eine eigene Antwort auf die sich aus dem Gleichnis ergebenden Fragen zu geben:

Was werden die Angeketteten sagen und tun, wenn er zu ihnen zurück in die Höhle kommt und vom dem, was er gesehen und wahrgenommen hat, berichtet? Was, wenn er gar auch noch versuchen wollte, auch sie an die Sonne zu bringen? Auch die Antike war keine friedliche Welt, Unterdrückung, Mord und Totschlag waren die Regel.

Auf die Antike folgt das Mittelalter, das bis zum Jahre 1500 n. Chr. datiert wird. Obwohl immer noch vom dunklen Mittelalter gesprochen wird, haben wir heute einen detaillierten Überblick über diese Zeit.

Für die Antike und weit bis ins Mittelalter galt der Grundsatz, dass nur der als tüchtig galt, der nicht arbeitet, sondern arbeiten lässt. Das stellt sich, wie wir wissen, heute ganz anders dar. Neben den tüchtigen freien Bürgern, die sich mit sich selber, mit der Familie und dem Gemeinwesen beschäftigten, machte die profane Arbeit ausschließlich Sklaven, Frauen und Hörige.

Mittelalter

Mittelalter nennen wir die Zeit von 500 n. Chr. bis 1500 n. Chr. Anfang und Ende dieser Zeitspanne sind von der Wissenschaft so festgelegt. Sie basieren wohl einerseits auf dem Ende des weströmischen Reiches im Jahre 476 und andererseits auf dem Ende des oströmischen Reiches im Jahre 1453. Aber auch während dieser Epoche gab es ständig Änderungen. So auch im „Heiligen Römischen Reich Deutscher Nation", einem Dachverband von selbstständigen, aber nicht souveränen Fürsten- und Herzogtümern, dem sogenannten „Ersten Reich". Das Reich, das bis 1806 existierte, bestand aus bis zu 300 selbstständigen Staaten. Bei der Anzahl der Staaten gab es über die Zeiten gesehen ebenfalls ständig Verschiebungen. Auch hier von Friedlichkeit keine Spur. Länder im Reich bekämpften sich gegenseitig und marodierende Horden zogen brandschatzend und mordend durch die Länder. Viele Jahre waren durch die Inquisition und Kreuzzüge geprägt mit den menschenunwürdigsten Handlungen. In dieser Zeit entstand auch das Christentum, das dann mit dem Schwert verbreitet wurde. Das blieb so bis weit in die Frühe Neuzeit, die von 1500-1800 datiert ist. Nach dem Dreißigjährigen Krieg, der für die Menschen in ganz Europa Angst und Schrecken sowie Mord und Totschlag bedeutete und die Bevölkerung ca. um 30 % dezimierte, brachte im Jahre 1648 der Westfälische Frieden von Münster und Osnabrück eine Neuordnung der Gebiete, verschiedene Friedensverträge sowie den Reichsfürsten neue Macht und auch die Gleichstellung der drei Religionen. Weiterhin gab es jedoch immer noch 300 souveräne Staaten im Reich. Ab 1800 lassen die Historiker die Neuzeit beginnen. Am 6. August 1806 dankte der Kaiser des Heiligen Römischen Reiches Deutscher Nation ab. Die geistlichen Fürstentümer, die Reichsstädte, die Reichsritterschaft und viele kleine Fürstentümer verloren ihre Selbstständigkeit. Das Heilige Römische Reich Deutscher Nation hatte sein Ende gefunden. Die Zahl der Staaten war damit auf 36 reduziert.

Das Mittelalter fasziniert mich so, dass ich mich seit Jahren intensiv damit beschäftige. Das Thema ließ mich einfach nicht mehr los. Es ist einfach spannend! Aber da bin ich ja nicht alleine. Seit einigen Jahren wird in ganz Europa das Leben im Mittelalter auf Jahrmärkten mit viel Romantik nachgestellt und zwar aus allen Bereichen. Das Leben der einfachen Bauern, als auch des Adels und der Ritter. Die zeitgerecht gekleideten Darsteller versetzen sich für 1-2 Wochen zurück in diese Zeit. Sie wohnen in einfachen Hütten und Zelten, kochen und essen nach alter Art und alten Rezepten – natürlich „frei von Umweltgiften" – sie reiten, hämmern, weben, schmieden, kämpfen mit Speeren und feiern. Händler Spielleute und Gaukler beherrschen die Szene. Auch der Adel ist zu bewundern, Damen und Herren in den tollsten Kleidern und Hüten gehen, nein, schreiten durch die „mittelalterlichen Gassen". In einigen Städten werden sogar kriegerische Auseinandersetzungen nachgestellt, wie z. B. in Soest die alle zwei Jahre stattfindende größte Inszenierung bundesweit dieser Art, die Soester Fehde aus dem Jahren 1444 bis 1449, in der sich die Bürger der Stadt Soest gegen den Erzbischof von Köln erheben. Über 500 mittelalterliche Fans aus ganz Europa kommen zusammen, treten hier auf und kämpfen mit Kanonen, Büchsen, Schwert und Pfeil und Bogen. Ganz Soest lebt eine Woche lang im mittelalterlichem Rausch. Eine sehr empfehlenswerte, informative Veranstaltung. Interessierte können gegen eine geringe Eintrittsgebühr diese wunderbare Darstellung des Mittelalters ansehen.

Auch unsere Vorfahren haben zur Zeit der Fehde in dieser Gegend mitgemischt. Der älteste Nachweis über die Familie stammt schließlich aus dem Jahre 1477. Wo waren sie aber in der Urzeit, wo in der Antike, waren sie mit auf den Kreuzzügen, über welche Route und wann kamen sie nach Mitteleuropa? Welchen Weg haben sie genommen, was haben sie gesehen, was erlebt, was erlitten? Waren sie Bauern, Ritter, Adelsleut? Die Nachverfolgung bis 1477 ist schon eine große Leistung und ich habe bisher geglaubt, das sei das Ende der „Fahnenstange". Neueste Genforschungen geben aber Hoffnung, dass in naher Zukunft weitere Geheimnisse gelüftet werden können. Jeder unserer Ahnen lebte in seiner

Zeit, sein Werden, Leben und Vergehen sind Bestandteil der jeweiligen Geschichtsepoche, das darf man bei der Forschung nie vergessen, wenn man das Verhalten von Personen oder Familien der damaligen Zeit verstehen will. Das Sammeln von Namen und Daten allein ist eintönig und kann schnell zu Fehlern führen. Erst die Verbindung von Dokumenten und geschichtlichen Ereignissen jener Zeit macht alles spannend und interessant.

Bevölkerungsentwicklung

Es war eine sehr ereignisreiche Zeit. Der Übergang von der Antike zum Mittelalter brachte zunächst in Mitteleuropa einen langsamen, aber stetig steigenden Bevölkerungszuwachs. Um 1500 haben im Gebiet von Deutschland neun Millionen Menschen bei einer durchschnittlichen Bevölkerungsdichte von 16 Einwohnern pro Quadratkilometer gelebt[2] (im Vergleich dazu: 2012 lebten im Bereich des früheren Bundesgebietes 229 Einwohner auf einem Quadratkilometer). In den folgenden Jahrzehnten wuchs die Bevölkerung infolge der günstigen klimatischen Bedingungen kräftig an und erreichte 1618 die Zahl von 17,1 Millionen. Der Aderlass des Dreißigjährigen Krieges warf die Bevölkerung Deutschlands um eineinhalb Jahrhunderte bis auf zehn Millionen Einwohner zurück.

Erst bis zum Jahre 1800 sollen wieder 22 Millionen Einwohner erreicht worden sein. Viele Ländereien lagen brach und viele Höfe wurden als „wüst liegend" bezeichnet.

Der größte Teil Europas zeichnete sich in demografischer Hinsicht durch zwei spezifische Merkmale aus: ein hohes Alter bei der Eheschließung und einen hohen Anteil von Menschen, die nie heirateten, ja, nie heiraten durften.

Die Zeit des Mittelalters dauerte tausend Jahre, das ist eine sehr lange Zeit. Selbstverständlich brachten Kriege, Krankheitsepidemien und Naturkatastrophen in den verschiedenen Zeitabschnitten auch Veränderungen in der Lebenshaltung mit sich. Aus alten Aufzeichnungen wissen wir, dass das Leben im Wesentlichen wie auf den folgenden Seiten beschrieben ausgesehen hat. (Was ich hier schreibe, kann und soll nur ein ganz kurzer Überblick sein. Wer intensiver informiert werden möchte, kann über dieses Thema in zahlreichen Büchern nachlesen.)

---

[2] Christian Pfister, S. 11

Herrschaft des Adels

Das ganze Leben jener Zeit wurde vom Adel und dem Klerus bestimmt, der in der Regel auch aus dem Adel stammte. Der Adel bekämpfte sich auch gerne untereinander. Unzählbare kriegerische Auseinandersetzungen sind bekannt und in vielen Quellen wird darüber berichtet. Der Anteil des Adels an der Gesamtbevölkerung war zwar bedeutungslos, er hielt aber alle führenden Positionen in Staat, Kirche und Gesellschaft besetzt. **Der Beruf des Adels war einfach nur die Herrschaft.**

Es gibt viele Geschichten und Legenden, die besagen, dass die adligen Herren sich bemüht haben, persönlich den Anteil der Bevölkerung durch das „Jus primae noctis" (Recht der ersten Nacht) zu erhöhen. Ob es das Recht der ersten Nacht überhaupt je gegeben hat und ob es auch praktiziert wurde, ist nicht eindeutig belegt. Einige Quellen weisen aber darauf hin, dass es das schon seit ewigen Zeiten gab. Im Internet habe ich u. a. folgenden Text gefunden:

„Ferner sprechen die Hofleute, wer hier heiratet, der soll den Meyer und seine Frau einladen. Der Meyer soll dem Bräutigam einen Hafen leihen, sodass er darin ein Schaf sieden kann. Auch soll der Meyer an die Hochzeit ein Fuder Holz mitbringen. Er soll sodann gemeinsam mit seiner Frau ein Viertel eines Schweineschinken bringen. Und wenn die Hochzeit zu Ende ist, soll der Bräutigam den Meyer in der Hochzeitsnacht bei seiner Frau liegen lassen oder fünf Schillinge und vier Pfennige bezahlen."[3]

Ich selbst habe bei meinen Recherchen für die Ahnenforschung keine Hinweise auf das „Jus primae noctis" gefunden. Es ist aber auffallend, dass oft das erstgeborene Kind eines Eigenbehörigen – eigenbehörig waren immerhin 98 % der Landbevölkerung – den Vornamen des Grundherrn trägt. Das Recht der ersten Nacht sollte aber nicht nur dem Grundherrn, sondern, falls sie nicht identisch sind, dem Gerichtsherrn, einem hohen Ministerialen oder sogar einem Meyer zugestanden haben beziehungsweise von ihnen eingefordert worden sein. Auf dieses ungeschrie-

---

[3] Manuel Seam, Lukas Gschwend, Rene Pahud de Mortanges; Die Öffnung von Maur. In: Rechtsgeschichte 2009, abgerufen am 5. Juli 2012

bene Recht wurde oft verzichtet, wenn dafür ein Geldbetrag bezahlt wurde, der sogenannte Stechpfennig.

Historischer Rückblick

Die persönliche und dingliche Abhängigkeit der bäuerlichen Bevölkerung Westfalens hat eine lange Tradition; sie kann bis in die Spätantike zurückverfolgt werden. Die in der Spätantike im Mittelmeerraum übliche Organisation der Landwirtschaft ist in leicht abgewandelter Form im Mittelalter auch in den germanischen und fränkischen Gebieten praktiziert worden.

Schon im 2. vorchristlichen Jahrhundert wurde ein Teil des Grund und Bodens parzelliert und anschließend von den Herrschern zunächst an treue Vasallen und Kriegsveteranen, später aber auch an Sklaven verpachtet.

Die so abgegrenzten Grundstücke nannte man Colonate (Kolonate) und den jeweiligen Pächter – je nachdem, ob es ein Mann oder eine Frau war – Colonus (Kolon) oder Colona (Kolonin). Etwa im 3. Jahrhundert unserer Zeitrechnung änderten sich die Verhältnisse für die Kolone gründlich. Sie wurden jetzt zu lebenslangen Pächtern mit eingeschränkten Freiheiten, die zunächst gewohnheitsmäßig und später durch das Gesetz des Kaisers Konstantin I. vom 30. Oktober 332 an den Boden gefesselt wurden; damit gerieten sie in eine gesetzlich fixierte Abhängigkeit (Schollenpflichtigkeit). Sie waren dem Stande nach noch Freie, aber tatsächlich Sklaven des Bodens, auf dem sie geboren wurden. Man nannte sie „servi terrae", Sklaven des Bodens. Sie waren zu Leibeigenen oder besser gesagt zu „Hörigen" geworden. Später wurden sie als Eigenhörige oder auch Eigenbehörige bezeichnet.

Das Prinzip der Eigenhörigkeit kam über Rom und das Frankenreich in das Gebiet des jetzigen Deutschlands. Zu der Zeit, als die Franken ihr Reich bis nach Norddeutschland ausgedehnt hatten, also um das Jahr 800, war das Land hier nur sehr dünn besiedelt. Vier bis fünf Menschen kamen damals auf den Quadratkilometer (heute leben in der Bundesrepublik etwa 250 Menschen/km²). Die späteren Übergänge von einer Gesellschaftsform in die andere änderten am System der Kolonate nichts Entscheidendes.

Auf dem Lande wohnte man in einer Gemeinschaft, die die Wissenschaft als „ganzes Haus" bezeichnet und die eine Verbindung von Haushalt, Betrieb und Sozialversicherung war. Alle Personen dieser Gemeinschaft standen in einem verwandtschaftlichen Verhältnis oder in einem Beschäftigungsverhältnis zum Hausherrn, der die Gemeinschaft patriarchalisch führte. Alle lebten im erweiterten Sinne unter einem Dach. Es war eine sich selbst versorgende Gemeinschaft, von der Nahrungsversorgung – nur Salz, Zucker und Gewürze mussten gekauft werden – bis zur Altersversorgung. Bis weit ins 18. Jahrhundert gab es für die Arbeit noch keine gesetzliche Altersgrenze, sodass ältere Personen für die Gemeinschaft so lange tätig blieben, bis sie nicht mehr konnten und Altenteiler[4] wurden.

Religiosität

Über das gesamte Mittelalter gesehen stand das Reich unter dem Einfluss des Christentums. Im Vordergrund stand der strafende Gott. Eine Vielzahl von Bildern und Gemälden, auf denen die drastischsten Strafen grauenvoll und furchterregend dargestellt wurden, sorgten zudem für eine Verbreitung und Vertiefung der Furcht. Die bildlichen Darstellungen waren eindeutig und wurden im Laufe der Zeit immer zugespitzter. Oben in der Mitte war der Schöpfer zu sehen, meistens auf einer Weltkugel stehend. Zu seiner Rechten und Linken die Gerechten. Am unteren Rand die Unterwelt mit den geöffneten Gräbern, die symbolische Auferstehung und die Einteilung der Verstorbenen in Selige und Verfluchte. Die Verfluchten werden von den fürchterlichsten Gestalten mit noch fürchterlicheren Strafen bedacht, während die Seligen von den Engeln in den Himmel geleitet werden. Am Ende des Mittelalters wurde Abweichlern nicht nur gedroht. Etwa ab dem 13. Jahrhundert entstand nach päpstlichem Auftrag innerhalb der römisch-katholischen Kirche die Inquisition, ein Instrument zur Aufsuchung, Bekehrung und Verurteilung von Häretikern und Ketzern. Unter Strafe stand auch Magie, Blasphemie und Hexerei. Die Einführung der Folter machte das Erreichen von Geständnissen leicht. Oft wurde aber auch zur Überführung ein Gottesurteil verlangt. Die Überführten erhielten grausame Strafen.

---

[4] Das Altenteil wird auch als „Leibzucht" bezeichnet.

Auf den Bildern und bei den Predigten auf den Kanzeln fehlt es nie an Hinweisen, dass es Mittel und Wege gibt, um von den Qualen ganz oder zeitweise verschont zu bleiben, nämlich durch gute Werke wie Ablässe, Almosen und das Spenden ganzer Vermögen oder Vermögensteile. Die Verkündung des Ablasses zugunsten des Neubaus der Peterskirche in Rom durch den Dominikanerpater Tetzel war es dann auch, die bei Martin Luther Verbitterung und Widerspruch hervorrief. Am 31. Oktober 1517 ließ Luther seine Bedenken, die er in 95 Thesen formuliert hatte, in Wittenberg anschlagen. Er wollte der Menschheit verdeutlichen, dass die Vergebung der Sünden weder durch menschliche Leistungen noch durch Geld- oder Sachwerte zu erlangen sei, sondern allein durch die Gnade Gottes. Luthers Thesen fanden schnell eine starke Verbreitung in großen Teilen des deutschen Volkes. Seine Schrift gegen die Mönchsgelübde bewog zahlreiche Mönche und Nonnen, die Klöster zu verlassen.

Am 3. Januar 1521 wurde Luther von Papst Leo X. exkommuniziert. Auf dem im gleichen Jahr von Karl V. einberufenen Reichstag zu Worms bekam Luther unter der Zusage eines freien Geleits Gelegenheit, seine Position vorzutragen. Auf die Frage, ob er widerrufen wolle, bekräftigte er sein Bekenntnis. Drei Wochen später erließ Karl V. das Wormser Edikt, in dem er die Lehre Luthers verdammte und über ihn und seine Anhänger die Reichsacht verhängte. 1522 erschien Luthers Übersetzung des Neuen Testaments in Druck. Am 13. Juni 1525 heiratete Luther die Zisterziensernonne Katharina von Bora. Auf dem 1530 nach Augsburg einberufenen Reichstag überreichten die Protestanten dem Kaiser die Confessio Augustana (CA), eine Schrift, die die Glaubenssätze der Lutheraner zusammenfasste. Das konnte aber zu dieser Zeit an der harten Haltung des Kaisers nichts ändern. Luther blieb in Reichsacht. Im Sommer 1532 kam es in Nürnberg zu einem vorläufigen Frieden zwischen den Religionen. Im Gegenzug zu politischen Zugeständnissen der Reichsstände verlängerte Karl V. 1544 den Religionsfrieden von 1532. Kein Fürst sollte mehr seines Glaubens wegen verfolgt werden. Außerdem wurden alle beim Reichsgericht anhängigen Verfahren gegen Protestanten eingestellt.

Am 25. September 1555 gestand Kaiser Karl V. im Augsburger Religionsfrieden den Protestanten Religionsfreiheit zu. Die Religionsfreiheit bestand jedoch nur für die Papstkirche und die Lutheraner. Von nun an bestimmte der Landesherr die Religion seiner Untertanen. Für den Fall, dass diese nicht damit einverstanden waren, erhielten sie das Recht zur Auswanderung. Das war dann auch eine Art der Problemlösung. Um 1561, nur drei Jahre nach dem Tod Karls des V., war Deutschland zu vier Fünfteln protestantisch. Das Münsterland und das Herzogtum Westfalen blieben rein katholische Gebiete. Der hohe protestantische Anteil änderte sich später durch die Gegenreformation wieder zugunsten der Papstkirche. 1608 wurde die protestantische Union und 1609 die katholische Liga gegründet. Der Westfälische Frieden von 1648 garantierte dann endgültig den Bestand aller Konfessionen.

Leben auf dem Lande

98 % der Menschen lebten auf dem Lande, fast 90 % davon waren abhängig von einem Landes- oder Grundherrn, die meisten derer waren adlig. Zu einer Grundherrschaft gehörten oft mehrere Bauerndörfer und die dortigen Kolonate, die wir heute als Höfe bezeichnen würden. Die Grundstücke der Kolonate waren so parzelliert, dass eine vierköpfige Familie davon in normalen Zeiten gut leben konnte und darüber hinaus genau festgelegte Abgaben für den Grundherrn und die Kirche erwirtschaftet werden konnten. Hier eine Kopie über die Abgaben eines Hofes im Jahre 1602 an das Haus Kakesbeck.

```
Class IV Loc 26 Nr. 2 a
    1602: 13 Goldgulden 1 Malt Roggen, 1 Malt Gerste, 2 Schweine,
          2 Gänse, 2 Enten, 10 Hühner, 8 Fuder Holz
```

Außerdem waren zu bestimmten Zeiten für den Grundherrn Zug- und Spanndienste zu leisten. Eine Gewinnerzielung von außerhalb dieses Systems war ursprünglich nicht vorgesehen. Mit der Zunahme der Anzahl der Städte und deren Bevölkerung wurde Überschüssiges auch an die Städte verkauft, später sogar direkt für die Städte produziert. Solche Parzellen nannte man „eine Hufe", aus Hufe wurde später „Hof". Ein Hof wurde von dem Kolon und seiner Frau, der Kolonin, geführt. Um das noch einmal deutlich zu machen, alle, auch die Kinder, waren absolut abhängig vom Grundherrn und ihm persönlich und sachlich verpflichtet. Sie erhielten von ihm den Hof, der als „Erbe" bezeichnet wurde und der, solange wie die Blutlinie bestand, in der Familie von Generation zu Generation weitervererbt werden konnte. Aber auch eine Abberufung aus den verschiedensten Gründen war nicht unüblich.

„Der oder diejenige Mannspersonen sind für untüchtig oder ungeschickt zu halten, einem Erbe vorzustehen, welche lahm und gebrechlich, folglich die Arbeit, welche einem Eigenbehörigen zu tuen gebühret, als den Ackerbau bestellen, pflügen, mähen, dreschen, Holz hauen, und übrigen häusliche Arbeit zu verrichten, nicht im Stand, wie auch sonsten die nicht guten Gerüchts sind und dergleichen.

Auch sind die Weibspersonen, welche dergestalt gebrechlich, dass sie den Garten zu bestellen, darin zu graben, Flachs zu bracken, zu racken, zu schwingen und übrige Hausarbeit zu verrichten nicht vermögen oder auch sich dem Hurenleben ergeben haben und sonst berüchtigt sind, gleichfalls für untüchtig zu erachten, also ihnen keine Stätte anzuvertrauen, wanngleich solche Stätte so groß, dass sie Volk dazu halten können, weil solches derselben nur zur Beschwerde gereichet und die Erben sowohl in- als außerhalb des Hauses der Hausväter und Hausmütter vorgangs nicht entraten können.“

Unter Zustimmung der Eltern und nächsten Angehörigen konnte ein Anwärter auf das Erbe auch abgelehnt werden, wenn

„der Anerbe wegen seiner Jugend dem Erbe oder dem Gut der Gebühr vorzustehen nicht tüchtig befunden würde“.

Wenn es um die Jugend ging, setzte man meistens vorübergehend bis zur Volljährigkeit einen Pächter ein; wenn um die Fähigkeit, führte man eine Immission durch und setzte einen neuen Erben ein.

Woher hatten die Grundherren ihre Privilegien und „Kolonien“? Sie bekamen sie nicht, weil hochwohlgeboren oder weil sie besonders tüchtige Landwirte waren, nein, sie bekamen die Rechte üblicherweise aus Dank für ihre Hilfe und Erfolge in kriegerischen Auseinandersetzungen als sogenanntes Lehen und das in der Regel vom Landesherrn. Er musste ihm dafür mit Pferden und wehrfähigen Hörigen in Konflikten beistehen.

Wehrfähige Kolone und die auf ihren Höfen beschäftigten wehrfähigen Männer wurden daher als „Wehrfester" bezeichnet. Stehende Heere gab es nur zu ganz wenigen Zeiten. In den Burgen der Grundherrschaft hielt man zum Schutz des Besitzes eine Ritterschaft. In ruhigen Zeiten bildete sich unter ihnen eine Ritterkultur mit viel Romantik, mit gesellschaftlichen Ereignissen und auch Ritterturnieren aus. Im Konfliktfall mussten die Lehnsnehmer dem Landesfürsten für diesen Konflikt ein Heer mit seinen Rittern und den „Wehrfestern" stellen. Oft wurde auch ein Obrist mit der Zusammenstellung eines Heeres beauftragt. Als sich immer mehr Landesfürsten stehende Heere hielten, waren die ehemals edlen Ritter überflüssig und wurden zu den sagenumwobenen Raubrittern.

Der Grundherr konnte einzelne Kolonate auch verkaufen oder beleihen, was nicht selten auch so geschah. Verkaufen konnte er ein Kolonat jedoch nur einschließlich der gesamten bäuerlichen Familie.

Class I Loc 2 Urk. vom 9. 10. 1584
Lambert von Oer und seine Frau Jutta von Westerholt verkaufen an Hinrich Vent eine Rente von 8 1/2 Goldgulden aus ihrem freien Erbe Abel im Kirchspiel Lüdinghausen Brsch. Elvert.

1398 Juni 6
Bernde de Droste, Sohn des Hermann des Drosten, verkaufte die Gedes, Tochter des Gedes und der Metten, die ehemals in Berchtarpe wohnte, an Bernde den Drosten, Alberts Sohn.

Lubbert von Rechede verkauft Elseken, Tochter Berndes und Teleken to Elvyntorpe, an Bernde den Drosten, des Albertes des Drosten Sohn und gelobt Währschaft.

Altenteiler, so nannte man alten Eltern, die früher mal den Hof bewirtschafteten, blieben Teil des Familienverbandes und wurden weiterhin von der Hauswirtschaft versorgt. Das betraf nicht nur die auf dem Altenteil lebenden Eltern, die in der Regel durch einen Privatvertrag abgesichert waren, sondern auch die Knechte, Mägde und sonstigen Dienstboten, die dort ihr Gnadenbrot bekamen. Der Statistik kann man entnehmen, dass es in Zeiten von Missernten eine höhere Sterberate bei diesem Personenkreis gab.

Die hohe Säuglingssterblichkeit war Veranlassung, ausreichend Kinder in die Welt zu setzen, einerseits als Erben zur Weiterführung des Betriebes, andererseits aber auch zur Sicherstellung der eigenen Altersversorgung. Kinderreichtum galt als Segen, Kinderlosigkeit als Fluch oder göttliche Strafe. Für den Mann war Kinderreichtum darüber hinaus sichtbares Zeichen seiner Potenz und für die Frau ein Zeichen ihrer Fruchtbarkeit. Beides war wichtig für ihr Ansehen in der Gemeinde und für die persönliche Ehre. Für die Gemeinschaft waren selbstverständlich auch die Kinder tätig, und zwar schon von einem Alter von etwa fünf bis sechs Jahren an. Sie mussten die Gänse hüten und wurden als Kuh- oder Schweinehirte, als Pferdejunge oder – das vor allem zur Erntezeit – auf den Feldern beschäftigt.

Wer nie darüber nachgedacht hat und diesen Abschnitt liest, weiß nun, dass er nur existiert, weil seine Vorfahren stark genug waren, das alles zu überstehen, zu überleben sowie rechtzeitig, bevor sie der frühe Tod erreichte, für Nachwuchs zu sorgen. Das ringt einem doch etwas Hochachtung ab, mir geht es jedenfalls so! Vielleicht erkennt der Leser auch, dass seine eigenen Lebensbedingungen heute so schlecht gar nicht sind. Kriege, Epidemien und Naturkatastrophen brachten viel Not und Ärger über die Menschen, was sie mit dem Vertrauen auf Gott und mithilfe des starken Familienverbandes überstehen konnten. Während heute in den christlichen Religionen ein liebender Gott im Vordergrund steht, war es früher der strafende Gott. Auf vielen Bildern wurde das Strafgericht Gottes im Fegefeuer und in der Hölle gezeigt, was unter anderem auch das Volk disziplinieren sollte. Immer gab der Familienverband praktische Hilfe und Geborgenheit.

Stadtluft macht frei

Unter bestimmten Bedingungen konnte ein Unfreier in die Freiheit entlassen werden oder sich die Freiheit erkaufen. Dazu musste die Herrschaft einen Freikaufbrief ausstellen. Ohne **Freikaufbrief** konnte man sich an keiner Stelle niederlassen. Das galt lange Jahre auch für die Genehmigung, in einer Stadt zu wohnen. Die drückenden Lasten, die die Grundherren der Landbevölkerung auferlegten, führten unter dem Motto „Stadtluft macht frei" zur Landflucht. Dieser Weg wurde häufig auch ohne Freikaufbrief gesucht.

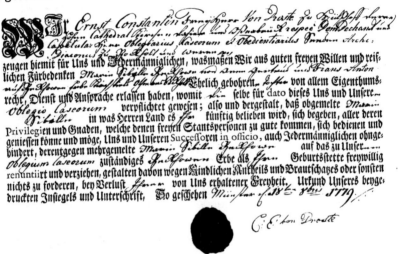

Hier ein Freilassungsbrief

Der Grundherr hatte aber das Recht, eigenmächtig „ausgetretene" oder entwichene Eigenhörige überall suchen und festnehmen zu lassen. Über das gesamte Mittelalter galt aber auch der Grundsatz, „dass jeder Stadtbewohner, der nach Ablauf eines Jahres und einem Tag nicht von seinem Leibherrn zurückgefordert wird, die persönliche Freiheit besitzt". Selbst mit einem Freikaufbrief war es schwierig, sich in einer Stadt als Bürger anzusiedeln. Um die Interessen der adligen, kirchlichen und stadtbürgerlichen Grundherren zu schützen, gab es in den Gemeinden sowohl Aufnahmebeschränkungen als auch strikte Aufnahmeverbote für Eigenhörige. Darüber hinaus war nicht jeder Stadtbewohner auch Stadtbürger. Es gab Bürger (cives) und die übrigen Einwohner, die als „incolae" bezeichnet wurden. Bewerber um die Stadtbürgerschaft mussten viele Bedingungen erfüllen. Die wichtigsten davon waren:

Der Bewerber musste ehelich gezeugt und ehelich geboren sein.
Er musste Haus- und/oder Grundbesitz haben.
Er musste frei, d.h. er durfte nicht leibeigen bzw. eigenhörig sein.
Er musste aus einem ehrbaren Stand kommen und durfte weder von Geburt noch durch kriminelle Tat unehrlich[5] sein. Als unehrlich galten unter anderen die Berufe Henker, Abdecker, Bettelvögte, Gerber, Kesselflicker, Totengräber, Schauspieler und Büttel (Mitglieder der Ordnungsmacht, Gerichts- und Polizeidiener), Prostituierte und in einigen Orten auch Bader, Leinweber und Müller. Das Bürgerrecht konnte bei sittenwidrigem Verhalten entzogen werden.

Im 12. bis 15. Jahrhundert betrug der Anteil der Stadtbevölkerung nie wesentlich mehr als ein Zehntel der Gesamtbevölkerung[6]. Es gab freie Städte (das waren Städte mit eigenem Territorium und eigener Verwaltung) und Reichsstädte, die dem Kaiser gehörten. Im späten Mittelalter bildete sich in den großen Städten eine oligarchische Führungsstruktur mit einer Verdichtung der Herrschaft und zunehmender Disziplinierung der Bürger aus. Eine Struktur, die bis zum 19. Jahrhundert anhielt und zeitweilig von den Bürgern stark bekämpft wurde.

Im 12. Jahrhundert entwickelten die Ostsee- und Nordseehändler die Deutsche Hanse. In der ersten Zeit handelte es sich um einen Zusammenschluss von Händlern, die sich zum Schutz gegen Piraten, Raubritter und überhöhte Zölle zusammenschlossen. Später, etwa ab dem 14. Jahrhundert, schlossen sich auch einige Städte zur Städtehanse zusammen und wurden über viele Jahre eine ernst zu nehmende politische Macht, die erste nordeuropäische Großmacht, die jedoch keine eigene Souveränität hatte. In dieses internationale operierende Netzwerk für Europa und einige angrenzende Länder gab es Ein- und Austritte, etwa 200 Städte gehörten irgendwann der Hanse an. Oberstes Gremium war der Hansetag. Hier kam man

---

[5] Der Ausdruck „unehrlich" hatte eine weitergehende Bedeutung als heute.
[6] Pirenne, S. 61

zusammen, um zu beraten und Beschlüsse über wirtschaftliche, politische und rechtliche Angelegenheiten zu treffen mit dem Ziel, möglichst hohe Gewinne zu erzielen. Zum Hansetag wurde von Lübeck aus eingeladen. Die eingeladenen Hanseaten erhielten die Einladung in Verbindung mit einer ausführlichen Tagesordnung. Der hanseatische Handel wurde so zu einer Brücke und verband die nationalen mit vielen internationalen Märkten. Die Hanse machte die Handelswege erheblich sicherer, was zu einer enormen Zunahme des Handels führte. Nahrungsmittel, Rohstoffe und alle Arten von Gebrauchsgütern sowie Luxuswaren fanden so sicher den Weg zu den Verbrauchern. Mit Zunahme der Macht der Landesherren und Verlagerung des Handelsgutes auf Landwege, verlor die Hanse immer weiter an Bedeutung.

Das endgültige Aus kam aus England. Der letzte große Unterstützer der Hanse, der englische König, lehnte weitere Privilegien für die Hansestädte mit der Begründung ab: „Privilegien für fremde Kaufleute sind schädlich für das Königreich England". Dieser Meinung waren schon vorher andere Handelsländer. Der letzte Hansetag fand im Jahre 1669 statt. Die Hanse hatte damit nach ca. einem halben Jahrtausend ihr Ende gefunden. Diese Zeit war aber nicht spurlos an den Menschen vorbeigegangen. Sie entwickelten eine besondere Art der Sachlichkeit und Korrektheit die sich bis heute erhalten hat und den „Hanseaten" unverkennbar macht und ihn auszeichnet.

Um 1500 lebten 16 % der deutschen Bevölkerung in Städten[7], von denen fast 95 % Zwergstädte mit wenigen Hundert Einwohnern und Kleinstädte mit maximal 2.000 Einwohnern waren. Großstädte gab es nur wenige: Augsburg mit 56.000 und Köln mit 40.000 Einwohnern waren die größten deutsche Städte. Die Angaben über die Einwohner der Städte sind sehr dürftig. Selbst in der Literatur werden unterschiedliche Zahlen genannt. Auf über 10.000 Einwohner kamen danach nur 14 Städte, u. a. Hamburg, Prag, Breslau und Frankfurt. Bis 1600 ging der städtische Bevölkerungsanteil von 16 % auf 12 % zurück.

Während des Dreißigjährigen Krieges flüchteten viele Bewohner der umliegenden Dörfer in die Städte und suchten dort Schutz. Die Städte waren aber auf diesen schnellen Zuwachs der Bevölkerung nicht ausreichend vorbereitet. Die Reinhaltung der Städte war ein Problem. Ratten, Mäuse und Flöhe verbreiteten Krankheitskeime. Krankheiten und Seuchen breiteten

---

[7] Christian Pfister, S. 14

sich aus. Regionale Aufzeichnungen machen einen frappierenden Unterschied in der Lebenserwartung zwischen Stadt und Land deutlich. Durch direkte und indirekte Kriegseinwirkungen, insbesondere durch Seuchen, erlitt die städtische Bevölkerung einen Verlust von 33 %.

Über Augsburg, eine Stadt, die über die gesamte Zeit ein lückenloses Verzeichnis besitzt, wird berichtet[8], dass sie im Jahre 1501 noch 56.000 Einwohner hatte. In der ersten Hälfte des 16. Jahrhunderts gab es hier acht Pestjahre mit 38.000 Pesttoten und in der zweiten Hälfte dieses Jahrhunderts sieben Pestjahre, in denen 20.000 Menschen durch die Pest ums Leben kamen. In der ersten Hälfte des 17. Jahrhunderts gab es weitere neun Pestjahre, die noch einmal 34.000 Augsburger Stadtbewohner das Leben kosteten. Um die Verluste wieder auszugleichen, wurden nach solchen Krisenzeiten zeitweilig die Zuzugsbeschränkungen der Städte aufgehoben.

Mann und Frau

Zwischen Mann und Frau gab es keine Gleichheit, schon gar nicht so etwas wie Gleichberechtigung. Beide lebten in eigenen und besonderen Lebenswelten, einer eigenen Männerwelt und einer besonderen Frauenwelt. Einige Frauen verstanden es aber trotzdem, sich Bewegungsfreiheit und Gehör zu verschaffen. Die Familie hatte im Mittelalter einen hohen Stellenwert, es war eine Überlebensgemeinschaft, es gab eine große Bindung zwischen Eltern und Kindern und auch unter den Geschwistern. Bei der Erziehung der Kinder spielten die Rute und Drohungen eine wichtige Rolle. Bis zum 7. Lebensjahr wurden Knaben und Mädchen gleich behandelt und standen besonders unter der Obhut der Mutter. Sie konnten spielen und mussten kleine Aufgaben im Elternhaus übernehmen, danach folgte die Ausbildung oder Beschäftigung bei Hofe, im Handwerk, in der Schule oder auch als Magd oder Knecht auf einem anderen Hof.

Familiengründungen basierten entweder auf einer „Muntehe" oder auf einer „Friedelehe". Die Mehrheit der bäuerlichen Bevölkerung war persönlich und sachlich vom Grundherrn abhängig, so auch bei der Verbindung durch eine „Muntehe", die ohne Mitwirkungsmöglichkeit der Frau vom zukünftigem Ehemann und dem Grundherrn ausgehandelt oder auch einfach vom Grundherren bestimmt wurde. Sofern einer der Partner von einer

---

[8] Burgard 1995

anderen Grundherrschaft kam, musste der übernehmende Grundherr gleichgeschlechtlichen Ersatz leisten. Wer die „Muntgewalt" hatte, das war bei unverheirateten Frauen der Vater, hatte das Nutzungsrecht über das Vermögen der Frau und das Strafrecht, beides ging bei der Verehelichung auf den Ehemann über.

Die „Friedelehe" ist vergleichbar mit der heutigen Lebensabschnitts-partnerschaft auf rein privater Basis. Sie war im bäuerlichen Bereich nicht üblich, sondern vorwiegend bei nicht ortsansässigen und vor allem fahren-den Kaufleuten.

Das Frauenbild war in den verschiedenen Regionen unterschiedlich ge-prägt. Die Frauen unterstanden der Vormundschaft des Mannes und waren nur eingeschränkt geschäftsfähig. Wesentliche Unterschiede gab es zwi-schen der Stadtfrau, der Landfrau und einer adligen Frau. Auch für die Kauf-frauen und Handwerkerinnen in den Städten, vor allem in den weltoffenen Hansestädten, gab es ein eigenes Frauenbild mit einer ausgeprägten Ess-und Kleiderkultur, ja, es gab sogar Kleidervorschriften, man musste sich **standesgemäß kleiden**. Denn der Mensch wurde in die jeweilige beste-hende, rechtliche Ordnung hineingeboren und blieb im Normalfall sein ganzes Leben lang in dieser Ordnung bzw. diesem Stand. Die Ordnung selbst wurde als „von Gott so gewollt" angesehen. Das war für das Volk leicht zu verstehen, da es ja nach der christlichen Lehre selbst im Himmel eine Hierarchie von Engeln, Erzengeln, Heiligen und Seligen gibt. Mit ei-ner Umkehrung der Herrschaftsverhältnisse verband man negative Fol-gen[9]:

„Wann der Bauer will sein Herr seyn/ der Unterthan der Obrigkeit befehlen/ das Weib die Hosen anziehen/ den Mann regieren will/ dann muß nothwendiger Weiß alles unordentlich gehen und Schaden erfolgen."

Noch krasser hat es Martin Luther ausgedrückt, Luther war kein Demo-krat oder Anhänger irgendeiner Gleichberechtigung

„Im eusserlichen, weltlichen leben da soll die ungleicheit bleyben. Wie denn die Stende ungleych sein. Ein Bauer fü-

---

[9] Zitate aus Münch, 1992, Seiten 70 u. 71

ret ein ander leben und Stand denn ein Burger. Ein Fürst ein andern Stand denn ein Edelmann. Da ist alles ungleych unnd soll ungleych bleiben ... Das will Gott also haben, der hat die Stend also geordnet und geschaffen."

In der Literatur werden oft Vergleiche gezogen, die sich für uns heute entsetzlich anhören. So, wie in vielen Angelegenheiten, darf man das nicht mit heutigen Augen sehen und mit heutigen Ohren hören, sondern einfach zeitgenössisch betrachten. Hier einige für uns unglaublich klingende Aussagen:

„... Dass die Frau mit der Sinnlichkeit, dem Körper, dem Unvollkommenen und Vergänglichen gleichgesetzt wird, der Mann aber mit der zu Gott strebenden Geisterseele, weil die Frau Schuld für die Erbsünde trägt, galt sie als ein sündhaftes, minderwertiges Geschöpf ...".

Auch wird von der Kirche angeführt,

„... dass das Weib, nicht wie der Mann, Ebenbild Gottes sei und Eva mit der Verführung Adams die Sünde in die Welt gebracht habe".

Schriften haben oft das Ziel, die Männerwelt vor den Tücken der Frau zu bewahren. Dazu einige Verse:

„... Das Weib tritt manchmal schlicht und fromm wie eine Nonne auf, aber wo es ihr passt, lässt sie ihrer Neigung plötzlich freien Lauf ...".

In einer für junge Ehefrauen verfassten Schrift fordert der Autor von der Hausfrau:

„... eine Unterwürfigkeit, wie sie der Treue eines Hundes vergleichbar ist. Sie hat seine Anordnungen, in bedingungslosen Worten auszuführen ...".

Thomas von Aquin meinte:

„Mann und Frau seien ursprünglich gleichwertig gewesen. Wegen des schwachen Körpers aber konnte sich die weibliche Seele nicht entfalten. Daher sei der Mann von Natur aus geschaffen, über die Frau zu herrschen. So, wie Gott Ursprung und Ziel der gesamten Schöpfung sei, sei der Mann Ursprung und Ziel des Weibes, dessen Hauptaufgabe die Fortpflanzung sei."

Sitten und Gebräuche entsprachen noch weit bis ins 18. Jahrhundert denen des Mittelalters. Eltern wurden wie Herrschaften angeredet, man sagte „Herr Vater" und „Frau Mutter" und zollte ihnen ansonsten eine hohe Achtung, was eine feine Lebensart und eine höhere Gesinnung vermuten ließe, wären da nicht die in der Öffentlichkeit praktizierten groben Sitten und Gebräuche gewesen, die aus heutiger Sicht wirklich nicht als „fein" bezeichnet werden können. Um nur einige zu nennen:

- Viehische Ess- und Trinksitten
- Furzen und Rülpsen bei Tisch und in Gesellschaft
- Schnäuzen mit der Hand oder Verwischen der Nase mit dem Ärmel
- Freizügiges Spucken
- Männliches Potenzgehabe
- Ungezügelte weibliche Sexualgier

Es gab jedoch auch schon Benimmregeln, die sich vom 17. Jahrhundert an langsam durchsetzten. Hier eine kleine Auswahl aus dem 15. Jahrhundert nach einer Übersetzung aus dem Lateinischen:

- Greif nicht als Erster auf die Schüssel.
- Was du im Mund gehabt hast, leg nicht aufs Geschirr zurück.
- Biete nicht jemandem von dem Stück an, von dem du abgebissen hast.
- Kaue nicht etwas, was du wieder ausspucken musst.
- Hast du Brot ins Weinglas gebrockt, trink alles aus oder gieß es aus.
- Stopf nicht zu viel in dich, sonst bist du gezwungen, dich schlecht zu benehmen.
- Bei Tisch nicht kratzen, auch nicht mit dem Tischtuch.
- Schneide und reinige dir die Nägel; der Schmutz ist beim Kratzen gefährlich.

Auf die Welt zu kommen war gefährlich

Die Entwicklung der Mortalität war von Auf- und Abwärtsbewegungen gezeichnet. Auf die Welt zu kommen gehörte zu den großen Risiken des Lebens. Wer die Geburt überstand, blieb als Säugling und Kleinkind weiterhin gefährdet. Die Entwicklung der Säuglings- und Kindersterblichkeit zeigt eine Abhängigkeit vom Roggenpreis: War der Roggenpreis hoch, so starben mehr Kinder. Es ist unglaublich, aber es gehörte wirklich zur harten Realität, dass man Kinder, wenn der Nahrungsspielraum enger wurde oder wenn sie nicht erwünscht waren, abtrieb, aussetzte oder gar tötete. Besonders gefährdet waren die unehelich Geborenen. Ein uneheliches Kind bedeutete bis zur frühneuzeitlichen Gesellschaft nicht nur für die Mutter, sondern für die ganze Verwandtschaft eine Schande. Der Kindsmord nahm seit dem ausgehenden 16. Jahrhundert deutlich zu. Er gehörte bis tief ins 18. Jahrhundert zu den schwersten von Frauen begangenen Verbrechen.

Die Sterberate war insgesamt sehr hoch, nur die Hälfte aller Menschen erlebte das 20. Lebensjahr. Auch für Menschen, die das 15. bzw. das 20. Lebensjahr überlebten, lag die Lebenserwartung erheblich niedriger als heute. Zwischen 1551 und 1600 hatten Knaben mit 15 Jahren die Aussicht, im Durchschnitt 57-jährig zu werden, wogegen gleichaltrige Mädchen infolge der hohen Kindbettsterblichkeit und der physischen Überbeanspruchung nur ein Alter von 38 Jahren erreichten. Seuchen, Infektionen, mangelnde Hygiene, Unterernährung und allgemeine Notlagen trafen in allen Schichten stets diese Schwächsten. Fünfzigjährige Männer waren verbraucht und erschöpft, eine Frau mit 40 galt als Matrone. Die Pest und der Dreißigjährige Krieg rafften ein Drittel der Bevölkerung dahin.

Recht und Ordnung

Im Mittelalter existierte weder ein staatliches Gewaltmonopol noch ein allgemeines Recht. Es gab nur das Recht bestimmter Rechtskreise und die Fehde. Die Fehde wurde erst 1495 verboten, hielt sich aber auf den Dörfern bis ins 17. Jahrhundert. Nach dem „Ewigen Landfrieden" wurden für die Gerichtsverfahren beamtete und juristisch geschulte Richter eingesetzt und auch die Schriftform dafür eingeführt. Ziel der Verfahren waren Geständnisse, denn ohne Geständnis durfte niemand verurteilt werden. Unter dem Zwang, ein Geständnis zu erreichen, wurde die Anwendung der Folter üblich. Mit den Möglichkeiten der Folter waren die gewünschten Geständnisse immer leicht zu haben.

Gegen Ende des 15. Jahrhunderts gab es bei den gewaltsam vollzogenen Inquisitionsverfahren große Missstände. Kurz nach Errichtung des Reichskammergerichtes im Jahre 1496 wurden dann auch Beschwerden über die Rechtspraxis laut und eine Reform beschlossen.

1507 wurde die Bambergische Halsgerichtsordnung beschlossen. In ihrer Nachfolge entstand die bedeutende „Carolina", die „Peinliche Halsgerichtsordnung" Karls V. von 1532; sie sah unter anderem eine Kontrolle der Folterpraxis vor.

Bei der Anwendung der Folter (Marter und Tortur) sollten durch die dabei erzeugten körperlichen Qualen Geständnisse erzielt werden. Da ein Indizienbeweis noch unbekannt war, konnte ein Urteil nur nach einem Geständnis des Angeklagten gefällt werden. Nach der Constitutio Criminalis Carolina war die Anwendung der Folter nur bei begründetem Tatverdacht gestattet. Die Folterpraxis war aber nichts Neues. Schon Papst Innozenz IV. genehmigte 1252 die „Peinliche Befragung". Von da an durften Ketzer mit Daumenschrauben, Streckbank und glühenden Zangen gequält werden.

Man kannte drei Stufen der Tortur, von denen die letzte wiederum in drei Grade untergliedert werden konnte. In der ersten Stufe stellte der Scharfrichter seine Instrumente nur vor. Nutzte die Drohung mit der Folter nicht, schritt man zur zweiten Stufe. Der Verdächtige wurde entkleidet und es wurden ihm Daumenschrauben oder Beinstöcke angelegt, ohne allerdings mit ihnen Schmerzen zu verursachen. Die dritte Stufe kannte zumeist drei Grade. Erstens: Oft wurde mit Daumen- oder Beinschrauben begonnen. Den zweiten Grad bildete das Aufziehen auf eine Leiter. Dabei wurden die Fußgelenke unten festgebunden, während die gebundenen Hände so lange rückwärts über den Kopf hochgezogen wurden, bis die Arme ausgerenkt waren. Beim dritten Grad wurde der Delinquent auf einen spanischen Bock gesetzt und ausgepeitscht, sein Körper mit Schwefelhölzern verbrannt, oder es wurden Kienspäne unter die Fingernägel getrieben. Wer alle Grade der Tortur, ohne ein Geständnis abzulegen, überstand, musste als unschuldig befunden freigelassen werden. Man darf sich das überhaupt nicht vorstellen, wie Menschen mit Menschen umgingen.

Aber, es gab ja auch grausame Verbrechen. Die Strafen für die Missetäter waren ebenso grausam. Die üblichsten Todesstrafen waren: enthaupten, henken, verbrennen und lebendig begraben. Außerdem kamen das Ohren- und Zungenabschneiden und das Augenstechen als Strafe vor. Als Strafen gab es auch den Stadtverweis, das Stehen am Pranger, das Kerzen- und Steintragen und für Ehebruch den hölzernen Schandmantel. Als Regelstrafe für Frauen, die ihre Kinder töteten, gab es die Todesstrafe durch Ertränken.

Am Ende des Mittelalters gehörte die Hexenverfolgung zu den schlimmsten und grausamsten Kapiteln der Geschichte. Westfalen – und vor allem das Herzogtum Westfalen, das zum Erzbistum Köln gehörende Sauerland und auch das Stift Paderborn – waren im 16. und 17. Jahrhundert eine Hochburg des Hexenwahns. Allein von 1562 bis 1752 lassen sich hier etwa 1.120 Prozesse nachweisen, davon 293 gegen Männer. Mehr als 80 % der Angeklagten wurden hingerichtet – oder sie starben vorher an den Folgen der unmenschlichen Folterungen. Der Grund für die Hexenverfolgung wird in der Suche nach Schuldigen für alles Schlimme und Böse der Zeit gesehen. Aber auch Menschen, die nur nicht in das allgemeine Bild passten, konnten damals sehr schnell in den Verdacht geraten, mit dem Teufel im Bund zu sein und als sein Werkzeug Böses zu stiften. Naturwissenschaftliche Zusammenhänge, die zu Katastrophen und Unglücksfällen, wie etwa Unwetter, Missernte, Krankheit bei Menschen und Vieh, führten, waren nur wenig bekannt. Auch diese Missstände wurden Hexen und Zauberern zugeschrieben. Natürlich wurden bei der Gelegenheit auch reihenweise und mit voller Absicht unliebsame Zeitgenossen und unnütze Mitesser gleich mitbeseitigt.

Durch Gnadenerweis auf Antrag konnte eine Strafminderung erwirkt werden. Das bedeutete aber keinen Straferlass, sondern vor allen Dingen die Abwendung von unehrenhaften Todesstrafen. Darunter verstand man die Umwandlung einer Todesstrafe durch den Galgen oder das Rad in eine Schwertstrafe; aber auch, ob ein zum Tode durch den Strang Verurteilter am Galgen nur kurz hängen blieb, unter dem Galgen sofort verscharrt oder auf einem Friedhof beerdigt werden durfte. Ebenso der Gnadenerweis, ob ein zum Rad Verurteilter vorher erdrosselt wurde oder ob er die Strafe lebendig erleiden musste.

Der Tod war allgegenwärtig. Sensenmänner, Skelette, Gerippe, Knochen und Totenschädel mahnten auf Bildern, Grabsteinen und Rosenkränzen beständig an die Vergänglichkeit des Lebens. Der gewaltsame Tod durch Henker war in Darstellungen und spektakulären Hinrichtungen präsent und auch in natura zu besichtigen. Das Volk sollte durch Strafen diszipliniert werden. Tatsächlich gab es im 18. Jahrhundert kaum einen Mensch, der nicht zumindest einmal in seinem Leben eine Hinrichtung erlebt hatte. Die öffentlichen Hinrichtungen zählten zu den Großveranstaltungen mit Volksfestcharakter.

Medizinische Versorgung

Auch ein Blick auf die Medizin ist interessant. Bevor die akademischen Ärzte eine nennenswerte Rolle in der medizinischen Versorgung spielten, waren Wundärzte, Barbiere, Bader und Hebammen die wichtigsten Helfer. Neben Schäfern und Hirten spielten sogar Abdecker und Scharfrichter hier eine anerkannte Rolle. Die medizinische Kompetenz der Scharfrichter wird in erster Linie aus ihrer Tätigkeit im Strafvollzug hergeleitet. Ihnen oblag neben der Durchführung der Folter auch die Beurteilung der Foltertauglichkeit der Delinquenten. Die Scharfrichter konnten ganz legal an den Leichen der Hingerichteten anatomische Studien durchführen. Darüber hinaus besaßen sie ein Monopol bei der Verarbeitung von Leichenteilen zu Salben und Pflastern, deren Grundlage Menschenfett bzw. -schmalz und Menschenhaut war. Besonders Menschenfett galt als hochwirksamer Salbenbestandteil, mit dem die Scharfrichter bis zur Mitte des 18. Jahrhunderts sämtliche Apotheken pfundweise belieferten. Menschenhaut wurde von Hebammen gern als Geburtshilfemittel eingesetzt. Mit Samt oder Taft überzogen, diente sie dazu, Geschwülste zu beseitigen, und sie wurde auch um dicke Hälse und beginnende Kröpfe gebunden.

Etwa ab 1750 gab es eine gesetzliche Verpflichtung, die Leichen in die Anatomie zu bringen, was die Nebeneinnahmen der Scharfrichter stark schmälerte und zu Protesten führte.

Alle standen den meisten Erkrankungen, insbesondere den Epidemien, in der Regel hilflos gegenüber, und das trotz des reichlichen Angebotes an Hausmitteln, wie Kräutern, Wurzeln und Salben. Die wichtigsten Hilfsmittel waren der Aderlass und das Schröpfen.

Eine der fürchterlichsten Krankheiten im auslaufenden Mittelalter und in der frühen Neuzeit war die Pest.

Einfluss des Klimas auf das Leben

Menschen, Tiere und Pflanzen brauchen ihr Klima, in dem sie leben, wachsen und gedeihen können. Das zum Leben und Überleben erforderliche Klima kann in engen Grenzen schwanken, wie es ja Tag für Tag und Jahr für Jahr in Abhängigkeit von der Jahres- und Tageszeit geschieht, ohne dass dadurch das Leben gefährdet wird. Das Leben passt sich an. Eine nennenswerte Abweichung vom normalen Klima führt jedoch, je nach Grad der Abweichung und ihrer Dauer, über eine Beeinträchtigung des Wohlbefindens, der Leistungsfähigkeit und der Gesundheit bis zum Tode oder im Extremfall zum Aussterben einer ganzen Population.

Im ersten Jahrtausends nach Chr. gab es in Europa ein lang anhaltendes Klimaoptimum, das bis 1300 nach Chr. andauerte. Die Gletscher gingen weit zurück, die Baumgrenze in den Alpen lag 200 m höher und Grönland, das damals ein grünes Land gewesen sein soll, wurde besiedelt. Ab etwa dem Jahre 1200 nahmen die Eisbildung und die Wetterkatastrophen wieder konstant zu. Das sind ähnliche Erscheinungen, wie wir sie heute bei dem CO^2- Problem sehen. Was damals die Ursache war, ist wohl nie wissenschaftlich untersucht worden.

1212 ertranken in den Niederlanden 300.000 Menschen bei Sturmfluten. 1240 und 1362 wurden an der Nordseeküste 60 Pfarrbezirke vom Meer verschlungen. Bei der schlimmsten Katastrophe sollen 306.000 Opfer zu beklagen gewesen sein. Damals waren die Küsten noch nicht so gut geschützt wie heute. Heute haben wir ebenfalls eine Zunahme der Wetterkatastrophen, deren Ursachen wir dem CO^2-Problem in Verbindung mit dem Treibhauseffekt zuschreiben.

Um 1300, so wird berichtet, wurden in Deutschland die Anbauflächen durch Rodungen wesentlich vergrößert. Kleinere und größere Höfe lagen in blühenden Landschaften. Zwei Generationen später steht ein großer Teil dieser Landschaften für 200 Jahre als Wüstung. Harte Winter, regnerische Sommer, Hagel und Überschwemmungen leiten um 1312 eine Notzeit ein. In ganz Europa reifte das Getreide nicht aus. Das führte in England und Deutschland zu erheblichen Hungersnöten und zu Epidemien, die unzählige Todesopfer forderten, sowie in deren Folge zur Zunahme der Wüstungen. Im Durchschnitt war jedes zweite Jahr ein Hungerjahr. Die Verkehrsmöglichkeiten waren zu der Zeit noch schwer beschränkt, sodass auch keine Lebensmittel aus anderen Ländern herbei transportiert werden konnten. Jetzt lagen nicht nur Höfe wüst, sondern ganze Dörfer mussten verlassen werden. Ab 1347 rollen die Pestwellen über Europa hinweg, in Deutschland wird die Bevölkerung um ein Drittel dezimiert. Die ganze Zeit von 1300 bis 1400 war von Wetterkatastrophen und Hungersnöten geprägt, es war die Zeit des großen Sterbens in Europa.

Für das ausgehende Mittelalter wird ein für die menschliche Existenz ungünstiges Klima[10] gemeldet[11]. Die Krankheitsanfälligkeit der Menschen, Tiere und Feldfrüchte stieg enorm an. Eine der schrecklichsten Krankheiten jener Zeit, die Mutterkornvergiftung, war eine direkte Folge der ungünstigen Wetterverhältnisse. Selbst geringste Mengen des zu Brot gebackenen giftigen Korns lösten die schreckliche Krankheit aus.

„Im Verlauf der Epidemien litten ganze Dörfer an Krämpfen, Halluzinationen und Gewebsnekrose, die zu einer tödlichen Fäulnis der Gliedmaßen führte[12]."

Aus dem 16. Jahrhundert sind zahlreiche zeitgenössische Witterungsaufzeichnungen erhalten. Demnach wird vom Jahre 1500 an das Klima wieder freundlicher. Mit Ausnahme der Jahre 1527 und 1548 gibt es für fast 60 Jahre ein für die menschliche Existenz günstiges Klima. Warme Frühlings- und Sommermonate in Verbindung mit kühltrockenen Wintern bringen wieder ordentliche Ernten. Ab dem Winter 1529/30 ändert sich das Klima noch einmal in einem bisher unbekannten Maße.

Die Temperaturen stiegen weiter an und es heißt, dass es ein frühlingshafter Winter war. In St. Gallen fiel den ganzen Winter über kein Schnee, Blumen blühten im Februar und Anfang März zeigten sich die ersten Kirschblüten. Das Jahr 1540 soll das außergewöhnlichste Jahr des Jahrhunderts gewesen sein. Mitteleuropa hatte fast subtropisches Klima. Es fiel kaum Regen und der Rhein schmolz zu einem Rinnsal zusammen, nicht einmal mehr halb beladene Schiffe konnten ihn wegen des Wassermangels befahren. Es herrschte der größte Wassermangel seit Menschengedenken. Menschen und Tiere stöhnten unter der Wassernot, das Vieh musste zeitweise mit Milch getränkt werden.

Ab Mitte des 16. Jahrhunderts trat dann ein entgegengesetzter und ungewöhnlicher Klimaumschwung ein. Den Quellen zufolge herrschten

---

[10] H. H. Lamb, S. 97
[11] Wilhelm Abel, S. 94
[12] H. H. Lamb, S. 218

bis weit nach 1700 die heftigsten Kälteperioden seit der letzten Eiszeit vor 10.000 Jahren[13].

Diese Kaltzeit zwischen 1550 und 1850 wird heute als die kleine Eiszeit bezeichnet. Die Temperaturen sanken zu allen Jahreszeiten, die Winter wurden kälter und dauerten länger, Frühjahre und Sommer wurden kühler und feuchter und die Gletscher rückten wieder vor[14]. Unter dem Einfluss des Klimas verschlechterten sich die wirtschaftlichen Verhältnisse zunehmend. Nach fast sechs Jahrzehnten günstiger Witterung wurden jetzt die Bedingungen für die menschliche Existenz insgesamt wieder ungünstiger. Für die Landwirtschaft wurde es viel zu kalt, Felder blieben unbestellt, es mangelte an Saatgetreide und Pflanzenschädlinge wurden zur großen Plage. 1571 starben wieder viele den Hungertod. Die Kinder der armen Leute essen vor Hunger das junge Laub von den Bäumen[15]. Pfarrer Lavater in Zürich predigt, dass Teuerungen und Hunger die Strafe Gottes sind und ruft zur Buße auf.

Über die Jahre 1637–1639 wird in Crüwels „Kremmenscher Schau Bühne" berichtet: Landbewohner und Soldaten verzehren Katzen, Mäuse, tote Tiere und Menschen[16]. Die Jahre zwischen 1670 und 1701 verzeichnen einen weiteren extremen Temperaturabfall. Die Winter sollen im Durchschnitt um 2,5 Grad kälter gewesen sein als in der Zeit von 1664 und 1683. Die Ursache wird in dem fast vollständigen Verschwinden der Sonnenflecken in diesem Zeitraum gesehen, das eine Verminderung der Sonneneinstrahlung zur Folge gehabt haben soll.

Für 1704 und 1706 wird für eine kurze Zeit eine Klimaverbesserung gemeldet. Aber schon 1709 kommt es wieder zu einem außergewöhnlich strengen Winter. Die Ostsee kann zu Fuß überquert werden. In Frankreich gehen Obstbäume, Gärten und alles Korn in der Erde zugrunde. Süßwasserfische erfrieren im Wasser, Kühe erfrieren im Stall und Menschen erfrieren auf der Straße[17].

---

[13] Ebenda, S. 266
[14] Christian Pfister, S. 12
[15] Wilhelm Abel, S. 43
[16] Hans J. Teuteberg / Günter Wiegelmann, S. 70
[17] Ulrich Christian Pallach, Hunger. Quellen zu einem Alltagsproblem seit dem 30jährigen Krieg München 1986

Auch in den nächsten Jahrzehnten änderte sich das Wetter nicht wesentlich. 1725 wurde der Juni eher als Winter denn als Sommer empfunden. Für Europa war dieser Sommer mit einem Temperaturmittel von nur 13,1 Grad Celsius der kälteste in der Geschichte der Thermometeraufzeichnung überhaupt[18]. Von 1731 bis 1811 herrschte in Mitteleuropa ein kontinentales Klima mit kalten, niederschlagsarmen Winter- und Frühlingsmonaten. Die Sommer waren kurz und feucht, die Herbste kühl. Um die Mitte des 18. Jahrhunderts, zwischen 1741 und 1754, konnte man erstmals seit dem Anfang des 17. Jahrhunderts wieder eine Serie wärmerer Winter erleben. Das relativ günstige Klima dieser Jahre kühlte sich schnell wieder ab. Grausam harte Winter, regnerische Sommer und Stürme im Herbst führten zu Missernten und diese zu Hungersnöten. Wegen des rückläufigen Warenangebotes explodierten die Lebensmittelpreise. Noch im 18. Jahrhundert konnte, je nach Ernte, der Getreidepreis innerhalb weniger Jahre um mehrere Hundert Prozent steigen oder fallen oder auch in nahe benachbarten Gebieten stark unterschiedlich sein, weil Massengüter, wie u. a. auch Getreide, praktisch nur auf dem Wasserwege zu einigermaßen erträglichen Frachtpreisen befördert werden konnten.

Erst unter den Verkehrsbedingungen der jüngsten Vergangenheit, frühestens seit dem Aufkommen der Eisenbahn, ist der Warenaustausch so einfach geworden, dass sich Preise über Regionen und Zeit hinweg aneinander angleichen.

Zwischen 1812 und 1860 kühlte es sich erneut und erheblich ab. Erst am Anfang des 19. Jahrhunderts setzte eine bis heute andauernde Warmphase ein[19]. Von 1803/04 wird aber noch berichtet[20]: Im neuen Jahrhundert blieben die Ernten wieder aus. Aus Not wurde Fleisch von Katzen und krepierten Pferden gegessen. Die meteorologischen Gegebenheiten[21] lösten 1816 die erste große Cholera-Epidemie der Neuzeit aus[22].

---

[18] H. H. Lamb, S. 254/268
[19] Paul Münch, Lebensformen der Neuzeit
[20] Wilhelm Abel, 1986, S. 54
[21] Christian Pfister, S. 39
[22] H. H. Lamb, S. 331

Geldwesen

Die einfachen Leute hatten nicht viel Geld und brauchten auch nicht sehr viel davon, man war ja Selbstversorger. Viehzucht, aber auch Heimarbeit, wie Spinnen, Stricken und Weben in der kalten Jahreszeit brachten etwas Geld für Kleidung, Salz und Zucker ins Haus. Zu den Grundbegriffen des Geldwesens gehörten die Begriffe ›Kurantgeld‹ und ›Kreditgeld‹. Lag beim Kurantgeld der Wert in den Münzen selbst, so lag der Wert des Kreditgeldes in der Garantie des Ausgebenden. Früher wurde überwiegend in Kurantmünze bezahlt. Heute gibt es nur noch Kreditgeld und mit der Garantie der Ausgebenden ist es, wie wir gerade wieder sehen, nicht weit her. Hauptmünzmetall war das Silber, seltener das Gold. Hauptmünze war der silberne Denar.

Das Münzrecht galt ursprünglich als königliches Hoheitsrecht. Seit dem 9. Jahrhundert wurde es auch an Fürsten verliehen. Der Landesfürst übte sein Münzrecht nicht direkt aus, sondern beauftragte Münzmeister. Nicht selten wurde jetzt zugunsten der Staatskasse bei der Neuausgabe von Geld sein Metallwert verringert (bekannt auch unter der Bezeichnung Münzverschlechterung). Die schönen Denare aus reinem Silber aus der Zeit Karls des Großen wurden jetzt zunehmend mit Kupfer vermengt. Das geschah bis zu dreimal jährlich und das nicht einheitlich im Reich, sondern in einem Land mehr, im anderen Land weniger. Im 11. Jahrhundert wurde in Deutschland die Mark eingeführt, die 218 Gramm Gold enthielt.

Im 13. Jahrhundert wurden die ersten Fernhandelsmünzen geprägt. Sie waren aus Silber, hießen Groschen und waren 12 Pfennige wert. Daneben gab es noch Gulden und Dukaten in Gold.

Im 16. Jahrhundert wurde in Deutschland der „Reichstaler" zur Reichswährung.

Nach „Post" ist der Zusammenhang zwischen Typhus oder Cholera und den kalten nassen Vegetationsperioden inzwischen gründlich erforscht und erwiesen. Ebenso gibt es Anzeichen dafür, dass auch die Pest durch bestimmte Klimakonstellationen begünstigt wird

Regierung von Gottes Gnaden

Nur 2 % der Bevölkerung bestimmten während des ganzen Mittelalters über die Restbevölkerung, die sie sich von der Obrigkeit persönlich und dinglich abhängig gemacht hatte. Die ehemals Mächtigen – das waren keine Engel, die vom Himmel geschickt wurden, um den Menschen zu helfen, nein, es waren Menschen wie du und ich, jedoch in der Ausführung brutal und von Macht besessen, die Stärksten eben. Sie haben wohl die Bibel nicht richtig verstanden, denn dort heißt es:

„Gott schuf also den Menschen als sein Abbild."
Als Mann und Frau schuf er sie.
Gott segnete sie und Gott sprach zu ihnen: Seid frucht-
bar und vermehrt euch, bevölkert die Erde, unterwerft
sie euch und herrscht über die Fische des Meeres, über
die Vögel des Himmels und über alle Tiere, die sich auf
dem Land regen."

Keine Rede davon, dass Menschen auch ihre Mitmenschen unterwerfen und wenige Menschen über viele andere Menschen herrschen sollen. Viele der oben genannten Machtmenschen nahmen für sich in Anspruch, im Namen Gottes und von Gottes Gnaden zu handeln. Sie machten sich die Menschen untertan, unterwarfen sie, nutzten sie aus, ließen sie für sich arbeiten und kämpfen, solange diese stark und für sie nützlich waren. Sie betrachteten die Menschen als ihr Eigentum, das sie dann allerdings auch schützten. Die Bezeichnungen eigenbehörig, untertan, persönlich und dinglich abhängig haben heute einen negativen Beigeschmack. Das wurde damals aber gar nicht so empfunden, im Gegenteil, der erforderliche Schutz der einfachen Menschen durch die Mächtigen war notwendig und deshalb sehr gefragt. Viele Menschen gaben für diesen Schutz ihre Freiheit freiwillig auf.

Für das Mittelalter gibt es zahlreiche Hinweise auf Eisen-, Silber- und Goldbergbau und die Verhüttung der Metalle. Das Erz, später auch die Kohle, wurde zunächst im Streichen der Gänge und Flöze im Pingenabbau gewonnen. Später ging man auch dort schon zum Tiefbau über. Bremse war hier vor allem das Grubenwasser. Um dieses zu heben, gab es zahlreiche abenteuerliche Konstruktionen. Da zu Beginn des Mittelalters noch keine

Sprengung möglich war, legte man Feuer, um im Gebirge eine Rissbildung zu erzeugen, was die Gewinnung erleichterte. Der Erzbergbau wurde zunächst lange Zeit als grundherrschaftlicher Bergbau betrieben und später von Unternehmen übernommen, die sich die Bezugsrechte vom Landesherrn einholen mussten. Unter der Erde ist es nicht nur dunkel, sondern es kommt dort schnell zum Sauerstoffmangel, der zur Erstickung führt. Um den Sauerstoffgehalt der Grubenluft zu kontrollieren, nahm man Wellensittiche mit in die Grube. Sie werden schon bei ganz geringem Sauerstoffmangel ohnmächtig. Später prüfte man die Grube auf Sauerstoffmangel, durch Veränderungen an offenen Flammen.

Die Zeit danach bis zum Jahre 1800 n. Chr. bezeichnen wir als frühe Neuzeit; ihr folgen die Neuzeit und die Moderne.

Was den Bergbau betrifft, ähnelt er dem im auslaufenden Mittelalter; etwa ab dem 9 Jahrhundert n. Chr. kommt der Kohlenbergbau dazu, über den später noch besonders berichtet wird.

Die großen Klassenkämpfe der Bauern in Deutschland am Ende des 15. Jahrhunderts und in der ersten Zeit des 16. Jahrhunderts gegen die feudale Gesellschaftsordnung verbesserten zwar die Position der „Hörigen", führten aber nicht zu einer grundlegenden Wandlung der Verhältnisse. Das System der von abhängigen Eigenhörigen bewirtschafteten Kolonate, hatte so – mit wenigen regionalen Ausnahmen und in unterschiedlichster Ausprägung – von der Spätantike über das gesamte Mittelalter bis zum 19. Jahrhundert Bestand.

Aufhebung der Leibeigenschaft durch Napoleon

Die Vorfahren väterlicherseits gehörten fast 500 Jahre zum Bereich des Fürstbischofs zu Münster. Von 1807-1813 war dieser Landesteil ein Gebiet des „Königreichs Westphalen", das vom jüngsten Bruder Napoleons, Jérôme, nach dem Muster des französischen Kaiserreiches regiert wurde. Die Grenze zum Kaiserreich der Franzosen verlief mitten durch Lüdinghausen.

Im Gefolge der Französischen Revolution krempelte Napoleon ganz Europa um. Westfalen, als naher Nachbar Frankreichs, bekam all diese Veränderungen besonders intensiv zu spüren. Innerhalb weniger Jahre musste hier die Landkarte dreimal neu gezeichnet werden und die Einwohner mussten sich ebenso oft auf eine neue Obrigkeit einstellen. Napoleon bestimmte nun die Geschicke Europas immer mehr. 1804 krönte er sich selbst zum Kaiser. Im Frühjahr 1814 dankte Napoleon ab. Eine wesentliche politische Veränderung brachte zu Beginn des 19. Jahrhunderts auch die Säkularisierung. Der Kirchenbesitz wurde verweltlicht, die Fürstbistümer – die ja gerade in Westfalen einen großen Teil des Landes umfassten – und auch die meisten Klöster wurden aufgelöst. Die Wirren zu Beginn des 19. Jahrhunderts brachten für die Bauern die endgültige Abkehr von der persönlichen und dinglichen Abhängigkeit der Grundherrschaft.

Am 12. Dezember 1808 erließ Napoleon, „Kaiser der Franzosen, König von Italien, Beschützer des Rheinbundes, Großherzog von Berg" ein Dekret, mit dem im Großherzogtum Berg und Kleve die Leibeigenschaft mit allen sich daraus ergebenden Rechten und Verbindlichkeiten aufgehoben wurde. Dieses Gesetz machte im ehemaligen Fürstbistum Münster, das seit 1807 zum Großherzogtum Berg gehörte, die Bauern zu freien Bürgern und brachte sie in den Genuss aller bürgerlichen Rechte. Das bedeutete für die Landbevölkerung endgültig die in vielen Phasen vollzogene Abschaffung der Eigenhörigkeit und der an der Person haftenden Dienste. Mit der Veröffentlichung im „Münsterschen Intelligenzblatt" vom 24. Februar 1809 wurde dieses für die Bauern so wichtige Dekret rechtskräftig.

Dazu erhielten sie das volle Eigentumsrecht an ihrem Hof – mit Ausnahme der Holzungen. Das hört sich gut an, war aber zu bezahlen kostete also Geld. Aber woher mit soviel Geld? 1813 nahm Preußen das Land wieder in seinen Besitz, wobei die französischen Gesetze übernommen wurden, zu denen auch die Abschaffung der Leibeigenschaft gehörte. Die Leibeigenen waren jetzt persönlich frei. Uneingeschränkte Eigentümer ihrer Höfe wurden sie jedoch erst nach vollständiger Bezahlung der übertragenen Werte an den früheren Grundherrn. Von dinglichen Leistungen konnte man sich ebenfalls freikaufen. Bis zur endgültigen Ablösung besaß der ehemalige Grundeigentümer jedoch noch das Obereigentum, welches erst 1850 endgültig abgeschafft wurde.

Die Bauern konnten das Geld für das Kolonat und die Ablösung der Dienste nur bezahlen, weil sie mit der Freiheit auch die Kreditwürdigkeit gewonnen hatten, die sie dringend brauchten, um Haus und Grundbesitz zu kaufen und die Dienste ablösen zu können. Anstatt fremdes Eigentum zu bewirtschaften sowie Dienste und Abgaben für den Grundherrn zu leisten, mussten sie jetzt aber regelmäßig Zinsen an die Bank zahlen, was in eine andere Abhängigkeit führte. Wie es heißt, sollen die Banken weniger Verständnis für ausbleibende Zahlungen infolge von Missernten gehabt haben als die früheren Herren. So wurden aus persönlich und sachlich abhängigen Eigenbehörigen freie Bauern, ja, Unternehmer. Damit wurde auch ein seit Jahrhunderten bestehendes System zu Grabe getragen. Der Hof hatte jetzt einen Besitzer, der unternehmerisch denken musste, um überleben zu können. Das hatte natürlich Auswirkungen auf die auf dem Hof beschäftigten Personen, Gesinde und nachgeborene Kinder, sie standen jetzt in einem Dienstverhältnis zum Hofbesitzer und mussten unterhalten werden. Diese Belastung konnten die meisten Höfe aber nicht tragen. Gleichzeitig wuchs in den Jahren von 1800-1900 die Bevölkerung im deutschen Reich wegen höherer Geburtenzahlen, aber auch durch Zuwanderung in die Industrie, vor allem in den Bergbau, von 22 auf 60 Millionen[23]. Für viele Menschen gab es keine Arbeit mehr. Die Folge: extrem niedrige Löhne, lange Arbeitszeiten und Teuerungen. Es kam zu sozialen Konflikten, Aufständen und zu Hungersnöten. Im Ergebnis war alles zusammen ein entscheidender Grund für die Auswanderungswelle jener Tage, deutsche Wirtschaftsflüchtlinge, die ihr Heil im Ausland suchten und es meistens dort auch fanden. Allein im Jahre 1847 verließen 740 000 Deutsche das Land. Bis 1910 hatten insgesamt 5 Millionen Menschen Deutschland verlassen[24].

Die auf dem Humanismus und die Aufklärung basierende sowie durch die französische Revolution eingeleitete Säkularisierung brachte einerseits die Einziehung und Aufhebung von Kirchengütern und andererseits die Annektierung geistlicher Herrschaften. Mit der Einziehung der kirchlichen Hoheitsrechte und des kirchlichen Vermögens durch den Staat war dann auch die politische Entmachtung des katholischen Klerus endgültig vollzogen.

---

[23] Johannes Schmids Nachkommen, Band 2, BOD Books on Demand
[24] ebenda

Genealogie

Ein Teilgebiet der Geschichte, die Genealogie, beschäftigt sich mit den biologischen Zusammenhängen und verwandtschaftlichen Verflechtungen der
Menschen. Dazu gehört auch die Familiengeschichte, sie ist also nicht gleich
Genealogie, sondern ein Teil dieser Wissenschaft. Wer forschen will, sollte
sich vorher zweckmäßig einige Grundlagen aneignen. Nur mit der Auflistung
von Daten allein kann man keine richtige Vorstellung vom Leben der Vorfahren gewinnen und manche Verhaltensweisen auch nicht verstehen. Es
ist richtig und wichtig, die Vorfahren in ihrer Zeit zu sehen, eingebunden in
Stadt, Land und Geschichte.

Mit etwas Glück und Geduld kann man die Altvorderen bis weit ins
Mittelalter hinein zurückverfolgen. Ergiebigste Quelle sind die Kirchenbücher, die aber erst vom 16. Jahrhundert an geführt wurden, aber leider
nicht von allen Kirchen. Außerdem gingen viele Kirchenbücher, insbesondere während des Dreißigjährigen Krieges, durch Brände verloren. Weitere wertvolle Quellen sind die Klöster, die Archive adliger Familien sowie
Einwohnerlisten der Dörfer und Städte. Da Familienforschung zu einem
beliebten Hobby geworden ist, sind heute auch Forscherkontakte und
Genealogiesoftware eine wertvolle Hilfe. Die folgenden Abschnitte geben
einen kurzen Überblick über die Zeit, das Leben in der Zeit und die wichtigsten Lebensbereiche und Lebensbedingungen, unter anderem über
Arbeit, Lustbarkeiten und die Knechtschaft der einfachen Leute. Die Behandlung der Menschen wurde von diesen nicht immer als Knechtschaft
in unserem Sinne empfunden, ebenso wie auch heute alles Empfinden
relativ ist. Deutlich wird das besonders in dem Abschnitt über den Bergbau, in dem 1000 m unter Tage zu oft unmenschlichen Arbeitsbedingungen geschuftet wurde und wird und wo der Bergmann trotzdem seinen
Beruf über alles lieben kann.

Kalendarium, Zeiterfassung

Es scheint sicher zu sein, dass – wie alle Menschen – auch unsere Vorfahren von der Urmutter abstammen und über alle Zeiten hinweg dabei
waren. Wer nach ihnen sucht, muss wissen, dass unser heutiger Kalender
anders aussieht als zu anderen Zeiten und dass es einige Tage überhaupt
nicht gegeben hat.

- Die Bezeichnung „nach Christus" gibt es erst seit Mitte des 6. Jahrhunderts, „vor Christus" wurde erst im 17. Jahrhundert eingeführt.
- Das Jahr „0" gibt es nicht, auf den 31. Dezember des Jahres 1 vor Chr. folgt der 1. Januar des Jahres 1 nach Chr.
- Einige Völker bezogen die Zeitrechnung auf den Zeitpunkt, zu dem ihrer Meinung nach die Welt erschaffen wurde. Umgerechnet auf die christliche Ära entspricht dies den folgenden Zeiten:
- Die Juden beginnen mit dem Jahr 3761 v. Chr.
- Die Byzantiner zählten ab dem Jahr 5509 v. Chr.
- Die byzantinische Zeit war in Russland noch bis zu ihrer Abschaffung durch Peter den Großen am 1. Januar 1700 in Gebrauch.
- Das Zeitalter des Hellenismus rechnete vom Todestag Alexanders des Großen an; das war im Jahr 323 v. Chr.
- Die römische Zeit beginnt mit der Gründung Roms, die für das Jahr 753 v. Chr. angenommen wird.
- Die Buddhisten beginnen ihre Zeitrechnung mit dem Todesjahr Buddhas (483 v.Chr.).
- Im alten Ägypten rechnete man nach bedeutenden Ereignissen wie Steuererhebungen oder nach Regierungsjahren der Pharaonen.
- Moslems zählen von der Übersiedlung Mohammeds von Mekka nach Medina (Hedschra, 622 n. Chr.).
- Die christliche Zeitrechnung wurde durch den Abt Dionysius Exiguus festgelegt, der bei der Aufstellung der Ostertafeln im Jahre 532 das „Jahr der Menschwerdung des Herrn" als Ausgangspunkt nahm, den Tag der Geburt auf den 25. Dezember und den Jahresbeginn auf den 1. Januar legte. Wir wissen heute jedoch, dass Jesus sieben oder acht Jahre vor dem angenommenen Datum geboren wurde.
- Der Kalender der Ägypter wurde von Julius Cäsar im Jahre 46 v. Chr. in verbesserter Form übernommen (365 Tage und sechs Stunden; die sechs Stunden wurden alle vier Jahre zum 366. Tag). Die Differenz zum Sonnenjahr betrug noch elf Minuten, die sich nach 128 Jahren zu einem Tag addierten.

- 1582 wurde durch Papst Gregor XIII. der gregorianische Kalender eingeführt. Das Kalenderjahr wurde um elf Minuten gekürzt und festgelegt, dass innerhalb von 400 Jahren drei Schaltjahre ausgelassen werden. Nur noch die durch 400 teilbaren Jahrhunderte sind jetzt Schaltjahre. Bei der Kalenderreform wurden einmalig zehn Tage ausgelassen.
- Auf den 4. Oktober 1582 folgte direkt der 15. Oktober 1582. Die dazwischen liegenden Tage hat es also nie gegeben.
- Russland und die evangelischen Territorien Deutschlands schlossen sich erst 1700, England 1752 und Schweden 1753 der Reform an.
- Eine Besonderheit war der französische Revolutionskalender, er hatte für Teile Westdeutschlands in der Zeit vom 22. September 1792 bis 31. Dezember 1805 Gültigkeit. Das Jahr war in zwölf Monate zu 30 Tagen eingeteilt. In normalen Jahren wurden fünf Ergänzungstage – in Schaltjahren sechs Tage – angehängt. Statt einer Wocheneinteilung gab es je Monat drei Dekaden zu je zehn Tagen.

Die Antike umfasst einen Zeitraum von circa 1.300 Jahren. Auch zu dieser Zeit gab es schon Ahnenforschung. Das war nicht nur Neugierde, sondern man wollte in erster Linie die Abstammung beweisen.

Oft werde ich gefragt, warum ich mich mit Ahnenforschung beschäftige. Mich hat immer schon interessiert, woher meine Vorfahren kommen, wo und wie sie gelebt, sich gefreut oder auch gelitten haben. Geradezu faszinierend fand ich die Vorstellung, dass auch unsere direkte Linie über alle Geschichtszeiten bis auf die erste Frau, unser aller Urmutter, zurückgeführt werden kann. Ahnenforschung gibt es, solange es Menschen auf Erden gibt. Das Ergebnis der ältesten Ahnenforschung ist in der Bibel nachzulesen unter 1. Moses, Kapitel 10, Verse 1 und 21-30, Kapitel 11, Verse 10-27 und im Matthäusevangelium, Verse 1-16. Weiter enthält die Bibel im „Ersten Buch der Chronik", Kapitel 1-9, umfangreiche Geschlechtsregister und Familienlisten von Adam über Abraham zu den Söhnen Israels, unter besonderer Berücksichtigung der Stämme Juda (David) und Levi (Tempel). Hauptanliegen des Chronisten ist hier der Nachweis, dass allein Juda und seine Hauptstadt Jerusalem der Sitz der Gottesherrschaft sind, weil hier die rechtmäßige Dynastie zu Hause ist.

Ahnennachweis im Mittelalter

Familienforschung spielte schon im mittelalterlichen Lehnswesen sowie bei der Zulassung zu Ritterorden und adligen Dom- und Stiftskapiteln, wo die Ahnenprobe vorgeschrieben war, eine große Rolle. So wurde für die Vollberechtigung des freien Mannes der Nachweis von vier frei geborenen Ahnen verlangt. Für die Aufnahme in ritterliche Orden war der Nachweis reinadliger Abstammung von vier, acht oder gar 16 adligen Ahnen erforderlich. Die wissenschaftliche Beschäftigung mit der Genealogie als Hilfswissenschaft der Geschichte begann im 16. Jahrhundert, wo sie vor allem in Fürsten- und Grafenhäusern gepflegt wurde.

Ahnenforschung in der nationalsozialistischen Ära

Ahnenforschung war in der nationalsozialistischen Ära eine Voraussetzung zum Nachweis der arischen Abstammung. Unter dieser Bezeichnung wurde den Persern, Griechen und Römern als den Schöpfern der abendländischen Kultur eine qualitative und rassische Überlegenheit zugemessen. Die Nationalsozialisten sahen sich als Erben und Verteidiger dieser Kultur und schlossen die Nichtarier aus allen privaten und öffentlichen Verbänden aus. Im Rahmen der Blutschutzgesetze war die Eheschließung von Juden mit Angehörigen deutschen oder artverwandten Blutes verboten. Um offizielle Nachforschungen zu vermeiden, suchten nun viele deutsche Staatsbürger ihre arischen Vorfahren.

Ahnenforschung der Mormonen

Für die neun Millionen Mitglieder der „Kirche Jesu Christi Der Heiligen Der Letzten Tage" in aller Welt ist die Ahnenforschung eine Verpflichtung. Neben vielen Aufgaben im Rahmen der Betreuung der Lebenden kümmert sich die Kirche auch um die verstorbenen Familienmitglieder der Heiligen der Letzten Tage. Dabei gehen sie vom Fortleben des Individuums nach dem körperlichen Tod aus und davon, dass die Familie ewigen Bestand hat. Da die Toten aber keinen Körper mehr haben, lassen sich die Mitglieder der Kirche stellvertretend für sie taufen. Ziel ist es, möglichst viele Vorfahren auf diese Weise zu erreichen, denn nach ihrer Meinung, die auf Aussagen von Jesus und seinen Jüngern basieren soll, kann keiner ungetauft in das Reich Gottes kommen.

Ein anderes Ergebnis ihrer Forschung sind die Liebe und das Verständnis, das man durch die Forschung für seine Vorfahren entwickelt, wenn man ihr

Leben und ihre Zeit durch die Forschung nicht nur nach Daten darstellt, sondern auch Forschung nach den persönlichen Umständen betreibt.

Das „Family-Search-Programm" der Mormonen, das allen Interessierten zugänglich ist, enthält im Internationalen Genealogie-Index über 200 Millionen gespeicherte Personendaten aus aller Welt darunter 30 Millionen alleine aus Deutschland sowie in der Ahnenkartei (Ancestral File) circa acht Millionen Personendaten aus aller Welt mit kompletten Ahnentafeln und Einreicher-Adressen.

Die auf Mikrofilm gespeicherten Daten werden in einem ehemaligen Kalibergwerk in Amerika, nahe Salt Lake City, deponiert und aufbewahrt. Von dort aus werden – auf Anforderung – Kopien in alle Welt versandt. Dieses Bergwerk wurde eigens für die Lagerung ausgebaut und soll angeblich atomwaffensicher sein. **Die Kirche hat es sich zur Aufgabe gemacht, die ermittelten Daten nicht nur den Mitgliedern der Kirche, sondern allen Menschen auf Erden zur Verfügung zu stellen.**

Ahnenforschung „heute"

Die aus unseligen Zeiten mit Makel behaftete Ahnenforschung ist heute wieder modern und zu einem beliebten Hobby bei Jung und Alt geworden. Die Beschäftigung mit diesem Thema ist nicht zuletzt oft auch Dank und Achtung für die Vorfahren.

Genau das waren auch meine Motive für diese Arbeit. Von jeglicher Bluts- und Standesforschung möchte ich mich entschieden distanzieren. Die kosten- und zeitintensive Tätigkeit der Ahnenforschung wird etwas leichter und auch interessanter – nicht unbedingt aber auch billiger – durch die Möglichkeiten, die die modernen Medien heute bieten. Es gibt inzwischen eine umfangreiche Genealogie-Software und auch Forscherkontakte über das Internet. Für die fachliche Beratung stehen staatliche und nicht staatliche Archive und auch die genealogischen Gesellschaften zur Verfügung. Auch die genealogische Forschungsstelle der Mormonen ist eine ergiebige Datenquelle. Für die Mitglieder dieser Kirche ist die Ahnenforschung eine religiöse Verpflichtung.

Seit einiger Zeit bedient sich die Ahnenforschung der DNA-Analyse. Mithilfe von Proben an prähistorischen Skeletten und DNA-Proben von lebenden Personen konnte ein Institut für Anthropologie eine Familienlinie 3.000 Jahre zurückverfolgen. Das ist zurzeit der wirklich älteste genetisch belegte Stammbaum der Welt. Ähnliche Untersuchungen werden im Internet für viel Geld von Institutionen und Personen angeboten, deren Seriosität aber zweifelhaft ist.

Wie viele Vorfahren haben wir?

Mit Ahnenforschung wird man nie fertig. Jeder Mensch ist mit allen durch ein komplexes Geflecht von Verbindungen verknüpft, das bis zur ersten Gruppe von Wesen zurückreicht, die wir als Menschen bezeichnen. Wir haben jeder zwei Eltern, vier Großeltern und acht Urgroßeltern – und wie geht es weiter?

- **In zehn Vorfahr-Generationen ist es die stolze Menge von 512 Personen und**
- **in 21 Vorfahr-Generationen – das entspricht einer Rückrechnung etwa bis zum Jahre 1350 – sind es rein rechnerisch schon über zwei Millionen Ahnen.**
- **Über 34 Milliarden Vorfahren sind es, rechnet man 40 Generationen zurück, bis in die Zeit Karls des Großen.**
- **Die Zahl der Vorfahren, die vor tausend Jahren lebten, würde für jeden von uns die Zahl der heute auf der Erde lebenden Menschen übersteigen. Trotzdem gibt es heute mehr Menschen als zu einem früheren Zeitpunkt in der Geschichte.**

Der Grund hierfür: In der Vergangenheit hielten geografische, kulturelle und standesrechtliche Barrieren die Menschen viel stärker in separaten Gruppen, die sich nur untereinander fortpflanzten. Ehen unter Verwandten waren nicht selten. Je nach Grad der Verwandtschaft und zeitlicher Entfernung von den betreffenden Personen haben diese dann die gleichen Menschen als Ahnen. Diesen Sachverhalt nennt man in der Genealogie Ahnenverlust, durch ihn wird die vorher erwähnte Anzahl der theoretisch möglichen Ahnen einer Person in einem ganz erheblichen Maße verringert.

Früher lagen diese Beurkundung und auch die Führung des Personenstandes in der Verantwortung der Kirche. Sie ging in Deutschland und der Schweiz im Jahre 1876 auf staatliche Behörden über. Für die Zeit vor 1876 sind die wichtigsten Hilfsmittel die Kirchenbücher. Aber nur mit etwas Glück findet man dort noch Daten und Fakten aus der Zeit vor dem Dreißigjährigen Krieg. Denn in diesem Krieg ist fast alles durch Kriegseinflüsse vernichtet worden und nur selten reichen die in den Kirchenbüchern stehenden Informationen für eine Forschung aus. Die schriftlichen Eintragungen sind wegen schlechter Schrift und unvollständiger Angaben oft nicht verwertbar.

Der eigene Name zählte damals auch nicht viel, wichtig war der Hofname. Frauen werden in den Quellen selten mit eigenem Namen erwähnt. Wird es einmal erforderlich, heißt es: »Frau des Bauern ...« und dann folgt der Hofname. Oft werden Frauen und Kinder nicht einmal mit eigenem Namen in den Sterbelisten geführt. Auch dort heißt es dann »Sohn des Bauern (Filius Colonus) ...« oder »Frau des Bauern (Colona) ...« oder auch nur zum Beispiel »die alte Abel«.

Wer sich bemüht, kann aber immer noch in den Archiven von Klöstern und adligen Häusern suchen und fündig werden. Dort ist alles, vor allem wenn Geld geflossen ist und wenn es auch nur ein Taler war, schriftlich pingelig genau festgehalten.

Diese Kurzübersicht über das Leben und die Lebensbedingungen in der Altzeit, der Antike und das Mittelalter wirft Fragen nach den eigenen Vorfahren auf.

Will man etwas über seine Altvorderen wissen, so muss man forschen. Wer das macht, wird in der Regel auch fündig, und wer einmal damit angefangen hat, hat sein Leben lang keine Langeweile mehr. Die Reihe der Vorfahren reicht zurück bis zum Schöpfungstag des Homo sapiens. Seitdem sollen circa 80.000 Jahre vergangen sein. Was geschah während dieser langen Zeit mit unserem Familienspross? Wer waren die Männer und Frauen, denen wir unser Leben verdanken? Wo und wie haben sie gelebt? Leider wissen viele Menschen noch nicht einmal etwas über die jüngere Vergangenheit ihrer Familie. Dazu eine Kurzgeschichte, mitten aus dem Leben gegriffen.

Was wissen wir wirklich voneinander?

Es war Weihnachten im Altenheim. Besuch für die alte Dame!

Ja, da kamen sie, drei kräftige junge Leute, ihre Kinder. Die vom Alter gebeugte Frau mit den weißen Haaren hielt sich an ihrem Rolllädchen fest, sah mit glücklichen Augen hoch. Prächtige Kerle, lange hatte sie sie nicht gesehen und nur ganz selten kam ein Anruf, aber wie schön, dass sie jetzt alle da waren. Auch die Kinder hatten sich lange nicht gesehen, freuten und unterhielten sich scherzend und vergaßen dabei völlig den

Anlass. Einer von ihnen hatte im ganzen vergangenen Jahr nicht ein einziges Mal angerufen, keine Zeit, voll im Stress der arme liebe Junge. „Was glaubst du, Mama, was heute so in den Betrieben los ist". Sie verfolgte das Ganze interessiert am Rande und ihre alten Augen glitten wieder und wieder in einer Mischung aus Traurigkeit und Stolz über ihre Kinder. Gemeinsam genossen sie so ein paar schöne Stunden bei Kaffee und Kuchen. Als die Zeit kam zu gehen, sagte man ihr noch, wie schön es doch hier wäre und wie sehr sie das auch verdient habe. „So", sagte sie unvermutet mit fester Stimme: „Ihr meint also, dass ich **das so** verdient habe", wobei sie das Wort „DAS" sehr laut und betont aussprach.

„Ach Junge, was weißt du schon von mir und von meinen Leben?", meinte die Frau in der abendlichen Runde und sie blickte dabei einen ihrer Söhne in die Augen: „Nun mal raus damit, ich bin gespannt."

Als der Angesprochene schwieg, fasste die Frau noch einmal nach: „Komm schon, was weißt du wirklich von mir?"

Der verdutzte Mann musste lange überlegen. Endlich fielen ihm ein paar Stationen aus dem Lebensweg seiner Mutter ein. Dennoch wurde sehr schnell deutlich, dass er vom Leben der Frau, der er sein Leben verdankt, herzlich wenig wusste.

Müsste er jetzt einen Aufsatz „Meine Mutter" schreiben, so zwei Blätter würden es vielleicht werden, mehr nicht, man weiß eben so verdammt wenig über die Eltern und noch weniger über die Großeltern.

Natürlich hatte die Frau, die ihren Sohn plötzlich so examinierte, im Laufe der Jahre das eine oder andere erzählt, mal eine Anekdote, mal ein Geständnis, aber im familiären „Papperlapapp" war das untergegangen. Denn auch ihre Kinder waren von jener Krankheit befallen, die eine Schlüsselkrankheit unserer Zeit ist: der Krankheit, nicht richtig zuhören zu können oder zu wollen. Bei „Familiengeschichten" hatten sie ihre Ohren sowieso auf Durchzug gestellt. Man hat ja heutzutage genug mit sich selbst zu tun, nicht wahr? Und all das Entscheidende, das die Eltern geprägt hat, liegt ohnehin so weit zurück, warum sich damit auch noch zu belasten. Das war gestern, man muss doch den Blick nach vorne richten, hat eigene Sorgen.

Traurig und mit nassen Augen sah die Mutter ihre Kinder an und hob ihr Leben noch einmal kurz in ihr altes Gedächtnis: Sie sah flatternde Hakenkreuzfahnen, marschierende Soldaten und Hitlerjugend. Da gab es Luftschutzkeller, Bombenalarm und ausgebombte Wohnungen, Evakuierungen,

Kinderlandverschickung und Hungerjahre. Die schlaflosen Nächte am Krankenbett ihrer Kinder, der Ehemann im Krieg. Die alleinige Verantwortung für die Familie, daneben ehrenamtliche Arbeit für das Winterhilfswerk und das Deutsche Rote Kreuz. Sie blickte hilflos in die Runde, schnäuzte sich auffallend laut und ihre Augen wurden nass. Sie dachte an 1945, der Mann im Kriege gefallen, die Besatzungszeit, Wiederaufbau, ... Trümmerfrau und wieder Hunger- und Mangeljahre. Kein Holz, keine Kohle für eine warme Stube und ein warmes Süppchen. Nahrungsmittel auf Lebensmittelkarten, nichts zum Anziehen, Schwarzmarkt. Krankheiten, die an die Substanz gingen sowie Vertreibung der Verwandten aus ihrer Heimat. Putzstellen, um den Kindern das Studium zu ermöglichen, Geldsorgen! Schon öffnete sich die Tür, noch eine Umarmung, dann „frohe Weihnachten, guten Rutsch und alles Gute für das neue Jahr", und schon war sie wieder allein, allein für ein weiteres Jahr. Würde sie es noch mal schaffen?

Blick in die eigene Familienforschung

Ich betreibe nunmehr seit ca. 20 Jahren Familienforschung. 5800 Personen habe ich in vielen Jahren in Kirchenbüchern und Archiven erforscht und ihre Daten in die europäische Geschichte eingebunden. Die Ergebnisse habe ich in 3 bisher unveröffentlichten Bücher festgehalten. Einige Highlights möchte ich dem Leser hier nicht vorenthalten.

Beginnend ab 1477 konnte ich von jeder Generation Lebenszeichen finden. Auch auf dem Hof hat es Auf- und Abstieg gegeben und auch das sogenannte Umsterben. Davon spricht man, wenn der Hof zwar über Generationen in der Familie weitergegeben wird, durch die Umschichtung jedoch die ursprüngliche Blutlinie verschwindet. Das alles hier aufzuführen, ginge wohl zu weit.

Zeugen der Vergangenheit aus eigener Forschung

Wie heißt es so schön: „Wer suchet, der findet." Ich habe gesucht und unglaublich interessante Unterlagen über unsere Vorfahren gefunden, aus dem Mittelalter, der frühen Neuzeit und auch aus der Neuzeit. Besonders interessant fand ich, dass wir über zwei Linien Verwandte in Amerika haben, mit denen ich schriftlich Kontakt aufnehmen und auf diesem Wege die gesamte amerikanische Verwandtschaft kennenlernen konnte. Es sind inzwischen viele hundert Personen. Alles hier zu zitieren und zu besprechen, würde den Rahmen dieser Arbeit sprengen.

Meine Vorfahren der väterlichen Linie kommen aus einer kleinen Stadt in Westfalen und von einem Hof, der dort seit 1477 nachweisbar ist, eine wechselvolle Geschichte hat und heute noch von Angehörigen unserer Linie bewirtschaftet wird. Die Hofbesitzer waren im 18. Jahrhundert in der Gemeinde über viele Generationen Bauernrichter. Über die Zeit von 1477 bis heute habe ich eine Familienchronik geschrieben, diese habe ich aber nicht veröffentlicht. Einige meiner Vorfahren konnte ich bis ins Mittelalter zurückverfolgen. Der älteste feststellbare Vorfahre, Wysen Abel, ist um das Jahr 1400 geboren und zwar auf einem Hof, der noch heute von Abels bewirtschaftet wird! Durch meine Forschungen konnte ich eine Hofgenealogie von 1477 bis heute anfertigen.

Aber nicht nur die namenstragenden Vorfahren waren für unser eigenes Werden, unser Leben, erforderlich, sondern alle anderen Linien waren genauso wichtig, um genau DICH entstehen zu lassen.

Die älteste vorgefundene Urkunde vom Abelhof

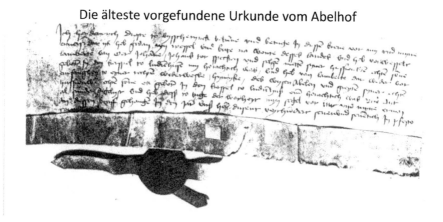

Westfälisches Archivamt, Bestand Kakesbeck N-31-12,
4,Juni 1477 (in profesto corpus Christ)
Der Inhalt: Heidenreich, Droste zu Vischering wechselt Johann thor Specken, Johanns und Metten Sohn, geb. in Ksp. Lüdinghausen mit Lambert von Oer gegen Hinrich Abel, des Wysen und der Greten Sohn, geb. im Ksp. Lüdinghausen.
Sigel Heinrich Droste
Original Pergament std Nr. 843/330 J.N. 1398

Abschrift und Übersetzung einer Hofübertragungsurkunde

Ü b e r s e t z u n g
der Urkunde Archiv Schloß Darfeld Bestand Kakesbeck
Class I Loc 4 Nr. 42

Im Jahr unsers Herrn 1557 am 15. August um 10 Uhr vormittags sind
vor mir, dem Notar, samt den unten benannten Zeugen persönlich
Peter Scheper, Vogt zu Vischering, Ernst und Bernt Abel erschienen und bekannten öffentlich, daß sie alle zusammen am Montag den
26. Juli vor dem Haus Kakesbeck gewesen sind und dem ehrenhaften
Berndt von Oer vorgetragen haben, weil nach dem nach Gottes Willen
erfolgten Tod des Hermann Abel, der dem genannten Berndt von Oer
nach Eigentumsrecht eigenhörig war, und Geise Wevels, seine nach-
gelassene Ehefrau, und das Haus, darin Hermann verstorben und in
dem zur Zeit Geise noch wohnt, auch dem genannten Berndt von Oer
zusteht, und weil die vorgenannte Geise, eine alte kranke Person,
wohl nicht mehr (das Haus) gewinnen und verwalten kann, das Haus
auch nicht mehr in gutem Stand halten und verbessern kann, dessen
das Haus wohl bedürfte, so haben Peter, Abel und Bernt zusammen
den genannten Berndt von Oer gebeten und von ihm begehrt, daß er
das Haus an Melcher tor Widen verpachten wollte, der das Haus aus-
bessern und darauf achten sollte, daß es nicht verfalle, was Melcher zu tun willens ist zu Gunsten seiner zwei Kinder, die er mit
seiner Ehefrau Trinen Abel vor kurzem gezeugt hat, nämlich Bernt
und Else, welche zwei Kinder auch Berndt von Oer eigenhörig sind.
Sei es, daß eins von den zwei Kindern das Haus nachmals besitzen,
bewohnen und zu seiner Zeit darin heiraten möge, so bleibt das
Haus mit denen, die nachmals darin wohnen werden, unter einer Herrschaft. Deswegen und um der genannten Umstände willen hat der ge-
dachte Berndt von Oer das Haus an den genannten Melcher tor Widen verpachtet, um darauf zu achten, es auszubessern und nicht
verfallen zu lassen solange, bis eins von den zwei genannten Kindern, welches das geeignetste dazu ist, das Haus besitzen und zur
gelegenen Zeit einheiraten möge nach dem Rat der Freunde und der
Herrschaft, was die genannte Witwe Geise gebilligt hat. Sie hat
auch beschieden, daß sie ihr Leben lang in dem Hause wohnen will,
wie es billig (ist), und daß sie dies alles mit befürwortet und
gelobt hat. Melcher tor Widen hat wiederum gelobt, daß er sie
(die Witwe) mit Kost verpflegen will, wann immer sie es bedarf.
Geise begehrt auch, wenn eins von ihren nächsten Blutsverwandten

in das Haus zu einem von den zwei Kindern heiraten sollte, bevor man das zu Wege bringe, die Herrschaft Konsens (erteilen sollte). Auch sind bei dem Hause lange zwei Stücke land gewesen, gelegen in den Radekämpen auf unserer lieben Frau Kamp, gehörig in die Kirche zu Lüdinghausen. Diese zwei Stücke Land hat bemelter von Oer mit Konsens des obersten Kirchenrates der Kirche zu Lüdinghausen auch an Melcher tor Widen verpachtet, davon dieser der genannten Kirche Pacht und Vorheuer geben soll solange, bis eins von den ㄴ. zwei Kindern geeignet ist, die zwei Stücke Land gegen eine jährlichegebührende Pacht mit dem Hause zu gebrauchen, was Geise mit gebilligt und gelobt hat mit dem Bescheid, daß gemelter Melcher auch wegen der Kinder, solange er die zwei Stücke Land in Gebrauch hat, ohne der Kinder Schaden Weinkauf wie andere, seien sie frei oder eigen, zur Zeit der gemelten Kirche geben soll und will. Und wenn die zwei genannten Kinder versterben und er dereinst das Land zum Gebrauch und das Haus in Besitz bekäme, so soll das vorgenannte Haus nach wie vor an das Haus Kakesbeck hörig bleiben ohne jemandes Behinderung vorbehaltlich der Heuer der Kirche zu Lüdinghausen von der Hausstätte und der jährlichen Pacht von dem genannten Lande. (Dies) alles ohne Arglist. Dabei waren die hier unten Beschriebenen, die ehrsamen Johannes Kulmann und Johann Buntermann, Krämer von Datteln, als Zeugen hierzu besonders berufen und gebeten. Verhandelt vor Vischering im Jahr, Tag und Monat wie oben bestimmt.

Geschrieben durch mich Johann Schroder, hieru gebetener und be - stellter Notar.

Ausschnitt aus einer Kopie der Originalurkunde

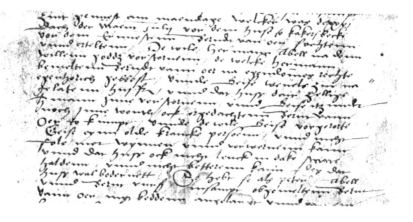

69

Übersetzung

1756 den 23ten 7bris Gerdt und Annen Zeller Abels das
Gewinn des Erbs mit Einschluß künftigen Versterbs für
deren ältesten Tochter Annen Elisabethen und Jo. Henr.
Tieman jetziger Abel nach aigenthumbsrechten anordiert
und gnädig erlassen in 2 Jahren zu bezahlen für 50 Rtlr.
Zahlt den letzten Termin mit 25 Rtlr.
Archiv Darfeld, Bestand Kakesbeck, IV-26-Nr3q-w (3tB.6)

Übersetzung:

Johann Henrich Tiemann heiratet auf den Hof ein und nennt sich fortan
„Tiemann, gen. Abel". Die Kinder aus dieser Ehe wurden nach dem Hof der
Mutter nur „Abel" genannt.

18. Kolonat Abel. 156 M. Vormals zu Kakesbeck
hörig. Rechnung von 1802: 132 Sch. Gesäe und Trift in
der langen Haide. Abg.: 14 Thlr. 11 Schill. Pacht, 10 Thlr.
Dienste, 10 Sp.- und 12 H.-D., 12 Sch. R. und 12 Sch. G.,
2 Schw., 2 Gänse, 2 Enten, 10 H., 52 Sp.-D. mit 4 Pf.
à 10 Schill. 8 dt. — Schatzung 3¼ Thlr. Wachen auf dem
Amthause. Gew. 1790 J. B. Abel und Gertrud Voß zu
20 Thlr. 1837 H. Abel und Therese Empting 70 Thlr. —
Der Distrikt bei Abel, Wiesentöns, Kalmon, Kleuter, Sch.
Elvert wird Loschop (Laischaft?) genannt. Vgl. Sch. Pröbsting.

In einer anderen Hofübertragungsurkunde (Gewinnbrief) von 1790 werden folgende Abgaben und Dienstleistungen festgeschrieben:
Die jährliche Pacht als:

14 Tlr, 11 S, 2 Schweine oder 6 Tlr, 2 Gänse oder dafür 7 Sgr. 2anndte oder dafür 7 Sgr., 10 Hühner oder dafür 15 Sgr., 1 Malt Roggen Hüzmaß , 1Malt Gerste Hüzmaß, 10 Taler Dienstgeld und 10 Pferdedienste und 12 Handdienste oder dafür 2 Tlr 22 Sgr. auf Martini Episcopi jedes Jahr von unterhabenden Erbe bei Strafe der Exemtion zu entrichten. Wenn dieses nachgehebet wird, so verspreche ich gemeldeten Eheleuten bei ihren Gewinn zu schützen und zu schirmen. Urkundlich habe ich diesen Gewinnsbrief mit meinem angeborenen Insiegel befestigt.
So geschehen zu Münster den 16.Dezember 1790.
S. A. Wittibte Droste zu Vischering

Auch schon in der Vorzeit wurden Testamente vor Notaren abgeschlossen. So wurden bei Hofübergaben alle Einzelheiten schriftlich festgehalten, obwohl sehr viele Leute nicht lesen und schreiben konnten.
Hier nur ein ganz kurzer Ausschnitt aus einer langen und umfangreichen Hofübertragungsurkunde von Eltern auf ihren ältesten Sohn, ausgestellt etwa um 1800.
... Der Übertragungsnehmer (Sohn) verpflichtet sich, dem Übertragungsgeber (Eltern) lebenslänglich nachbenannte Leibzugsrechte (Altenrechte) auf den erwähnten übertragenen Hof frei zu gewähren:
Wohnung in einer separaten Stube unter Mitbenutzung der erwähnten Räumlichkeiten des Hauses, die vollständige Kost, ihrem Alter und Stande angemessene Sommer- und Winterkleidung, Hege und Pflege in gesunden und kranken Tagen und auch ärztliche Hilfe mit den notwendigen Medikamenten und den Eltern zudem wöchentlich fünfzig Pfennig und beim Absterben des einen der Eltern dem Letztlebenden desgleichen ebenfalls 50 Pfennig als Taschengeld zu zahlen. Den Eltern, welche zur Mitarbeit nach Kräften sich bemühen werden, aber zur Mitarbeit nicht angehalten oder gezwungen werden können, steht frei, im ganzen Hause frei umherzugehen und alles zu ihrem Lebensbedürfnis zu nehmen, was das Haus bietet. Innerhalb des Hauses soll nichts ver-

schlossen werden. Die Eltern behalten sich jedoch ihre Kleidungsstücke, ihre Leibwäsche, ihre Betten nebst Bettgestell, so sämtlich in der von ihnen benutzten Stube befindlichen Gegenstände lebenslänglich zu ihrem ausschließlichem Gebrauch und zu ihrer ausschließlichen Benutzung. Unterzeichnet war das Testament mit drei Kreuzen!

Zur Erinnerung an die Zeit von der hier die Rede ist.

Die politische Situation in jenen Tagen

1756 begann der Siebenjährige (dritte schlesische) Krieg (1756–1763). In diesem Krieg wurde auch der Westen Deutschlands in Mitleidenschaft gezogen, denn das Stift Münster stand aufseiten Österreichs und Frankreichs und es galt gegen die Preußen und ihre Verbündeten anzukämpfen. Dülmen und Lüdinghausen sahen in dieser Zeit bald Freund, bald Feind in ihren Mauern. 1757 rückten befreundete französische Truppen ins Münsterland. 1758 wurde das Münsterland von den feindlichen Hannoveranern besetzt und 1759 von den Franzosen zurückerobert. Es gab große Truppendurchmärsche und die Bevölkerung musste wieder einmal Einquartierungen, Kriegssteuern und Lieferungen aller Art erdulden. Erst der Ende 1762 geschlossene Sonderfrieden zwischen Frankreich und England machte dem Krieg in Westfalen ein Ende. 1763 schließen auch Österreich und Preußen Frieden (Friede zu Hubertusburg) und Preußen wird Großmacht. Josef II. verbündete sich nach dem Tod seiner Mutter Maria Theresia (1780) mit Russland und isolierte Preußen. 1784 führte er im Reich die deutsche Sprache als alleinige Amtssprache ein.

Katharina die Große regierte von 1762–1796 in Russland. Am 17. August 1786 starb Friedrich der Große und Friedrich Wilhelm II. (1786–1797) wurde sein Nachfolger. Die Französische Revolution (1789–1799) brachte für alle Länder Unruhe.

Aus dieser Zeit gibt es ein Brandkataster für den Hof Abel über 4 Seiten. Aufgeführt ist nachfolgend nur der Schluss des Schreibens. Wie leicht zu erkennen ist, steht im Schlusssatz eine Menge Information über den Hof und seine Bewirtschafter, besonders hilfreich für die Forschung sind die Namen der fünf Kinder.

Übersetzung: Joan Bernd Abel hat auf Absterben seiner Eltern das Erbe mit seiner angeheirateten Ehefrau Gertrud Voss 1790, den 29ten April gewonnen und ist ihm das Gewinn und Versterb von der gnädigen Herrschaft belassen für 20 Rt.

Kinder als: Maria Elisabeth, 11 Jahre alt; Johann Godfried, 8 Jahre alt; Anna Maria Gertrud 6 Jahre; Catharina Elisabeth 3 Jahre; Joan Bernd 1 Jahr alt.

Die politische Situation 1790-1890

Wilhelm Friedrich II. war von 1786–1797 und sein Sohn Friedrich Wilhelm III. von 1797–1840 Preußenkönig.

Nach dem Tod von Josef II. (1790–1792), wählten im Jahre 1792 die Kurfürsten Franz II., den 24-jährigen Sohn von Leopold, Bruder Josephs und Enkel Maria Theresias, zum Haupt des Heiligen Römischen Reiches Deutscher Nation und krönten ihn zum Kaiser. Das Heilige Römische Reich Deutscher Nation war zu dieser Zeit nicht mehr als ein lockerer Zusammenschluss von 300 Staaten, jeder mit eigener Hoheit, eigenen Gesetzen, eigenen Steuern und vielfach auch mit eigenen Soldaten. Im protestantischen Nordosten dominierte Preußen, im katholischen Südwesten Österreich. Preußen und Österreich schafften es nicht, sich gegen Napoleon zusammenzuschließen. Ihre Armeen wurden getrennt von Napoleon besiegt: die Österreicher entscheidend bei Austerlitz, die Preußen 1806 bei Jena. Danach ruft sich Franz II. selbst zum Kaiser von Österreich aus und erklärt das Heilige Römische Reich Deutscher Nation für aufgelöst. Von 1806-1813 gehörte die Heimat unserer Vorfahren zum

„Königreich Westphalen". Die Grenze zu Frankreich verlief mitten durch Lüdinghausen. Ab 1813 nahm Preußen das Land in seinen Besitz und unsere Vorfahren wurden Untertanen des Königs von Preußen. 1815 dankt Napoleon zugunsten seines Sohnes Napoleon II. ab. 1816 wird Dülmen dem Kreis Coesfeld zugeordnet.

Friedrich Wilhelm IV., der Sohn von Friedrich Wilhelm III., wird König von Preußen (1840–1861). 1848 ist das Jahr der deutschen Revolution. In Berlin kommt es zu Barrikadenkämpfen. Am 18. Mai 1848 kommen 600 bürgerliche Abgeordnete zur Deutschen Nationalversammlung nach Frankfurt. Am 28. März 1849 vollendet das Frankfurter Parlament die Reichsverfassung und wählt Friedrich Wilhelm IV. zum Kaiser; dieser lehnt ab.

1861 stirbt Friedrich Wilhelm IV. Sein Bruder Wilhelm I. (1861–1888) wird König von Preußen. 1867 wird Bismarck Kanzler. 1870/71 Deutsch-französischer Krieg. 1871 wird König Wilhelm von Preußen im Spiegelsaal von Versailles von Bismarck zum Kaiser des Zweiten Deutschen Reiches proklamiert. Im gleichen Jahr wird Bismarck in den Fürstenstand erhoben und vom Reichstag zum Reichskanzler gewählt. Am 9. März 1888 stirbt Kaiser Wilhelm I. 91-jährig. Sein Sohn Friedrich III. wird Deutscher Kaiser, stirbt jedoch nach drei Monaten Regentschaft. 1888 wird Wilhelm II. Deutscher Kaiser (1888–1918). 1890 entlässt Wilhelm II. Bismarck als Reichskanzler. Der Altreichskanzler Otto von Bismarck stirbt 1898.

Hilft der Onkel in Amerika in der Not (1922)

Auch den folgenden Brief einer Cousine aus dem Jahre 1922 an ihren Onkel in Amerika fand ich interessant und spannend, weil er viel über eine dunkle Zeit Deutschlands aussagt. Es war die Zeit der deutschen Inflation, einer der radikalsten Geldentwertungen überhaupt. Die Rentenmark hatte ihren Wert verloren, es gab viele Arbeitslose, das Volk hungerte und darbte. In großer Not erinnerte sich Maria Abel, eine Tochter vom Abel-Hof in Lüdinghausen und Haushälterin eines Kaplans, dort auch Kanonikus genannt, in Borken an ihren Onkel in Amerika und schreibt ihm einen langen Brief. Sie erzählt erst von der Familie, Verwandtschaft und den Nachbarn und dann von der Not.

... *„Lieber Onkel freut Euch, dass ihr in Amerika seid, ein so reiches Land und die Amerikaner sind so sehr gut gegen Deutschland, wenn man hört, wie sie vieles für das arme Deutschland tun. Die Lage ist in Deutschland sehr traurig. Die Franzosen dringen immer mehr in Deutschland. Man sieht einer so traurigen Zeit entgegen. Es wird alles so teuer. Unser Geld hat fast keinen Wert mehr. Ach, das der liebe Gott uns doch einmal helfen tut. Man ist es so sehr leid. Seit 1914 immer wieder Not immer wieder Not. Glaubt mir meine Lieben, man hat schon in den Jahren was ausgestanden, aber man darf den Mut nicht verlieren. Nach einem Karfreitag kommt auch mal ein Ostern. In den Städten ist ja die größte Not. Die Bauern können immer noch bestehen, aber mit der Zeit wird es auch dafür schlimm."*

Dann erzählt sie, was die Lebensmittel kosten:

„Nun lieber Onkel will ich euch einige Preise angeben, was es hier in Deutschland kostet. Zentner Kohlen 500 Mark, Butter 2200 Mark, ein Ei 200 Mark, Milch 290 Mark Liter. Schuhe besohlen 14000 Mark, Schuhe für mich 56000 Mark, Herrenschuhe 50000 Mark. Es ist ganz schrecklich. Kleiderstoff Meter 3000 Mark, Leinen Meter 6000 Mark,. Man kann sich nichts mehr anschaffen. Ich möchte mir gerne meine Schuhe besohlen lassen, aber ich habe kein Geld dafür. Ich bekomme im Jahr nur 4000 Mark und der Herr Kanonikus kann mir auch nicht mehr geben, weil es selbst nur 50000 im Jahr verdient.

... Noch eins habe ich vergessen. Mais kostet hier 400 Mark je Pfund, Reis 600, Rosinen 800 Mark. So könnt Ihr Euch mal eine Vorstellung davon machen. Ein kleines Weißbrot 780 Mark, Pfund Rindfleisch 2000 Mark und Speck auch 2000 Mark."

Brief von Cousine Katie aus Amerika

Eine Cousine zehnten Grades, die auf der Suche nach ihren deutschen Wurzeln war, hatte mich über die Deutsche Genealogische Gesellschaft, deren Mitglied ich bin, ausfindig gemacht und angefragt, ob ich ihr helfen könne. Sie hatte Glück, ich konnte! Katie stammt aus einem Familienzweig, den ich in jahrelanger Arbeit bis zum Jahre 1500 lückenlos zurückverfolgen konnte. Nachdem ich ihr alle Unterlagen und Kopien der Literatur, die ich in jahrelanger Recherche gefunden hatte, per Post geschickt hatte, schrieb sie folgenden hinreißenden Brief. Später haben wir mehrere persönliche Briefe ausgetauscht und ich habe von ihr viele Unterlagen aus der amerikanischen Linie erhalten.

Ich bedauere es sehr, dass dieser Kommunikationsfaden abgerissen ist.

March 25, 2001

Liebe Cousine Leo,

Hier sind das Foto, Dokumente und Familiengruppenbettücher für den Brambrinks in Amerika (dass ich) weiß. Ich hoffe, dass sie helfen, unsere Niederlassung der Familie zu aktualisieren.

Ich weiß (kenne) nie, wenn meine Übersetzung in Deutschen, so genau ist, entschuldigen Sie bitte meinen Mangel an Sprachfähigkeiten, wenn es ist nicht. Außerdem macht meine Arthritis normalerweise mein handwriting unlesbar, so dass ich das drucken müssen.

Ich bin so erfreut, Kontakt mit Ihnen zu haben, und meine Brüder genießen auch die Information, dass Sie uns damit versagt haben. Mein Familiengeschichte-Projekt ist, ein Geschenk meinen Nichten Neffen und meiner Tochter, Sydney zu sein. Ich will mich überzeugen, dass sie ~~davon hintergestieg~~ aufwachsen, über eine wunderbare Gruppe von Leuten wissend, sind Sie davon hintergestiegen.

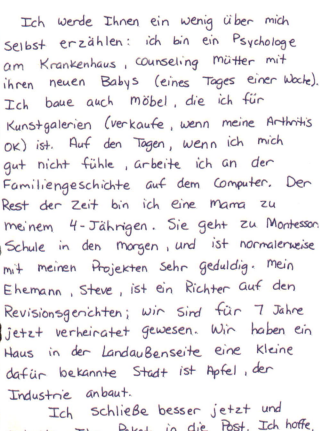

Ich werde Ihnen ein wenig über mich selbst erzählen: ich bin ein Psychologe am Krankenhaus, counseling Mütter mit ihren neuen Babys (eines Tages einer Woche). Ich baue auch Möbel, die ich für Kunstgalerien (verkaufe, wenn meine Arthritis OK) ist. Auf den Tagen, wenn ich mich gut nicht fühle, arbeite ich an der Familiengeschichte auf dem Computer. Der Rest der Zeit bin ich eine Mama zu meinem 4-Jährigen. Sie geht zu Montesson Schule in den Morgen, und ist normalerweise mit meinen Projekten sehr geduldig. Mein Ehemann, Steve, ist ein Richter auf den Revisionsgerichten; wir sind für 7 Jahre jetzt verheiratet gewesen. Wir haben ein Haus in der Landaußenseite eine kleine dafür bekannte Stadt ist Apfel, der Industrie anbaut.

Ich schließe besser jetzt und erhalte Ihr Paket in die Post. Ich hoffe, das dieser Brief für Sie verständlich gewesen ist. Noch einmal vielen Dank für Ihre ganze Hilfe - bin ich erfreut, Sie gefunden zu haben. Ich hoffe, wir bleiben in Verbindung und Grüße Sie und Ihre Familie ganz herzlich.
Zärtlich - Katie

Wie schon erwähnt, ist der „Kommunikationsfaden" im Jahre 2002 abgerissen. Trotz meiner erheblichen Bemühungen ist danach kein Kontakt mehr zustande gekommen. Anbei eine Mitteilung der Cousine Katie von Juli 2001.

Mein geehrter Cousin Leo
Leider konnte ich mich nicht früher mit Ihnen in Verbindung setzen. Ich hatte Probleme mit meinem Computer und konnte keine E-Mails senden. Ich bin sicher, dass er bald repariert wird. Ich schreibe Ihnen, damit Sie wissen, dass ich weiter mit Ihnen in Kontakt bleiben möchte.
Gestern schickte ich meinem Onkel Reuben in Minnesota ein großes Paket mit den ganzen Familiengeschichtsinformationen, die Sie und geschickt haben. Ich wollte sicher sein, dass nicht nur ich und meine unmittelbare Familie, sondern jeder von uns in der Lage ist Ihre Arbeit zu genießen. Ich schickte ihm auch Ihre Adresse und ihre E-Mail, damit sie sich direkt bei Ihnen bedanken können. Inzwischen kaufte ich mir ein neues Übersetzungsprogramm und hoffe, dass dies nun für Sie lesbar ist. Ich schicke Ihnen die Informationen, die ich bei den amerikanischen Bramfelds in der Zeit gefunden habe, in der wir miteinander in Verbindung stehen.
Mein Großvater, Bernard Franz, kam im Mai 1880 mit dem Schiff „SS Salier" aus Deutschland. Ich habe ich seine Kinder und den Mädchennamen seiner Frau (Margarethe) gefunden. Ich fand auch eine Bramfeld Familie, die in Ohio wohnte gefunden. Ich konnte aber nicht ermitteln, ob diese mit uns verwandt ist. Ich hoffe, dass diese Stücke für sie interessant sind.
Wie geht es ihrer Frau Elisabeth? Ich habe eine Kerze angezündet und hoffe, dass sie sich viel besser fühlt. Hat Judith Sarah oder Sina etwas von ihren Brieffreunden gehört? Ich schickte auch Onkel Reuben ihre Adressen in der Hoffnung, dass er einige junge Damen kennt für eine Brieffreundschaft. Lassen Sie es mich bitte wissen, wenn Sie bisher nichts gehört haben. Ich kenne viele junge Damen, die gern in Deutschland einen Brieffreund haben würden.
Ihre Familie ist schön! Ich liebe das Bild, das Sie schickten, ich ließ es vergrößern und stellte es auf meinen Schreibtisch, wo ich es jeden Morgen

sehen kann. Ich rahmte auch die Landkarte von Dülmen und hängte sie über meinen Computer. Ich weiß, dass Sie heutzutage sehr beschäftigt sind aber bitte glauben Sie, dass wir kürzlich viel an Sie und Ihre Familie gedacht haben. Mit viel Liebe zu Ihnen allen - Katie

Das waren einige Highlights, über die ein Forscher sich freuen kann. Ich hoffe, man kann bis hierhin erkennen, dass die Menschen von Anfang an, über die Altzeit, die Antike, dem Mittelalter und der Frühen Neuzeit, Probleme hatten, Probleme, die über alle Zeiten in etwa gleich blieben bis zum Beginn der Neuzeit und des Industriezeitalters. Die Probleme blieben zwar, waren aber anderer Art.

Neue Bedrohung im Industriezeitalter

In der Vorzeit hatte sich eine eigene Art des Lebens und Wirkens herausgebildet. Oft waren, wenn von Menschen die Rede ist, nur die Aristokraten, die herrschenden und tonangebenden Familien gemeint. Alles andere waren Sklaven, Frauen und Hörige, die selbst in der Demokratie keine Stimme hatten. In der Neuzeit, ab Beginn des Industriezeitalters, setzte sich eine andere Art von Unterdrückung und Abhängigkeit durch: Es entwickelte sich das Proletariat. In den Industriegebieten entstanden prekäre Situationen, daher die Bezeichnung Prekariat. Menschen waren nur noch wertvoll, solange sie körperlich und geistig gesund, die Auftragsbücher voll waren. War das nicht mehr gegeben, fielen sie ins Unermessliche, nichts gab ihnen Halt, denn sie hatten keine Substanz, von der sie sich in schlechten Zeiten auch nur kurze Zeit über Wasser halten konnten.

Trotz dieser Zustände strömten Menschen aus dem In- und Ausland in die Industriezentren, weil es hier Arbeit und Brot gab und weil die Kunde durchs Land ging, dass hier „Milch und Honig" fließen. Diese Überfremdung führte jedoch schon damals nach kurzer Zeit zu chaotischen Zuständen, es wurden Hungerlöhne gezahlt, die zum Leben nicht ausreichten und in deren Folge es zu Aufständen und Streiks kam. Aber selbst in dieser dunklen Zeit gab es Lichtgestalten, gab es einige sozial eingestellte Unternehmen, die ihre Arbeiter menschlich behandelten, und am Ergebnis sehen konnten, dass das letztendlich sogar in ihrem Interesse lag. Wobei mir hierzu besonders der Name Krupp einfällt.

Aber wenige Blumen machen noch keinen Frühling. Als sich die Fronten zwischen Arbeitgebern und Arbeitnehmern damals verhärteten und die Not sichtbar wurde, wurde die katholische Kirche zum Anwalt der Armen und Unterdrückten. Es entwickelte sich eine christliche Soziallehre.

Gott und falsche Götter

Hier ist mir klar geworden, dass ich eigentlich immer nach Gott gesucht habe. Gefunden habe ich viele falsche Götter und einigen bin ich sogar nachgelaufen! Aber, damit war ich ja nicht allein. Selbst viele geistlichen Würdenträger konnten sich der Macht von falschen Göttern nicht entziehen, wenn man nur an den Nationalsozialismus denkt.

Ich war im Alter von 17 oder 18 Jahren gewählter Gewerkschaftsjugendleiter im Betrieb und für eine kurze Zeit auch Pfarrjugendleiter, da gab mir irgendwann der Pastor von Mülheim-Heißen ein kleines dünnes Heftchen in die Hand mit dem Text der Sozialenzykliken *Rerum Novarum*, einer Enzyklika Leos XIII., sowie *Quadragesima Anno*, einer Enzyklika Pius XI. Das Heftchen war viele Jahre mein ständigen Begleiter. Ich war begeistert und sah darin eine gute Alternative zum Kommunismus und versuchte mein Tun und Handeln darauf abzustimmen. Ich habe es sehr bedauert, dass das Gedankengut nicht nachhaltig verbreitet und die ganze Welt darauf eingeschworen wurde. Einwände gegen die Enzykliken habe ich nur wegen deren Herkunft gehört, sachliche Argumente dagegen habe ich nie vernommen. Was dort geschrieben und verkündet wurde, hört sich wie moderne Forderungen der Arbeitnehmer an. Der Papst Leo XIII. schrieb unter anderem vor, die Arbeiter als Brüder anzusehen und über ihre geistigen und leiblichen Interessen zu wachen. Der Arbeitgeber sollte nicht Tyrann sein, sondern als ein liebevoller Fürsorger auftreten. Papst Leo XIII. mahnte schon 1884 in seiner Enzyklika *Humanem Genus*:

Diejenigen, die vom Lohne ihrer Handarbeit ihr armes Leben fristen und vor allem anderen der Liebe und des Trostes würdig sind, mit möglichst großem Wohlwollen zu unterstützen.

Er bezeichnet es als gottgewollte Ordnung, dass der Arbeiter durchgängig in gesunden Tagen so viel verdienen soll, dass er sich einen Zehrpfennig für das Alter und Tage der Not zurücklegen kann. Nur in Ausnahmefällen sollte die werktätige Nächstenliebe eintreten.

Na bitte!

Vielleicht hat es sie ja gegeben, aber so klare Aussagen der offiziellen katholischen Kirche zum Verhältnis Arbeitnehmer/Arbeitgeber habe ich danach nicht mehr gefunden. Zu Beginn der Bundesrepublik gab es noch richtig aktive christliche Gewerkschaften und auch die Katholische Arbeiterbewegung, in der ich ebenfalls Mitglied war. Beide vertraten die Interessen der Arbeitnehmer gegenüber dem Arbeitgeber energisch. Leider haben sie die gesellschaftlichen Veränderungen jener Zeit nicht richtig wahrgenommen, deshalb war, wie immer im Leben, das Bessere der Tod des Guten, und das Bessere war in diesem Fall der Deutsche Gewerkschaftsbund.

War das, was damals für die Christenheit seinen Anfang nahm, einer der Gründe dafür, dass heute die Bänke in den Kirchen immer leerer werden? Heute ist der gesellschaftliche Wandel größer als eh und je. Es ist zu hoffen, dass der Deutsche Gewerkschaftsbund das rechtzeitig erkennt und danach handelt, denn auch dort sind Fluchtbewegungen schon erkennbar.

Das Böse im Menschen

Rein, sauber, unschuldig; das ist der Naturzustand eines Neugeborenen, so, wie er sich uns darstellt. Und was wird daraus? Was wird daraus gemacht? Wird er ein Engel, ein frommer Mensch, ein Gutbürger oder wird er gar ein Blutsauger, ein Verbrecher, ein Satan? Alles ist möglich! Wer stellt dafür die Weichen, wer ist verantwortlich?

Es fällt mir schwer zu glauben, dass ein Mensch schon als Verbrecher geboren werden kann. Fest glaube ich jedoch an die Wirksamkeit einer guten Erziehung! Weshalb den Erziehenden und ihrer eigenen Prägung eine hohe Bedeutung beigemessen werden muss. Kinder bekommen von ihren Eltern, von der Gemeinschaft oder vom Staat Regeln und Normen vermittelt und ihre Einhaltung als Pflicht auferlegt. Sie sollen beten,

Händchen geben, Küsschen geben, die Hand zum deutschen Gruß heben, sie müssen im Haushalt helfen und zur Schule gehen und vieles andere mehr. Sie übernehmen das zunächst unreflektiert und entwickeln später daraus ein Pflichtbewusstsein, das heißt, sie wissen dann, was sie zu tun und was sie zu lassen haben. Es dauert noch viele Jahre, bis sich bei ihnen ein Pflichtgefühl bildet, was bedeutet, dass sie aus eigenem sittlichen Ermessen entscheiden können – idealerweise nach dem kategorischen Imperativ, der da meint, dass man so handeln soll, dass das eigene Handeln zur allgemeinen, universalen Gesetzgebung werden könnte.

Mutter, Vater, Kind, eine junge Familie, eine Schicksalsgemeinschaft und Basis eines jeden Staates, ein Bild der Freude, des Friedens und des strahlenden Glücks. Ein Bild, in dem sich in der Regel Kraft, Mut, Frieden und vor allem auch Zuversicht für die Zukunft widerspiegeln.

Vielleicht ist es wissenschaftlich nicht ganz korrekt, wenn ich vom Wunder der Menschwerdung spreche, ich fühle das aber einfach so! Von der eigenen Säuglingszeit kann man naturgemäß nicht berichten. Aber als Vater, Opa, Onkel konnte ich viele Neugeborene hier auf Erden begrüßen. Ich bin jedes Mal wieder überwältigt und kann mich nicht sattsehen an dem neuen Erdenbürger. Da liegt er vor dir, ein lieber, kleiner, bezaubernder Winzling. Mit klaren, großen und neugierigen Augen schaut er in diese Welt. Quicklebendig strampelnd und lachend liegt er vor uns – oder er schreit um Beachtung, um Nahrung – oder saugt zufrieden, genüsslich und schmatzend an Mutters Brust – eine Augenweide! Nett und liebenswert in jeder Pose. Er ist so wehrlos, schutzbedürftig, schuldlos, rein, schuldloser kann man wirklich nicht sein. Man möchte ihn hochheben, ans Herz drücken, knuddeln und ihm das Allerbeste für alle Zeiten hier auf Erden wünschen und ihm ein Willkommen zurufen, ein Willkommen in einer Welt, die so schön sein könnte. So schön, wären da nicht die Hypotheken, die er schon in seiner Wiege, in seinen Windeln vorfindet.

Hypotheken, seien sie genetisch bedingt oder auch durch den Stand, in den er hineingeboren wurde. Hypotheken auch in Form einer auf die Person bezogenen erheblichen Staatsverschuldung oder – und besonders – durch eine von seinen Vorvätern zerstörte Umwelt. Wäre darüber hinaus sein Wahrnehmungsvermögen schon dafür geeignet, würde er mit Entsetzen feststellen, dass Menschen sich gegenseitig umbringen und ihre eigene, aber auch seine, des neuen Erdenbürgers Existenzgrundlage mutwillig, sinnlos, gedankenlos, dumm zerstören. Er würde bestimmt laut aufschreien, seine Altvorderen verfluchen und – wenn er könnte – sich wieder von dieser Welt verabschieden.

Also nicht „Friede, Freude, Eierkuchen"! Nicht von Anfang an und auch nicht nach Tausenden von Jahren der Weiterentwicklung. Es sitzt in uns allen drin!

Nach der Bibel gab es schon ganz am Anfang mit den ersten Menschen erhebliche Ärger. Kaum dass sie auf Erden auftauchten, haben sie sich gegenseitig betrogen und sogar gemordet, wie bei Adam und Eva und bei Kain und Abel. Was fürchterlich begonnen hat, das hat sich auch in den folgenden zig Jahren so fortgesetzt, sowohl in der Zeit vor Christi Geburt als auch nach Christi Geburt, über die Antike, das Mittelalter, die frühe Neuzeit bis zur Neuzeit, ja, bis zur Moderne. Dass Menschen sowie die von ihnen gegründeten Verbände und Staaten lügen, betrügen, stehlen, foltern und morden können und das von Anfang an auch fleißig tun, ja, und oft sogar noch im Namen Gottes, ist wahrlich kein Geheimnis. Man denke nur an die Genozide der vergangenen Epoche, an die Inquisition, Hexenverbrennung, die Kriege in der ganzen Welt, insbesondere an Hiroshima, Nagasaki, Dresden und die unbeschreiblichen Verbrechen des nationalsozialistischen Deutschlands, und es nimmt immer noch kein Ende.

Die Moderne arbeitet mit neuester Perversion an gezieltem Töten mithilfe von Drohnen und an prophylaktisch geführten Kriegen und Kampfhandlungen.

Genauso gibt es aber auch von Anbeginn immer wieder Lichtgestalten sowie Oasen der Liebe, Freude, Zufriedenheit und des Friedens. Viele nicht kommerzielle Helfer bemühen sich um Frieden auf Erden, sie helfen im Großen und im Kleinen, opfern sich auf für Leidende und Schwache. Nur ganz wenige Epochen und ganz wenige Lichtgestalten bleiben in unserer Erinnerung.

Das Friedliche und das Kriegerische, das Liebe und das Böse waren und sind immer auch parallel vorhanden. Trotz aller Bemühungen setzt sich immer und immer wieder das Böse durch. Über alle Erdzeiten hinweg bleibt es beim Brudermord. Ob sich das heute wesentlich verbessert hat, soll jeder Leser für sich entscheiden. Ich schöpfe immer wieder neue

Hoffnung, wenn ich die christlichen Kirchentage im Fernsehen verfolge. Gottes Wege sind unerforschlich! Ersatzgott war gestern und ist heute die Abschreckung. **Früher waren es das Fegefeuer und die Hölle.** Die moderne Abschreckung setzt auf **immer mehr und immer bessere Waffen.** So wurde und wird mit viel Geld aufgerüstet, Geld, das uns für menschliche und dem Frieden dienende Aufgaben fehlt. Es wird argumentiert, das sei der Tribut, der gezahlt werden muss, um große Kriege und Expansionswünsche von Staaten zu verhindern, um kein Weltbeben mehr entstehen zu lassen wie das, das der deutsche Nationalsozialismus verursachte.

Wir sprachen vom Bösen im Menschen. Oft bekommt es ein Mäntelchen übergehängt, sodass das immer Gegenwärtige nicht mehr sichtbar ist. Sind die Menschen so, müssen sie so sein, weil das Schlechte schon in den Genen vorgegeben ist, leben sie nach falschen Regeln, hören sie auf falsche Propheten? Dazu schweigen unsere großen Geister. Der Punkt ist, dass jeder befürchtet, übervorteilt zu werden, und deshalb seinerseits in Abwehrstellung geht. Fast alles Irreguläre basiert auf fehlendem Vertrauen. Wer glauben muss, dass der „Ehrliche immer der Dumme" ist, handelt bald selbst so, um persönlich nicht unter die Räder zu kommen - ein Teufelskreis!

Das gilt nicht nur im Großen, sondern auch für den ganz normalen Alltag. Auch dort führen fehlendes Vertrauen und fehlende Vorbilder dazu, dass sich ganz normale Menschen, ja, sogar Nachbarn, bis aufs Messer bekämpfen. Sie mobben, lügen, betrügen und schrecken sogar vor einem Mord nicht zurück. Ist das Böse doch allgegenwärtig und dass, obwohl jeder von uns viele Menschen kennt, denen er nichts Böses zutraut und die auch nichts Böses tun, sondern nur Gutes, die sich in Selbstaufopferung darum bemühen, das Gute zu den Menschen zu bringen?

Worauf basiert das Böse?

Seit vielen Jahren erwarten einen Neugeborenen auf Erden erhebliche Hypotheken, die in den letzten Jahrzehnten weiter dramatisch erhöht wurden. Hypotheken gab es zwar auch schon zum Zeitpunkt meiner Geburt. Ich brauche nur das Jahr 1933 mit seinen Ereignissen und Folgen zu nennen, wie die Machtübernahme durch Hitler und die Reichstagswahl, bei der die NSDAP 43,9 % der Stimmen erhielt. Aber auch an die Zeit davor, in der der Samen für das Böse gelegt wurde. Hinzugekommen sind, um nur einige zu nennen, Staatsverschuldung, Umweltzerstörungen totale Kriege, Atombomben und Terrorismus.

Die Welt war von Anfang an nicht friedlich, das begann schon mit Adam und Eva sowie Kain und Abel. Das Böse zieht sich von der Urzeit, über die Antike und das Mittelalter bis heute hin und wir können heute nicht einmal die Tendenz einer Abnahme dazu feststellen. Die Welt vermittelt uns heute eher das Gefühl, dass das Böse zunimmt.

Oft basiert Böses auch auf Dummheit. Jemand möchte Gutes tun, weil er aber nicht dazu in der Lage ist dieses bis zum Schluss zu überdenken, kommt am Ende Böses dabei raus.

Die Christenheit meint, das Böse basiert auf der Erbsünde. „... es wäre der Sündenfall, die Erbsünde".

Die Urheberschaft des Bösen kommt von Gott, das wird nicht verschwiegen. Man glaubt sogar, dass Gott so handeln musste. damit die Menschen das Gute überhaupt erst erkennen und wertschätzen können.

Unsere Altvorderen benötigten zur Unterscheidung zwischen GUT und BÖSE zeitgemäße Bilder, wie Himmel, Hölle, Teufel, Satan und den verstoßenen Engel Luzifer. Es ist aber unverkennbar, dass auch wir zeitgemäße Bilder dafür benötigen, vor allem **VOR – BILDER**, aber keine, die dogmatisieren, manipulieren, intrigieren und sich auf Kosten anderer bereichern.

Hier nur einige Meinungen von bekannten Philosophen zum Thema:

Nach Kant ist **„das Böse den Menschen innewohnend und ein wesentlicher Bestandteil der menschlichen Natur, da dieser nicht nur ein Vernunftwesen, sondern auch ein Wesen mit empirischen (lebensweltlichen Alltagserfahrungen) Bedürfnissen sei".**

Karl Jaspers sieht das Böse als Ausfluss zwischen Pflicht und Neigung und meint: **„Böses ist die Schwäche, die der Neigung nachgibt."**

Lockes meint: **„Die Dinge sind gut oder böse nur in Beziehung auf Freude oder Schmerz. Gut nennen wir das, was in uns die Freude zu wecken oder zu steigern oder den Schmerz verringern geeignet ist."** Und weiter: **„Wo es kein Eigentum gibt, gibt es auch kein Unrecht."** Eine wichtige Feststellung, aber ohne Eigentum ist für uns das Leben nicht mehr vorstellbar. Was im Umkehrschluss bedeutet, dass das Unrecht nicht aus der Welt wegzudenken ist.

Rousseau meint: **„Um das Böse aus der Welt zu schaffen, braucht man nur mit der Natur aufzuräumen, denn der Mensch ist von Natur gut, und der Wilde lebt, wenn er gegessen hat, in Frieden mit der ganzen Natur und in Freundschaft mit all seinen Mitgeschöpfen"**
Das kann ich so nicht unterschreiben. Es soll aber am Anfang der Menschheit, als die Familienclans noch klein und überschaubar waren, so gewesen sein. Ehe wir mit der Natur aufräumen, wird bestimmt die Natur mit uns aufräumen; das wäre eine Lösung des Problems!

Der Schöpfer hat uns die Freiheit gegeben, selbst zwischen GUT und BÖSE zu entscheiden.
Auslöser des Bösen sind in der Regel Neid, Missgunst, Eifersucht, Verletzung von Grenzen und die Art der Machtausübung, zum Beispiel die Unterdrückung von Menschen, die ungleiche Verteilung der Vermögen und die Verletzung der Menschenwürde. Nach einer Meldung[25] besitzen die 62 Reichsten der Welt so viel wie die Hälfte der Weltbevölkerung. Diese reichen Leute haben in den letzten 5 Jahren mehr als 5 Billionen US-Dollars „verdient", während sich das Vermögen der anderen Hälfte um eine Billion verringerte. Weiterhin wird prognostiziert, dass im Jahre 2016 nur ein Prozent der gesamten Weltbevölkerung 99 % des Gesamtvermögens besitzen wird. Das sind keine ganz neuen Erkenntnisse; der Umstand, dass sich die Einkommen zwischen Armen und Reichen ständig weiter auseinanderentwickeln ist hinreichend bekannt und wird seit Jahren einfach so hingenommen. Die Auswirkungen und Zusammenhänge zwischen GUT und BÖSE, MORD und TOTSCHLAG, Krieg und Frieden einerseits und Verteilung der Vermögen andererseits, werden einfach nicht zur Kenntnis genommen und von den Medien auch nicht hinreichend behandelt.
Aber auch die Religionen haben in der Vergangenheit erheblich zu kriegerischen Auseinandersetzungen beigetragen und, nicht zu vergessen, hat die persönliche Not eigene Grenzen. Als Ausfluss des Bösen se-

---

[25] Soester Anzeiger vom 18.01.2016

hen wir Kriege und kriegerische Auseinandersetzungen, Kriege im Großen zwischen Ländern und im Kleinen zwischen Gruppen und Einzelpersonen und neuerdings auch eine Völkerwanderung.

Familie und Kinder in der Modernen

Traditionell suchen und finden Bedrohte Schutz und Hilfe vor dem Bösen bei zwei Institutionen: *Gott und Familie*

Gott

Leider haben beide in unserer Gesellschaft nicht mehr den ihnen zustehenden Stellenwert, was ebenso für die Familienclans, Familienverbände und im weitesten Sinne sogar für den Staat gilt, während die Zuwendung zu Sekten zunimmt. Damit nicht alles nach dem Motto „Auge um Auge, Zahn um Zahn" geht und „Jeder gegen jeden", und nach der Allmacht der Stärkeren gibt es dort Regeln und Gebote. Die mildern das Problem, stellen es aber nicht ab. Das Verhalten der offiziellen Amtskirche ist daran nicht schuldlos. Es scheint aber auch ein ungeschriebenes Gesetz zu sein, dass mit zunehmendem Wohlstand die Nähe zu Gott und seinen Geboten exponential abnimmt. In Not, Elend und Krankheit rücken die Menschen näher an Gott heran. Ich habe später nie mehr Menschen so inbrünstig beten gesehen wie im Krieg, im Bombenhagel. In Zeiten größter Gefahr hört man häufig den flehenden Ruf: „Herr, lass den Kelch an uns vorbeigehen." Auch Gelübde werden abgelegt: „Wenn ich das überlebe, dann werde ich …" Es bleibt die Hoffnung auf eine letzte Gerechtigkeit im Jenseits.

Die Familie

Familie galt damals und ist auch noch heute ein Rückzugsort, ja, eine Schutz- und Trutzburg, eine Tankstelle und Garage. Alle Mitglieder sind hier in Liebe und Vertrauen geborgen; Familie war und ist ein Garant für ein behagliches und gemütliches Zuhause sowie eine Quelle für Ausgeglichenheit, Zufriedenheit, Verlässlichkeit, Anstand, Ehrlichkeit sowie gegenseitigen Respekt. Familie bedeutet auch eine selbstverständliche Hilfe in der Not und eine größere Nähe zu Gott. **Das war sogar in der nationalsozialistischen Zeit so.** Dass es davon ganz gelegentlich auch Ausnahmen gibt, ist mir nicht entgangen. Wenn ich hier von Familie spreche, meine ich hier zunächst die konventionelle Familie.

Alles, das ich hier über den positiven Einfluss der Familie geschrieben habe, wirkt sich auch positiv auf den Leistungswillen und die Leistungsfähigkeit der Berufstätigen in den Betrieben aus. Oft konnte ich beobachten, dass dort, wo die „Heimatfront" nicht in Ordnung war, auch im Betrieb nichts mehr lief. Es war fast wie ein ungeschriebenes Gesetz, wenn Junggesellen sich verehelichten, waren sie danach leistungsbereiter und leistungsstärker. Genauso sicht- und spürbar war der Abfall von Leistungsbereitschaft und Leistungsstärke, wenn es familiäre Probleme, insbesondere Trennungen gab.

Ich konnte ruhig und ohne Angst zur Arbeit gehen und eine lange Arbeitszeit in Kauf nehmen, denn ich wusste immer, dass das Haus und die Kinder wohl versorgt sind. Heute bin ich nicht mehr sicher, ob ich meine eigene Lebensleistung in dem schweren, verantwortungsvollen und auch nervenaufreibenden Beruf, über den ich später noch berichten werde, ohne diesen Rückhalt überhaupt geschafft hätte.

Die konventionelle Familie

Ich möchte jetzt zunächst das Augenmerk auf die konventionellen Familien in der Neuzeit lenken und besonders die Frauen aus jener Zeit herausstellen, die heute oft diskriminiert und verächtlich gemacht werden, und das nicht zuletzt von ihren eigenen Geschlechtsgenossinnen. Es war eine andere Zeit, eine andere Welt! Damals, das war die Zeit meiner Großeltern, Eltern und auch die meiner Generation, bis hoch in die 1970er-Jahre hinein und das mit nur geringfügigen zeitlichen und regionalen Unterschieden.

Es war die Zeit der konventionellen Familien auf der Basis der Arbeitsteilung. Die Frau versorgte in der Regel Haus und Hof, der Mann war für die finanzielle Basis zuständig. Mit Haus und Hof und Kindern war die Hausfrau ganz schön ausgelastet und vieles, was heute die Hausarbeit erleichtert, war noch gar nicht erfunden oder unerschwinglich. Einer besonderen Belastung ausgesetzt waren die Frauen in den Kriegs- und Nachkriegsjahren. Die meisten Menschen standen vor dem „NICHTS", sie mussten frieren und hungern. Die Haushaltsführung und damit die körperliche und seelische Belastung, insbesondere der Hausfrauen, waren erheblich aufwendiger und höher als heute. Ich schreibe darüber, um das noch einmal in Erinnerung zu rufen bzw. vor Augen zu führen.

Statt elektrischer Waschmaschinen und Trockner gab es nur Waschbrett und Waschkessel im Keller und viele Leinen zum Trocknen auf dem Boden. Brennmaterial wie Holz und Kohle sowohl für die Nahrungszubereitung als auch für die Erwärmung der Wohnung war zu bestellen und musste eingelagert werden. Die Kohlen wurden in der Regel vom Kohlenhändler vor der Haustüre abgekippt und mussten durch das Kellerfenster geschaufelt oder auch in Eimern in den Keller getragen werden.

Eine lange Zeit gab es überhaupt kein Brennmaterial. Um nicht zu erfrieren, musste die Kohle illegal zwischen Steinen auf einer Bergehalde gesucht, oder aus dem Wald musste Holz „organisiert" werden. Eine weitere Möglichkeit war, sie auf dem Schwarzmarkt zu kaufen, aber nur, wenn dort gerade etwas angeboten wurde. Das eingelagerte Brennmaterial für Küche und Wohnzimmer musste von Hand über mehrere Etagen aus dem Keller geholt werden. Öfen und Herde waren zu versorgen, die Herdplatten mussten gescheuert werden, damit sie ja gut glänzten, denn sie waren der Stolz jeder Hausfrau. In vielen Haushalten stand hinter dem Kohlenherd in großen Lettern der Spruch „Ein eigener Herd ist Goldes wert". Die Kohlenherde waren bare Prachtstücke, sie glänzten in Chrom und Emaille. Hinter dem Herd der Kachelaufsatz, vorne und seitlich eine verchromte Haltestange und oben die glänzende Herdplatte mit den Herdringen. Der Glanz der Herdplatte kam nicht von Edelstahl oder Glas, nein, er musste durch intensives Scheuern erreicht werden. Unter dem Herd der Kohlenkasten und das Stocheisen, hinter dem Herd ragte das schwarz oder in Silberbronze gestrichene Ofenrohr hervor mit Anschluss an den Kamin. Wie schon gesagt, einfach Prachtstücke.

Auch Supermärkte gab es noch nicht. Kartoffeln wurden zentnerweise für den Winter eingekellert. Obst und Gemüse mussten in Einmachgläsern mit Gummiring eingekocht werden, damit sie nicht verderben konnten und die Familie im Winter ausreichend und mit allen für das Leben und die Erhaltung der Gesundheit erforderlichen Nahrungsmitteln versorgt war.

Lebensmittel und Haushaltswaren mussten in mehreren Geschäften, die weit auseinanderlagen, eingekauft werden, natürlich alles zu Fuß oder mit dem Fahrrad, denn über Autos verfügte man damals in „normalen" Familien überhaupt noch nicht. Da war also der Einkauf beim Bäcker, dem Metzger, dem Kolonialwarenhändler und auf dem Markt zu tätigen und auch nur in kleinen Mengen, da es zu dieser Zeit in normalen Haushalten überhaupt keine Kühlschränke und Kühltruhen gab. Dafür gab es in der Küche den sogenannten Fliegenschrank, einen Vorratsschrank, der mit Fliegendraht abgesichert war. Schuhe besohlte man oft selbst, dazu brauchte man u. a. einen Dreifuß und etwas Geschick.

Im Prinzip war jede zu erledigende Arbeit wesentlich zeitaufwendiger und auch kraftraubender als heute. Das gilt auch für die Versorgung der Kinder. Wegwerfwindeln und gebrauchsfertige Babynahrung waren weitgehend unbekannt. Babys mussten gewickelt, die Windeln gewaschen sowie Babynahrung gekocht und zubereitet werden. Trotzdem waren die Kleinen von der immer gegenwärtigen Mama geliebt, und es wäre keiner Familie eingefallen, sie schon vor Vollendung des dritten Lebensjahres in fremde Hände zu geben.

Ja, und wie schon angedeutet, besonders schwer, das alles zu bewältigen, war es dann in der Ära der Trümmerfrauen und in den Hungerjahren. Die Gemeinschaft konnte allerdings von dem System profitieren. Wenn die Kinder aus dem Haus waren, legten sich die Frauen ja nicht auf die „faule Haut", sondern betätigten sich in der Regel auch noch ehrenamtlich für die Kirchen oder das Gemeinwesen und hatten außerdem zeitlichen Spielraum für die Enkel, Pflege von erkrankten Familienangehörigen oder Nachbarn. Die Leistungen dieser Frauen können wirklich gar nicht hoch genug bewertet werden. Und nicht zu vergessen, sie wurden erbracht, ohne dadurch einen Anspruch auf eine eigene ausreichende Altersversorgung zu erlangen. Oh Wunder! Damals reichte tatsächlich eine Rente der Familie zum Leben. Eine Frau, die mehr als zwei Kinder großgezogen hat, und das weiß ich aus eigener Anschauung, leistete unter den damaligen Bedingungen auch als sogenannte „Nur-Hausfrau" Schwerstarbeit.

Es war allerdings auch so, dass es der Ehepartner, der die Familie als Alleinverdiener versorgen musste, auch nicht leicht hatte. Auf seinen Schultern lastete der gewaltige Druck, den Anforderungen als Alleinverdiener gerecht zu werden. Aber immerhin zählte es zur Normalität, dass eine Familie mit **einem** Verdienst den Lebensunterhalt bestreiten konnte. Bezahlt wurde nach Leistung, und oft musste der „Ernährer" für seinen

Anteil an der Versorgung einer größeren Familie bis an seine äußerste Leistungsgrenze gehen und auch noch in größerem Maße Mehrarbeit leisten. So betrachtet, erscheint eigentlich die heute übliche gleichmäßige Belastung beider Partner mit Erwerbsarbeit in Verbindung mit einem Anspruch auf eigene Altersversorgung beider Partner als eine gerechte Lösung, ja, sogar als Segen. So war es zwar gedacht, aber gekommen ist es anders. Nur die Industrie hat sofort auf die Entwicklung reagiert und diese zu ihrem Vorteil genutzt.

Familien in der Moderne

Die Zeiten haben sich dramatisch verändert!
Die technischen Hilfsmittel im Haushalt und das verbraucherfreundliche Lebensmittelangebot in den zahlreichen Supermärkten sowie die im Vergleich zu früher günstigen Verkehrsmöglichkeiten sowie auch der Ruf der Industrie nach Arbeitskräften lassen heute wirklich auch ausreichend zeitlichen Spielraum dafür, dass beide Partner einer Erwerbstätigkeit nachgehen können. Ein positiver Schritt nach vorn, ein Schritt in eine neue moderne Zeit. Die Familien hatten jetzt zwei Einkommen und zwei Rentenansprüche. Super! Wenn es da nicht das ABER geben würde. Was eigentlich eine Entlastung für beide Partner und mehr Zeit für die Familie bedeuten sollte, ist in der Realität zur Belastung für die Familie geworden.

Hauptgrund dafür ist, dass die Arbeitgeber zwar die Vorteile der Frauenarbeit für den Betrieb nutzen, sich aber noch nicht in dem gebotenen Maße auf die Bedürfnisse der Familien eingestellt haben. Hinzu kommt, dass durch die Lohnentwicklung einerseits und die Konsumverlockungen und das Anspruchsdenken andererseits – immer mehr, immer höher, immer weiter – die gewonnene Zeit nicht zur Entlastung der einzelnen Partner und zum Segen der Familie genutzt wird, sondern zur Vermehrung des Einkommens und zur Befriedigung ihrer Konsumwünsche, was oft leider auch zulasten ihrer Kinder geht, wenn sich die Paare überhaupt noch für Kinder entscheiden.

Natürlich gibt es auch heute noch Paare, die die früher übliche Arbeitsteilung unter den heutigen Bedingungen erfolgreich ganz oder durch Teilarbeit weiter praktizieren. Es muss ja auch nicht unbedingt die Frau sein, die den Part im Haushalt übernimmt. Doch scheint es mir von Vorteil, wenn einer von beiden sich um die finanzielle Sicherstellung kümmert – die entsprechenden Bedingungen dafür vorausgesetzt – und der andere durch seine Tätigkeit für Kindererziehung, Haushalt etc. dem Karriere Machenden den Rücken freihält. Nur muss dann ganz klar sein, dass das so erzielte Einkommen ein echtes Familieneinkommen ist und dass der nicht erwerbstätige Partner nicht nur mit Taschengeld abgespeist wird, was leider immer wieder passiert.

Familien im früheren Sinne und Kinder haben in der Moderne ihren Wert verloren. Das ist offensichtlich von der Politik auch so gewollt. Ein altes Sprichwort sagt: „Der Fisch stinkt vom Kopf her". Die Geruchsquellen sind leicht zu personifizieren, ich überlasse das dem Leser.

Wenn ich im Weiteren von Familien spreche, meine ich auch schon nicht mehr die konventionelle, sondern alle denkbaren Verbindungen – und davon gibt es ja heute eine Menge – mit Mutter, Vater, Kind(ern) und natürlich Omas und Opas, egal, ob sie mit Segen des Staates oder der Kirche zusammenleben oder nicht. Diese Wandlung hat ihre Ursachen. Grob kann man sagen, Familie ist da, wo Kinder sind.

Mann und Frau im Erwerbsleben

Die boomende deutsche Wirtschaft benötigt Arbeitskräfte. Ständiges Wachstum ist heute sowohl ein „Muss" als auch ein Antriebsmotor. Längst sind die deutschen Frauen von der Wirtschaft voll als billige Kräfte eingeplant. Sie werden gelockt mit Arbeitsplätzen in den Vorständen und Aufsichtsräten. Aber „Hallo", wie viel Frauen gibt es und wie viel Plätze stehen dort denn zur Verfügung?

Nicht nur für die Frauen, sondern auch für Arbeitgeber ist die Gleichberechtigung von Mann und Frau von erheblicher Bedeutung. Firmen und Verwaltungen benötigen Arbeitskräfte und zwar möglichst billige. Sie können dadurch eine Preisgestaltung in Richtung niedrige Preise und niedrige Löhne durchführen und damit zum Beispiel ausländische Konkurrenten unterbieten. Nun, obwohl es eigentlich anders gedacht war und nur Vorteile für Mann und Frau bringen sollte, hat sich das so eingepegelt, dass viele junge Familien, um überhaupt leben zu können, heute tatsächlich schon auf zwei Einkommen angewiesen sind und im Alter auf zwei Renten. Fast unbemerkt hat sich das eingeschlichen. **Zur Erinnerung: Ausgangspunkt war doch der Alleinverdiener bzw. Hauptverdie-**

ner, der so viel Geld verdiente, dass er eine Familie ernähren konnte. Das war überwiegend der Mann, konnte aber auch die Frau sein. Die Gleichberechtigung im Arbeitsleben sollte eigentlich auch zwei Einkommen bringen. Was ursprünglich für eine bessere Lebensgestaltung mit ausreichend Spielraum für eine flexible Verteilung der familiären Aufgaben und der Arbeitszeiten sowie der beruflichen Belastung gedacht war, ist nun in der Realität sogar zur Belastung, fast auch zur Bedrohung geworden. Das Leben in der Familie unter heutigen Arbeitsbedingungen führt oft zu einer ungesunden Lebensweise. Hauptursachen sind Bewegungsmangel, Schichtarbeit und ungesunde Ernährung. Oft werden Mann und Frau auf verschiedenen Schichten beschäftigt, was das Familienleben, vor allem bei Familien mit Kindern, nicht gerade begünstigt. Das Arbeitsleben ist oft auch die Ursache für eine ungesunde Ernährung, Stichworte: Kantinenessen, Fertiggerichte, Gefrorenes anstatt frisches Obst und Gemüse und zu viel Fleischwaren auf dem Tisch sowie zu wenig Zeit für ein soziales Engagement innerhalb wie außerhalb der Familie.

Die zu geringe Geburtenziffer

Es ist zu beobachten, dass infolge der beruflichen Belastung, des Anspruchsdenkens und des Leistungsanreizes am Ende beide Partner bis zum Gehtnichtmehr ausgelastet sind und ganz auf Kinder verzichten. Kinderlosigkeit rechnet sich nämlich und lässt ein flexibles Leben zu. Hier stellt sich die zu wenig gestellte Frage: Warum verzichten viele deutsche Familien auf Kinder? Warum sind die deutschen Frauen, insbesondere die bewusst Kinderlosen, nicht mehr so gebärfreudig, warum wollen sie keine eigenen Kinder und darüber hinaus noch: Welche Folgen hat denn diese Einstellung, dieses Verhalten für das Land? Nun, es gibt viele Gründe. Drei Hauptgründe zeichnen sich ab,

1. Frauen möchten Kinder haben, können aber aus gesundheitlichen Gründen oder wegen ungewollter Unfruchtbarkeit keine Kinder bekommen; diese Personen sind im Weiteren nicht gemeint.
2. Sie möchten zwar Kinder haben, aber die politischen, beruflichen und gesellschaftlichen Belastungen halten sie davon ab, ihren Traum zu erfüllen.

3. Darüber hinaus gibt es noch die Personen und Paare, die die Chance der Kinderlosigkeit erkannt haben und sie, der finanziellen Vorteile oder der eigenen Veranlagung wegen, ausnutzen und sich damit ein besseres Leben erlauben. Nach dem Motto: Nach uns die Sündflut.

Was die berufliche Situation betrifft, sind es sowohl die alten Strukturen der Industrie und der Betriebe des Handels, der Verwaltung und des Verkaufs als auch die seit einiger Zeit in Mode gekommenen Zeitarbeitsverträge und Praktika. Sie bedeuten einfach Unsicherheit, die im privaten Leben berücksichtigt werden will. Die Unternehmen nehmen die Vorteile der Frauenarbeit wahr, tragen aber kaum etwas dazu bei, die heutige Doppelbelastung durch Beruf und Familie erträglich zu machen, was im digitalen Zeitalter eigentlich keine Probleme mehr bereiten dürfte. Das wurde nach dem Kriege von den Betrieben schon besser gemacht, da gab es nämlich bereits eine Menge Betriebskindergärten, eine der idealsten Möglichkeiten überhaupt. Diese und eine erhebliche Ausweitung der Heimarbeitsplätze, feste Arbeitsverträge, flexible Arbeitszeiten sowie eine erheblich höhere Besteuerung der kinderlosen Paare und kinderlosen Alleinstehenden sollten die Lösung für die Zukunft sein. Die Betriebe werden das nicht von allein tun, sie sind ganz auf Gewinnmaximierung ausgerichtet, was ja auch der Hauptgrund für die Führung eines Unternehmens ist. Der Weg, **„Wertschöpfung durch Wertschätzung"** wird nur von ganz wenigen Unternehmern verfolgt. Für Betriebe sind Kinder und Mitarbeiterfürsorge gemeinhin aber kaum ein Thema. Wenn einheimische Mitarbeiter fehlen, holt man eben Gastarbeiter. Was wir brauchen, sind neue Gesetze und Regeln.

Kinder sind teuer und unbequem?

Ein weiterer Punkt ist: Kinder sind teuer und unbequem und ohne Kinder kann das eigene Leben flexibler gestaltet werden. Zudem werden die kleinen Knirpse immer mehr als Belastung empfunden! Auch das Umfeld in unserem Land ist nicht gerade kinderfreundlich. Tobende Kinder und Kindergeschrei werden als Belästigung wahrgenommen und nicht als Zukunftsmusik, was richtig und notwendig wäre. Ja, und dann der Umgang mit den Kindern. Die Medien berichten ständig über die unglaublichsten Vorfälle.

So die FAZ von 9.8.2015: **„Zehntausende Kinder werden in Deutschland missbraucht, vernachlässigt und misshandelt. … Fast 40.000 Kinder gelten als gefährdet. Zwei von drei Kindern werden von ihren Eltern vernachlässigt. Bei jedem vierten Kind stellt die Behörde Anzeichen von systematischen Misshandlungen oder körperlicher Gewalt fest, bei 5 % sexuelle Gewalt! Die Mehrheit der überprüften Kinder waren jünger als 10 Jahre, jedes vierte Kind unter drei Jahren." Unglaublich und Bestialisch!**

Es kann nicht bestritten werden: Durch den Verzicht auf Kinder kann man sich indirekt einen Kostenvorteil verschaffen und das Leben flexibler gestalten. Das gilt für jeden Einzelnen, dummerweise aber auch für den Staat, denn auch er profitiert davon. Für die Kinder aus dem eigenem Land müsste er Schulen und Universitäten bauen, Lehrer einstellen, zusätzliche Kindergartenplätze zur Verfügung stellen und Erzieher einstellen, und und und! Also: Jedes Kind, das nicht geboren wird, bringt dem Staat eine Menge Geld ein. Das kann doch nicht richtig sein! Wir werden später feststellen, auf welche Art und Weise er diesen Kostenvorteil noch weiter erhöhen kann.

Die Kosten für eine Kindererziehung sind in der letzten Zeit mehrfach von den verschiedensten Institutionen errechnet und auch veröffentlicht worden. Danach kann man davon ausgehen, dass für die Zeit von der Geburt bis zum 18. Lebensjahr Kosten in Höhe von 130.000 Euro anfallen. Danach kommen Kosten für Ausbildung oder Studium. Die Lebenshaltungs- und Studienkosten belaufen sich je nach Region und Anspruch zwischen 500 und 1.000 Euro pro Monat. Durch ein Studium entstehen, in Abhängigkeit von der Studiendauer und dem Studienfach Kosten zwischen 50.000 und 100.000 Euro. Für die Eltern, die in normalen Verhältnissen leben, eine kaum tragbare Belastung und spürbare Einschränkung ihres eigenen Lebens. Für die Studenten, die einen Teil des Geldes als Darlehen erhalten können, bedeutet das nach Abschluss des Studiums eine jahrelang anhaltende finanzielle Belastung durch die Rückzahlung, was dem Steuerzahler gegenüber zwar gerechtfertigt ist, den jungen Menschen jedoch den Start ins Leben erschwert.

Aussagekräftig sind auch die Kosten für Kinder nach dem Statistischen Bundesamt:

Jugendzeit bis zum 18. Lebensjahr:
6.000,00 Euro/Jahr bis zum 6. Lebensjahr.
7.000,00 Euro/Jahr zwischen dem 6. und 12. Lebensjahr.
8.500,00 Euro/Jahr bis zur Volljährigkeit.
130.000,00 Euro bis zur Volljährigkeit für ein Kind.
175.000,00 Euro bei zwei Kindern.
230.000,00 Euro bei drei Kindern.

Höhe der Altersrente pro Monat für langjährig Versicherte:

Männer:	alte Länder	1.182,00 Euro
	neue Länder	1.120,00 Euro
Frauen:	alte Länder	620,00 Euro
	neue Länder	760,00 Euro

Rentenbezugsdauer:

Männer:	alte Länder	16,9 Jahre
	neue Länder	15,7 Jahre
Frauen:	alte Länder	20,8 Jahre
	neue Länder	23,0 Jahre

Kosten für ein Studium:
Nach Angabe des Studentenwerkes:
804 Euro/Monat das sind ~ 10.000 Euro pro Jahr
8 Semester: ~ 40.000 Euro
12 Semester: ~ 60.000 Euro

Kommt der Doktorhut dazu, kostet es noch mehr.

Durchschnittseinkommen von Vollzeitbeschäftigten nach dem statistischen Bundesamt = 41.000 Euro/Jahr.

Das Nettoentgelt pro Monat lag im Jahre 2013 zwischen 2.048 Euro und 2.414 Euro, das sind ~ 26.500 Euro pro Jahr.

Die Rechnung ergibt:

Kosten für die Jugendzeit bis zum 18. Lebensjahr:	~ 130.000 Euro
Altersrente 1.150 € x 12 Monate x 20 Jahre:	~ 1.845.000 Euro
Kosten für die Jugend- und Rentenzeit zusammen	~ 2.251.000 Euro
Kosten für Jugend-, Rentenzeit und Studium:	**~ 2.301.000 Euro**

Das ist nur eine Überschlagsrechnung. Jeder Interessierte kann das aber auf seine persönlichen Verhältnisse bezogen genauer ausrechnen.

Fazit dieser Rechnung unter den genannten Angaben:
Eine Person müsste 45 Jahre lang, und das Jahr für Jahr, 51.000 Euro und ein Ehepaar 102.000 Euro Netto verdienen, wenn er/sie nicht auf Kosten anderer leben möchte. Das können für ein Ehepaar bis zu ~ 170.000 Euro Brutto sein, Jahr für Jahr, ohne Ausfallzeiten. Der Jahresdurchschnittsverdienst einer Person liegt aber nur bei 26.500 Euro Netto/Jahr. Nur ein ganz kleiner Bevölkerungsteil wäre heute dazu in der Lage, von seinem Einkommen sein ganzes Leben von der Jugend bis zum Grab zu finanzieren. Diese Beträge würden sich noch wesentlich erhöhen, wenn in der Errechnung der Rente nicht die Männerrente, sondern auch die erheblich niedrigere Rente der Frauen berücksichtigt worden wäre. **Die Zeit, in der ein Alleinverdiener mit seinem Einkommen eine ganze Familie ernähren konnte und eine Rente als Altersversorgung ausreichte, ist vorbei.**

Alleinstehende ohne Kinder haben einen Kostenvorteil von 130.000 + Studienkosten und Ehepaare und sonstige Paare, die keine Kinder gezeugt haben, sogar von 260.000 Euro Netto + Studienkosten.

Besonders benachteiligt sind die Alleinstehenden mit Kindern, die bis zu 30 % ihres Einkommens für ihre Kinder aufwenden müssen.

Auch diese Zahlen wirken bei vielen jungen Frauen, trotz des winkenden Elternglücks, abschreckend. Sämtliche familienpolitischen Leistungen können den finanziellen Schaden nicht ausgleichen!

Für junge Leute, die vor der Frage stehen, ob sie Kinder wollen oder lieber nicht, sind das wichtige Kriterien. Ebenso natürlich auch für deren Eltern.

Dazu einige Ausschnitte aus Leserbriefen aus der FAZ vom 26.07.2015:

„Kinder bringen der Gesellschaft ein Vermögen und machen ihre Eltern arm."

„Kinder kosten kein Vermögen, sie sind das Vermögen."

„Was nutzt mir ein goldener Sarg, wenn ich stattdessen auf Pump ein Leben fröne."

„Wäre es nicht gerecht, wenn zukünftige Rentenempfänger für den Unterhalt der Kinder, die später ihre Renten bezahlen, aufkommen?"

„Die Kinder erwirtschaften für die Kinderlosen deren Renten, sorgen für ihre Infrastruktur insbesondere im Alter, ermöglichen ihnen eine uneingeschränkte Selbstverwirklichung und Karrieregestaltung im Beruf und in der Freizeit und sind das größte Armutsrisiko für die Eltern."

Aber auch: *„Wir haben Kinder immer als Bereicherung unseres Lebens angesehen und nicht als Kostenfaktor. Für uns gehören Kinder ganz elementar zum Sinn des Lebens und wir bedauern diejenigen, die dieses Glück nicht haben können."*

Es ist doch offensichtlich, dass zur Lösung des Problems eine Umverteilung zu Gunsten der Familien mit Kindern und besonders der Alleinverdiener mit Kindern notwendig ist.

Weitere interessante Zahlen des Statistischen Bundesamtes zum Thema: Bevölkerung von Deutschland auf der Grundlage des Zensus 2011:

```
„Gesamt:        80.822.200
 deutsch        73.707.900 = 91 %
 Nichtdeutsche  7.114.300 =   9 %"
```

„Seit 1996 ging die Anzahl der Familien mit minderjährigen Kindern in Deutschland zurück".

„2013 gab es in Deutschland 78.000 Paare, in gleichgeschlechtlichen Lebensgemeinschaften. Das sind 34 % mehr als vor 10 Jahren".

```
„682.069 Lebendgeburten                                    100,0 %
 237.562 Geburten von nicht verheirateten Eltern und        34,0 %
  39.397 Geburten mit ausländl. Staatszugehörigkeit.         5,8 %"
```

Alle Zahlen sind leicht aus den Unterlagen des statistischen Bundesamtes zu erfahren.

Die heutige Generation ist im Wohlstand aufgewachsen und will, wenn sie auf eigenen Füßen steht, natürlich nicht auf das Gewohnte verzichten. Die jungen Leute wollen früh selbstständig sein, Geld verdienen, unabhängig von den Eltern sein und ihr junges Leben richtig genießen. Alles, was man ihnen von Herzen gönnen möchte. In der modernen Zeit steigen aber die Bedürfnisse und persönlichen Ansprüche von Jahr zu Jahr, „immer schneller, immer höher, immer besser" ist die Devise. Das „riecht" zunächst nach Anspruchsdenken. Wer allerdings, up to Date sein möchte, und das müssen junge Leute, der muss da einfach mitmachen. Man braucht die eigene Wohnung sowie ein Auto. Dinge wie Fernseher, Handy und Computer gehören heute ganz selbstverständlich zur lebensnotwendigen Grundausstattung.

Zur Befriedigung der eigenen Bedürfnisse und für die Selbstverwirklichung sind Kinder unbequem, manchmal sogar ein Hindernis und das vor allem für die berufliche Karriere und ganz besonders für die Frauen mit einem akademischen Abschluss. Gut nachvollziehen kann man den Verzicht auf Kinder bei jungen Akademikerinnen, die in einer von der Natur vorgegebenen Zeit vor der Wahl stehen: Kinder oder Karriere. Eine unglaublich schwere Entscheidung! Das Einfrieren von weiblichen Eiern zu diesem Zweck wäre eine Möglichkeit, die tickende Uhr eine Zeit lang ruhigzustellen. Die Frage ist, wie lange gewartet werden soll. Es gibt immer wieder Gründe, Dinge weiter vor sich herzuschieben, und am Ende bleibt es dabei. Ich hoffe aber, dass den Menschen dazu noch etwas Intelligenteres einfällt.

Familienpolitik in Deutschland

Lobby der Kinder im Bundestag

Auf der Suche nach Gründen für das Kinderdefizit im Lande stößt man auch darauf, dass die Lobby für Kinder im Bundestag immer geringer wird, so viel ist sicher! Ist vielleicht doch die Politik daran schuld? Das wäre kein Wunder, denn vom 12. bis zum 17. Bundestag ist der Anteil der verheirateten Bundestagsabgeordneten mit Kindern von 76,7 % auf 53,5 % gesunken. Im gleichen Zeitraum ist der Anteil der Bundestagsabgeordneten, die ledig, verwitwet, geschieden, getrennt lebend, allein erziehend sind und die nicht ehelichen Lebensgemeinschaften angehören, von 8,3 % auf 35,2 % gestiegen. Den höchsten Anteil an dieser Gruppe haben mit 45,2 % die SPD-Abgeordneten. Die Zeitung „Die Welt" vom 10.10.2011 berichtet:

- **„Weibliche Bundestagsabgeordnete bekommen weniger Kinder**
- **als der Durchschnitt der Frauen in Deutschland."**
- **„Ein Drittel der Abgeordneten sind kinderlos."**

Ist das vorgelebte Familienpolitik? Wie schon einmal erwähnt, „der Fisch stinkt vom Kopf her". Gibt es hier überhaupt eine nationale Familienpolitik? Wenn das, was wir hier und heute sehen, Familienpolitik ist, wird sie falsch praktiziert und das schon seit langer Zeit. Alles spricht dafür, dass die vorgenannten Gründe in Verbindung mit einer falschen Weichenstellung der Politik dazu führen, dass es in Deutschland inzwischen ein erhebliches Kinderdefizit gibt, das sich bis auf den Arbeitsmarkt bemerkbar macht!

Wir leben nach wie vor in einem Nationalstaat. Die Hauptbedingung eines jeden Nationalstaates für eine in etwa gleichbleibende nationale Bevölkerung ist, dass für jeden Verstorbenen ein Kind nachrücken muss. Die Rechnung geht aber nur auf, wenn es ausreichend Frauen im gebärfähigen Alter von 16-49 Jahren gibt. In den letzten 40 Jahren haben aber immer weniger Frauen im gebärfähigen Alter immer weniger Kinder bekommen. Eine Tatsache, die überhaupt nicht zu übersehen war, blieb in der Familienpolitik ohne ausreichende Konsequenzen. Ein weiteres Merkmal: In Deutschland sterben jedes Jahr ca. 200.000 – 300.000 Personen mehr als geboren werden. Aber dazu etwas zu sagen, ist in Deutschland heikel. Ein Ministerpräsident hat es einmal versucht und ganz richtig gesagt: „Keine Inder, sondern Kinder", und ist deshalb verspottet und abgestraft worden.

Kinder in den verbündeten Nachbarstaaten

Aber warum diese Auswirkungen, dieser Rückgang der eigenen Bevölkerung gerade in Deutschland und nicht auch bei den mit uns befreundeten westlichen Ländern und Nachbarn Frankreich, Großbritannien und Amerika? Eine mögliche Antwort ist: Es gibt Staaten, die die Stellschrauben, die ein Staat zur Verfügung hat, nicht gegen Familien, sondern pro Familien einsetzen und das nicht zuletzt, um den nationalen Bevölkerungsstand stabil zu halten. Das ist jedenfalls das Signal, das von diesen Ländern ausgeht. Das kostet dann ein bisschen was, aber sie gönnen es sich und das trotz der erheblichen wirtschaftlichen Probleme. Frankreich würde durch nichts, aber auch durch gar nichts auf die Bezeichnung „Grande Nation" verzichten.

Familien mit Kindern, besonders kinderreiche Familien, und alle Alleinerziehenden sind bei dieser Sachlage ganz erheblich benachteiligt. Kindererziehung führt bei den vorgenannten Kosten zum sozialen Abstieg. Bewusst kinderlose Familien und alle Alleinstehenden ohne Kinder dagegen haben damit kein Problem, sie können ungetrübt und nicht zuletzt aufgrund des Kostenvorteils ihren Wohlstand genießen und weiter erhöhen. Der Aufbau unserer Gesellschaft basiert aber auf einem Solidarsystem.

Geburtendefizit aus der nationalen Sicht

Schafft sich Deutschland wegen der Kinderlosigkeit ab? Die Frage selbst gilt hier ja inzwischen als unsittlich und kaum einer, der das denkt, wagt sie aus gegebener Veranlassung auch so auszusprechen. Befürchtet wird die Nazikeule, mit der man jede Stimme verstummen lassen kann. Nein, Deutschland schafft sich nicht ab, das Land hat in Europa eine strategisch wichtige Mittellage, die immer bevölkert sein wird, fragt sich nur, von wem. Also nicht Deutschland schafft sich ab, sondern die deutsche Bevölkerung schafft sich selbst ab.

Mit dem Rückgang der deutschen Bevölkerung ist es aber so, dass wir es ja nicht mit einem plötzlich eingetretenen Ereignis zu tun haben, sondern mit einem, das schon lange Jahre andauert. Es gab also viel Zeit, einzugreifen und an den entsprechenden Stellschrauben dem Bedarf entsprechend zu drehen. Die Politiker und ihr Programm waren dem Volk bekannt und die Mehrheit der Bevölkerung hat Personen und Programme ja selbst gewählt und sich mit dieser Wahl von Parteien, Politikern und ihren Programmen eindeutig für eine Reduzierung der arbeitsfähigen deutschen Bevölkerung entschieden.

Das kann es ja dann nicht schlecht sein, wenn es denn wirklich Wunsch und Ziel der Wähler wäre. Bedenklich wird es aber, wenn das offizielle Bild täuscht und deutsche Frauen zwar Kinderwünsche haben – und das haben eine Menge Frauen –, diese aber wegen falscher Weichenstellung der Politik oder mangels Wahlalternativen nicht realisieren können, was tatsächlich oft als Grund für Kinderlosigkeit genannt wird. Den Leuten, die ihren eigenen Kinderwunsch wegen der gesellschaftlichen Situation, ohne dadurch in Notsituationen zu geraten, nicht erfüllen können, sei gesagt:

Nicht nur die Politik hat Stellschrauben, an denen sie drehen kann, auch das normale Volk, nämlich die Wahl der richtigen Parteien und Abgeordneten!

Zur Erinnerung, 2,1 Kinder je Ehepaar im gebärfähigen Alter sind für eine stabile Bevölkerung erforderlich. Tatsächlich gibt es bei der deutschen Bevölkerung aber nur 1,4 und bei der Bevölkerung mit ausländischen Hintergrund 1,6 Kinder je gebärfähiger Frau.

„Die Welt" vom 10.10.2011 berichtet: „... **Dass die Elternschaft der Parlamentarier davon doch erheblich abweicht."**

- **Danach haben die wenigsten Kinder die linken Frauen mit 0,9, gefolgt von den linken Männern mit 1,2 (Linksfraktion i. Durchschnitt 1,1.)**
- **FDP und SPD 1,3**
- **CDU und Grüne 1,8**
- **Klassenbester und Spitzenreiter, wen soll es wundern, sind die Parlamentarier der CSU mit 2,1!**

Diese Zahlen machen die Einstellung der Parlamentsfraktionen zu Kindern ganz besonders deutlich.

30 % der Paare und 19 % der Alleinstehenden im gebärfähigen Alter sind in Deutschland kinderlos. Der Anteil der Singles an der Bevölkerung steigt ständig und liegt in einigen Städten schon bei über 30 %.

Bei diesen Zahlen ist es doch keine Frage, dass die deutsche Bevölkerung sich selbst abschafft, das ist doch die Faktenlage, darüber müssen wir also nicht mehr diskutieren. Die Frage ist doch, ob diese viel diskutierte Tatsache überhaupt schlecht ist oder vielleicht sogar gar nicht und ob wir damit leben können und das auch wollen, wo sich doch genügend

Leute aus anderen Ländern die Finger danach lecken, im Schlaraffenland Deutschland zu leben, zu arbeiten und ihre Kultur hier zu etablieren..

Bedeutung der Familienpolitik nach dem Krieg

Familienpolitik hat nach dem Kriege in der Politik nie eine hohe Priorität gehabt.

Unserem großen Staatsmann Altkanzler Konrad Adenauer wird nachgesagt er habe gesagt: **„Warum Familienpolitik, Kinder bekommen die Leute von ganz alleine", eine Aussage, die zu seiner Zeit durchaus sinnvoll und sogar berechtigt war.**

Wenn aber Helmut Schmidt sagt: **„Weltweit gibt es eine Überbevölkerung und wo ein Vakuum füllt sich von alleine auf"**, stimmt das zwar in der Sache, weist andererseits aber auf mangelndes Interesse an einer deutschen Familienpolitik hin. Wir sehen ja heute, wie recht er hatte!

Auch Gerhard Schröder kann man kein großes Interesse an einer deutschen Familienpolitik bescheinigen, schließlich hat er bei der Vereidigung seines Bundeskabinetts zu der neuen Familienministerin gesagt: **„Du bekommst das Ministerium für Familie und das andere Gedöns."**

Völlig unvorstellbar ist es, dass Familienpolitik in einem Nationalstaat – und ein solcher sind wir ja immer noch und werden es auch noch viele Jahrzehnte oder sogar für immer bleiben – darauf ausgerichtet ist, ein bevölkerungspolitisches Vakuum entstehen zu lassen. Unabhängig davon und unter Berücksichtigung der geringen Wahlbeteiligung aus Frust stellt sich die Frage, ob die Politik nicht aus sich heraus verpflichtet gewesen wäre, bei der Familienpolitik und Bevölkerungspolitik - mehr als geschehen - im nationalen Sinne tätig zu werden. Hier habe ich bewusst den Ausdruck „National" gebraucht, ein Wort, das zum Unwort geworden scheint.

Bevölkerungspolitik und Amtseid

Haben deutsche Politiker ihren Amtseid gebrochen?

Das wäre zu bejahen, wenn staatliche Instanzen nationale Familienpolitik trotz langjähriger und eindeutiger Faktenlage bewusst oder unbewusst unterlassen würden. Davon, dass der Zustand und die Entwicklung nicht erkennbar gewesen seien, gehe ich mal nicht aus. Da es aber trotzdem geschehen ist und weiter geschieht, wäre die Frage zu prüfen, ob da einige nicht gegen ihren Amtseid und gegen das Grundgesetz verstoßen haben und immer noch verstoßen. Zur Erinnerung:

Der Amtseid in Artikel 56 des Grundgesetzes lautet: „**Ich schwöre, dass ich meine Kraft dem Wohle des deutschen Volkes widmen, seinen Nutzen mehren, Schaden von ihm wenden, das Grundgesetz und die Gesetze des Bundes wahren und verteidigen, meine Pflichten gewissenhaft erfüllen und Gerechtigkeit gegen jedermann üben werde.**"

Artikel 6 Grundgesetz: (1) Ehe und Familie stehen unter dem besonderen Schutze der staatlichen Ordnung.

Die Tatsache, dass es in Deutschland seit vielen Jahren ein bevölkerungspolitisches Defizit gibt, ist hinreichend bekannt und wird immer und immer wieder in den Medien diskutiert. Es wird von der Politik einfach nicht in der bestehenden Größenordnung und den sich damit für das Land ergebenden Konsequenzen wahrgenommen und entsprechend gehandelt. Das vermittelt den Eindruck, dass die Tatsache selber sowie auch die Konsequenzen von den Politikern gewollt sind.

Sind die eidesstattlichen Pflichten etwa erfüllt, wenn der Staat tatenlos zuschaut, wie die deutschstämmige Bevölkerung immer mehr abnimmt? Diese Frage mag sich jeder selbst beantworten. Die Folgen machen sich jedoch unmittelbar und höchst unerfreulich auf dem Arbeitsmarkt, bei den Renten und auch der Ausländerpolitik bemerkbar.

Ich habe schon darauf hingewiesen, dass Paare ohne eigene Kinder und auch Singles gegenüber Familien und Alleinstehenden mit Kindern durch ihre Kinderlosigkeit einen enormen Kostenvorteil haben. Es wäre doch ein Ansatz für eine moderne und gerechte Familienpolitik, wenn jedes gebärfähige kinderlose Paar – und da schließe ich keinen aus –, die Kosten für zwei Kinder und jeder kinderlose Alleinstehende die Kosten für ein Kind jeweils von der Geburt bis zum 25. Lebensjahr übernehmen würde. Eine weitere Möglichkeit ist, jungen Paaren bei der Verehelichung ein zinsloses Darlehen zu geben und für jedes aus dieser Verbindung geborene Kind einen spürbaren Anteil des Darlehens zu erlassen. Übrigens wurde schon bei Einführung der Altersrente erkannt, dass zum Funktionieren des Rentensystems eigentlich für kinderlose Personen mindestens der doppelte Beitrag erforderlich ist. Das wurde aber leider nicht in das Gesetz aufgenommen.

Auswirkung der geringen Geburtenzahlen

Hier kommentarlos einige Kenndaten aus dem Bundesamt für Statistik:

> „Für eine stabile Bevölkerungsentwicklung sind in modernen Staaten 2,1 Kinder je gebärfähiger Frau erforderlich, tatsächlich gab es aber in Deutschland im Jahre 2014 nur 1,4 Geburten je gebärfähiger Frau.
> Im Vergleich dazu waren es in Frankreich 2,08, in Großbritannien 1,9 und in den USA 2,01. Hat sich je einer gefragt, ob das reiner Zufall ist oder ob es das Ergebnis einer guten nationalen Familienpolitik ist?
> Die Anzahl der potenziellen Mütter im Alter von 15-49 Jahren ist seit Jahren rückgängig. Mit jedem Jahr, mit dem diese Anzahl zurückgeht, wird die Geburtenhäufigkeit weiter abnehmen.
> Die Anzahl der Kinder bis zum 14 Lebensjahr ist in Deutschland von 16 Millionen im Jahre 1965 dramatisch auf 10,65 Millionen im Jahre 2012 zurückgegangen, mit weiter abnehmender Tendenz.
> Der Präsident des Statistischen Bundesamtes hat kürzlich mitgeteilt, dass Deutschland das kinderärmste Land in Europa ist.
> Im Jahre 2012 hatten bereits 20 % der Gesamtbevölkerung Deutschlands einen Migrationshintergrund.
> Jeder sechste der 13,1 Millionen Minderjährigen ist von Armut bedroht.
> 29 % der erwachsenen Bevölkerung leben als Ehepaare ohne Kinder zusammen.
> 26 % der Alleinstehenden im gebärfähigen Alter leben ohne Kinder zusammen.
> Nur 24 % der Ehepaare leben mit Kindern in einem Haushalt zusammen."

Die Auswirkungen sind: Kinderarmut, Notlagen von Alleinerziehenden, vernichtete Arbeitsplätze, geschlossene Geburtsstationen der Krankenhäuser, ja, und die vielen fremdsprachigen Ärzte, mit denen sich die Patienten hier nicht hinreichend verständigen können und die zudem in ihren Heimatländern sehr fehlen. Das Wichtigste, das nicht vergessen werden darf: Durch die geringe Gebärfreudigkeit in Deutschland ist das von Helmut Schmidt vorausgesagte Vakuum entstanden, übt u.a. auch eine Sogwirkung auf Flüchtlinge und Asylanten aus aller Welt aus und füllt so das Loch, das durch die fehlende Generation entstanden ist. Im Internet unter der Adresse „familien-partei-deutschlands.de" steht als Überschrift über einem Artikel **„Flüchtlinge als Lösung für die fehlende Generation?"**. Das Loch ist so groß, dass wir, wenn unsere Industrie weiter florieren soll, gar keine andere Lösung haben als Ausländer dafür einzusetzen. Warum also die Klagen? Es bleibt nur die Frage, weshalb dafür nicht Leute aus der EU gewonnen werden, die bekannterweise nach wie vor eine hohe Jugendarbeitslosigkeit haben. Viele für uns wichtige Dinge zählen für Kinderlose im gebärfähigen Alter naturgemäß gar nicht. Sie müssen ja nicht an die Zukunft ihrer Nachkommen denken.

Bevölkerungsentwicklung aus der Sicht des Nationalstaates

Bis hierher sollte klar geworden sein, dass das Thema zwei Seiten hat. Die eine Seite ist die Sicht des Staates. Es erscheint auf dem ersten Blick dumm, bei der riesigen Überbevölkerung in den Ländern der übrigen Welt für mehr Geburten im eigenen Land zu werben. Es ist aber nicht so dumm! Eine konstante Geburtenrate ist sogar wichtig und notwendig für den Bestand eines Nationalstaates, und in einem solchen leben wir ja nun und, wie es aussieht, auch noch für eine lange Zeit. Das vorausgesetzt, hat die Staatsführung die Pflicht, ein günstiges „Klima" zu schaffen, welches Männern und Frauen die Entscheidung zum Kind erleichtert oder auch erst ermöglicht. Genau das hat unser Staat zum Nachteil der Gesellschaft versäumt, ja, sogar verhindert. Ein ständiger Rückgang der eigenständigen Bevölkerung ist schwergewichtig und sollte als das erkannt werden.

Noch aber haben wir einen und leben wir in einem Nationalstaat, und das auch wohl weiterhin für viele Jahrzehnte. Dass das bestimmtes Handeln erfordert, zeigt das Vorgehen unserer benachbarten und befreundeten Staaten, die das Prinzip einer konstanten Bevölkerungsdichte, trotz der schon erwähnten Überbevölkerung in anderen Teilen der Welt oft sogar aggressiv verfolgen. Müssen sich deutsche Politiker die Frage gefallen lassen, ob sie nicht hinreichend strukturiert sind, um das als Problem zu begreifen, oder ob sie bewusst gegen die Verfassung und ihren Amtseid verstoßen in der Absicht, die Gesellschaft von einer überwiegend deutschstämmigen zu einer überwiegend multikulturellen umstrukturieren. Beides ist aber kaum vorstellbar.

Um Missverständnisse zu vermeiden möchte ich bemerken, dass dieses alles nichts, aber wirklich gar nichts mit der derzeitigen Aufnahme von Flüchtlingen und Asylanten zu tun hat, denen zu helfen ist selbstverständlich und Menschenpflicht! Soweit das Thema Kinder aus nationaler Sicht!

Die menschliche Sicht

Eine ganz andere Sicht ist die menschliche, die emotionale. Darunter fällt einerseits der in den Menschen tief verwurzelte Wunsch nach einem Stammhalter oder Erben zur Fortsetzung eines Betriebes oder Hofes, aber auch die den meisten Menschen eigene Zuwendung zum Kind.

Ein Kind zu zeugen, zu gebären, es groß zu ziehen, es zu lieben, ans Herz zu drücken; den Wunsch zu haben, Mama oder Papa zu werden und ein guter dazu, einen jungen Menschen zu formen und auf das Leben vorzubereiten. Das verschafft unglaubliche Glücksgefühle und schärft die gesamte Gefühlsebene der Eltern, vor allem, des Verantwortungsgefühls und die Sorge fürs Kind aber auch für andere Menschen, für Tiere und für den Bestand und Erhalt der Umwelt.

Denn nur Eltern bemühen sich darum die Welt noch über ihren Tod hinaus für ihre Kinder lebenswert zu halten. Stolz zeigen sich die Eltern mit dem Kinderwagen in dem Bewusstsein, dass das schönste Baby der Welt darin liegt. Stolz und glücklich sehen sie ihre Kinder groß werden, die ersten Worte, die ersten Schritte, die neugierigen und unschuldig schauenden und leuchtenden Augen.

Später das Abnabeln, das selbstständig werden, der berufliche Aufstieg, die Meisterprüfung, der Doktorhut; Glücksmomente, die die Alleinlebenden nie erreichen; weshalb nicht zu beneiden sind.

Viel zu schnell sind die Kinder erwachsen, sind eingespannt in ihrem Beruf, gründen ihre eigene Familie, haben eigene Kinder, eigene Sorgen und vielleicht auch nicht immer die Zeit, die sich Eltern gerne wünschen.

Für die Kinder bleiben die Eltern über alle Zeiten bis zum Sterbebett und darüber hinaus Mama und Papa. Eltern und Kinder kümmern, sorgen und helfen sich gegenseitig ganz selbstverständlich. Alleinstehenden entgehen diese Glücksmomente und spätestens im Alter sind sie auf fremde Hilfe angewiesen.

Es gibt aber nicht nur Verweigerer. Zahlreiche junge Paare wünschen sich Kinder und können den Wunsch aus gesundheitlichen Gründen nicht realisieren. Sie geben viel Geld aus um sich mit Leihmutterschaft, Adoption oder mit Hilfe der Reproduktionsbiologie und -technik den Wunsch nach einem Kind zu erfüllen. Es ist keine kleine Minderheit. Nach dem Sexualmediziner Dr. Hartmut Porst sind in Deutschland 15 % aller Ehepaare ungewollt kinderlos, 40 % davon durch den Mann, 40 % durch die Frau und 20 % durch Mann und Frau gemeinsam. Als Hauptfruchtbarkeitskiller werden Stress und seelische Belastung genannt, aber auch Alkohol, Nikotin, Drogen oder Umweltgifte. Da stellt sich die Frage, ob der Grad der menschlichen Unfruchtbarkeit schon immer der heutigen Größenordnung entsprach, oder ob er möglicherweise schon aus der Beeinflussung unseres Erbgutes durch Umweltverschmutzung und falsche Ernährung resultiert.

Wir agieren, die Welt reagiert

Komplexe Welt

Unsere Welt ist komplex, wie auch das Leben auf unserer Erde. Alles hängt zusammen, das „Eine" beeinflusst das „Andere". Gastarbeiter, Ausländer, Nationalstolz, Familien, nur gering gebärfreudige Frauen, Arbeitsplätze, Arbeitslosigkeit, Wohlstand, Renten, um nur einige Faktoren zu nennen. Verändern wir das eine, wird automatisch anderes beeinflusst.

In unserem Land wird hart gearbeitet und unser Land ist zum wirtschaftlichen Riesen aufgestiegen. Deshalb geht es fast allen Menschen sehr gut in diesem Land und es wird oft sogar aus der Entfernung als

Schlaraffenland angesehen. Natürlich gibt es auch bei uns unverschuldete Not und Elend. Schlimm für die Personen, die durch das soziale Netzwerk fallen. Im Vergleich zu anderen Ländern ist das aber eine Minderheit. Wir haben es zum Wohlstand gebracht, ja, das haben wir, aber das, was wir haben, ist nicht vom Himmel gefallen, sondern schwer erarbeitet. So weit, so gut! Der Wohlstand ist auch nicht für jeden absolut, sondern nur im Vergleich zu den meisten Ländern dieser Erde zu sehen.

Unser Wohlstand

Trotzdem die Frage: Haben wir unseren Wohlstand wirklich ehrlich erarbeitet oder haben wir ihn auf Kosten anderer gegründet? Leben wir über unsere Verhältnisse, etwa auf Kosten der sozial Schwachen oder gar auf Kosten unserer eigenen Kinder? Oder möglicherweise sogar auf Kosten der ärmsten Länder der Welt?

Unsere Industrie benötigt Arbeitskräfte

Unsere Industrie brummt, und damit es auch so weitergeht, brauchen wir Wachstum. Wollen wir unseren Lebensstandard halten oder sogar noch verbessern, müssen unsere Schornsteine weiter rauchen und der Rubel weiter rollen. Dazu benötigen wir hoch qualifizierte Arbeitskräfte und nicht nur starke Arme wie in früheren Zeiten, nein, sondern gut ausgebildete Forscher, Ingenieure, Techniker. Unser Land hat nur wenige natürliche Ressourcen.

Unsere wichtigste Ressource ist der Mensch und sein Verstand. Familien- und Bildungspolitik müssten deshalb eigentlich Vorrang haben. Haben sie das in dem erforderlichen Maße? Nicht mehr Hemden nähen, Kohle fördern und Stahl kochen ist notwendig, sondern forschen, entwickeln, Blaupausen anfertigen, hoch komplizierte Maschinen bauen und verkaufen – alles, was andere noch nicht können – ist unsere wirtschaftliche Überlebenschance bei einer immer stärker werdenden Konkurrenz. Als derzeitige Exportweltmeister sind wir da doch auf dem besten Weg.

Aber geht das in alle Ewigkeit so weiter? Wir dürfen nicht aus den Augen verlieren, dass eine Export orientierte Industrie auch sehr anfällig ist. Ebenfalls im Auge behalten müssen wir, dass Länder, die unsere Produkte kaufen wollen, auch ausreichend Geld dafür haben müssen. Wenn sie das nicht haben, können sie nicht kaufen, wenn sie nicht kaufen können,

können wir nicht produzieren, wenn wir nicht produzieren können, stehen in unserer Industrie die Räder still. Die Folgen: Deflation und Arbeitslosigkeit.

Ein Export orientiertes Land wie Deutschland muss im eigenen Interesse einfach international tätig sein, sich auch um die Stabilität der anderen Länder kümmern und das „Große und Ganze" im Auge behalten. Haben wir denn für unsere auf Wachstum ausgerichtete Industrie auch ausreichend Arbeitskräfte? Dazu ein klares „JEIN", d. h. wenn überhaupt, dann nicht aus eigenen Reihen.

Familien- und Ausländerpolitik

Das sind Bereiche, die nur gemeinsam betrachtet werden können, weil sie sich gegenseitig beeinflussen. Jeder, der an einer Stellschraube dreht, muss wissen, dass er dadurch zwangsläufig auch die anderen Bereiche beeinflusst. Im Klartext heißt das: Je weniger deutsche Kinder geboren werden, umso mehr Arbeitskräfte aus anderen Ländern benötigen wir, um unseren Lebensstandard zu halten. Wer keine ausländischen Arbeitskräfte will, ist entweder gegen Wachstum oder gegen deutsche Kinder. Wollte man beides in diesem Sinne beeinflussen, würde das viel Zeit in Anspruch nehmen. Leider wird das von den verantwortlichen Politikern nur ungenügend berücksichtigt.

Die deutsche Wirtschaft boomt. Sie boomt aber nur, weil fehlende deutsche Arbeitskräfte durch ausländische ersetzt werden konnten. Ohne diese Hilfe lägen wir längst am Boden. Wegen zu geringer Geburtenzahlen - es fehlt einfach eine ganze Generation - kann Deutschland nicht mehr aus eigener Kraft in der erreichten Dimension existieren. Diese Aussage klingt so hart, wie sie richtig ist. Ein Problem, das nicht neu ist, nur viel zu spät erkannt wurde, bei einigen wohl immer noch nicht!

Chancen für ein vereinigtes Europa

Übrigens habe ich bisher unsere Nachbarn aus der EU nicht als Ausländer angesehen. Ich bin nämlich ursprünglich mal davon ausgegangen, dass alle Bemühungen in Richtung eines europäischen Einheitsstaates laufen, in Richtung der „Vereinigten Staaten von Europa". Wohl erkenne ich die Bemühungen einer ganz kleinen Gruppe von Politikern, die sich weiterhin darum bemüht, glaube aber inzwischen, dass alle unseren angrenzenden europäischen Nachbarn innerhalb der nächsten 100 Jahre keinen Deut an Souveränität an die EU abgeben werden. Es ist also damit zu rechnen, dass in Europa in Zukunft, wie schon in den letzten tausend Jahren, das Geschehen von „Stammesfürsten" der Länder bestimmt wird mit ähnlichen Auswirkungen. Wo ist da der Unterschied zum Mittelalter?

Ich bin sicher, dass unsere sehr patriotisch, eigentlich sogar sehr national eingestellten Nachbarn, wenn sie kein politisches oder Naturereignis dazu zwingt, in den nächsten 100 Jahren keinen existenzgefährdenden Anteil ihrer Souveränität aufgeben werden. Schade! Das Bild, das die Medien vermitteln, sagt mir, dass fast alle Staaten zu nationalistisch und unsolidarisch für ein so großes geschichtliches Ereignis eingestellt sind. Nichts aus der Vergangenheit gelernt? Bedauerlich! Die Geschichte wird später über die Personen urteilen, die heute die große Chance zur endgültigen Einigung Europas verpassen. Arbeitskräfte aus den Ländern der EU sind schon deshalb nicht als Ausländer anzusehen, weil es inzwischen innerhalb der EU Freizügigkeit für Niederlassung und Berufsausübung gibt.

Ausländer

Ohne Ausländer kein Wohlstand in Deutschland!

Da nicht ausreichend deutsche Frauen und Männer für eine florierende boomende Wirtschaft zur Verfügung stehen, müssen Arbeitskräfte aus anderen Ländern kommen. Deshalb steht fest und ist ebenso Faktenlage: Ohne Gastarbeiter keine florierende deutsche Wirtschaft, kein Wachstum, kein Leben im Überfluss, keine ausreichenden Renten. Ohne Gastarbeiter „heute und morgen" würde für uns der Brotkorb ganz schon hoch hängen! Um es ganz drastisch auszudrücken: Ohne Gastarbeiter läuft in den nächsten Jahren selbst dann nichts, wenn der Arbeitskräftenachwuchs wieder selbst gestemmt werden kann, wozu es mindestens 20 Jahre braucht. Ohne Zuwanderung hätten wir längst das Ende der Fahnenstange erreicht. Bleibt die Frage, was passiert, wenn das Wachstum einmal zu Ende ist.

Deutschland ist ausländerfreundlich

Nichts gegen Zuwanderer und Ausländer, die Deutschen mögen sie! Das Fremdländische, das Internationale auf unseren Straßen gefällt uns. Wir fühlen, dass wir in einem offenen bunten Land leben und internationales Flair finden wir sogar gut. Die Begegnung mit anderen Kulturen und Menschen aus anderen Ländern fühlt der überwiegende Teil der Bevölkerung durchaus auch als eine Bereicherung. Es gibt aber im Rahmen dieser Flüchtlingswelle nicht nur positive, sondern auch negative Gesichtspunkte. Leider ist es so, dass die Integrationsbemühungen für diejenigen, die sich hier niederlassen und eingebürgert werden nicht immer gelingen und es zu Gettobildungen kommt. Darüber hinaus kamen die Flüchtlingsströme schneller, als sich unser System darauf einstellen konnte. So kam und kommt es zu ungeordneter Aufnahme mit all den damit einhergehenden Problemen und Gefahren, unter anderem auch zu Schulklassen mit überwiegendem Ausländeranteil, in denen gegenseitige Lernbehinderung das Normale scheint.

In der Industrie haben wir mit Arbeitskräften aus dem Ausland bisher keine schlechten Erfahrungen gemacht. Ich habe in meinem Arbeitsleben viel mit Ausländern zusammengearbeitet und kann ihre Tätigkeiten und ihr Verhalten im Betrieb nur lobend erwähnen.

Ausländer an sich sind wohl auch bei Protesten der Öffentlichkeit nicht das Problem. Es ist aber doch völlig normal, wenn Mitbürger deutsche Interessen durch die Politik mehr berücksichtigt sehen wollen. Nach Allem, was zu hören ist, sind Ausländer samt ihrer Religion und Kultur und ihren ganzen Familien bei uns willkommen, solange das nicht zur Überfremdung führt und soweit sie sich an unser Grundgesetz halten – das gilt natürlich und insbesondere auch in der Frauenfrage.

Aufnahmebereitschaft für Bedrohte

Bei Gesprächen zu Ausländerfragen werden allzu oft alle in einen Topf geworfen. Nicht nur die Unterscheidung Menschen aus EU-Ländern und solchen aus Nicht-EU-Ländern ist geboten, sondern bei Letzteren haben wir die Unterscheidung zwischen Asylsuchenden, Flüchtlingen und Menschen zu treffen, die ihre Heimat verlassen müssen, weil ihnen in ihren Heimatländern unter dem derzeitigem Regime Folter, Tod oder Verfolgung drohen. Diese bedauernswerten Leute schützen wir gerne, gehen aber davon aus, dass sie zum größten Teil irgendwann, wenn in ihrer Heimat wieder die Voraussetzungen für ein angstfreies Leben gegeben sind, in ihre Heimat zurückkehren. Leider sind unter den Ankommenden auch die sogenannten Wirtschaftsflüchtlinge. Sie und ihre Kinder möchten einfach nur an unserem Wohlstand teilnehmen. Dass so viele kommen, liegt auch an unserer Willkommenskultur. Die schon Eingebürgerten melden über Telefon, iPhone und iPad, wie toll das hier ist. Wer sollte da nicht dem Versuch erliegen, an unserem gegenwärtigen Wohlstand zu partizipieren. Natürlich würde man jedem gönnen, in einem Staat wie dem unseren zu leben, der ihnen und ihren Kindern ein Vielfaches von dem bietet, was in ihrem eigenen Staat möglich wäre. Wir haben zudem ein eigenes Bevölkerungsdefizit und ohne Zuzug von anderen Ländern kann unsere Industrie nicht auskommen. Das regelt man aber intelligenter durch ein ausgewogenes Einwanderungsgesetz als nach dem Motto: „Machet auf die Tür". Leider haben wir nicht die Möglichkeit und die Kraft, allen, die auf dieser Welt hungern und frieren, zu helfen.

Es gibt für die Aufnahme von Flüchtlingen, Vertriebenen und Asylanten bei uns nicht zuletzt auch deshalb einen Konsens, weil wir uns zum Teil noch gut daran erinnern, dass einerseits die Welt viele Verfolgte des Naziregimes aufgenommen hat und andererseits Restdeutschland viele Flüchtlinge und Vertriebene aus den östlichen Gebieten aufnehmen musste, zum Teil sogar über Zwangseinweisung in Privatquartieren, der so genannten Einquartierung.

In den 1800er Jahren und später sind einige Millionen deutscher Staatsbürger, die nicht verfolgt wurden, in andere Länder ausgewandert. Sie verließen Deutschland und gingen nach Galizien, Russland, Polen, Amerika und noch in viele andere Länder, weil dort ein besseres Leben winkte als damals in ihrer Heimat. Das waren Wirtschaftsflüchtlinge aus Deutschland. Daran sollten wir uns erinnern, wenn wir hier Wirtschaftsflüchtlinge ablehnen.

An dem derzeitigen Flüchtlingsstrom ist die westliche Welt nicht ganz unschuldig. Sie unternimmt nicht genug, um den Menschen in ihren Ländern ein menschenwürdiges Leben zu ermöglichen. Bei dem derzeitigen riesigen Unterschied zwischen armen und reichen Ländern ist das eigentlich kein Wunder. Gerade unser Land, in dem es zudem noch ein bevölkerungspolitisches Vakuum gibt, übt eine so gewaltige Anziehungskraft aus, dass die Leute aus den armen Ländern sogar den Tod nicht scheuen, um zu uns zu kommen. Sie hören und sehen jeden Tag im Radio oder auch im Fernsehen und per Handy von den Vorausgegangenen, wo das Schlaraffenland ist und scheuen keine Hürden, zu uns zu kommen. Dazu gibt es noch die Vermittler, die Schleuser, die für „Aufklärung" sorgen und dadurch eine Menge Geld verdienen und es fragt sich, ob nicht auch die Schleuser - von wem auch immer und mit welchem Ziel auch immer - angehalten und bezahlt werden, um eine Flüchtlingswelle in Gang zu setzten. Dazu ist allerdings nicht viel erforderlich, denn das Gefälle zwischen reichen und armen Ländern ist zu groß und unübersehbar geworden. Die Ärmsten haben unseren Wohlstand vor Augen. Sie wollen jetzt Teilhabe; sie und ihre Kinder wollen leben und nicht verhungern. Was jetzt geschieht, ist eine weltweite Völkerwanderung. Der Westen sollte endlich Afrika als Zukunftskontinent betrachten und sich mit allen Kräften bemühen, in Afrika blühende Landschaften zu schaffen und morgen schon mit den Vorbereitungen dafür zu beginnen. Wasser gibt es auf der Erde mehr als genug, zumal die Gletscher immer mehr davon frei geben, es muss nur aufbereitet und richtig verteilt werden. Eine Jahrhundertaufgabe für Wissenschaftler und Ingenieure und wichtiger als die meisten Projekte, die heute von ihnen bearbeitet und vom Staat bezahlt werden.

Betreiben wir Intelligenzpiraterie?

Es ist verwunderlich, dass sich Politiker hinstellen und um voll ausgebildete Facharbeiter und Akademiker aus den ärmsten Ländern der Welt abwerben. Damit wollen sie das bestehende Vakuum auffüllen, damit die Schornsteine bei uns weiter rauchen und der Rubel rollt. Für diese Anwerbung sollten wir uns schämen, man könnte das auch Intelligenzpiraterie nennen, und das ist noch sehr verhalten ausgedrückt. Die Abgeworbenen gehören oft zur gebildeten Schicht, sind die tragenden Säulen in ihren Heimatländern, die ja auch für die Ausbildung bezahlt haben. Ohne die „exportierten" Fachkräfte haben die Zurückbleibenden nur die Alternative Flucht oder Verhungern. Ein Aufruf an die gebildete Schicht dieser Länder, zu uns zu kommen, ist kein freundlicher, auch kein menschlicher Akt und schon gar nicht ausländerfreundlich. Den armen Ländern wird dadurch die Intelligenz entzogen, die dort dringend zum Aufbau eines stabilen Staates und einer florierenden Wirtschaft benötigt wird. Die Lebensverhältnisse der zurück gebliebenen einfachen Leute aber verschlechtern sich dort noch schneller und der Flüchtlingsstrom wird noch größer. Ein Teufelskreis, der von uns auf Kosten der ärmsten Länder dieser Welt in Gang gesetzt wird.

Aber auch hier ist zu unterscheiden: Wenn Leute aus diesen Ländern freiwillig zu uns kommen, ist das eine Sache, eine andere ist es, wenn sich Politiker hinstellen und öffentlich nach ausländischen Facharbeitern und Akademikern aus diesen Ländern rufen. Statt sie so und auch noch auf andere Art und Weise anzulocken und auszusaugen, müssten wir ihnen helfen, in ihren Herkunftsländern Lebensbedingungen zu schaffen, die ihnen mehr als die Alternative Hungertod oder Flucht bieten. Vor allem das wäre doch wahre Ausländerfreundlichkeit und Menschenliebe, wie sie ja von einigen wenigen Einzelpersonen praktiziert werden. Hier ist nicht nur die Europäische Union gefragt, sondern alle übernationalen Organisationen und in erster Linie die UNO.

Wie auch immer und wer auch immer! Jetzt kommen sie, und wir müssen ihnen helfen. Dazu ist in der Bevölkerung auch die Bereitschaft vorhanden. Friedliche Demonstrationen kann man verstehen. Sie sollten weder unterschätzt noch verspottet werden. Wer aber Gewalt anwendet und Brände legt oder auch nur damit droht, der ist ein Verbrecher!

Die meisten Neuankömmlinge sind Muslime. Da sie nun schon in Massen gekommen sind, dürfen wir nicht das Problem, sondern nur noch die schutzbedürftigen Menschen sehen und müssen alles dafür tun, ihnen zu helfen. Wir sollten ihnen aber auch sagen, dass wir zwar einen sicheren Aufenthalt und Schutz gewähren, aber davon ausgehen, dass sie früher oder später, wenn die Voraussetzungen dafür in ihrer Heimat wieder gegeben sind, dorthin zurückkehren. Die Versuchung wird aber für Deutschland groß sein, junge Akademiker und Facharbeiter aus dem vorgenannten Personenkreis hier mit dem Ziel anzuwerben, unsere fehlende Generation zu ersetzen, um so unser Bevölkerungsdefizit auszugleichen oder - anders ausgedrückt - um das mehrfach genannte Vakuum aufzufüllen oder auch, um so die Fehler der Vergangenheit „auszubügeln". Ich glaube aber, wir haben überhaupt keine andere Wahl. Dass diese Situation das Land verändern wird, bedarf allerdings keiner Frage.

Wir müssen begreifen, dass die, die zu uns kommen und hier bleiben, ihre Kulturen und Religionen mitbringen und ihre Familien nachho-

len. Es ist doch völlig normal, dass, wenn eine Gruppe Menschen bestimmte Anteile an der Bevölkerung erreicht, sie dann auch ihrem Anteil entsprechend mitreden und mitbestimmen will, und dabei ihre eigene Kultur bevorzugen möchte. Auch das muss man aussprechen: Fremde Kulturen, auch die muslimische, enthalten Bestandteile, die mit unserer Kultur total unvereinbar sind. Deshalb sollte die europäische Bevölkerung und nicht nur die Politiker darüber entscheiden, unter welchen Bedingungen sie leben möchte. Wollen wir einen einheitlichen Bundesstaat Europa mit einer bunten Bevölkerung ohne religiöse und rassistische Grenzen und ohne historisch begründete Leitkulturen oder ein Europa der Vaterländer mit stark nationaler und christlicher Ausrichtung, in dem die Identität des aufnehmenden Landes gewahrt bleibt, und das nicht nur dem Namen nach, sondern auch bezüglich seiner Kultur. Beides ist noch machbar, jede Entscheidung hat, je nach Sicht der Dinge, sowohl Vor- als auch Nachteile. Wie sie auch immer ausfällt, die Entscheidung, sie sollte möglichst schnell erfolgen. So sicher es ist, dass wir die große Flüchtlingswelle beherrschen werden und den Flüchtlingen Nahrung und ein Dach über dem Kopf geben können und auch werden, so **unsicher** wird auf Dauer die Begegnung der Kulturen sein; sie enthält allerlei Sprengstoff. Genau so klar sollte es auch sein, dass mit weiterem Rückgang der abendländischen christlichen Bevölkerung bei gleichzeitiger Zunahme der muslimischen Bevölkerung sich deren Anspruch ganz automatisch und ganz legal zunächst auf Mitwirkung und später auf Gestaltung aller Lebensbereiche einschließlich der Gesetze erstrecken wird. Wir stehen da an einem Scheideweg! Deutschland wird sich verändern.

Einen ähnlichen Ansturm von Menschen nach Deutschland gab es ja sogar schon mal. Das Ruhrgebiet galt zu Beginn der Industrialisierung als Kap der Guten Hoffnung und hatte einen Menschenzustrom aus ganz Europa, der war allerdings christlich orientiert und daher leicht zu integrieren. Trotzdem haben auch diese Menschen, nachdem ein nennenswerter Anteil an der Bevölkerung erreicht war, ihre Forderungen ständig erhöht und mit Streiks durchgesetzt.

Wenn wir das eine wollen, nämlich Arbeitskräfte aus nichteuropäischen Ländern und mit anderen Religionen, müssen wir auch andere Kultur und Lebensart in Kauf nehmen. Geht so etwas uneingeschränkt weiter, und wie viel fremde Kultur kann überhaupt ein Staat ertragen, ohne seine nationale Identität zu gefährden? Schon haben viele Einwohner diesbezügliche Sorgen, und es zeigen sich auch deutliche Proteste. Es gibt inzwischen viele Bücher, die die Islamisierung Europas beschwören. Das geschieht auch in einem Buch von Dr. Udo Ulfkotte, der Kriminologie, Islamkunde und Politik studiert hat. In dem Buch „Mekka Deutschland" mit dem Untertitel „Die stille Islamisierung" schreibt Ulfkotte u.a. „... bis zum Ende dieses Jahrhunderts verliert Deutschland mindestens ein Drittel seiner ethnischen einheimischen Bevölkerung, weil diese sich einfach nicht mehr fortpflanzt." Fragen wir uns, was das bedeuten würde. Menschen, die hier eingebürgert werden, sind dann deutsche Bürger mit allen Rechten und Pflichten, und es ist völlig normal, dass sie dann auch, ihrem Anteil an der Bevölkerung entsprechend, in die Parlamente einziehen, vielleicht ihrer Kultur typische eigene, uns befremdende Forderungen stellen und an der Gesetzgebung beteiligt sind. Neubürger sind zudem erfahrungsgemäß im Arbeitsleben sehr aktiv, zumindest in der ersten Generation, sie haben noch den Pioniergeist, der uns abhandengekommen ist. Junge dynamische Männer und Frauen, die sich ein neues Leben aufbauen müssen, sind fleißig, willig und selbstverständlich auch Konkurrenten am Arbeitsplatz.

„Das Jahrhundert, in dem wir leben, wird das Jahrhundert des Islams", sagt Ulfkotte ... Hier schließt sich der Kreis zur deutschen Familienpolitik. Fremde Religion und Kultur bedeuten im Klartext unter anderem auch Parallelgesellschaften, Vielweiberei, Ehrenmorde, die untergeordnete Rolle der Frau, eben die Scharia mit allem, was dazu gehört. Überhaupt nicht vorstellbar ist, dass europäische Frauen sich das uneingeschränkt wünschen könnten. Ohne diese, mit unseren Gesetzen überhaupt nicht zu vereinbarenden Bestandteile sähe der Islam freundlicher aus!

Wie an anderer Stelle schon vermerkt, beruht unser Wohlstand nicht zuletzt auf dem Einsatz ausländischer Arbeitskräfte, die wir ja sogar viele Jahre lang anwerben mussten, um unser Bevölkerungsdefizit auszugleichen. Wir haben mit ihnen auch keine schlechten Erfahrungen gemacht. Im Bergbau waren das überwiegend türkische Muslime. Mit ihnen gab es weder Probleme im Arbeitsleben – die Männer waren fleißig und willig - noch gab es Probleme mit ihrer Kultur und Religion. Hier war man gemeinsam Kumpel bei der Arbeit und befreundet im Alltag.

Mein Fazit für die verlangte Obergrenze für die Aufnahme von Flüchtlingen: Bei aller Einsicht und sichtbarer Hilfsbereitschaft unsererseits darf bitte nicht übersehen werden, dass der Flüchtlingsstrom einige seltsame Merkmale aufweist, die einfach beachtet und beobachtet sein wollen.

Aus menschlicher und gesetzlicher Sicht kann es für die Aufnahme Hilfsbedürftiger keine Grenzen geben. Das unter den wirklich Hilfsbedürftigen auch einzelne Verbrechertypen und Glücksritter aller Art sind, werden wir nicht verhindern können; sie zu erkennen ist nicht leicht. Wenn wir für die Auswahl keinen ganz engen Maßstab anlegen, werden wir die Konsequenzen dafür ertragen müssen. Eine sehr scharfe Auswahl mit ganz schneller Abschiebung der Nichtberechtigten ist auch deshalb erforderlich, ja, sogar unverzichtbar, um „Integrationsplätze" für die wirklich Bedürftigen zu schaffen. Ein Beispiel: Wenn Männer ohne Familie zu uns kommen, um Schutz zu suchen und ihre schutzbedürftigen Familien im Chaos zurücklassen, kann ich schwerlich einen Grund für eine Aufnahme bei uns erkennen; allein durch solches Verhalten, das ich als charakterlichen Mangel bezeichnen möchte, haben sie sich disqualifiziert.

Obwohl ich gegen eine Obergrenze bin, halte ich eine Grenze für die Aufnahme dann erforderlich, wenn die nationale Identität und die nationale Einheit gefährdet ist und wenn der deutsche Staat bei einem Massenansturm Ordnung und Sicherheit nicht mehr gewährleisten kann. Aus Bayern wird eine Obergrenze von 200.000 Menschen gefordert. Das entspricht lediglich der Anzahl von Menschen, die bei uns mehr sterben als geboren werden. Die genannte Anzahl selber ist auch nicht aussagekräftig. Entscheidend ist die Anzahl der gebärfähigen Frauen im Alter von 16 bis 45 Jahren. Die Auseinandersetzungen innerhalb der EU und das unsolidarische Verhalten einiger Staaten führt allenthalben zur Rückkehr des Nationalen, was wiederum dazu führt, dass die EU nur noch eine Wirtschaftsgemeinschaft für diejenigen ist, die davon profitieren.

Einzelpersonen alleine sind nicht so das Problem. Im Zeitalter der elektronischen Medien können aber schnell kampfbereite Personen zusammengeholt werden. Eine Möglichkeit, die für beide Seiten gilt, Ausländer sowie für die selbst ernannten und sogenannten „Heimat- und Frauenverteidiger".

Die meisten Hilfe suchenden Männer sind im Alter von 16-45 Jahren. Sie sind jung, stehen „im vollen Saft" und haben ein vorgezeichnetes

Frauenbild, was dem unseren in keiner Weise entspricht. Da stellt sich auch die Frage: „Was machen sie mit ihrer Sexualität"? Man kann doch nicht annehmen, dass sie das, was sich im Körper ansammelt, ausspucken können.

Gotteslästerung, eine Schande!

Ein Beispiel für unvereinbare kulturelle Gegensätze: Da gab es doch die Attentate in Paris und Kopenhagen. Hier geschah das Furchtbare wegen der Mohammed-Karikaturen in den Medien.

Am Anfang standen ein Video und Bilder, in dem der Prophet Mohammed, der Stifter des Islams, verschmäht wird, was Proteste und Aufstände in der muslimischen Welt auslöste; es gab viele Tote! Ich kann den Unmut der Muslime sehr gut verstehen. Es ist für mich unmöglich, das als Zeichen freiheitlichen Denkens und Schaffens zu sehen. Freiheit meint immer auch die Freiheit der anderen. Für mich ist solches Verhalten nichts anderes als Gotteslästerung, eine Schande, egal um welchen Gott es geht.

Ob wir es wollen oder nicht, die Faktenlage ist eindeutig: Der Istzustand belegt, dass wir auf dem besten Weg in Richtung weiterer Abnahme der deutschstämmigen Bevölkerung im erwerbs- und gebärfähigem Alter sind und dass es, wenn keine entsprechende Änderung durch Politik und keine Änderung der Einstellung im Bewusstsein der Bevölkerung geschieht, zwangsläufig auch so kommen muss. Ist das für uns überhaupt relevant oder überhaupt nicht, könnte man zweifelnd fragen?

Dresden und Proteste

Leuten, die vor einem deutschen Kalifat Angst haben und deshalb dagegen demonstrieren, kann man das doch nicht verwehren! Die Dresdener sind bei bestimmten Ereignissen besonders feinfühlig, das muss man einfach verstehen. Insbesondere und nicht zuletzt wegen der totalen Zerstörung der Stadt in den letzten Kriegstagen, nämlich noch im Monat Februar 1945 mit 38.000 Todesopfern - alles unschuldige Opfer, Frauen und Kinder, keine Kollateralschäden, nein, gezieltes Töten! Wir haben kürzlich eine Bildungsreise nach Dresden gemacht und waren erstaunt und begeistert vom Stand und der Qualität des Wiederaufbaus und über die Gastfreundschaft. Dort haben wir auch an einer Häuserfassade in ganz großen Lettern folgenden Spruch von Erich Kästner gelesen:

An allem Unfug, der passiert,
sind nicht etwa nur die schuld,
die ihn tun, sondern auch die,
die ihn nicht verhindern.

Das lesen die Dresdener täglich und handeln danach. Uns allen ist doch klar, dass es in Deutschland einmal eine Zeit gegeben hat, in der zu viele über Unübersehbares hinweggesehen haben. **Die deutschen Verbrechen dürfen niemals vergessen werden, muss aber die deutsche Stimme für immer schweigen, wenn sie an anderen Stellen die Menschenwürde verletzt sieht oder, wenn das Volk anderer Meinung ist als die Politiker?** Man kann doch nicht im Ernst erwarten, dass eine Demonstration so abläuft wie eine Prozession. Auch ist es nicht so, dass es in unserem Land keinerlei Gründe zum Protest gibt. Dass sich Verbrecher unter ehrliche Demonstranten mischen, ist nie ganz zu vermeiden. Wer gegen Gesetze verstößt, den muss die volle Härte des Gesetzes treffen, aber nicht erst in einem Jahr, sondern unverzüglich. Diese Banditen und Krawallmacher aus der Menge friedlicher Protestanten herauszufinden obliegt den Ordnungs- und Sicherheitsbehörden. Die Teilnehmer einer großen Demonstrationsbewegung pauschal als Nazis und Rassisten zu diffamieren, das geht auch nicht, man erreicht dadurch höchstens das Gegenteil. Die gewünschte Einheitsmeinung gibt es eben nicht, obwohl die Medien gerade diesen Eindruck zu erwecken versuchen.

Gastarbeiter und Renten

Wie ich schon erwähnte, gibt es einen engen Zusammenhang zwischen Geburten, Gastarbeitern und Renten. Jahrhundertelang war es selbstverständlich, dass man sich innerhalb der Familie untereinander hilft und füreinander sorgt, die Eltern für die Kinder, die Kinder für die Eltern und das alles auf privater Basis. Dieses Bewusstsein, eigentlich das Natürlichste der Welt und wahrscheinlich auch schon vom Schöpfer in den Genen vorgesehen, ist durch die frühe Industriegesellschaft weitestgehend verloren gegangen oder wird ignoriert. Beginnend mit dem Übergang von der Agrar- zur Industriegesellschaft zeigte sich eine erhebliche Altersarmut. Das System war gestört und nach der vorgenannten Art konnte es nicht weitergehen. Aus dieser Zeit stammt der Spruch: „Eine Mutter kann wohl zehn Kinder versorgen, aber zehn Kinder keine Mutter."

1891 schon wurde in Verbindung mit den bismarckschen Sozialgesetzen von Kaiser Wilhelm II. die Alters- und Invalidenversicherung eingeführt. Als Vorbild diente die Knappschaft der Bergleute. Die durchschnittliche Lebenserwartung ab Geburt betrug zu diesem Zeitpunkt 50 Jahre. Finanziert wurde die Versicherung durch feste Beitragssätze und Rücklagen des Staates. Ausgezahlt wurde sie bei Erreichen des 71. Lebensjahres. Setzt man das in Beziehung zur damaligen Lebenserwartung, erkennt man, dass der Geldbedarf für eine Rentenkasse nicht allzu groß war. 1916 wurde der Eintritt des Rentenalters auf 65 Jahre abgesenkt. Seitdem gab es viele Rentenanpassungen, bis 1957 die Rente an die Lohnentwicklung angepasst wurde. Die Lebenserwartung ab der Geburt lag zu der Zeit bei 66 Jahren. Auch danach gab es mehrere Rentenanpassungen, allerdings auch artfremde Zusatzbelastungen der Rentenkasse.

Die Elterngeneration trug früher wie auch heute ganz selbstverständlich die Kosten für ihre Kinder, von der Geburt bis zum Abschluss der Ausbildungszeit, die heute je nach der individuellen Situation zwischen dem 20. und 30. Lebensjahr liegt und früher zwischen 13 und 18 Jahren lag. Der sogenannte Generationenvertrag, auf dem unser Rentensystem aufgebaut ist, funktioniert aber seit Langem nicht mehr! Teils wegen falscher Weichenstellung durch die Politik, teils, weil sich viele Leute zu ihrem eigenen Nutzen und zum Schaden anderer aus der Solidargemeinschaft ausgeklinkt haben.

Über die Rentenkasse wird seit Jahren und auch heute immer noch heiß diskutiert, das geschieht, ohne der Sache wirklich auf den Grund zu gehen. Man spricht an den wahren Gründen vorbei oder will sie bewusst nicht wahrnehmen, weil sonst Minderheiten beleidigt sein und auch Arbeitsplätze verloren gehen könnten.

Beeinflussung der Rentenformel durch Jung und Alt

Auf eine Rente nach Kassenlage kann sich niemand einlassen. Es dürfte doch keine Frage sein, dass jede Generation nach Eintritt in den Ruhe-

---

stand ihren während des Berufslebens erworbenen Lebensstandard weiterzuführen in der Lage sein sollte.

Die Politik dreht nun seit einigen Jahren an den verschiedensten Stellschrauben, sie hat das vorgenannte Ziel aber nie erreicht, sie stellt sich bei diesem Thema einfach auf einem Auge blind. Nun wird behauptet, die in den letzten Jahren stark gestiegene Lebenserwartung und das Anspruchsdenken der „Alten" sei der Grund dafür. Als Argument wird angeführt: Die Alten werden immer älter, und im Alter werden krankheitsbedingte Kosten höher. Das mit dem Älterwerden stimmt ja Gott sei Dank und die Jungen rücken schneller nach, als sie denken. Aber nicht nur bei den Alten, sondern auch bei der Jugend hat sich Entscheidendes geändert, was sich mindestens genauso schwerwiegend auf die Rente auswirkt: Die Ausbildungszeit dauert – wie schon erwähnt – wesentlich länger, gut so! Die Anzahl der Personen, die eine höhere Schulbildung wählen, und die Anzahl der Studierenden haben sich in den letzten 50 Jahren vervielfacht; gut so! Waren es nach dem Kriege nur 3 % eines Jahrganges, die die Schule mit dem Abitur abschlossen, sind es heute 36 %. Das ist noch viel zu wenig für unser Land, denn unsere Ressourcen sind unsere Gehirne, unser Können, unser Fleiß. Die Quote wäre also tunlichst weiter zu erhöhen, ohne dass die Qualität der Abschlüsse leidet. Damit erfolgt der Eintritt ins Arbeitsleben jetzt schon spät und in Zukunft noch erheblich später und auch die durchschnittliche Lebensarbeitszeit wird erheblich kürzer, Faktoren, die sich natürlich ebenfalls auf die Höhe der Rente auswirken. Auch die Wochenarbeitszeit hat einen Einfluss. Wurde früher an sechs Tagen in der Woche 48 Stunden gearbeitet, sind es heute an fünf Tagen nur noch 35 Stunden.

Ja, selbst die Urlaubstage stehen auf der Habenseite der jungen Leute. 1947 gab es zwölf Tage bezahlten Urlaub, heute sind es im Durchschnitt 30 Arbeitstage; all das sei den Menschen gegönnt. Die Rente wird künftig noch durch weitere Einflüsse beeinträchtigt, nämlich durch die Babyboomer. Wie man leicht erkennen kann, sieht es mit unserer derzeitigen Rentenformel für die gesetzliche Rente und für die Zukunft nicht besonders gut aus. Allein wegen der demografischen Entwicklung in unserem Land, ist eine Neuregelung dringend geboten. Das durch die vergangene Familienpolitik entstandene „Loch" kann überhaupt nicht mehr aus eigener Kraft gefüllt werden, dafür ist es einfach zu groß. Wir können nur versuchen das demografische Defizit mit Ausländern zu „stopfen".

Der Soester Anzeiger schreibt am 28.08.2015 zum Rententhema unter der Überschrift: **„Risikogruppe Rentner" – Auf Deutschland und besonders auf NRW … rollt eine Armutswelle zu. Für 2014 wird eine Armutsgefährdungsquote von 15,4 % genannt.**

Die gesetzliche Altersversorgung erhalten

Trotz alledem gibt es das dringende Bedürfnis, die gesetzliche Rente mindestens als eine zum Leben ausreichende Grundversorgung aufrechtzuerhalten und zu erweitern, insbesondere wegen der bestehenden Imponderabilien eines Arbeitslebens. Nur der Staat kann dafür sorgen, dass die vorgenannten Voraussetzungen erfüllt werden. Das gilt für alle, auch für Selbstständige und Politiker. Wer noch mehr haben möchte als die für den Normalbürger ausreichende gesetzliche Rente, die die Fortsetzung seines bisherigen Lebensstandards allerdings schon erlauben sollte, der kann sich dann ja privat versichern. Der Ausspruch von Norbert Blüm „Die Rente ist sicher" ist heute für viele ein Hohn. Die Rentenversicherung ist dem Grunde nach international. Wer einzahlt, ob Deutscher, Türke, Italiener, Spanier oder Bürger aus noch einer anderen Nation, das ist der Versicherung egal. Wie es auch der Maschine egal ist, welcher Landsmann sie bedient. Wie die Belastung von Alt und Jung durch die Rente zurzeit ist, das wissen wir, aber wie kann die erforderliche Geldmenge erreicht und wie kann sie gerechter gestaltet werden?

Sicher ist nur eines, nämlich, dass es auf lange Zeit in unserem Lande ohne „Gastarbeiter" keine funktionierende Wirtschaft, kein Leben in Wohlstand gibt und die heutigen Renten nicht mehr gezahlt werden können. Nicht nur die Wirtschaft, auch das Rentensystem würde ohne arbeitende Menschen aus dem Ausland total zusammenbrechen. Dieser Zustand ist auf viele Versäumnisse und auch auf eine falsche Verteilung der Einkommen zurückzuführen.

Das ist die Sachlage, zu ändern ist das nicht mehr, selbst langfristig gesehen nicht. Schlecht oder gar nicht so schlecht? Für alle kinderlosen Personen ist das sowieso keine Frage, sie verdienen feste an ihrem Status und der Staat mit.

Sollen wir versklavt werden?

An dieser Stelle soll einmal betont werden, dass Deutschland zwar für andere Länder ein Schlaraffenland, ein Traumland ist, es aber auch bei uns Not und Elend gibt, die behoben werden möchten. Durch die kapitalistische Struktur in unserem Land leben zwar die meisten gut. Die Schicht aber, die uns trägt, wird aber immer dünner. Wir werden immer abhängiger von Zuweisungen. Heute kann nur noch ein verschwindend geringer Teil der Bevölkerung sein eigenes Leben von der Geburt bis zum Grab finanzieren. Viele können ihr Studium nicht selber bezahlen und warten auf eine Erhöhung ihres BAFÖGS und des Kindergeldes, Rentner warten ständig auf die Anhebung ihrer Altersrente. Das Ziel sollte sein, und das wurde in der Vergangenheit auch schon erreicht, dass ein gesunder Mensch soviel in der Zeit seiner Erwerbstätigkeit verdient, dass er ein ganzes Menschenleben von der Geburt bis zum Grab davon finanzieren könnte. Geschieht das nicht, ist er ein Abhängiger, Höriger! Es ist doch wohl klar: Wenn jemand sein eigenes Leben nicht finanzieren kann, muss doch jemand anders dafür bezahlen. Die Kosten entstehen so oder so. Als Ausweg eine planmäßige Geldentwertung in Betracht zu ziehen, ist auch keine Lösung.

Wie das? Ein Erklärungsversuch an einem Modellmenschen: Betrachtet man die Lebenszeit eines ganz normalen Modellmenschen, der sich mündiger Bürger nennt und teilt dessen Lebenszeit in drei Abschnitte: 20 Jahre Jugend, 45 Jahre Arbeitsleben und 20 Jahre Rentenzeit. Das sind nur ungefähre Zahlen. Darauf basiert aber der Generationenvertrag. Dieser Modellbürger kann seine gesellschaftliche Pflicht nur erfüllen und sich auch nur wirklich als frei, mündig und unabhängig bezeichnen, wenn er sein normales Leben von angenommenen 85 Jahren selbst finanzieren und auch ohne Schulden beenden kann, wenn sein Leben also kostenneutral ist. Das vorausgesetzt, müsste er in 45 Arbeitsjahren so viel verdienen, dass die drei genannten Lebensabschnitte davon bezahlt werden können. Da Kinderlose, ob Singles oder Paare, einen dieser drei Lebensabschnitte nicht finanzieren müssen, haben sie einen erheblichen Kostenvorteil. Ebenso ist es mit dem Staat, er verdient an jedem Gastarbeiter, der seine Erwerbszeit in Deutschland verbringt.

Die Modellrechnung für ein finanziell unabhängiges Leben kann jeder einfach nachvollziehen. Ohne dass sich an dem Kostenvorteil der Kinderlosen überhaupt etwas ändert, wird er bei der Nachrechnung schnell feststellen, dass heute nur eine kleine Elite imstande ist, so viel zu verdienen, um alle drei Lebensabschnitte damit finanzieren zu können. Was aber sind die Auswirkungen? Das ist schnell gesagt! Nur wer diesen Betrag wirklich und dauerhaft verdient, und das sind nur ganz wenige Menschen in unserem Land, der ist ein freier Bürger, mündig und unabhängig. Alle anderen sind das nicht, sind abhängig, führen ein Sklaven-ähnliches Leben, denn nicht mehr sie, sondern Politiker entscheiden über ihre Jugend, ihren Arbeitsplatz und ihre Rente.

Naturwissenschaften und Geisteswissenschaften

Viele Wissenschaftsrichtungen beschäftigen sich mit dem Menschen und seinem Umfeld, aber wie wir soeben feststellen konnten, ohne großen Erfolg. In der Pflicht sehe ich hier die Geisteswissenschaften. Von ihr gehen zu wenig positive Signale in die Welt hinaus. Während die Naturwissenschaft wahre Triumphe feiert, Erkenntnis über Erkenntnis gewinnt, sich sogar schon um die Entwicklung einer globalen Weltenformel bemüht, den Weg zu den Sternen ebnet, das Universum wie auch den Mikrokosmos erfolgreich erforscht, ist das Echo der Geisteswissenschaftler eher gering. Übrigens war es für mich sehr interessant zu erfahren, dass 95,5 % der Bundestagsabgeordneten Akademiker sind und davon wieder 85 % Geisteswissenschaftler. Das ist sicher kein Spiegelbild des Volkes!

Die Staatenlenker bringen es trotz der hohen Quote an Geisteswissenschaftlern einfach nicht fertig, eine friedliche Welt zu schaffen und korrupte Politiker sowie geistige und geistliche Führer, die lügen, betrügen, wuchern und korrumpieren, dahin zu schaffen, wo sie hingehören, nämlich ins Gefängnis.

Wir halten unsere Geisteswissenschaftler für unsere besten, ja, für unsere größten Geister und hoffen, dass sie endlich weltweit ein Klima schaffen, das zu einem friedlichen und solidarischen Zusammenleben der Menschen aller Nationen und Rassen führt, in dem das Teuflische im Mensch keinen Platz mehr hat und in dem Beamte, Politiker, Banker, Wirtschaftsführer und geistliche Würdenträger Vorbilder sind und nicht – das Gegenteil.

Nationaler Geist der Großeltern- und Elterngeneration

Um das Folgende richtig verstehen zu können, lohnt es sich, nein, ist es sogar erforderlich, einen kurzen Blick in die deutsche Vergangenheit zu werfen. In eine Zeit, in der die Eltern und Großeltern geboren wurden und in deren Geist sie aufgewachsen sind. Ein Geist, der sich nach Beendigung des Heiligen Römischen Reiches Deutscher Nation entwickelt hat und davon beseelt war, ein vereintes Reich, jetzt ein Großdeutsches Reich zu schaffen. Ein Geist, der 1871 zum Zweiten Deutschen Reich und später zum Ersten Weltkrieg und 1933 zum Dritten Reich und in die Katastrophe führte. Ein Geist, den ich in meiner Wiege vorfand und der auch in der nachstehenden von Anton, einem Cousin meines Vaters, geschriebenen und vorgetragenen Festrede zur Einweihung eines Kriegerdenkmals zum Ausdruck kommt. Von ihm sind viele Geschichten und Beschreibungen über die Heimat und Natur bekannt. Der folgende Artikel fällt durch seinen politischen Charakter aus dem Rahmen. Eine kritische Betrachtung des Textes ist auch unter Berücksichtigung der damaligen Zeit angezeigt. Geschrieben hat ihn der praktizierende Katholik wohl im Jahre 1924, in seinem 41. Lebensjahr. Beachtenswert ist dieser Artikel deshalb, weil er einen Blick auf die Person, den Geist ihrer Umgebung sowie auf die Zeit und die Geschichte dieser Epoche wirft. Eine Zeit, von der die Großeltern und Eltern geprägt wurden und aus der zuerst der Glanz und später der Schatten die christlichen Kirchen erreichte und beeinflusste.

Zur Erinnerung: 1923 besetzte Frankreich wegen stockender Reparationsleistungen das Ruhrgebiet. Reichskanzler Cuno verkündet daraufhin den passiven Widerstand. Am 8. November putschte Hitler in München. Der Erste Weltkrieg war fast vergessen. Damit das nicht auch für die gefallenen Soldaten zutraf, wurde für sie ein Ehrenmal errichtet. Zur Einweihung schrieb Vaters Cousin folgenden Text für das Heimatblatt:

ALS DER WÜRFEL FIEL

Eine Erinnerung an Deutschlands schwerste Zeit.

Sturm über Land! Wetterleuchten am Horizont! Wie ein Blitz aus heiterem Himmel schallt es über das in Ruhe und Frieden daliegende deutsche Land: Krieg! In alten Chroniken wurde er prophezeit, am prasselnden Herdfeuer sprach man von ihm seit zehn, zwanzig, fünfzig Jahren. Und nun sind die Würfel gefallen! Sarajewo! Ein fanatischer Serbe, kaum erwachsen, Student, lebensunreif, erschoss Österreich-Ungarns Thronfolgerpaar. Und dieser Fürstenmord sollte das Signal sein?

Dennoch! Diese Schüsse haben furchtbaren Schall. Anschwellend im hohlen Echo donnern sie über die Welt. Die Meute ist bereit. Ringsum haben die Kabinette ihr Netz über Deutschland gesponnen; zu stark, zu groß, zu glücklich ist es geworden. Wir wollen keinen Krieg. Deutschlands Kaiser hatte sich acht Tage nach dem Mord auf seine alljährliche Nordlandreise begeben. Das Volk atmete auf, glaubend, das Unheilvolle würde sich auf Balkans Boden auswirken. Doch weit davon entfernt!

Am 30. Juli 1914 mobilisiert Russland das ganze Heer und ehe unsere Landsleute im Fernen Osten den Sommermorgen begrüßten, schritt russische Kavallerie im Kreise Thorn über die deutsche Grenze.

Am 1. August, nachmittags 5 Uhr und 30 Minuten, befahl der Oberste Kriegsherr die deutsche Mobilmachung; 50 Minuten früher stand Frankreich unter Waffen. Mit reinen Händen griffen wir zum Schwert, deutsche Heimaterde vor der Beutegier feindlicher Nachbarn zu schützen. Mobil!

Seit 44 Jahren war uns das Wort fremd. Nun aber schlug es mit furchtbarer Gewalt auf uns. Und es geschah das Wunder, das große, das vordem und heute wieder unfassbare, dass die Hunderttausenden, die entblößten Hauptes um das Schloss an der Spree standen und weit über Berlins Grenzen hinaus, in den Gauen, Provinzen, Herzogtümern, Königreichen und überall, wo deutsche Laute klangen, dass alle diese Millionen zur Einheit wurden, zum einzigen, großen, waffenstarrenden Deutschland. »Lieb' Vaterland, magst ruhig sein«, unter diesem Zeichen strömten die Freiwilligen in die Kasernen. Pflug und Schraubstock hatten ihre Arbeit getan, die Kontore und Lehrsäle lagen verwaist. Alte und Junge, Greise und Knaben – alle, alle wollten dem Vaterland helfen. Mütter, Frauen und Bräute gaben ihr Liebstes hin, auch ohne zu weinen, ohne zu klagen. Wie jubelte das Herz, wenn eine Siegesnachricht an unser Ohr schallte! Dann brachte der Glocken eherner Klang diese Freudenbotschaft über alle Lande. Flaggen und Wimpel brauchten nicht mehr eingezogen zu werden, so folgte Sieg auf Sieg. Zehn Jahre liegen hinter uns. Zehn schwere Jahre, voller Siegesjubel und Siegesfreude, voller Harren und Hoffen, voller Entbehrung und Kümmernis, voller Niedergang und Absturz, voller Nöte und Hungerqualen, voller Knechtschaft und Sklaventum. Aber heute, am Tage der Einweihung unseres Ehrenmals für die Gefallenen aus Stadt und Amt Dülmen, wollen wir die Not vergessen. Wir wollen die Erinnerung an Großes leben: an deutsche Einigkeit, an deutschen Heldenmut und deutsche Treue. Wir wollen aufblicken zum Heldentum unserer Soldaten, der Männer wortloser Tat, zu den circa 400 Teuren, deren Namen auf der Rückseite des Denkmals eingegraben sind. Dann finden wir Stärke, dann finden wir Kraft, und das ist das Vermächtnis derer, die aus dem Kriege nicht wiedergekommen, die Blut und Leben ließen auf dem Altare des Vaterlandes, das sie liebten über alles. Unsere Blicke wandern hinüber zu den Grabstätten in Ost und West, Süd und Nord. Friedlich schlummern die Teuren dort dem großen Auferstehungstage entgegen, an welchem der Lohn werden soll für das, was sie dem Vaterland geopfert. Wie oft hört man das geflügelte Wort und die bange Frage: War alles umsonst? Nein! Es soll nicht umsonst gewesen sein! Der Geist unserer toten Helden soll uns anfeuern, uns ihrer würdig zu zeigen. Und das können wir, wenn wir den Heiligen Geist der Kameradschaft, der Treue und Pflichterfüllung unserem Volke wieder einimpfen. Das erste Gebot des Frontgeistes war, dass man füreinander eintrat und nicht gegeneinander kämpfte. Und das zweite Gebot lautete: Du sollst dein Vaterland über alles lieben, ihm dienen, wo und wie du es auch immer vermagst! Wenn wir diesen Geist in uns aufnehmen, jeder an seiner Stelle, wenn wir durch deutschen Fleiß, deutsche Treue, deutsche Arbeit den deutschen Namen, der lange Jahre in der Welt geächtet war, wieder reinwaschen, dann ist das Blut unserer Helden nicht umsonst

geflossen. Dann hat es keimfähige Saat hervorgebracht, deren Früchte –
hoffen wir es – die heutige Generation noch ernten wird. Mit größerer
Begeisterung dürfen wir dann aus vollem Herzen singen:

Einigkeit und Recht und Freiheit
Für das deutsche Vaterland.
Danach lasst uns alle streben,
Brüderlich mit Herz und Hand.
Einigkeit und Recht und Freiheit
Sind des Glückes Unterpfand.
Blüh' im Glanze dieses Glückes,
Blühe, deutsches Vaterland!

Nach diesem Text hält man zuerst einmal die Luft an. Aber so war es zu
dieser Zeit. Die Glorifizierung des Deutschtums reicht weit zurück und hat
ihre Ursachen. Wer Näheres darüber wissen möchte, muss sich mit der
europäischen Geschichte beschäftigen. Das war vor Hitler, aber der Boden war gesät, der Weg bereitet, er führte direkt über 1933 in die Katastrophe. Das war die Hypothek, die meine Generation in die Wiege gelegt
bekommen hat. Diese Welle des Deutschtums wurde von den christlichen Kirchen mitgetragen.

Nationalsozialismus und die christlichen Kirchen

Das Böse tarnt sich gerne

Das Böse ist nicht immer zu erkennen, es tarnt und versteckt sich. So bei
den Christen, die in den Anfängen den Nationalsozialismus unterstützten
und förderten. Sie wollten Gutes und bestimmt keinen Rassismus und
schon gar nicht einen Krieg. Sie hofften auf den Nationalsozialismus, weil
sie fest daran glaubten, dass nur dieser die durch den Ersten Weltkrieg
und die große Depression bedingten Krisen im Reich beherrschen könne
und wieder Ruhe ins Land bringen würde. Böses sollte vom deutschen
Volk abgewendet werden – erreicht wurde das Gegenteil. Die Zuwendung der Menschen einschließlich vieler Geistlicher zum Nationalsozia-

lismus war sehr groß, mancherorts hielt man Hitler sogar für den Gesandten des Messias. Mit solcher Unterstützung aus dem christlichen Bereich konnte er seinen Weg unangefochten gehen und Deutschland, ja, ganz Europa, ins Unglück stürzen.

Es waren nur wenige, aber es gab sie, die Lichtgestalten unter den Geistlichen, die das Unglück vorausgesehen und nicht geschwiegen haben. Einige davon mussten dafür mit dem Leben bezahlen.

Die katholische Kirche

Sie war ursprünglich Gegner des Nationalsozialismus und hatte anfangs ihren Gläubigen sogar verboten, Mitglied bei der NSDAP zu werden. Das Gefahrenpotenzial war also bekannt. Erst nach der Machtübernahme durch Hitler wurde, in Verbindung mit dem Abschluss des Reichskonkordats und einer Regierungserklärung, in denen Hitler den Kirchen viele Zugeständnisse für Schule und Erziehung machte und das Verbot wieder aufgehoben hat. Jetzt erkannte die „katholische Kirche" die nationalsozialistische Regierung als die rechtmäßige Obrigkeit an und leistete staatsbürgerlichen Gehorsam, gleichzeitig hoben die Bischöfe das Verbot für Katholiken, Mitglied der NSDAP zu sein, auf. Aber bis auf wenige Proteste, insbesondere von ehemaligen christlichen Gewerkschaftlern und Mitgliedern der KAB (Katholische Arbeiterbewegung), entstand kein weit verbreiteter und das System gefährdender Widerstand. Der ernsthafte Widerstand einiger weniger aufrechter Persönlichkeiten und patriotischen Christen wurde erst nach dem Kriege allgemein bekannt und entsprechend gewürdigt. Es war wohl die Angst, als Staatsfeinde verdächtigt zu werden, die die überwiegende Mehrzahl der Bischöfe veranlasste, sich mit Kritiken zurückzuhalten.

Clemens August Graf von Galen

Erst in den frühen 1950er-Jahren hörte ich von verschiedenen Leuten einige Hinweise auf Mittäterschaft der Kirchen, die ich anfangs für Stammtischgespräche hielt, bis ich den Aufruf des Bischofs von Münster, Clemens August Graf von Galen, zum 50. Geburtstag des „Führers" las, den ich, bei der Suche nach Daten und Fakten von Onkel Pastor, dem Bruder meiner Oma, zufällig im kirchlichen Amtsblatt für die Diözese Münster fand. **Dort heißt es unter dem Datum 3. April 1939, nur wenige**

Monate vor Ausbruch des Krieges, in Artikel 6, Seite 38 unter der Überschrift:

„**Zum 50. Geburtstag des Führers und Reichskanzlers.**

Aus Anlass des 50. Geburtstages des Führers und Reichskanzlers am 20.04.1939 ordnen wir an:

1. Am Vorabend, Mittwoch dem 19.04., ist mit den Kirchenglocken zwischen 18:00 Uhr und 18:30 Uhr feierlich zu läuten.

2. Am Donnerstag, dem 20.04., sind die Kirchen und kirchlichen Gebäude, sowie die Dienstwohnungen der Geistlichen mit der Reichs- und Nationalflagge zu beflaggen.

3. Am Donnerstag, dem 20.04., soll in allen Pfarr- und Rektoratskirchen zu gelegener Zeit ein Votivamt zu Ehren des heiligen Michaels, des Schutzpatrons des deutschen Volkes gehalten werden, um Gottes Segen für Führer, Volk und Vaterland zu erflehen. Am Schluss desselben ist das Allgemeine Gebet in der Fassung vom 09.10.1933 (kirchliches Amtsblatt, 1933, Nr. 18, Art 163, Seite 114) laut vorzubeten.

Clemens August, Graf von Galen, Bischof von Münster"

Ich war überrascht, enttäuscht und irritiert, Clemens August, der „Löwe von Münster" und nach dem Kriege für die Katholiken noch eine Lichtgestalt. Das Thema Nationalsozialismus und die christlichen Kirchen begannen mich zu interessieren und ich sammelte Informationen dazu. Der also auch!

Und das, obwohl es schon lange die Notverordnungsgesetze gab, die die politischen Grundrechte im Reich außer Kraft setzten und über Deutschland ein bis 1945 nie aufgehobener Ausnahmezustand lag. Diese einschlägigen Gesetze und Verordnungen und ihre gewaltmäßige Durchsetzung waren doch wirklich nicht zu übersehen, so unter anderem:

- **dass Beamte, die nach ihrer bisherigen politischen Betätigung nicht die Gewähr dafür bieten, dass sie jederzeit rückhaltlos für den nationalen Staat eintreten, aus dem Dienst entlassen werden konnten,**
- **dass die evangelischen Jugendverbände in die Hitlerjugend eingegliedert wurden.**

- Der Geschlechtsverkehr mit „minderwertigen Rassen", d. h. Slaven oder Juden, als Blutschande angesehen wurde und unter Todesstrafe stand.
- Und nicht zuletzt gab es ja auch schon Hitlers Buch „Mein Kampf".

Wie infam war das System, dass selbst die hochgebildeten Kirchenoberen geblendet waren? Haben sie, die Kirchenfürsten, ein halbes Jahr vor Kriegsausbruch die Gefahr eines Krieges gar nicht gesehen oder unterschätzt?

Nachdem ich das alles verinnerlicht hatte, war ich entsetzt über das Ausmaß der Verknüpfungen zwischen Staat und den christlichen Kirchen, über das Maß der Duldung und über die Unterstützung der menschenverachtenden staatlichen Maßnahmen durch die Kirchen.

Was Clemens August, den man auch den „Löwen von Münster" nannte, der heute nicht gerade als Anhänger des Systems bekannt ist, durch Duldung und Huldigung unterstützte, konnte das für das einfache Volk verwerflich sein? Dazu muss man wissen, dass zu der Zeit ein Bischof, auch unabhängig von seinem Namen, in einem unglaublich hohen Ansehen bei der Bevölkerung im schwarzen Münsterland stand. Verständnis für die Unterstützung kann man für die Anfänge aufbringen. Aber war im Jahre des Kriegsausbruches noch nicht abzusehen, zu erahnen, was dann geschah? Ich denke, doch, alles das war nach der Faktenlage gar nicht zu übersehen und zu überhören. Nun, offensichtlich haben viele wohl Augen und Ohren bewusst geschlossen, weil es ja gegen den Hauptfeind des christlichen Glaubens, gegen den Bolschewismus ging. Clemens August ist kurz nach dem Krieg noch zu Kardinalswürden gekommen und gilt auch heute noch eigentlich mehr als Widerständler denn als Unterstützer. Seine Stimme wäre aber bestimmt im schwarzen Münster gehört worden. Konnte oder wollte er nicht? Clemens August ist bis zu seinem Tode in seiner Diözese hoch verehrt worden, daran hat sich bis heute nichts geändert. Besonders deutlich wurde sein Ansehen auch bei seiner Beerdigung, zu der neben zahlreichen Gläubigen auch Schaulustige aus Westfalen und ganz Deutschland kamen. Es ist zwar gut und nobel, wenn man seine Fehler korrigiert, aber sie durch gute Taten ungeschehen machen, das geht nun mal nicht. Inzwischen ist der Kardinal Clemens August Graf von Galen posthum seliggesprochen worden. Großer Gott!

Möglicherweise hätte ihn ein Aufbegehren ja in den Kerker gebracht und zum Märtyrer gemacht. Ja, schlimm, das hätte aber sicher eine ganz erhebliche Signalwirkung gehabt. Der Religionsphilosoph Martin Buber hat zu diesem Thema einmal Folgendes geschrieben.

»Mein der Schwäche des Menschen kundiges Herz weigert sich, meinen Nächsten deswegen zu verdammen, weil er es nicht über sich vermocht hat, Märtyrer zu werden.«

Das ist eine menschlich verständliche Aussage aus dem humanistischen Bereich.

Der Widerstand

Es gibt zu dem Thema aber auch andere Meinungen. Unter anderem von dem evangelischen Theologen Dietrich Bonhoeffer und von Nikolaus Groß, dem Bergmann, christlichen Gewerkschaftler, Chefredakteur der „Westdeutschen Arbeiterzeitung" und der „Ketteler Wacht", die gesagt und auch nach ihren Worten gehandelt haben:

„Wenn wir nicht unser Leben einsetzen, wie können wir da vor Gott und unserem Gewissen bestehen."

In diesem Sinne haben Bonhoeffer und Groß und noch viele andere gehandelt und dafür mit ihrem Leben bezahlt. Groß ist – wie viele andere aus dem christlichen Bereich – wegen seiner antinationalsozialistischen Tätigkeit und Verbindungen zum Widerstand verhaftet, gefoltert und vom Gericht unter Vorsitz des Präsidenten des Volksgerichtshofes Roland Freisler noch Anfang 1945 wegen Hochverrats zum Tode verurteilt und am 23. Januar 1945 in Berlin-Plötzensee hingerichtet worden.

Übrigens, ich habe in den Listen der in der NS-Zeit Hingerichteten keinen deutschen Bischof gefunden!

Kardinal Hengsbach hat 1988 den Seligsprechungsprozess für Nikolaus Groß eingeleitet. Gut so, er hat es verdient! 56 Millionen Menschen sollen durch Kriegseinsätze getötet worden sein, nicht mit gerechnet sind die, die an den Kriegsfolgen starben. Insgesamt sollen es 80 Millionen Menschen sein, die direkt durch den Krieg und seine Folgen ihr Leben lassen mussten. Musste das sein? War das überhaupt nicht zu verhindern?

Geht es um Mitschuld an der Entwicklung des Nationalsozialismus und seinen Folgen, sitzen auch die Deutschen Christen mit im Boot. Sie verleugnen das auch nicht. Schon im Jahre 1945 erkennen die deutschen

Bischöfe in einem Hirtenwort die Mitschuld der katholischen Kirche Deutschlands an den Verbrechen der Nationalsozialisten an. Etwas später, ebenfalls noch im Jahre 1945, erkennt auch die evangelische Kirche ihre Mitschuld an. Das habe ich nicht etwa damals erfahren, sondern erst viele Jahre später nachgelesen. Also abgeschlossen die Sache und – Punkt? Eine schwere Hypothek, Mitschuld am Tod von 80 Millionen Menschen! Dass Kirchenführer mit dieser Schuld weiterleben und sogar ihr hohes Amt weiter ausüben konnten, ist nicht zu verstehen. Außerdem ist mir diese Aussage auch einfach nur zu pauschal, weil sich der Widerstand aus dem christlichen Bereich in dieser Aussage nicht widerspiegelt.

Die evangelische Kirche

Sie hat sich schon in den frühen Zwanzigerjahren mit dem nationalen Gedankengut identifiziert und später auch arrangiert.

1922 schlossen sich die 28 evangelischen Landeskirchen zum Deutschen Evangelischen Kirchenbund zusammen und setzten einen Ausschuss ein, der eine Verfassung für eine deutsche National- oder Reichskirche, die „Deutsche Evangelische Kirche" (DEK) erarbeiten sollte. Angestrebt wurde eine einheitliche deutsche Volkskirche auf der Grundlage eines wirklich deutschen Christentums nach dem Grundsatz: ein Volk, ein Reich, eine Kirche. Später kam dann der Zusatz „ein Führer" dazu.

„Ein Volk, ein Reich, eine Kirche, ein Führer".

Pfarrer Johannsen aus Bad Sassendorf, ein Regimegegner, erinnert sich: **„Adolf Hitler wird mit geradezu messianischen Attributen als der von Gott gesandte Führer gefeiert. Der Nationalsozialismus wird in eine religiöse Bewegung umgemünzt."**
Schon kurz nach seinem Amtsantritt 1933 ernennt Hitler einen Reichsbischof für die Belange der evangelischen Kirche. Die Deutschen Christen waren jetzt auch tonangebend in den Provinz- und Landessynoden. Jetzt mussten alle, die geistliche Ämter bekleideten, dem Führer den Treueid für Volk und Reich ablegen. Das sollte auch die besondere Bindung zum Führer im Namen Gottes zum Ausdruck bringen. Damit war die Richtung klar. Mit welchen Mitteln er das erreicht hat, wie das Volk, mich eingeschlossen, indoktriniert, manipuliert und diszipliniert

wurde, soll nachfolgend am Beispiel meines Lebensweges aufgezeigt werden. Aber zuerst zwei Dokumente aus der damaligen Zeit Die folgende Ansprache des Oberkirchenrates und der Aufruf „Zum letzten Kampf" geben ein bezeichnendes Bild von der damaligen Wirklichkeit.

Ansprache des Evangelischen Oberkirchenrats zum Treueid.

Nach der zum Geburtstage des Führers erlassenen Verordnung über den Treueid sind die Geistlichen der Evangelischen Kirche der altpreußischen Union verpflichtet, als Träger eines öffentlichen Amtes dem Führer des Deutschen Reiches und Volkes, Adolf Hitler, den Eid der Treue und des Gehorsams zu leisten.

So gewiß das geistliche Amt seinen Auftrag von dem Herrn der Kirche selbst hat, so ist es doch als ein öffentliches Amt innerhalb der Volksgemeinschaft in Treue gegen Führer, Volk und Reich zu führen. Dies wird durch den Treueid der Pfarrer bekundet.

Wenn die Evangelische Kirche den Eid der Treue zum Oberhaupt des Staates wie in vergangenen Zeiten zu einer verbindlichen Ordnung für alle ihre Amtsträger macht, so bedeutet das mehr als nur eine Bestätigung der den Christen durch das Neue Testament eingeschärften Pflicht, sich der Obrigkeit unterzuordnen. Es bedeutet innerste Verbundenheit mit dem Dritten Reich, der neuen Gemeinschaft des deutschen Volkes, in der die Evangelische Kirche leben will, und mit dem Manne, der diese Gemeinschaft geschaffen hat und verkörpert.

Mit gutem Grund wird diese Verbundenheit der Evangelischen Kirche mit dem deutschen Volk durch den Treueid gegenüber dem Führer zum Ausdruck gebracht. Durch die Anerkennung der Evangelischen Kirche als Körperschaft des öffentlichen Rechts will der Staat der Bedeutung der Kirche für das Gesamtleben des Volkes gerecht werden. Von hier aus gesehen, bedeutet der Treueid der kirchlichen Amtsträger, daß die Evangelische Kirche dankbar die aus ihrer öffentlichen Rechtsstellung sich ergebenden Rechte wahrnimmt, aber auch freudig die daraus folgende Pflicht gegen Volk und Reich und gegen den Führer Adolf Hitler auf sich nimmt.

Der Treueid soll in der Form des allgemeingültigen Beamteneides geleistet werden. Das entspricht der Rechtsstellung des Pfarrers im Gesamtbereich des öffentlichen Rechts. Das Deutsche Beamtengesetz vom 26. Januar 1937 ermächtigt die Kirchen, die Rechtsstellung ihrer Amtsträger derjenigen der deutschen öffentlichen Beamten anzupassen. Hiernach können die Kirchen selbst das Recht ihrer Amtsträger der Eigenart des kirchlichen und besonders des geistlichen Amtes entsprechend gestalten. Zugleich aber wird dadurch anerkannt, daß das kirchliche Amt unbeschadet seiner Eigenart dem Amt des öffentlichen Beamten gleichwertig ist. Es ist wie dieses schutzwürdig, gleichzeitig aber auch verpflichtend gegenüber der Gesamtheit des Volkes und seinem Führer.

Wenn der Geistliche im Treueid zum Führer die gewissenhafte Erfüllung seiner Amtspflichten gelobt, so hat man nicht nur an die Pflichten zu denken, die unmittelbar in den öffentlich-rechtlichen Bereich eingreifen und durch die auch heute noch evangelische Geistliche unmittelbar vom Staate in Anspruch genommen werden. Das Pfarramt ist vielmehr ein untrennbares Ganzes. Bekräftigt der Pfarrer die gewissenhafte Erfüllung seiner Amtspflichten, so bezeugt er, daß er den in der Ordination übernommenen Auftrag in seiner Gesamtheit in stetem Bewußtsein der Verpflichtung gegenüber Führer, Volk und Reich zu erfüllen gewillt ist.

Ein Treueid auf den Führer liegt jenseits aller Verschiedenheit kirchlicher Anschauungen. Er bedeutet die persönliche Bindung an den Führer unter feierlicher Anrufung Gottes.

Auf zum letzten Kampf!

Der Führer hat den Parteienstaat zerschlagen.

Gegen die alte Parteienkirche führen am 23. Juli die Deutschen Christen den letzten Schlag!

Die Deutschen Christen bekennen:

Der Herr der Kirche ist gestern und heute Jesus Christus, der allein seine Kirche baut und erhäl Er bleibt auch der Grundstein für den Neubau unserer evangelischen Kirche!

Daß Volk und Staat auf diesem Grunde sich aufbauen können, verdanken wir einzig und allein de Kampf des Führers und seiner braunen Armee. In Hitlers Sendung erfassen wir Gottes gnädige „Ja" zu unserem deutschen Volkstum.

So ist das Leben unserer Kirche aufs innigste verflochten mit dem politischen Geschehen dieser Zeiter wende. Für uns Deutsche Christen sind das Christuskreuz und das Hakenkreuz Sinnbild für d erlebte Einheit von Christentum und Deutschtum.

Ohne Hitler keine Kirche mehr in deutschen Landen!

Ohne Hitler keine öffentliche Verkündigung des Evangeliums mehr!

Ohne Hitler kein Liebesdienst der Kirche mehr am leidenden Volksgenossen!

Ohne Hitler auch kein Bethel und kein Bodelschwingh mehr!

Wer darum heute **Politik** ablehnt, lehnt **Adolf Hitlers** Werk ab, löst sich vo Volk und Kirche!

Wir wollen keine bürgerliche Kirchensekte, nicht die Kirche der frommen Pharisäe

Wir wollen die Kirche der deutschen Volksgenossen, deren keiner sich besser dünkt als der andere!

„Die Verkündigung der Kirche ist an sich immer politisch", denn ihr Dienst am Evangelium gilt de deutschen Menschen, dessen Schicksal sie teilt.

Der Pfarrer dieser deutschen evangelischen Kirche darf aber nicht abseits stehend Zuschauer bleibe im Lebenskampf seines Volkes. Er muß im Reih und Glied Mitkämpfer sein um seines Volkes Hei

Als Deutsche in Treue fest zum Führer, als **Christen** gehorsam dem Wort unseres Herrn hören wir **Deutsche Christen** in der Entscheidungsstunde Gottes Ruf zum Dienst i unserer Volkskirche.

Darum am 23. Juli:

Alle Stimmen den Deutschen Christen!

Für den Inhalt verantwortlich: Gustav Wildbrett, Mühlhausen i. Thür.

Druck von Paul Geber, Mühlhausen i. Thür.

Es bedarf wohl nicht weiterer Hinweise und ist ja auch hinreichend bekannt. Nach allem, was in dieser Zeit geschehen ist, war der Nationalsozialismus in und für Deutschland sowie für die ganze Welt der Inbegriff des Bösen. Hitler, zunächst vom Volk gewählt, in der Hoffnung, dass er das Land aus dem damaligen Dilemma in eine goldene Zukunft führen würde, führte es stattdessen in die Diktatur und in die größte Katastrophe, die die Welt je gesehen hatte.

Nationalsozialismus und ich

Und wie war das bei mir?

Ich war ja noch ein Knabe und kann hier, wie auch schon der Altkanzler Helmut Kohl in ähnlichen Fällen, die „Gnade der späten Geburt" anführen. Trotzdem hatte auch ich schon eine Reihe von persönlichen Berührungspunkten, Beobachtungen mit offenen Fragen, für die es erst viel später eine Erklärung gab. Betonen möchte ich aber, dass ich vor dem Kriege und während des Krieges nie innerhalb von Kirchen und von Personen in meinem Umfeld Stimmen gegen den Nationalsozialismus und gegen den Krieg gehört habe. Allerdings war ich ja noch sehr jung und Widerspruch war, wie ich später erfuhr, nicht ungefährlich. Also, meine Ohren hörten keine markigen Worte gegen Partei und Krieg von den Kanzeln der Kirchen, das soll aber nicht heißen, dass es diese anderswo nicht gegeben hätte.

Ich stamme aus einem katholischen Elternhaus, durch Taufe wurde ich in die christliche Gemeinschaft aufgenommen, den Schrei, den ich dabei wegen des kalten Wassers auf meinem Kopf ausgestoßen habe, hat man wohl als Zustimmung angesehen. Im Glauben gestärkt haben mich der katholische Kindergarten, die Abendgebete, die verzweifelten Gebete der Frauen und Kinder in den Bombennächten, der Kommunionsunterricht und nicht zuletzt Pastor Ferdinand, ein naher Verwandter und katholischer Priester.

Dessen Lebensweg ist auch deshalb interessant, weil es zu seiner Zeit eine ähnliche Situation und ähnliche Probleme mit ausländischen Arbeitskräften im Ruhrgebiet gab wie heute. Nach seinem Studium war er als Kaplan, Rektor und Pastor im Ruhrgebiet und war dort reichlich und erfolgreich mit der Integration von ins Ruhrgebiet strömenden arbeitsuchenden Ausländern beschäftigt, später auch in Barlo an der holländischen Grenze. Schon nach dem ersten Weltkrieg wurde er mit der aufkommenden nationalen Strömung konfrontiert. Für seinen Einsatz für die ausländischen Arbeiter fiel er bald Ungnade und wurde aus dem Ruhrgebiet in das ländliche Barlo versetzt.

1934 ging Ferdinand in den Ruhestand, übte aber sein Priesteramt danach noch in mehreren Pfarreien aus. Im Zweiten Weltkrieg wurde er in Dülmen, wo er zuletzt wohnte, ausgebombt und fand Unterkunft im Rektorat des Nonnenkloster Hamicolt in Leuste bei Dülmen. Als er pflegebedürftig wurde, pflegten die Nonnen ihn bis zu seinem Tod im Jahre 1948. Für seine Beerdigung auf dem Nonnenfriedhof war eine Sondergenehmigung des Bischofs erforderlich. Nach einer Umbettung wegen eines Umbaus, liegt er jetzt dort zusammen mit fünf Schwestern, also in bester Gesellschaft, in einem Sammelgrab und „schläft" jetzt, ungeachtet seiner ehemaligen ausgeprägten moralischen Grundsätze, mitten zwischen den Nonnen der Ewigkeit entgegen. Ob das wohl so richtig ist? Zu meiner Kommunion im Jahre 1942 wollte er nur kommen, wenn er bei uns keine Parteimitglieder treffen würde. Da diese Bedingung aber unmöglich war, kam er erst am späten Abend, als die anderen Gäste schon gegangen waren, mit seinem Dreirad vorgefahren.

Über Pastor Ferdinand kursieren viele Legenden und er hat selber viel geschrieben. Hier eine seiner bewegenden Kurzgeschichten, Vatter Sandhage. Sie wurde in Plattdeutsch geschrieben in diesem Dialekt wirkt der Inhalt sehr emotional. Da Plattdeutsch heute aber nur noch für weniger Leute lesbar ist und ich die Geschichte selber dem Leser nicht vorenthalten möchte, habe ich die Erzählung ins Hochdeutsche übersetzt.

Vatter Sandhage

Eine halbe Stunde vom Dorf entfernt lag Sandhagens Hof. Fünf hohe spitze Pappeln stehen davor; ein großer Busch liegt dahinter und rundherum liegen die Wiesen, Weiden und die Felder. Hinten auf dem Feld steht das blanke Wasser von der Ems. Die Wintersonne schien durch die Fenster in die Küche.

Da saß ein alter Mann am Herdfeuer mit fröhlichen roten Bäckchen und weißen Bartstoppeln, Vater Sandhage. „Libbet", sagt er, „nun soll Henrich doch wohl bald wieder kommen, der Krieg ist doch aus, sie können ihn doch nicht mehr gefangen halten."

„Ja, Vater", sagt Libbet, „nun soll er wohl kommen."

„Libbet, ich glaube, da ist einer auf dem Hof, der Hund hat angeschlagen. Das soll Henrich wohl sein."

„Da ist keiner, Vater, Henrich soll wohl erst schreiben, wenn er kommt." „Wenn er kommt", sagt Vater Sandhage, „dann soll er wohl den Feldweg kommen, der ist näher, als die Straße." „Das soll er wohl, Vater."

Wenn der Hund bellte, schlurfte Vater an das Fenster und schaute, ob Henrich nicht den Feldweg herunter kommt. „ Setz dich doch Vater", sagt Libbet dann, „es kann noch was dauern, bis er kommt".

„Aber Weihnachten soll er doch wohl hier sein", meinte Vater Sandhage. „Das soll er wohl, Vater."

Weihnachten ist vorbei, Henrich war immer noch nicht da.

Libbet sah alt und müde aus und hatte dunkle Ränder um ihre Augen. Ihre beiden Jungens, Härm und Wilm, spielten mit ihren Schaukelpferden und Vater Sandhage saß am Feuer und schaute zu. Wenn der Wind an der Tür rappelte meinte er, Henrich wäre da. So ging das Tag für Tag; Henrich kam nicht.

Langsam wurde es Frühjahr. Das Wasser stand noch auf den Feldern, oben an den Wallhecken saßen weiße Kätzchen. Langsam ging das Wasser zurück. Die Felder wurden grün.

„Es wird Frühjahr", sagte Vater Sandhage zu Libbet, „de Pappeln haben schon dicke Knospen. Ich glaube, dass Henrich nun kommt". Die Pappeln wurden grün und Henrich kam immer noch nicht. Vater Sandhage saß nun auf der Bank unter den Pappeln. Da konnte er den Feldweg heraufschauen, den Henrich kommen muss. Als es warm wurde, saß er dort den ganzen Tag. Einen Abend war er durch den Hof und die Ställe geschlurft und hatte sich das Vieh angesehen. Das war ihm sehr schwer geworden, und er war froh, als er wieder auf der Bank saß. Es war jetzt schon Mai; in den Wallhecken sangen die Nachtigallen und dicke Maikäfer brummten Vater um die Ohren.

Da sah er, dass ein Mann den Feldweg herunterkam. „Henrich", schreit er, und wollte ihm entgegen laufen. Aber seine Beine rutschten aus und er fiel hin. Der Mann, es war ein fremder Korbmacher, hob ihn auf und brachte ihn ins Haus.

Libbet und die Kinder fingen an zu schreien, sie meinten, Vater wäre tot. Nein Vater Sandhage war nicht tot. Nach drei Tagen sitzt er wieder auf der Bank unter den Pappeln und schaut den Feldweg herauf, ob Henrich noch nicht kommt. Libbet war immer stiller. So ging es Tag für Tag. Der Sommer war schon fast vorbei, Roggen, Hafer und Gerste waren eingefahren und das letzte Heu lag unter Dach und Fach.

Der alte Vater fragte nicht mehr, ob Henrich nun bald käme. Den ganzen Tag saß er auf der Bank. Als es draußen langsam kälter wurde, wollte Libbet, dass er ins Haus kommen soll. Er tat das auch, aber wenn dann die Sonne schien, saß er wieder auf der Bank und guckte den Feldweg herauf. Die Büsche und Hecken wurden gelb und rot. Die Schwalben waren alle weg. Oben in den Pappeln jagten sich die Elstern, dass das gelbe Laub nach unten fiel.

Eines Morgens als Vater aufstand, sagte er zu Libbet: „Libbet, hol mir meine gute Hose und den schwarzen Rock; heute kommt er bestimmt." Es half nichts, Libbet musste ihm den Willen tun. Den Nachmittag saß er wieder auf der Bank. Die goldene Herbstsonne schien ihm auf den weißen Stoppelbart und die roten Bäckchen. Steif und stur saß er da in seinem Sonntagszeug und schaute nach dem Feldweg, Vatter Sandhage war tot - und Henrich kam immer noch nicht.

Feldpost aus Barlo

Interessant sind die im Ersten Weltkrieg geschriebenen Briefe des Pfarrers an seine „Jungens" im Felde. Hier ein kleiner Auszug:

In einem Brief heißt es:

... Nun, Jungens, rate ich euch dringend, macht bald Schluss mit dem Krieg und sorgt dafür, dass die Morgenröte des Friedens, die im Osten, Gott sei Dank, aufgegangen ist, bald im Westen sich zur vollendeten Friedenssonne entwickelt. Die Mädchen werden sonst zu alt und verlieren alle Heiratsgedanken. So manches „junge" Mädchen hier kann heutzutage singen und sagen: „Schier 30 Jahre bin ich alt und – habe noch keinen Mann."

Ich habe ihnen (werdet darüber nicht böse) am letzten Sonntag im Jungfrauenbund schon einen Vortrag über die Vorzüge des Klosterlebens gehalten, aber nicht, um sie euch abspenstig zu machen, sondern um ihren Beruf zu klären und manchen, die sich sonst nicht zu helfen wissen, den Weg ins Kloster zu zeigen. Und was war der Erfolg? – Nach dem Vortrag hörte man draußen ein allgemeines Gelächter. Anmeldungen sind bisher noch nicht erfolgt. So brav und fromm die Barloer Jungfrauen sind, Klostergeist scheinen sie wenig zu besitzen. Nun, gute Hausfrauen können wir auch gebrauchen, sie sind ein großer Segen für die Gemeinde, wie auch für die ganze menschliche Gesellschaft. Hoffentlich steht ihr den Jungfrauen nicht nach und bleibt auch im Felde alle recht glaubensfest und sittenrein, wie es eure lieben Eltern dahier so sehr wünschen. Vergesset nicht, dass ihr aus dem „frommen" Barlo kommt und denkt noch oft zurück an die weisen Ermahnungen und ernsten Warnungen, die euch von dem Exerzitienhaus in Münster mit auf den Weg gegeben worden sind ...

Ich lese seine Artikel und Briefe immer wieder gerne, ob traurig, wie bei Vater Sandhage, oder zum Schmunzeln, wie bei seinen Briefen an seine „Jungens" im Felde. Einiges grenzt da schon an Wehrkraftzersetzung.

Gemeint bei Vater Sandhage ist hier der Erste Weltkrieg. Dieser und die Reparationen, die Deutschland nach dem verlorenen Krieg aufgezwungen bekam, was das Land wirtschaftlich überforderte sowie die nationale Seele beschämte und beleidigte, gelten neben dem Expansionsdrang Hitlers als Hauptgrund für den Ausbruch des Zweiten Weltkrieges.

Etwas intensiver möchte ich mich deshalb nur noch mit einer Linie beschäftigen, die vor vielen Jahren von einem der nachgeborenen Söhne vom Abelhof begründet wurde, und aus dieser Linie besonders mit den letzten fünf Generationen, zu denen ich und meine Nachkommen gehören, und deren Personen ich alle persönlich kennengelernt und gut in meiner Erinnerung habe.

Familienmitglieder

Vaters Vater Bernhard, im Jahre 1871 geboren, hatte in Buxtehude das Baufach studiert und war zum Zeitpunkt der Geburt meines Vaters in Rheine als städtischer Architekt und Stadtbaumeister beschäftigt.

Schwer getroffen sind auch die Häuser Nr. 24 und 26 (Abel und Strototte) (hier die Gebäuderückseite)

141

1896 heiratete er Bernhardine Wilhelmine, die Tochter des Polizeiser-geanten Franz und dessen Ehefrau Wilhelmine. Aus der Ehe gingen 11 Kinder hervor. Ein Kind davon ist namenlos bei der Geburt gestorben, zwei weitere später an Tuberkulose. Die anderen acht haben später eigene Familien gegründet und sind alle, nach beachtlicher Lebensleistung, inzwischen hochbetagt verstorben. Ihr erreichtes Lebensalter: 79 / 95 / 93 / 92 / 78 / 62 / 94 / 87 – im Durchschnitt sind sie also 85 Jahre alt geworden. Der Taufpate des jüngsten Kindes war Kaiser Wilhelm II.

Familie – Franz Josef

Eines der elf Kinder aus der Ehe von Bernhard und Wilhelmine war mein Vater Franz Josef. Mein Vater wurde am 23. Februar 1899 in Rheine geboren. Nach seiner Schulausbildung erlernte er den Beruf eines Buchdruckers und machte Prüfungen zum Buchdrucker und Buchbindermeister. Anschließend ging er, wie damals allgemein üblich, als Geselle auf Wanderschaft. Im Alter von 90 Jahren hat er seine Lebenserinnerungen erzählt, die ich dann zu Papier gebracht habe.

1925 ging er mit Maria Gabriele Gollob, genannt Mieze, die Ehe ein. Meine Mutter war eine schöne, freundliche, hilfsbereite und warmherzige Frau, eine tolle Köchin und völlig unpolitisch.

Familie – Die Gollobs

Mutters Eltern, Aurelia und Franz Gollob, beide Gollobs wurden 1871 in Leoben geboren, stammen aus Österreich, dem Land, von dem aus tausend Jahre lang das Heilige Römische Reich Deutscher Nation regiert wurde. Lebensmittelpunkte dieser Vorfahren waren Leoben, Bruck an der Mur, Graz und Pilsen. Ihre Vorfahren, so meine Recherchen, waren Bergleute, bürgerliche Hausbesitzer, Amtsdiener, Greislermeister, Stadlermeister und Kaminfeger.

Franz Gollob hat auf der Bergschule Leoben sein Steigerdiplom erworben und war in mehreren Regionen des Landes im Bergbau beschäftigt, bis er etwa 1910 mit seiner Familie nach Deutschland auswanderte, wo er bis zu seinem Lebensende auch blieb.

Aurelia Gollob war eine sehr freundliche Frau, drei Kindern schenkte sie das Leben. Sie hatte eine Knollennase und stets ein mildes Lächeln auf den Lippen. Da sie überwiegend helle Kleidung trug, nannte ich sie die

„weiße Oma". Die Gollobs waren eine Familie mit einem sehr engen Zusammenhalt und mit einer liebevollen gegenseitigen Zuneigung. Der Tod seiner lieben Frau Aurelia hatte Opa Franz so getroffen, dass er nur wenige Monate später auch das Zeitliche segnete. Man sagte, er habe nach dem Tod seiner Frau keine Lust mehr zum Leben gehabt und jegliche Nahrungsaufnahme verweigert. Zudem wurde erzählt, dass er eines Tages die Luft so lange angehalten hat, bis er tot war. Beide Gollobs starben im Alter von 82 Jahren.

Woher ich bin

Ich wurde 1933 als Kind aus der Ehe Abel/Gollob geboren. Mein eigenes Leben verlief im Wesentlichen aus Kriegsgründen - bei Ausbruch des Zweiten Weltkrieges war ich sechs Jahre alt - nicht so gradlinig, wie heute wohl vergleichbare Leben verlaufen. So enthält es mehrere in total verschiedene Richtungen verlaufende Lebensabschnitte. Man kann sie unter folgenden Überschriften annehmen:

- **Ein junges Volk steht auf zum Kampf bereit ...**
- **Völker, hört die Signale, auf zum letzten Gefecht, die Internationale ...**
- **Brüder zur Sonne zur Freiheit ...**
- **Jetzt wird wieder in die Hände gespuckt, wir steigern das Bruttosozialprodukt ...**
- **Großer Gott, wir loben dich ...**

Im Jahre 1936 fanden in Deutschland die Olympischen Sommerspiele statt. Ich war drei Jahre alt. Wir lebten in Dülmen, einer kleinen Stadt im westlichen Westfalen, bekannt durch den alljährlich stattfindenden Wildpferdefang und nur wenige Kilometer von Münster, der Stadt des Westfälischen Friedens, entfernt. In diesem Jahr wurde ich regelrecht ins Leben geschubst, in ein Leben, das nie langweilig war, mir viele Höhen und Tiefen bescherte und noch viele Schubse für mich bereithielt.

Mit drei Jahren also setzen meine Erinnerungen ein. Das Erste, an das ich mich erinnere, hat sich so in meinem Gedächtnis verankert, dass es mich mein ganzes späteres Leben begleitet hat. Es war ein winziger Augenblick, der mein Erinnerungsvermögen in Gang brachte, ein Augenblick, in dem mir schlagartig der Zusammenhang von Regeln, Technik und Sternen klar wurde. Meine Eltern saßen mit den übrigen Bewohnern des Mehrfamilienhauses vor dem einzigen Volksempfänger und hörten sich die Übertragungen aus Berlin an. Mein Kindermädchen Annemie hatte mich nur einen Moment aus den Augen gelassen. Ich lief auf die Straße, dann: Straßenlärm, Hupen, lautes Schreien, Reifen quietschten, ein großer Schmerz durchzog Leib und Arme, und Sterne, nein, ein ganzer Sternenhimmel sprühte aus meinen Augen ins Universum. Ich sah die weinende Mama, den mit dem Autofahrer streitenden Papa, sah viele Leute zusammenlaufen und hörte Polizeisirenen: „Tatütata". Einige Zeit später kam ich im Bett zu mir. Es war leider kein Traum; ein Auto hatte mich angefahren. Ich war frontal auf die Kühlerhaube geknallt, war aber mit einigen Beulen, Blutergüssen, Hautabschürfungen und natürlich mit Schmerzen und einigen Tagen Bettruhe davongekommen. Das war also das Erste, was ich in meinem Leben bewusst wahrgenommen habe und das mich auch heute noch täglich an die Gefahren des Straßenverkehrs erinnert.

Ja, und dann noch eine weitere – eine traurige – Erinnerung an Dülmen. Einige Monate nach diesem Unfall starb die von mir heiß geliebte Annemie, die Tochter unseres Hauswirtes und mein Kindermädchen, im Alter von 14 Jahren an Leukämie. Das hat mich sehr getroffen und ich war lange Zeit sehr traurig. Ich wusste nun auch, was ›Tod‹ bedeutet und was es mit dem Himmel und so auf sich hatte. Noch lange habe ich mir vorgestellt, dass Annemie auch weiterhin von oben über mich wachte.

Drei Jahre zuvor, am 22. Februar 1933, habe ich vormittags um 9:45 Uhr im Mühlenweg als drittes von vier Kindern der Eheleute Maria Gabriele und Franz Josef Abel in diesem Leben den ersten Laut von mir gegeben – so ist es überliefert.

Mein Geburtshaus in der Straße „Am Mühlenweg" steht direkt neben dem Parkfriedhof und ist auch heute noch in einem guten Zustand. In diesem Haus erblickte drei Jahre zuvor auch mein Bruder Bernhard, genannt Berni, das Licht der Welt. Karl-Heinz, der Älteste, wurde in Hamm geboren. Meine Schwester Hannelore, unsere Nanni, kam in Münster auf die Welt.

Am 30. Januar 1933 wird Hitler Reichskanzler. Es beginnt eine ereignisreiche Zeit. Am 27. Februar brennt der Reichstag. Am 28. Februar wird die Notverordnung erlassen. Im März gewinnt die NSDAP die Reichstagswahl, die preußischen Landtagswahlen und die Berliner Kommunalwahlen mit überwältigender Mehrheit. Ebenfalls noch im März erlässt der Reichstag das Ermächtigungsgesetz, das Hitler die eigenmächtige Gesetzgebung überlässt. Die HJ wird als Jugendorganisation der NSDAP planmäßig ausgebaut. Nach Vorarbeiten im Jahre 1933 werden im Januar 1934 die deutschen Länderparlamente aufgelöst und das Reich übernimmt deren Hoheitsrechte.

Unsere Wohnung in Münster in Westfalen

Es gab nur einige kurze Unterbrechungszeiten, in denen ich wegen der Kriegsereignisse in krisensichere Gebiete verschickt worden war – Kinderlandverschickung (KLV) nannte man das damals. In der Körnerstraße in Münster bekamen wir für damalige Verhältnisse eine sehr gute Neubauwohnung. Die Wohnung, in der wir wegen der Kriegswirren nur wenige Jahre wirklich gemeinsam wohnen konnten, ist trotzdem bei mir mit vielen Erinnerungen verbunden.

Da waren die Kriegsjahre: Voller Angst habe ich dort, zitternd und betend im Luftschutzkeller verborgen, den Bombenkrieg hautnah erlebt und der Zerstörung der Stadt durch feindliche Flieger als hilfloser Beobachter zusehen müssen. Das Heulen der Sirenen, das Pfeifen der Bomben, die Ecke, in die ich mich immer vor Angst verkrochen habe. Das Brennen von Häusern und das ungewollte Ansehen von Toten und Verletzten auf der Straße sind nicht spurlos an meiner kindlichen Seele vorbeigegangen und verfolgen mich noch heute im Schlaf.

Die Wohnung lag im vierten Stock, hatte zwei Schlafzimmer, eine Wohnküche, ein Wohnzimmer und ein Bad. Das Wohnzimmer wurde nur wenige Tage im Jahr genutzt. Ich erinnere mich noch gut an die Einrichtung. Unter anderem stand an einer Wand eine Chaiselongue, darüber hing ein Wandbehang und darüber ein großes gerahmtes Hitlerbild. Hitler in Kampfpose und SA-Kleidung mit aufgeschlagenem Mantel und hochgeklapptem Kragen, darunter stand sein Name. Die Warmwasserversorgung im Bad geschah über eine Gastherme. Für die Heizung stand in der Küche ein Kohlenherd und im Wohnzimmer ein Kanonenofen. Rechts neben der Eingangstüre an der Wand hingen die Kaffeemühle mit Kurbel und eine Klopfpeitsche. Letztere war ein Ledergriff mit sieben langen Lederriemen, die als Mittel zur Züchtigung vorgesehen war, bei uns aber mehr der Abschreckung diente. Na ja, gelegentlich hat die Peitsche auch mal den einen oder anderen Hintern von uns Kindern kennengelernt. Von der Eingangstüre gesehen rechts hatte die Küche eine Dachschräge mit vorgebautem Dachfenster, darunter stand der Tisch mit fünf Stühlen und an der rechten Kopfseite Papas Ohrensessel. Unten auf dem Boden, in der Ecke zwischen Küchenschrank und Papas Sessel, war meine Angstecke. Hierhin habe ich mich immer wieder verkrochen und die Augen zugemacht, damit mich keiner sehen konnte. In meiner Angstecke war ich in Sicherheit vor allen möglichen Monstern, zum Beispiel hatte man es geschafft, mir eine fürchterliche Angst vor dem ›Bullemann‹ einzuhämmern, später kam noch die Angst vor Bomben dazu. Für damalige Verhältnisse war unser Zuhause eine sehr moderne Neubauwohnung. Im Keller stand für alle sieben im Hause wohnenden Familien eine Waschküche zur Verfügung, die reihum zu benutzen war. Wie schon meine Brüder trug ich bis zu einem bestimmten Lebensalter einen kurzen Pony. Der überwiegende Teil des Kopfes war – aus Kostengründen – in der Regel durch meinen Vater kurz geschoren. Das hieß dann im Sprachgebrauch ›Glatze mit Vorgarten‹.

So viel ich auch darüber nachdenke, ich sehe nicht, dass ich irgendwann mal zu Hause eigenes Spielzeug hatte. Also mussten wir uns anderweitig helfen. Wir stellten Stühle zusammen zu einem Zug und begaben uns damit auf Fantasiereisen oder wir machten mit Töpfen und Pfannen Musik. Berni und ich waren auf unseren großen Bruder neidisch, der schon bei der Marine-HJ war und damit auf dem Aasee paddeln und segeln konnte. Für meine kleine Schwester Hannelore hatte die Oma eine Puppe aus Lumpen gemacht. Hannelore und ich haben sie in einer feierlichen Zeremonie auf den Namen Kluntaberta getauft und Hannelore war mit ihr sehr glücklich. Die Religion hatte in unserer Familie im Alltagsleben keinen besonders hohen Stellenwert. Ich besuchte aber trotzdem vormittags den nahe gelegenen katholischen Kindergarten. Ich ging gerne dahin, ich mochte, ja, ich liebte die Schwestern, besonders Schwester Angela. Die Schwestern, allesamt katholische Nonnen, beteten täglich mit uns, unter anderem auch für die armen Bergleute, die mit ihrem Totenhemd bekleidet in die Grube fahren würden.

Im Kindergarten haben wir viel gewerkelt, viel gebetet und im Außenbereich auch viel gespielt. Besonders gern hörten wir zu, wenn uns die Schwestern etwas vorlasen. Nach der Einschulung bin ich weitere zwei Jahre auch noch nachmittags in den Kindergarten gegangen. Mit acht Jahren wurde meine Generation dann auch für die ›Deutsche Jugend‹ interessant, die sich schon bald um uns kümmerte. Tischgebete waren bei uns zu Hause eigentlich nur üblich, wenn Vaters Mutter Wilhelmine zu Besuch kam. Dann aber mindestens dreimal am Tag.

Der Zweite Weltkrieg

Ich war gerade sechs Jahre alt, da brach am 1. 9.1939 der Zweite Weltkrieg aus. Als offizielle Begründungen galten damals die ständig von Polen ausgeführten Morde an volksdeutschen Bürgern und der polnische Überfall auf den deutschen Sender Gleiwitz, der das Fass zum Überlaufen gebracht haben soll. Als Antwort auf den deutschen Angriff wurden die die in Polen beheimateten Volksdeutschen von den Polen verfolgt, und nur zwei Tage nach dem deutschen Angriff kam es zu dem Blutsonntag im ehemaligen deutschen Bromberg, an dem viele Deutsche von den Polen ermordet wurden - soweit die Situation im Konsens der deutschen und polnischen Historiker. Über die Anzahl der Ermordeten streiten sich die Historiker noch. Im Internet gibt es eine Menge Berichte von Augenzeugen. Dass es ein deutscher Angriffskrieg war, erfuhr ich natürlich nicht, aber ich war ja auch erst sechs Jahre alt.

Ich kann mich noch an die schon einige Zeit vorher anhaltende Empörung der Bevölkerung über die Polen erinnern und an die Aussage, dass wir uns das wirklich nicht mehr länger gefallen lassen müssen, und sah und spürte eine allgemeine Erleichterung, als es hieß, dass Deutschland die Übergriffe der Polen endlich leid sei, deshalb würde seit 5:45 Uhr zurückgeschossen. Aus der Reaktion der Erwachsenen schloss ich aber, dass etwas „Tolles" passiert war, etwas, über das man sich freuen konnte. Zwei Tage später kam dann die Ernüchterung, die den Hass weiter schürte. Keiner hat auch nur einmal versucht, mit mir zu sprechen und mir zu erklären, was Krieg ist und was Krieg bedeutet. Es dauerte aber gar nicht lange, bis ich von allein begriff, dass Krieg wirklich nichts ist, über das man sich freuen konnte. Das ist anderen Jungen auch wohl nicht besser ergangen. Ich kann mich erinnern, dass wir zu fünft auf einer hohen Mauer gesessen und uns über den Krieg unterhalten haben. Alle waren wir uns darüber einig, dass Adolf Hitler, unser Führer, jetzt auch der höchste Soldat sei. „Ist der denn mehr als Feldmarschall?", wurde gefragt. So richtig fanden wir darauf keine Antwort, einigten uns aber schnell darauf, dass der Führer der Höchste überhaupt sei. Bis dann einer zweifelnd fragte: „Aber der ist doch nur Gefreiter?"

Ja, auch das hatten alle schon mal gehört. Wir versuchten, uns ein Bild davon zu machen. Gefreiter und oberster Kriegsherr – und das alles gleichzeitig –, das war aber zu viel für uns, das ging über unseren Kinderverstand, und so sprachen wir lieber über Themen, bei denen wir uns wirklich auskannten.

Schule und Soldatenfreund

Zur Schule hatte ich es nicht weit, sie stand unserer Wohnung gegenüber auf der anderen Straßenseite. Vom Elternschlafzimmer aus konnte man durch die Fenster bis in die Klassenräume sehen. Die Antoniusschule war eine katholische Volksschule, sie wurde später in Pluggendorfer Schule umbenannt. Infolge der Kriegswirren musste ich innerhalb von Münster und in der Zeit der Kinderlandverschickung, über die ich später noch berichten werde, sieben verschiedene Volksschulen besuchen. Kriegsbedingt gab es auch viele Ausfallzeiten. Die Antoniusschule war zeitweilig Luftschutzkeller, Kaserne und auch Lazarett. Die Anwohner machten Krankenbesuche und betreuten die verwundeten Soldaten. Oft wurden die Soldaten, wenn sie auf dem Wege der Besserung waren, in die Familien eingeladen. Manchmal gab es auch Einquartierungen. Wir Kinder gingen oft zu den Soldaten.

Unsere Wohnung und der Bombenkrieg in Münster

Das Haus in der Körnerstraße 33, in dem wir unsere Wohnung hatten, steht heute noch dort wie eh und je. Die Antoniusschule auf der anderen Straßenseite wurde im Krieg total zerstört. Dort stehen heute Wohngebäude. Oft habe ich in späteren Jahren auf einer Bank vor diesem Gebäude gesessen und zur vierten Etage im Haus auf der anderen Straßenseite hinaufgeschaut, an meine Jugendjahre gedacht und leise gesummt:

Die alten Häuser noch,
die alten Straßen noch,
die alten Freunde
aber sind nicht mehr.

Bombennächte

Selbst für uns Kinder war klar: Es ist richtig Krieg. Bald fingen Stadt und Bevölkerung an, sich gründlich auf feindliche Angriffe vorzubereiten.

In aller Eile entstanden Tief- und Hochbunker aus Stahlbeton. In den Kellern der Häuser schaffte man für die Bewohner Luftschutzräume. Kellerdecken wurden mit Balken und Stempeln zusätzlich abgestützt und zum Schutz vor Bomben- und Granatsplittern die Kellerfenster zugemauert. Zu den Nachbarhäusern stell-

Friedemann und ich vor dem Fenster des Luftschutzkellers. Kurze Zeit später wurde das Fenster zum Schutz vor Bombensplitter zugemauert.

te man Durchbrüche als Fluchtwege her. Doppelbetten für die Kinder, Bänke für die Erwachsenen, eine Notfallapotheke und Räumwerkzeuge standen für den Notfall bereit. Irgendwann gab es die ersten Luftangriffe auf Münster, die sich dann in unregelmäßigen Abständen und unterschiedlichen Stärken bis zum Kriegsende ständig wiederholten. Heulende Sirenen warnten bei der Annäherung von feindlichen Flugzeugen mit Voralarm und bei weiterer Annäherung mit Vollalarm. Alle Lichtquellen, auch an Fahrzeugen, waren jetzt zu verdunkeln. Da jederzeit in Verbindung mit dem Alarm das elektrische Licht ausfallen konnte und Batterien Mangelware waren, hatte jeder von uns eine Taschenlampe mit Dynamo. Kleidungsstücke mussten vor dem Zubettgehen so gelegt werden, dass man sich auch im Dunkeln schnell ankleiden konnte. Wer den Bombenkrieg erlebt hat, wird die Erinnerung daran nie los; ich kann sie zwar zeitweise zurückdrängen, die Erinnerung, im Schlaf holt sie mich aber immer wieder ein. Ein Film läuft vor meinen Augen ab: heulende Sirenen,

Vollalarm! Ansage im Radio, feindliche Fliegerverbände im Anflug auf Münster. Wir springen aus den Betten, ziehen uns ganz schnell an, springen die Treppen hinunter und laufen in den Luftschutzkeller.

Vorher noch einen Blick nach draußen! Wir hören das Brummen der Flugmotoren, Scheinwerfer am Himmel suchen nach Flugzeugen, nach sogenannten Christbäumen, und abgeworfene Leuchtkugeln machen die Nacht taghell, Flakgranaten detonieren. Abgeworfene Bomben heulen und explodieren, Bomben- und Granatsplitter fliegen weit durch die Gegend. Feuer in den Straßen – Brandbomben!

Wie oft hat mich die Erinnerung daran im Traum verfolgt. Beim Schreiben dieser Zeilen drängt sie sich wieder in mein Bewusstsein und ich sehe uns, die Kinder und Mütter der Körnerstraße 33, im Luftschutzkeller auf Holzbänken ho-cken. Die Männer sind ja im Krieg, bei der Heimatflak oder als Luftschutzhelfer eingesetzt. Voller Angst sitzen wir unten und hören das dumpfe Knallen der Flakgranaten. Bomben fallen! Wir hören ihr Pfeifen – wer das schrille Pfeifen der Bomben einmal gehört und die Sekunden bis zur Detonation gezählt hat, wird es nie mehr in seinem Leben vergessen. Treffen sie mich, uns oder andere? Das ganze Haus bebt, schüttelt sich, Kalkplättchen rieseln von der Decke. Die Frauen ziehen die Schultern ein, werfen sich flach bäuchlings auf den Fußboden – werfen die Hände über ihren Kopf oder werfen sich schützend über ihr Kind, schreien,

Warten in einer Bombennacht

kreischen, beten. Kinder klammern sich an ihre Mütter, sie schreien, weinen – Mama, Mama, lieber Gott, hilf uns, lieber Gott, hilf uns! Nach langer Zeit endlich Ruhe, sie sind abgedreht. Die erste Welle haben wir überstanden. Wie viele Wellen sind es heute? Wieder Sirenengeheul –

Entwarnung, wir leben, wieder einmal überlebt! Aus den Nachbarhäusern lodern Flammen. Die Feuerwehr rückt an, Nachbarn retten, was noch zu retten ist, und helfen beim Löschen.

»Wer plündert, wird erschossen«,
ist noch an der Hauswand zu lesen und
»Räder müssen rollen für den Sieg«.

Auf der Straße liegen Tote, Verletzte krümmen sich und schreien vor Schmerzen. Bergungskommandos, die meistens aus Kriegsgefangenen bestanden, rücken an. Wieder Sirenen, Ansage im Radio: eine zweite Welle im Anflug auf Münster. Die Szene wiederholt sich. Das Ganze nicht nur an einem Tag, einmalig, sondern in unregelmäßigen Abständen – immer wieder, immer wieder!

Lieber Gott, wie kannst du das zulassen? Lieber Gott, hab Erbarmen! Es wird geschworen, Gelübde werden abgelegt – wenn wir hier heile rauskommen, dann, ja, wenn, dann ... Nach einem Fliegerangriff am hellen Tag kam mein Vater nicht nach Hause. Er war als Luftschutzwart für einen Bunker in der Innenstadt zuständig, nahe seiner Dienststelle. Auf der Straße wurde erzählt, die Innenstadt sei schwer zerstört worden und in einem Bunker seien etwa 50 Personen – Frauen, Kinder und Behördenangestellte – zu Tode gekommen. Ich ging los, den Vater suchen. Auf dem Weg und an Ort und Stelle fragte ich alle Leute, die ich traf: „Habt ihr meinen Papa gesehen, wo ist mein Papa?" Alle Leute weinten, nahmen mich in den Arm, versuchten mich zu trösten – ich weinte auch.

Die Aufräumarbeiten hatten begonnen. Menschen wühlten in den Trümmern und suchten nach Verschütteten. Ich irrte ziellos durch die Schuttberge und als ich zu Hause ankam, war mein Vater – Gott sei Dank – gerade angekommen. Später erzählte er, er sei im Bunker gewesen, wollte sich als Luftschutzwart nur einen Moment einen Überblick über die Lage verschaffen, als es passierte. Bomben heulten, ein ohrenbetäubender Lärm, Staubwolken und aus! Alle Leute, die im Bunker Schutz suchten, waren tot; er kam mit einigen leichteren Verletzungen davon.

Für die Bevölkerung gab es während des Krieges Aufrufe zum Sammeln von Silberpapier und Metallen aller Art. Nach Bombenangriffen suchten wir deshalb nach Bomben- und Granatsplittern und brachten sie zu den Sammelstellen. Was an Metall zu Hause zu entbehren war, wurde ebenfalls abgeliefert, dafür gab es dann eine Urkunde. Ich erinnere mich, dass ich meine Eltern sehr genervt habe mit der Bitte, doch auch ein etwas älteres Essbesteck abliefern zu dürfen – immerhin, nach vielem Hin und Her durfte ich. Silberpapier lieferten wir an der Pforte des Klarissenklosters an der Weseler Straße ab und bekamen dafür von den Schwestern einige Pfennige. Silberpapierstreifen gab es jede Menge. Sie wurden von feindlichen Aufklärungsfliegern vor einem Bombenangriff abgeworfen, um das deutsche Radar zu stören. Der Gang zum Klarissenkloster war für uns allerdings auch immer etwas gruselig, wurde uns doch erzählt, dass die Schwestern nachts in ihrem eigenen Sarg schliefen.

Gedanken zu kriegerischen Auseinandersetzungen

Im Allgemeinen und zum Zweiten Weltkrieg im Besonderen:
Unbegreiflich ist das, was damals geschehen ist. Unbegreiflich auch die spätere Verarbeitung dessen, was bei uns und in der ganzen Welt so unsägliches Leid hervorrief. Noch unbegreiflicher ist es, dass trotz allem Ähnliches auch heute noch Tag für Tag in einem anderen Teil der Welt geschieht. Der Schmerz ist dort genauso groß wie damals bei uns. Gott, wo ist deine Barmherzigkeit, wo ist deine Allmacht, wo deine Liebe? Hat Satan die Weltherrschaft errungen? Auf all das Leid, das Deutschland der Welt und die Welt Deutschland angetan hat, kommt später noch die unverständliche Spitze. Einige Leute bekommen für diesen Massenmord von höchster Stelle Orden verliehen und Leute, die besonders viele Menschen, vor allem Zivilisten – Frauen und Kinder – töteten, bekommen sogar dafür noch ein Denkmal errichtet. Natürlich darf man einzelne geschichtliche Ereignisse nie separat betrachten, sondern immer eingebettet in ihrer Zeit und im Zusammenhang mit der Schuldfrage. Ich kann mir aber überhaupt nicht vorstellen, dass das Motto ›Auge um Auge, Zahn um Zahn‹ irgendetwas mit Menschlichkeit zu tun hat. Ja, so hatte ich das hier geschrieben und Punkt! Dann sah ich im Fernsehen einen Bericht vom Einsatz der deutschen Soldaten in Afghanistan. Es wurde eine Vergeltungsszene geschildert. Am Vortag waren drei deutsche Soldaten von den Taliban getötet worden. Nun zog eine Kompanie zum Rachefeldzug aus. Der Hauptmann rief zu den in Marschordnung stehenden Soldaten:

*»**Soldaten, Auge um Auge!**« Wie auswendig gelernt rief, nein, schrie die ganze Kompanie wie aus einem Mund: »**Zahn um Zahn.**«*

Ich hätte es nicht für möglich gehalten, dass es so etwas heute noch gibt. Wer Ja sagt zum Krieg in Gedanken, Worten und Taten, unterdrückt in seinem Inneren die Menschlichkeit und gibt Satan Gewalt über sich, egal ob es ein Politiker oder ein Bürger sagt oder befürwortet. Jeder Krieg bringt zwangsläufig Mord, Totschlag, Gräuel, Misshandlungen und Vergewaltigungen mit sich, egal, in welcher Absicht er auch immer geführt wird. Einen Heiligen Krieg oder ein Fair Play im Krieg gibt es nicht. Gewalttaten führen zu Gewalttaten und lassen Menschen zu Unmenschen, zu gehirnlosen Wesen degenerieren – zwangsläufig! Daraus resultieren Gräueltaten, die jegliches Vorstellungsvermögen übertreffen. Gewalt verselbstständigt sich! Ich bin mir sicher, dass kein einziger Abgeordneter irgendeines Parlamentes einem Krieg zustimmen würde, wenn er an der Spitze des Heeres als einfacher Soldat in den Krieg ziehen müsste. Werfe ich einen Blick auf die Leistungen, zu denen die Menschen körperlich und geistig imstande sind, fällt es mir auch schwer zu glauben, dass die Menschen zu dumm sein sollen für ein friedliches und humanes Zusammenleben. Was also verhindert den Einsatz von Intelligenz bei diesem Thema? Sind es wirtschaftliche Interessen von Gruppen, Unternehmen, Staaten oder ist es nur einfach das Streben nach mehr Macht über Gebiete, Menschen und Ressourcen? Ist es Gier nach Macht, Geld oder Geltung oder einfach nur Neid? Das einfache Volk aller Länder, so denke ich, könnte trotz unterschiedlicher Herkunft und Religion friedlich zusammenleben, dafür gibt es ja auch einige wenige Beispiele; unter anderem Kanada. Warum sollten sich deutsche, französische, polnische oder russische Arbeiter gegenseitig erschlagen? Sind es also die Staatenlenker oder Religionsführer, die Feuer legen oder Öl ins bereits lodernde Feuer gießen? In diesem Zusammenhang fällt mir ein Satz ein, den ich von meinem ehemaligen Hauptlehrer nach Kriegsende gehört habe:

»Wir kämpfen nicht fürs Vaterland, wir kämpfen nicht für die Ehre, wir kämpfen aus vollem Unverstand für 1.000 Millionäre.«
Wofür seid ihr wirklich gestorben, ihr ›Helden‹ aller Nationen?

Was den Zweiten Weltkrieg betrifft, kann man feststellen: Gescheitert sind und verloren haben die Diplomatie, die Religionen und die Wissenschaft genauso wie die deutsche Reichsregierung und die Regierungen der Alliierten sowie alle Regierungen weltweit. *Besonders schlimm fand ich bei meinen Recherchen, dass Repräsentanten, sogar der Kirchen, die besondere Vorbildfunktion für das Volk hatten – mit ganz wenigen Ausnahmen –, geschwiegen oder das System sogar unterstützt haben.*

Hitlerjugend

Etwa von meinem achten Lebensjahr an kümmerte sich die Hitlerjugend um uns. Begünstigt wurde das durch den Kriegsausbruch, durch den die fanatische nationale Welle bis zum Kindergarten rollte. Wir hörten von Großdeutschland, vom Führer Adolf Hitler, was für ein toller Kerl der schon in seiner Jugend war, mussten seinen geschönten Lebenslauf auswendig lernen. Lernten den Arm zum deutschen Gruß zu erheben. Soldaten und ganze Kolonnen der Hitlerjugend marschierten Marschlieder singend und Fahnen schwingend durch die Straßen, von uns bestaunt, bewundert und nachgeahmt. Wir hörten vom Heldenmut deutscher Soldaten, zu Lande, zu Wasser und in der Luft. Wir spielten den Krieg - organisiert von der HJ - als Geländespiele und in privaten Gruppen, ein Stadtviertel gegen ein anderes, mit Holzgewehren nach. Wir sollten und wollten dazugehören. Die Vorbelastung durch den Glauben war ja nicht gerade gering und es zog mich zunächst immer wieder zu den Schwestern im Kindergarten, von denen ich durch die verschiedenen Kinderlandverschickungen langsam entwöhnt wurde.

Dass unsere eigene Wohnung in Münster 1943 total ausgebombt wurde, mussten wir nicht miterleben, nicht mit ansehen. In dieser Zeit waren wir vor den Kriegseinwirkungen in Sicherheit gebracht worden; wir waren in sichere Gegenden Deutschlands evakuiert worden und konnten so überleben.

Kinderlandverschickung – Eitting bei Erding

Zum ersten Mal, ich war sechs Jahre alt und gerade erst eingeschult, kam ich im Rahmen der Kinderlandverschickung nach Eitting, Kreis Erding, in Oberbayern. Meine Mutter brachte mich zur Sammelstelle am Bahnhof. Ich trug ein Schild um den Hals mit Namen, Heimatadresse und Zielort. Ich sehe das Bild noch vor mir. Es war auf einem Güterbahnhof; ich sah viele Gleise und dunkle Gebäude. Die Gebäude waren mit Plakaten beklebt, ich konnte sie noch nicht richtig lesen, wusste aber, was draufstand, weil mir der Text oft vorgelesen worden war und weil es zum Text auch passende Abbildungen gab.

»Räder müssen rollen für den Sieg«, und dann das Bild von einem dunklen Kerlchen mit einem Sack auf dem Rücken: **Kohlenklau.**

Ich sehe heute noch das Bild meiner weinenden Mutter vor der Abfahrt des Zuges. Wir umarmten, umklammerten uns noch einmal und weinten beide. Keiner von uns wusste, ob er den anderen je wiedersehen würde. Es gab viele Eltern, die die Verschickung ihrer Kinder verhindert haben, weil sie sich sagten: „Wenn schon sterben, dann lieber mit den Kindern gemeinsam."

Im Süden Deutschlands war noch nichts vom Krieg zu spüren, aber man war wachsam. Bestimmte Knotenpunkte mussten Tag und Nacht von Zivilpersonen kontrolliert und überwacht werden. Ich kam auf einen recht kleinen und alten Bauernhof. Die Berghammers waren liebe Leute. Hier war alles sehr unkompliziert, im Haus und auf dem Hof bewegte man sich barfüßig. Berghammers hatten zwei Kinder, Marie und Schorsch. Schorsch war etwas jünger als ich, Marie schon sehr viel älter.

Auf dem Hofgelände standen Wohngebäude mit angebautem Stall und eine abseits stehende Scheune mit einem Hühnerstall davor. Auf dem eingezäunten Hof liefen Hühner, Gänse, Enten und Rad schlagende Pfauen in bunter Reihe herum. Im Stall standen fünf Kühe, die Felder wurden mithilfe eines Ochsenge-

Mit Schorsch Berghammer

spanns bestellt. Hauptnahrungsmittel der Familie waren Knödel sowie Suppe mit Knödeleinlage; solche Nahrung kannte ich vorher nicht. Die

Knödelschüssel stand mitten auf dem Tisch und jeder löffelte aus der Schüssel direkt in den Mund. Später erzählte man, ich hätte vier Wochen lang jegliche Nahrungsaufnahme verweigert und Tag und Nacht geweint. Ich verhungerte aber nicht. Da es meine Aufgabe war, täglich mehrfach für die Hühner gekochte Kartoffeln zu stampfen, aß ich, wenn ich Hunger hatte, einige Kartoffeln aus dem Hühnertopf und konnte so gut überleben.

Auf dem Kohlenherd wurde nicht nur gekocht, sondern hier wurden auch Küken ausgebrütet. Die geschlüpften Küken hatten hier für die ersten Lebenstage eine warme und sichere Heimstatt. Oft habe ich davorgestanden und mit warmem Herzen zugeschaut, wie die kleinen Küken aus der Schale krochen. Ich streichelte sie und freute mich immer wieder darüber, wenn ich sie so hilflos herumtapsen sah. Nach vier Wochen wurde ich dort auch so langsam warm, sagte ›Ma‹ zur Bäuerin und ›Pa‹ zum Bauern und fühlte mich ganz heimisch. Ich hütete Kühe und die jungen Gänschen, suchte Enten- und Gänseeier am Dorfweiher und sprach bald perfekt bayrisch. In Haus, Hof und Dorf fühlte ich mich jetzt rundherum wohl. Einmal habe ich mir beim Spielen auf dem Dachboden an der Häckselmaschine den rechten Daumen durchgeschnitten, er hing nur noch an einem Hautfetzen und blutete fürchterlich. Keiner wusste so recht, was zu machen war. Man füllte einen Eimer mit Wasser und ich musste den Daumen so lange da hineinhalten, bis der Ortsvorsteher mich mit einem Auto nach Erding ins 53 Kilometer entfernte Krankenhaus brachte. Der Daumen wurde zwar wieder angenäht, ist aber steif geblieben. In Eitting war vom Krieg nichts zu spüren. Nur im Radio hörten wir die Sondermeldungen der deutschen Wehrmacht, die der nicht kriegsbegeisterte Bauer mit **„Schon wieder ein Scheißhäusel versenkt"** kommentierte.

Die Schule war eine ausgeprägte Dorfschule, acht Klassen und zwei Lehrkräfte in drei Räumen. Ich kann mich erinnern, dass man sich sehr bemühte, uns zu erklären, wie der Hintern abgeputzt werden sollte. Das war damals wichtig, schließlich war ja Krieg und Waschpulver war rar. Ich war aber alles in allem hier sehr glücklich und zufrieden und vor allem in Sicherheit. Im Rückblick war es die schönste Zeit meiner frühen Jugend. Wie lange ich bei den Berghammers in Eitting war, weiß ich nicht mehr genau. Noch heute führen mich manchmal meine Gedanken zu dem

Rücktransport. Ich sehe mich, den kleinen etwa sechsjährigen Leo, über-müdet, traurig und etwas verwirrt, ein Schild mit der Heimatadresse um den Hals, in einer Ecke in einem Personenzug kauern. Die Fahrt dauerte länger als einen Tag. Wir mussten mehrfach umsteigen. Berghammers hatten mich für die Fahrt gut mit Lebensmitteln versorgt und meinen ganzen Rucksack mit Eiern, Schmalz und Butter für die Lieben daheim vollgestopft.

Als ich in Münster ankam, waren alle Eier kaputt. Die Butter und das Schmalz im Rucksack auf meinem Rücken waren geschmolzen und das durchgesickerte Fett hatte sich großflächig auf Jacke, Pullover und Hemd verteilt. Mama war glücklich, mich zurückzuhaben, sagte dann aber voller Entsetzen: „Wie siehst du denn aus, was riecht denn hier so stark?" Trotzdem: Ich war glücklich, wieder zu Hause zu sein, musste jetzt aber wieder um mein Leben bangen und viele Nächte im Luftschutzkeller ver-bringen.

Westfeldzug

Im Mai 1940 begann der Westfeldzug.
Die Nordhälfte Frankreichs wurde eingenommen und besetzt, die Nieder-lande, Belgien und Luxemburg wurden überrannt. Ich weiß, dass das geschichtlich nicht richtig ist. Für uns galt für den Angriff auf diese Länder die Lesart, sie müssten vor Angriffen der Alliierten geschützt werden. Die Niederlande wurden uns sogar als ein verwandtes und befreundetes Land dargestellt.

Wir mussten das Burenlied auswendig lernen und häufig auch singen. Was wir dann auch reichlich machten, am Lagerfeuer oder auch in Marschordnung, je nachdem. Wer den Text gelesen hat, erkennt die Ab-sicht. Für Jungens zwischen sechs und zehn Jahren bedeutet er nämlich nichts anderes als: »Die Buren und die Niederländer sind die Guten und die Engländer sind die Bösen. Gutes soll man unterstützen, Böses soll man hassen.«

Das Lied wurde hier, trotz des realen geschichtlichen Hintergrundes, als infame Propaganda missbraucht!

Ein Kampf ist entbrannt
Und es blitzt und es kracht

Und es tobt eine blutige Schlacht.
Es kämpfen die Buren Oranje-Transvaal
Gegen Engelands große Übermacht.
Ein alter Bur mit greisem Haar,
Er zog seinen Söhnen voran.
Der jüngste war kaum 14 Jahr,
Er scheute nicht den Tod fürs Vaterland.
Die Schlacht ist vorbei
Und die Nacht bricht herein.
Und auf hartem Felsengestein,
Da lieget der Bur mit zerschossener Brust
Und keiner stehet ihm bei.
Kameraden fanden abends spät
Den sterbenden Burenkapitän.
Sie hörten noch sein leises Flehen
Es lebe Oranje-Transvaal.

Die Achse Berlin/Rom

Im Juni 1940 trat Italien unter Führung von Mussolini an der Seite Deutschlands in den Krieg ein. 1943 wurde Mussolini entmachtet und auf Geheiß des italienischen Königs Viktor Emanuel III., der den Marschall Badoglio mit einer neuen Regierung beauftragte, verhaftet.

Noch im selben Jahr befreiten deutsche Fallschirmjäger Mussolini aus seinem Gefängnis in den Abruzzen und brachten ihn nach Deutschland. Dieser politische Vorgang, der die deutsche Position im Krieg schwächte, war damals in aller Munde, auch bei uns zehn- bis elfjährigen Jungen. Wir waren stolz auf den Erfolg unserer Fallschirmjäger und fieberten jeder neuen Nachricht entgegen. Der Name Badoglio stand jetzt für Verrat und Verräter. Die schlimmste Beleidigung damals unter uns Jungen war, jemanden ›du Badoglio‹ zu nennen. Dieser Ausdruck fand sogar noch in der unmittelbaren Nachkriegszeit Verwendung. Das war alles für mich sehr berührend. Noch heute spüre ich einen Hauch von Verrat, wenn von Italien die Rede ist.

Krieg gegen die Sowjetunion

Nachdem die deutsche Wehrmacht in Polen und im Westen von Sieg zu Sieg eilte, begann sie am 22. Juni 1941 den Angriffskrieg auf die Sowjetunion.

Auch ein Cousin meines Vaters, ein promovierter Naturwissenschaftler sowie ein enger Freund unseres Hauses, den ich besonders gern mochte und den wir Kinder Onkel Hugo nannten, wurde als Feldwebel an die Ostfront versetzt. Wie schon vorher in Polen und im Westen ging es jetzt auch dort von Sieg zu Sieg. Ich sah, wie begeistert die Bevölkerung über diesen siegreichen Feldzug war. Zusammen mit der Familie und auch Freunden und Bekannten jubelten wir über jede Sondermeldung der deutschen Wehrmacht im Radio. In jedem Feldpostbrief von Onkel Hugo lag zu meiner übergroßen Freude ein Geldschein für mich.

Stalingrad

Nachdem es zunächst im Osten von Sieg zu Sieg ging, änderte sich 1942 die Lage an der Ostfront entscheidend. Stalingrad! Die deutsche 6. Armee war völlig von sowjetischen Truppen eingekesselt. Kein Ausbruchversuch war erfolgreich. Obwohl die deutsche Luftwaffe eine Luftbrücke eingerichtet hatte, fehlte es an Nahrung und Munition. Viele Soldaten starben an Unterernährung, Unterkühlung und Krankheiten. So war auch die Situation zu Weihnachten 1942. Von Onkel Hugo, der ebenfalls im Kessel war, erhielt ich noch zu Weihnachten eine Postkarte per Luftpost. Er schrieb u. a.:

„Wir sitzen hier im goldenen Käfig vor Stalingrad, halten die Stellung, warten auf unsere Befreiung und kämpfen bis zum Endsieg ..."

Es war sein letztes Lebenszeichen! Wir gierten jeder neuen Nachricht vom Kessel entgegen. Es hieß, der Führer habe für die Eingekesselten den »Kampf bis zum letzten Mann« angeordnet.

Der deutsche Befehlshaber General Paulus wurde von Hitler, um seinem Befehl Nachdruck zu verleihen, noch zum Generalfeldmarschall befördert. Jetzt waren alle wieder voller Hoffnung und der Generalfeldmarschall stand in hohem Ansehen. Als die Situation eskalierte und hoffnungslos wurde, kapitulierte Paulus und ging im Februar 1943 mit seinem Stab, den Generälen und dem Rest seiner Soldaten in die Gefangenschaft.

Ich war entsetzt und verzweifelt, hatte man doch immer erzählt, dass die Russen den Gefangenen den Bauch aufschlitzten und Salz darauf streuen würden, um sie zu demütigen und zu quälen. Ich war auch traurig darüber, dass Deutschland eine entscheidende Schlacht verloren hatte. Ich sah die besorgten Gesichter der Erwachsenen und weinte. Von nun an sah ich den Krieg mit anderen Augen.

Einem Bericht zufolge gingen von den ehemals circa 200.000 Soldaten 110.000 in die Gefangenschaft, von denen nach 1945 nur noch 5.000 zurückgekommen sein sollen. Paulus selbst wechselte die Seiten, sein Ansehen in der Bevölkerung sank auf null und er wurde als Überläufer und Verräter bezeichnet. Die Niederlage der 6. Armee war der strategische Wendepunkt für den Krieg.

Eine Unterhaltung aus jenen Tagen ist noch gut in meiner Erinnerung, aber ich weiß nicht mehr, mit wem ich gesprochen habe. Ich war ganz traurig und fragte meinen Gesprächspartner: „Haben wir jetzt den Krieg verloren?" „Wir haben nicht den Krieg, sondern nur eine Schlacht verloren", sagte mein Gegenüber. „Wir sind in Russland einmarschiert, vielleicht marschieren die Russen auch mal in Deutschland ein."

Das war für mich völlig unvorstellbar.

Zweite Kinderlandverschickung nach Schlesien

Nach einem Zwischenaufenthalt in Münster kam ich 1942, als ich im dritten Schuljahr war, wiederum im Rahmen der Kinderlandverschickung nach Parchwitz, Kreis Liegnitz, in Oberschlesien. Heute heißt die Stadt Prochowice und gehört zu Polen.

Nach einer langen Zugfahrt mit vielen Mitschülern lagen wir nachts in einer Bahnhofsecke in Parchwitz mit einem Schild um den Hals, auf dem unsere Namen und die Heimatadressen standen, auf dem Boden und schliefen. Mich nahm die Familie Rückwerk mit. Später erzählten sie mir, sie hätten mich ausgewählt, weil ich einen so schönen Lederkoffer bei mir hatte. Die Familie wohnte in einem Haus am Hindenburgplatz neben einer Lederfabrik. Im Flur, unter der Treppe, stand eine große Holztruhe, die mit Mehl gefüllt war und oft von Mäusen besucht wurde. Vor dem Backen wurde das Mehl durch- und die Mäuseköttel herausgesiebt. Gegenüber der Wohnung gab es eine Bäckerei. Wenn Backen angesagt war, bereitete man den Teig für Kuchen oder Brot in der Wohnung vor und brachte ihn zum Bäcker in den Backofen. Gern erinnere ich mich noch an den leckeren schlesischen Mohnkuchen mit dicken Streuseln, an denen ich immer genascht habe, wenn ich die Bleche vom Bäcker holen musste – na ja, durfte. Das ist aber auch das Beste, was ich von diesem Ort berichten kann.

In Parchwitz – ich weiß nicht mehr, wie lange ich dort war – fühlte ich mich keinen Tag glücklich. Ich hatte das Gefühl, in der Familie weder geliebt noch erwünscht zu sein. Von dem etwa gleichaltrigen Sohn wurde ich ständig gemobbt. Auch in der Schule fand ich keinen Anschluss, es wurden Themen behandelt, für die ich keine Grundlagen hatte. Doch um meine Schulausbildung kümmerte sich keiner, weder in der Schule noch in der Familie.

Der Afrika-Feldzug

Und dann war ich endlich wieder zu Hause. Es war die Zeit des Afrika-Feldzuges. Über den Feldzug und über das Land hörte, sang und sprach man damals viel; Afrika geriet auch in unser Gesichtsfeld. Der Kommandeur des Afrikakorps, Generalfeldmarschall Erwin Rommel, den man allgemein den ›Wüstenfuchs‹ nannte und der in dieser Zeit der populärste deutsche General war, wurde unser Idol. Wir wären gern beim Feldzug dabei gewesen, was ja nicht ging.

Dann kam der Tag der deutschen Wehrmacht, für uns eine ganz tolle Sache. Wo etwas zu diesem Anlass geboten wurde und was, sprach sich schnell herum. Mein Bruder und ich gingen zur nahe gelegenen Schliefenkaserne. Dort fanden Vorführungen von Panzern und Geländefahrzeugen statt und es gab auch eine Gulaschkanone zur Bewirtung der Besucher. Der Höhepunkt für uns aber war: Wir durften zu unserer größten Freude über Funk mit den deutschen Soldaten in Afrika sprechen. Unsere Begeisterung kannte keine Grenzen und so sangen wir an diesem Tag immer wieder das Lied:

Heiß über Afrikas Boden die Sonne glüht,
Unsere Panzermotoren singen ihr Lied.
Deutsche Panzer im Sonnenbrand,
Stehen im Kampf gegen Engeland.
Es rattern die Ketten, es dröhnt der Motor,
Panzer rollen in Afrika vor.

Wir bauen ein U-Boot

Jetzt wollten wir unbedingt selbst auch nach Afrika. Wir waren uns einig, dass wir sofort nach dem Schulabschluss – so lange wollten wir immerhin noch warten – nach Afrika auswandern würden. Berni wollte sich, da er ja als Ältester von uns beiden zuerst mit der Schule fertig sein würde, vorab auf den Weg machen. Wir fanden ganz tief im Schrank alte Landkarten, fertigten danach Reiserouten nach Afrika an und vereinbarten dort einen Treffpunkt. Wir wollten unser Ziel über die Straße von Gibraltar erreichen. Irgendwann bemerkten wir beim Kartenstudium aber, dass das keine richtige Straße war, über die wir zu Fuß gehen oder über die wir mit dem Auto fahren konnten. Das Problem war erkannt. Die Meeresenge war der kürzeste Weg und wir wichen nicht davon ab, diesen auch zu nehmen. Also brauchten wir ein Boot. Aber wie sollten wir an eines kommen? Sollten wir eines kapern oder kaufen? Wie sollten wir uns vor Torpedos schützen?

All das haben wir überlegt und es wurde klar, dass wir nicht einfach nur ein Boot, sondern ein U-Boot brauchten. Da Kapern oder Kaufen wohl eher nicht infrage kamen, beschlossen wir, ein eigenes U-Boot zu bauen. Dazu organisierten wir uns einige Bretter von der Holzfirma Pennekamp, die nicht weit von unserer Wohnung ein Holzlager hatte, und bauten daraus im Keller ein „U-Boot". Für unser Projekt hatten wir natürlich detaillierte Pläne angefertigt. Die Bretter waren schnell zusammengenagelt, eine lange Holzkiste mit doppeltem Boden. Für die Abdichtung benötigten wir aber noch Teer. Da Teer für uns sonst nicht zu beschaffen war, holten wir ihn uns vom Schulhof. Die Pflastersteine auf dem Schulhof lagen in einem Teerbett. Wir kratzten den Teer mit den Fingern aus den Ritzen. Anschließend erwärmten wir ihn in einer Dose mit einer Kerze, bis er flüssig wurde, und schmierten ihn dann auf die Bretter. Mit einem Ventil sollte Wasser zum Absinken ins Boot reingelassen, mit einer großen Fahrradluftpumpe wieder raus- und Luft zum Auftauchen reingepumpt werden. Offensichtlich war uns das Prinzip des Auftriebes damals schon bekannt. Die Aktion lief bei uns unter strengster Geheimhaltung. Die Gefahr, entdeckt zu werden, war gering, da Mutter für einige Tage einen Kindertransport begleitete, Vater aber tagsüber arbeitete und nachts bei der Heimatflak war. Die Probefahrt sollte in einer Nacht-und-

Nebel-Aktion auf dem Aasee erfolgen. Warum, weiß ich nicht mehr, aber der Stapellauf ist – Gott sei Dank – nie erfolgt.

Mein Bruder Berni beschreibt im Rückblick zu meinem 60. Geburtstag unser Projekt mit folgenden Worten:

> **Du halfst auch mit, ein U-Boot zu bauen.**
> **Das Holz hierfür durftest du klauen,**
> **und da du hattest keinen Zaster,**
> **holtest den Teer vom Schulhofpflaster.**
> **Das beste Material war dir gerade gut genug.**
> **Doch beim ersten Tauchversuch –**
> **denn das Boot war oben offen –**
> **Wärst du bestimmt mit abgesoffen.**

Eisschollentanzen und Mutterkreuz

Bald galt es dann, noch in der eigenen Stadt einige Abenteuer zu bestehen. Im Winter, wenn nach starken Kälteperioden die geschlossene Eisdecke auf dem Aasee zerbrach und sich Eisschollen bildeten, gingen wir oft zum Ufer und sprangen dort von Eisscholle zu Eisscholle – Eisschollentanzen nannte man das damals. Einmal verfehlte ich die ausgesuchte Scholle, fiel ins Wasser und geriet kurzzeitig unter das Eis. Ich dachte, das ist das Ende, doch dann sah ich eine rettende Hand. Berni gelang es mithilfe seiner Kumpel, mich unter der Scholle hervor und aus dem Wasser zu ziehen, er brachte mich tropfend und vor Kälte zitternd bis an die Haustüre. Mich bis in die Wohnung zu begleiten, hat er sich gar nicht erst getraut. Ich hatte einen neuen Anzug an, den Mutter für mich genäht hatte. In den Taschen des Anzuges waren meine Kopierstifte deponiert; dort zeigten sich jetzt große blaue Verfärbungen; der Anzug war hin. Für mich war das schlimmer als der Unfall selber. Ja, und dann ging's in die Wohnung, frei nach dem Gedicht: »**Das Büblein hat getropfet, der Vater hat's geklopfet – zu Haus.**«

Es gilt als verbürgt, dass sich nach dem ersten Schreck zu Hause folgender Dialog abgespielt hat. Die Mama entsetzt: „Ich habe dir doch schon tausendmal gesagt, dass das Eisschollentanzen ganz gefährlich ist. Kind, du hättest ja tot sein können." Darauf soll ich geantwortet haben:

„Mama, wenn ich jetzt tot wäre, hättest du dann dein Mutterkreuz wieder abgeben müssen?"

Mütter bekamen nämlich zu der Zeit ab dem vierten geborenen Kind das Ehrenkreuz der deutschen Mutter. Mit der Verleihung des am Band zu tragenden Ordens waren einige Vorteile verbunden. Ich wusste, dass Mama auf diese Ehrung besonders stolz war, und ich glaube, es hätte mich noch im Tod belastet, für den Verlust des Mutterkreuzes und der damit verbundenen Kränkung der Mama verantwortlich zu sein. Die nach diesen Worten aufkommende Heiterkeit hat mich vor weiterer Strafe bewahrt. Als ich später in meinem wohlig warmen Bett lag, war ich wirklich froh, noch zu leben, und glücklich darüber, dass Mama ihr Mutterkreuz behalten durfte.

Mein Bruder Berni fand dazu zu meinem 60. Geburtstag aus seiner Erinnerung folgende gereimte Zeilen:

Du warst neun Jahre alt,
Winter war's und bitterkalt,
als du ohne ein Wort zu sagen
gingst zum Aasee, Schollen jagen.
Doch gleich die erste Scholle kippte um im Nu
und –gluck-gluck-gluck und weg warst du.
Ich kam gerade noch zur rechten Zeit,
sonst wärst du schon lange in der Ewigkeit.
Dafür bekam ich Klöppe, ich konnte es nicht fassen
Nur weil ich das Hochamt hab sausen lassen.
Du kamst ungeschoren davon –
Na ja, Du hattest ja die Strafe schon.

Solange noch alle Kinder zu Hause waren, schliefen wir in einem Zimmer. Karlheinz, der Älteste, hatte ein eigenes Bett, eins mit Stahlgestell. Berni und ich schliefen in einem Bett. Unsere kleine Schwester Hannelore hatte ein Kinderbett im Elternschlafzimmer. Abends mussten wir früh schlafen gehen, auch im Sommer schon um 19 Uhr, denn wenn Vater nach Hause kam, wollte er seine Ruhe haben. Lesen und untereinander Vorlesen waren aber erlaubt. So zogen wir uns nach und nach viele Heldengeschichten von deutschen Soldaten rein und träumten davon, auch mal so große Helden zu werden und das Vaterland vor Feinden zu schützen.

Mein Bruder Berni

Er beendete im Jahre 1943 seine Schulausbildung und begann mit einer Berglehre auf dem Bergwerk *Rosenblumendelle* in Mülheim-Heißen. Im Februar 1945 – also noch kurz vor Kriegsende – wurde Bernis Jahrgang (1929) zum Volkssturm eingezogen. Als er und seine Kameraden kurz vor der Kapitulation merkten, dass die ganze militärische Führung abgängig war, hat sich der allein gelassene Haufen ebenfalls in alle Himmelsrichtungen zerstreut.

Berni nahm nach dem Kriege seine unterbrochene Lehre wieder auf und machte erst im Jahre 1947 seinen Berufsabschluss. Nachdem er einige Zeit auch im ausländischen Bergbau gearbeitet hatte, absolvierte er ein Fernstudium zum Tiefbautechniker. Später war er eine Zeit lang als Tiefbauunternehmer selbstständig. In seiner Arbeit wurde er von seiner Frau und seiner Tochter kräftig unterstützt, ein richtiges kleines Familienunternehmen. Nach Aufgabe seiner Firma arbeitete er in verschiedenen großen Bauunternehmen als Sprengmeister im In- und Ausland.

Berni und ich haben während des Krieges mit gleichaltrigen Freunden oft mit Holzgewehren vor der Kirche Krieg gespielt, Pluggendorfviertel gegen Aegidiviertel. Wir nannten uns „Meute Pluggendorf" und zogen mit dem Schlachtruf „Meuplu – Meuplu" in den Kampf. Gelegentlich war das so wild, dass die Anwohner die Polizei verständigten. Wenn die Polizei dann kam, haben wir in der Kirche Asyl gesucht.

In Erinnerung daran schrieb mein Bruder Berni zu meinem 60. Geburtstag folgende Zeilen:

Plötzlich wurde aus dem kleinen Luder
Ein richtig lieber und netter Bruder.
Langsam wurdest du ruhig und groß.
Und es zog dich fort von Mamas Schoß.
Du hattest weder Teddy noch Bär,
Lieber war dir ein Holzgewehr.
Mit dem Schlachtruf Meuplu – Meuplu ...
Gingst du Lümmel ins Schlachtgetümmel.

Kamst du dabei in Not,
Die Antoniuskirche dir Asyl bot.

Mein Bruder Karlheinz

Als er seine Ausbildung als Vermessungstechniker abgeschlossen hatte, kam er 1943 zum Arbeitsdienst. Von hier aus meldete er sich freiwillig zur Kriegsmarine. Aufgrund dieser Meldung ist er noch im Jahre 1943 zur Marine eingezogen und dort als U-Boot-Funker ausgebildet worden. Sein letzter Einsatz war eine Schutzbegleitung deutscher Flüchtlingsschiffe über die Ostsee. In Bremerhaven geriet er in Gefangenschaft und kam in ein Gefangenenlager nahe der Stadt Nienburg a. d. Weser. Gemeinsam mit einem Kameraden gelang es ihm, dort auszubrechen und mit der Bahn die Ostzone zu erreichen. Mit einem offiziellen Flüchtlingstransport von der Ostzone in den Westen kam er nach Warendorf und zu dem Gehöft, wo meine Eltern und ich evakuiert waren. Dort lernte er Gretel kennen, die später seine Frau wurde.

Die Schwägerin Gretel

Flucht aus Schlesien und Neuanfang in Milte

Gretel ist gebürtig aus Schlesien. Das tragische Schicksal ihrer Familie soll hier stellvertretend für Millionen von Familien stehen, die Ähnliches oder sogar noch Schlimmeres erleiden mussten.

Als die Ostfront nahe an ihr Heimatdorf kam, wurden die Bewohner von einem auf den anderen Tag aufgefordert, vor den vordringenden russischen Truppen zu flüchten. Nur mit dem Nötigsten ausgerüstet flüchtete die Familie in das Gebirge. Einige Wochen später konnten sie noch einmal in ihr Heimatdorf zurück, das inzwischen besetzt war. Die Lage war völlig undurchsichtig. Deutsche, Polen und Russen versuchten zunächst, sich gemeinsam zu etablieren und zu arrangieren. Dann wurden die deutschen Dorfbewohner mit Schimpf und Schande und unter Anwendung von Gewalt von den Polen vertrieben. Das Ziel war ein Lager in Neiße. Begleitet von bewaffneten Polen und Russen ging es zu Fuß in diese Richtung. Gretels Eltern und der Rest der Dorfbewohner erreichten abgemagert und erschöpft zu Fuß das Auffanglager in Neiße. Alles Essbare war inzwischen aufgezehrt und die Ersparnisse waren aufgebraucht. In dieser unendlichen Not wurde ihnen mitgeteilt, dass in dem Lager jeder für seinen Lebensunterhalt selbst zuständig ist. Eine unmögliche Aufforderung. Als sich die Lage noch weiter verschärfte und ein Überleben unter diesen Bedingungen aussichtslos erschien, entfernte sich die Gruppe auf eigene Faust zu Fuß und mit einem Bollerwagen aus dem Lager.

Unter unbeschreiblichen und entsetzlichen Qualen erreichten sie dann irgendwann die Uckermark. Unterwegs gab es zahlreiche Tote, die die Gruppe, um nicht selbst auf der Strecke zu bleiben, einfach liegen lassen musste. Auch in der Uckermark wurden die Flüchtlinge nicht gerade freundlich empfangen, sondern nur schweren Herzens geduldet.

Gretels Vater hatten die Strapazen gesundheitlich so zugesetzt, dass er schon nach kurzer Zeit dort starb. Da die Familie als neu angekommene Flüchtlinge – trotz erheblicher Bemühungen – keinen Sarg für die Beerdigung auftreiben konnte, musste sie ihren geliebten Mann und Vater in einem Sack beerdigen. Die durchgemachten Anstrengungen, Entbehrungen und Ängste führten dazu, dass die Mutter sehr bald nach dem Vater starb.

Unter unbeschreiblichen Entbehrungen und Nöten erreichte diese Gruppe den Ort Reichenbach, wo die Menschen einige Wochen bleiben konnten. Von dort aus ging es, jetzt aber organisiert, mit der Bahn über Magdeburg nach Warendorf in Westfalen. Von Magdeburg aus konnte Gretel noch eine Überlebensmeldung an die Verwandten in der Uckermark schicken. So hatte es die Familie zu Beginn der Misere für den Fall verabredet, dass sie auf dem Flüchtlingstreck auseinandergerissen würden. Von Warendorf aus wurde die Gruppe auf verschiedene Dörfer verteilt. Keiner der Dorfbewohner war über die Neuankömmlinge erfreut. Der Start in ein neues Leben war nicht leicht.

Über ein weiteres schlimmes Schicksal berichtete eine Cousine meiner Frau, die aus Ostpreußen stammt. Sie musste als Kind zusehen, wie ihre Mutter von einrückenden Russen mehrfach vergewaltigt wurde und erlitt danach das Gleiche. Um zu überleben, musste die Familie ihren Hund schlachten und verzehren.

Gretel und Karlheinz schafften sich in den Nachkriegsjahren in Münster eine sichere Basis für ihre Familie. Karlheinz sorgte in seinem Beruf als Vermessungsingenieur für ein sicheres Einkommen. Neben ihren Hausfrauenaufgaben gründete Gretel unter dem Logo ›Laufmaschen Gretel‹

ein kleines Unternehmen und war, solange das Laufmaschenaufnehmen nachgefragt wurde, damit erfolgreich.

Dritte Kinderlandverschickung nach Bad Reichenhall

Im Herbst 1943 – ich war jetzt zehn Jahre alt – kam ich, nach Zwischenaufenthalten in Münster, zum dritten Mal in eine Kinderlandverschickung. Jetzt ging es nicht mehr in einen Privathaushalt, sondern in ein Lager. Ich war jetzt endlich Pimpf beim deutschen Jungvolk und durfte, nein, musste HJ-Uniform tragen. Vom zehnten bis zum 14. Lebensjahr gehörte man zum Jungvolk und vom 14. bis zum 18. Lebensjahr zur Hitlerjugend. Ich war noch in Münster in den Stamm ›Westliches Westfalen‹ eingeordnet worden und dort in das Fähnlein 17/13. Das geschah alles ohne mein persönliches Zutun, ich war aber sehr stolz darauf.

Das Hotel Kiepling am Saalachsee in Bad Reichenhall war unser Zielort. Schon die Abreise war anders organisiert als vorher, alles in Marschordnung und militärisch knapp. Auch die Verabschiedung von den Eltern war anders: Ein deutscher Junge weint eben nicht! Lauter Ruf des Lagermannschaftsführers: »Wie soll der deutsche Junge sein?« Alle Kehlen schrien:

»Hart wie Kruppstahl, zäh wie Leder und flink wie ein Windhund!«

Dieser Satz ist meines Wissens ganz nationalsozialistisches Gedankengut. Ich gebe aber zu, dass ich diese Eigenschaften im Leben gut gebrauchen konnte, und bin nicht unglücklich darüber, dass man sie mir beigebracht hat. Die Reichsbahn brachte uns zum Bahnhof in Kirchberg (Bad Reichenhall). Von dort marschierten wir in Marschordnung über die Saalachbrücke und dann flussaufwärts den Weg am Fuße des Müllnerhorns entlang, am Schroffen vorbei, in Richtung Unterjettenberg bis zur Staumauer des Saalachsees. Nur wenige Meter vom Staudamm erreichten wir endlich unser Ziel, das Hotel Kiepling am Saalachsee. Nach der langen Reise waren wir total abgeschlafft und fielen in die uns zugewiesenen Betten.

Wir waren 30 Jugendliche und schliefen in 15 Doppelbetten mit Strohmatratzen in einem Schlafsaal. Für die Schulausbildung gab es einen Rektor, der auch Lagerleiter war. Der Lagermannschaftsführer (LMF), ein etwa 20 Jahre alter Fähnleinführer der HJ, im Kriegseinsatz verwundet, war jetzt hier für die Freizeitgestaltung und für eine angemessene vormilitärische Erziehung verantwortlich.

Es gab einen Tagesplan: Wecken mit Trillerpfeife, Anziehen und Waschen, Betten machen, Stubenabnahme durch den LMF, Morgenappell mit Flaggenhissung und Absingen der ersten Strophe des Deutschlandliedes, Frühstück. Danach begann der Schulunterricht, der aber ständig zu kurz kam. Auf der Agenda ganz oben standen eher

Lagermannschaft 1944 im KLV-Lager Hotel Kiepling am Saalachsee in Bad Reichenhall

die deutschen Helden- und Göttersagen und die Erfolge der neuen deutschen Kriegshelden, wie Kaleu (Kapitänleutnant) Prien, die Stuka-Flieger (Sturzkampfflieger) Mölders oder Galant und von anderen Idolen der deutschen Jugend.

Natürlich bekamen wir auch die mit Spannung erwarteten Sondermeldungen des Wehrmachtsberichtes altersgemäß kommentiert.

Dann gab es noch die Putz- und Flickstunde: Strümpfe stopfen, Hemden und Hosen bügeln. Jeder hatte seinen Stopfpilz und seinen Fingerhut und konnte nach Anfangsschwierigkeiten recht gut damit umgehen. Wie auch immer: Auch das war eine gute Erziehungsmaßnahme für das ganze Leben, die ich nie bereut habe und manchmal auch gut gebrauchen konnte. Zwischendurch, ob morgens, nachmittags oder sogar in der Nacht, gab es Ausmärsche in Verbindung mit militärischen Übungen. Dann hieß es: Panzer von links, Panzer von rechts, den Berg hinauf, in den Graben – Marsch, Marsch! – sowie Geländespiele (Kriegsspiele) mit Tarnen und Anrobben. Selbst in der kargen und meistens organisierten Freizeit standen Krieg und Selbstverteidigung im Vordergrund. Dann gab es in der Kameradschaft auch viele Mutproben.

Mutprobe für den neuen Weg zum Schroffen

Wenn ich daran denke, sträuben sich mir noch heute die Nackenhaare. Man hatte mir einen neuen Weg vom Lager zur Gaststätte *Zum Schroffen* erklärt, den aber nur ganz Mutige gehen konnten. Einer der Kameraden

Hotel Kiepling am Saalachsee, unser ehemaliges KLV-*Lager, 60 Jahre später*

brüstete sich damit, den Weg durch den Wald und über den Steilhang schon mal gegangen zu sein. Aus irgendeinem Grunde wurde von mir eine Mutprobe erwartet. Ich ging los, warum, weiß ich nicht mehr. Der Weg, zunächst ein ausgetrampelter Pfad, wurde immer enger und war letztlich nur noch circa zehn Zentimeter breit. Jetzt wurde mir erst klar: Ich war allein an einer senkrecht ansteigenden Felswand. Ich bekam Angst. Immer, wenn ich mich vorwärts bewegte, bröckelte der Stein ab, den ich gerade mit Händen greifen oder mit den Füßen betreten wollte.

Es gab nur wenige Vor- und Rücksprünge zum Halten und Stützen, die der Belastung standhielten. Das alles ohne Netz und doppelten Boden, ohne Seil und Haken und ohne Ausbildung und Anweisungen im Klettern – einfach so, über einem Abgrund von wohl 50 Meter Tiefe, das war schon todesmutig! Ich wollte zurück, aber das ging nicht mehr, ich konnte mich auf dem schmalen Grat nicht umdrehen. Irgendwie habe ich es dann doch ohne Blessuren geschafft.

Aber auch von offizieller Seite war man nicht zimperlich. Ein deutscher Junge musste zum Beispiel einfach schwimmen können; wer es bis dahin nicht konnte, lernte es in wenigen Minuten. Das Lager lag nur einige Schritte vom Staudamm des Saalachsees entfernt. Hier, vor der Staumauer, war ein Gewässer mit zahlreichen Untiefen. Am Ufer war ein Brett, einseitig mit einem Felsbrocken beschwert, das als Sprungbrett diente. Wer nicht schwimmen konnte, wurde vom Sprungbrett ins Wasser geworfen und von Rettungsschwimmern wieder ans Ufer gebracht und das so lange, bis er sich eine Viertelstunde über Wasser halten und danach selbstständig das Ufer erreichen konnte. Dafür gab es dann eine schöne Urkunde.

Zur Stubenabnahme durch den LMF am Morgen lief alles militärisch und „ZACKIG" ab. Jeder stand stramm vor seinem Bett, mit den Händen an der Hosennaht. Der Stubenälteste machte dem LMF mit militärischem Gruß Meldung. Die Finger an die Stirn gelegt, rief er laut: „Stube 1 mit 25 Mann zum Morgenappell angetreten, zwei Mann krank, drei Mann abkommandiert zum Decken der Frühstückstische." Der LMF ging anschließend durch den Raum, schaute nach, ob die Betten akkurat gemacht und die Spinde ordentlich eingeräumt waren und auch der Boden sauber war. War das nicht der Fall, zog er das Bettzeug und den Strohsack runter, räumte den Spind vollständig mit einem Handgriff aus und warf alles auf die Erde. Das machte er so lange, bis er zufrieden war. Der Betreffende konnte nicht am Frühstück teilnehmen und bekam zusätzlich Strafexerzieren verordnet – Liegestütze und Kniebeugen – oder er wurde zum Latrinensäubern abkommandiert. Das passierte nicht nur gelegentlich, sondern war die Regel. Hatte sich einer danebenbenommen oder sich als unkameradschaftlich erwiesen, gab es Lagerkeile. Dazu stellte sich die Mannschaft auf Kommando in einer Zweierreihe auf. Den Delinquenten schickte man durch die Reihe und alle Kameraden konnten / sollten mit abgelegtem Schulterriemen auf Zuruf des Jungzugführers zuschlagen. Auch andere Strafen konnten verhängt werden. Ich wurde zum Beispiel einmal, weil ich in der Stadt bei einer Schneeballschlacht im Eifer des Gefechtes eine Leuchtreklame beschädigt hatte, vom Rektor zwei Tage lang in einer von Ratten wimmelnden Abstellkammer ohne Fenster eingesperrt. Insgesamt war ich aber zunächst in der Gemeinschaft gut angesehen und wurde in manchen Dingen auch bewundert oder beneidet. Ich hatte eine gute Schreib- und auch Druckschrift und konnte gut zeichnen, was ich auch häufig an der Tafel vorführen musste.

Einmal gab es ein Ereignis, das mich im Leben nicht mehr losgelassen und damals tief beschämt und verletzt hat. Ein Schmierfink hatte auf einer Toilette den Spruch »Ficken ist gesund« säuberlich und gut lesbar in Druckschrift an die Toilettenwand geschmiert. Eine große Aufregung im ganzen Haus. Ein Schuldiger wurde gesucht. Ich kam in Verdacht, weil der Text in schöner Druckschrift zu lesen war und meine Handschrift der des Schmierfinken angeblich ähnelte. Ich wusste gar nicht, was das war, was da an der Wand stand. Nach der Reaktion der Erwachsenen war aber zu vermuten, dass es wohl etwas Schlimmes sein müsse. Ich wurde vom Lehrer und dem LMF angeschrien und geschlagen sowie aufgefordert, doch endlich zuzugeben, dass ich der Schmierfink gewesen sei. Das Ganze ging über einige Tage. Ich wurde verachtet, verspottet, verhöhnt und immer wieder aufgefordert, es doch endlich zuzugeben. Von einem auf den anderen Tag war ich zum Außenseiter geworden und war darüber sehr unglücklich und verzweifelt. Der LMF, der vielleicht sogar selbst der Übeltäter war, nahm mich zur Seite und machte den Vorschlag, ich solle einfach sagen, dass ich das geschrieben hätte, dann wäre alles wieder gut und ich hätte meine Ruhe zurück. Er würde als Strafe Lagerkeile anordnen, aber dafür sorgen, dass nicht zugeschlagen würde. Unter diesem verlockenden Angebot und unter dem Druck, der auf mir lastete, habe ich dann etwas zugegeben, was ich nicht getan hatte. Besonders peinlich und unangenehm war es dann aber doch noch, weil der Lehrer meine Eltern über den Vorfall verständigt hatte. Meine Mutter musste von Berchtesgaden nach Bad Reichenhall kommen, um den „ungeratenen Sohn" vor den Augen aller zurechtzuweisen. Es hat mich sehr unglücklich gemacht, dass meine Mutter mir nicht geglaubt hat, dass meine Aussage

nur unter Druck zustande gekommen war. Kirchenbesuche waren nicht erwünscht. Einmal sind zehn Jungen von uns, darunter auch ich, von einem katholischen Pfarrer angesprochen worden,
der uns für die Firmung vorbereiten wollte. Ich wusste gar nicht, was das war, Firmung. Es ging alles sehr geheimnisvoll zu. Der Pfarrer war sehr nett, lud uns in ein Privathaus ein und es gab Kaffee und Kuchen, was im Lager eher eine Seltenheit war. Irgendwie ist die Zusammenkunft bekannt geworden und wir wurden tagelang ausgehorcht. Von dem Pfarrer haben wir nie wieder etwas gehört.

Nach dem Stubenappell und vor dem Frühstück hieß es immer:" Antreten zum Morgenappell!" Bei diesem stand die gesamte Mannschaft draußen vor dem Hotel rund um den Fahnenmast in Marschordnung. Der LMF kontrollierte den ordentlichen Sitz der Kleidung und die körperliche Sauberkeit – Fingernägel, Zähne und sauberen Hals vorzeigen! Dann hieß es: **»Aaachtung! Hisst Flagge!«** und es wurden die Reichskriegsflagge und die

Eine Gruppe BDM-Mädchen vor dem Luftschutzstollen

Fahne der Hitlerjugend unter Absingen des Deutschlandliedes und bei erhobenem Arm hochgezogen. Nur noch mal zur Erinnerung: Wir waren zehn und elf Jahre alt! Nach dem Frühstück begann für einen Teil der Mannschaft der Unterricht und für die anderen das Erledigen der Gemeinschaftsaufgaben: das Säubern der Gemeinschaftsräume, Wäsche waschen oder Küchendienst. Nachmittags gab es eine Putz- und Flickstunde.

Für den selten genehmigten Stadtgang hatten wir die Order, Geschäfte nur mit erhobenem Arm und deutschem Gruß zu betreten, bekamen aber stets ein »Grüß Gott« zur Antwort. Wir waren ja in Bayern und obwohl Hitler in Berchtesgaden auf dem Obersalzberg sein Teehaus hatte, grüßte man hier wie eh und je mit »Grüß Gott«. Bayern hat schon damals anders getickt als die anderen deutschen Länder. Es gehörte bestimmt in der damaligen Zeit viel Mut dazu, folgenden Spruch in schönster Druckschrift und ganz großen Buchstaben auf eine Hauswand zu schreiben:

„Der größte Lump im ganzen Land
das ist der Denunziant."

So gelesen in Bad Reichenhall (Kirchberg) im Jahre 1944. Wir sind oft an dem Haus vorbeimarschiert, haben den Spruch gelesen und auch über ihn gesprochen. Keiner von uns ist je auf den Gedanken gekommen, dass er einen politischen Hintergrund haben könnte. Überhaupt hat sich wohl keiner von uns – und sicher auch nicht von den Erwachsenen – Gedanken über Sätze gemacht, die wir oft nachsprechen und singen mussten. Und schon gar nicht dachten wir darüber nach, was sie im tiefsten Sinne bedeuteten, unter anderen:

»Deutschland muss leben –
und wenn wir sterben müssen.«
»Ein Volk, ein Reich, ein Führer,
lieb Vaterland Siegheil.«

Auch das gehörte zu meinem Leben und soll nicht verschwiegen und auch nicht verharmlost werden. Oft marschierte der Jungzug, so wurden die in Marschordnung angetretenen Pimpfe genannt, sogar im Stechschritt und in Uniform der deutschen Jugend, durch Bad Reichenhall oder auch durch Berchtesgaden. Mit leuchtenden Augen und stolz geschwellter Brust und voller Begeisterung sangen wir besonders gerne Kampflieder, die vorher eingeübt wurden. Der Jungzugführer als Flügelmann in der ersten Reihe rief dann:
»Aaachtung, ein Lied; *Ein junges Volk* – drei – vier « und schon brüllten wir voller Inbrunst los und besonders gerne:

Ein junges Volk steht auf zum Kampf bereit,
reißt die Hacken doch zusammen, Kameraden!

Wir fühlen nahen unsere Zeit,
die Zeit der jungen Soldaten.
Und vor uns marschieren
mit sturmzerfetzten Fahnen,
die toten Helden der jungen Nation.
Und über uns die Helden sagen,
Deutschland, Vaterland, wir kommen schon.
Oder:
Es zittern die morschen Knochen
der Welt vor dem roten Sieg.
Wir haben den Schrecken gebrochen,
für uns war's ein großer Sieg.
Wir werden weiter marschieren,
bis alles in Scherben fällt.
Denn heute hört uns Deutschland
und morgen die ganze Welt!

Das war die offizielle Version. Wir aber haben gesungen:
   Denn heute gehört uns Deutschland und morgen die ganze Welt!
Und das ist uns nicht von ganz allein eingefallen! Dann die zweite Strophe – man kann nur den Kopf schütteln. Ich würde es heute nicht glauben, wenn ich nicht selbst dabei gewesen wäre.

Und liegt vom Kampf in Trümmern,
die ganze Welt zuhauf,
das soll uns den Teufel kümmern,
wir bauen sie wieder auf.
Wir werden weiter marschieren,
bis alles in Scherben fällt,
denn heute gehört (hört) uns Deutschland
und morgen die ganze Welt.

Im KLV-Lager war ich, waren wir, war die ganze Schulklasse einer gezielten Indoktrination ausgesetzt. Auch hier fanden wieder Lieder Verwendung, die sowohl im Lager als auch in Marschordnung gesungen werden mussten. Hetz- und Hasslieder. Alles in allem eine vormilitärische Erziehung, Morgenappell, Flaggenhissung, Märsche, Kampfsport, die ganze Palette, alles zackig! Es ist wohl keine Frage! So etwas der Jugend beizubringen, ist einfach ein Verbrechen. Ja, das sind schon unglaublich schlimme und menschenverachtende Texte, es war für mich eine Überwindung, sie zu Papier zu bringen. Die hier genannten waren aber bei Gott noch nicht die gemeinsten und verdammungswürdigsten. Es ist fast nicht zu glauben, es gab wirklich noch niederträchtigere und abscheulichere Texte. Aber bei denen weigere ich mich einfach, sie hier niederzuschreiben. Es gab natürlich auch Lieder, in denen die Bösartigkeiten versteckt waren. Kürzlich habe ich mich darüber mit einer Literaturwissenschaftlerin unterhalten. Zu meiner größten Überraschung hielt sie das folgende Lied für das Entsetzlichste und Gemeinste überhaupt:

Blonde und braune Buben,
gehören nicht in die Stuben.
Buben, die müssen sich schlagen,
müssen was Tollkühnes wagen.
Buben gehören ins Leben hinein.
Buben sind stolz, ob sie groß oder klein.
Ja, Buben sind stolz, ob sie groß oder klein.

Mädchen, ob blond oder braune,
stecken voller List und voller Laune.
Mädchen, die müssen sich ducken,
blinzeln ganz heimlich und gucken.
Mädchen, die sind ja zum Warten bestimmt,

bis so ein Lausbub ein Mädel sich nimmt.
Ja, bis so ein Lausbub ein Mädel sich nimmt.

Das Lied haben wir Buben natürlich mit besonderer Begeisterung gesungen. Und das besonders gerne und laut, wenn wir an BDM-Mädchen (Bund deutscher Mädchen), die ebenfalls in Uniform und in Marschordnung waren, vorbeimarschiert sind.

Und noch einmal, wir waren zehn und elf Jahre alt, in HJ-Uniform gekleidet, marschierten - mit diesen Liedern auf den Lippen - durch belebte Straßen von Bad Reichenhall und waren stolz auf uns. Wir waren zu hören, wurden gehört, waren unübersehbar und erhielten sogar Beifall. Auch die Gefühle wurden gestreichelt; so sangen wir abends in freundlicher, aber sentimentaler Stimmung:

Ein Hitlerjunge hält treu die Lagerwacht.
Das Feuer knistert und dunkel ist die Nacht.
Im Zelte schlafen wohl all die Braven,
und mit dem Wimpel spielt der kühle Wind.

Gut in meiner Erinnerung ist auch die Weihnachtsfeier im Lager. Fern der Heimat und fern vom Elternhaus. Es kam keine richtige Weihnachtsstimmung auf, wir waren traurig und mancher verdrückte heimlich eine Träne – ein deutscher Junge weint eben nicht. Der Lagerleiter erzählte von den Soldaten im Felde, die Weihnachten in den Schützengräben und unter feindlichem Beschuss feiern müssten, um uns, unsere Familien und ganz Deutschland vor den Feinden zu schützen. Erzählte von den Gräueltaten der Feinde und den Heldentaten unserer Soldaten.

Im Geiste sehe ich die Lagermannschaft noch immer auf der Freitreppe sitzen und in voller Wehmut das damals sehr bekannte, nicht christliche Weihnachtslied *„Hohe Nacht der klaren Sterne"* singen.

Ja, auf diese Weise sind wir, ist ein ganzes Volk manipuliert, ja, indoktriniert worden und das bei einem Volk, von dem es heißt, es sei jenes der Dichter und Denker. Ich glaube, ich schriebe besser: »Auf diese Weise hat sich ein ganzes Volk manipulieren lassen« statt »ist manipuliert worden«. Teuflisch!

Es gab außer uns zehn- und elfjährigen Knaben und Mädchen, denen man es ja noch verzeihen kann, auch noch Leute mit einem ausgereiften Verstand und sogar mit humanistischer Bildung. Wo waren sie, wo war die Intelligenz? Sie haben auch gesungen und zwar dieselben Lieder! Diese waren nämlich nicht eigens für Kinder, sondern für Erwachsene geschrieben. Den Liedertexten entsprechend waren dann auch die Taten. Wie in den Liedtexten besungen *(Und liegt vom Kampf in Trümmern die ganze Welt zu Hauf ...)*, sahen inzwischen ja schon unsere Städte und die Städte unserer Gegner aus. Die Lieder haben sich so tief auch in meinem jugendlichen Gedächtnis eingenistet, dass ich heute noch viele Marschlieder auswendig kann.

Zum Nationalsozialismus selbst habe ich nach dem Kriege mit zunehmendem Verstand und nach intensiver Aufklärung über diese Zeit nie mehr auch nur die geringste Zuneigung verspürt. Immer wieder hat mich aber die Frage beschäftigt: Wie konnte das geschehen, wie konnte sich ein ganzes Volk so irreleiten lassen? Oft frage ich mich, was wäre unter diesen Bedingungen mit mir selbst geschehen, wenn das System weitere zehn oder auch 20 Jahre existiert hätte. Wozu wäre ich fähig gewesen und was wäre ich bereit gewesen zu tun für Führer, Volk und Vaterland? Ein teuflisches System!

Wehret den Anfängen!

Helmut Kohl, unser Altbundeskanzler, hat das, was ihm und auch mir erspart blieb, mal bezeichnet als **»Gnade der späten Geburt«**.
Was ich lange nicht glauben wollte, heute weiß ich es:

Wir sind nicht besiegt, sondern befreit worden.

Die alles entscheidende Frage ist nur: War dafür ein zweiter Weltkrieg erforderlich oder wäre eine Lösung auch mit einer von intelligenten Politikern betriebenen Diplomatie gelungen statt durch Mord und Totschlag? Ich meine JA! Es hätte sicherlich Alternativen gegeben. Wieso versagten hier die Humanität und die Diplomatie?

Evakuierung in Maria Gern bei Berchtesgaden

Inzwischen war meine Mutter mit meiner kleinen Schwester nach Maria Gern bei Berchtesgaden evakuiert worden. Hier im Landhaus Hartlerslehen, am Fuße des Unterberges, mit Blick auf den Watzmann und auf die wunderschöne landschaftliche Umgebung des Berchtesgadener Landes, suchte und fand sie Schutz vor den Kriegseinwirkungen. Gelegentlich fuhr ich, um sie zu besuchen, mit dem Zug von Bad Reichenhall nach Berchtesgaden und ging dann zu Fuß durch die märchenhafte Landschaft und überwiegend durch Waldwege nach Maria Gern. Im Winter, bei einer Schneehöhe von bis zu zwei Metern, kam ich mir vor wie der „Waldbauernbub" bei Peter Rosegger.

Auf einer dieser Fahrten mit dem Zug von Bad Reichenhall nach Berchtesgaden sprach mich ein SS-Offizier der Leibstandarte Adolf Hitler, der auf dem Weg zum Obersalzberg war, an und verwickelte mich in ein Gespräch. Ich war hingerissen, waren doch Soldaten der Leibstandarte Adolf Hitler für uns das Größte überhaupt. Er schrieb sich die Adresse meiner Eltern auf und ich bin heute sicher, dass das der Grund dafür war, dass ich als Elfjähriger noch kurz vor Kriegsschluss einen Einberufungsbefehl zur Führernachwuchsschule der SS erhielt.

Landung der Alliierten in der Normandie

Am 6. Juni 1944 landeten die Alliierten in der Normandie. Wenig später, am 20. Juli 1944, zündete Oberst Claus Schenk Graf von Stauffenberg anlässlich einer Lagebesprechung im Führerhauptquartier in der sogenannten Wolfsschanze eine Bombe. Ein Attentat auf Hitler, der jedoch mit leichten Verletzungen überlebte. Von Stauffenberg wurde noch in der Nacht zum 21. Juli verhaftet, wegen Hochverrats zum Tode verurteilt und anschließend sofort im Hof des Bendlerblockes in Berlin erschossen. Unsere ganze Hoffnung konzentrierte sich nun auf den Westwall, aber Deutschland war in der Zange und wurde nun von drei Seiten bestürmt. An der Ostfront startete die Sowjetunion ihre bisher größte Offensive. In der Zeit vom 22. bis 29. August drangen die sowjetischen Truppen 500 Kilometer nach Westen bis zum Ostufer der Weichsel vor. Die militärische Lage war hoffnungslos.

Ein Sieg rückte auch in den privaten Gesprächen weit weg und doch – noch einmal Hoffnung, denn jetzt sollte die neue Wunderwaffe V3 die Wende bringen. Sie kam aber nicht, das Ende ist bekannt.

Ich war zu der Zeit noch im KLV-Lager in Bad Reichenhall. Die Nachricht vom Attentat auf Hitler schlug bei uns ein wie eine Bombe. Ein deutscher Offizier wollte den Führer töten, dafür hatten wir überhaupt kein Verständnis. Wer unsere Erziehung und Indoktrinierung nachverfolgt hat, hat sicher auch Verständnis dafür, dass wir – ohne Ausnahme – den Attentäter verachteten und hassten und Gott dankten, dass unser Führer überlebt hatte. Ja, das ist aus heutiger Sicht entsetzlich! Ich habe damals in meinem Umkreis keine andere Interpretation des Attentats gehört. Wie ich nur etwas später einsehen musste, wäre eine offen vorgetragene andere Meinung auch absolut tödlich gewesen.

Ende 1944 war mein Vater mit seiner Dienststelle von Münster in das bis dahin von Kriegseinwirkungen verschont gebliebene Städtchen Warendorf verlegt worden und wollte nun seine Familie in seiner Nähe haben. Er ahnte wohl schon das Ende. In Münster waren wir inzwischen total ausgebombt.

Mein Vater besorgte sich eine Einquartierungsgenehmigung für einen Bauernhof in der Bauernschaft Velsen unweit von Warendorf. Wenn ich im Folgenden vom „Dorf" spreche, ist aber immer das Dorf Milte gemeint, ein idyllisches kleines Örtchen mit Schule, Kirche und einigen wenigen Geschäften sowie einer netten Landbevölkerung, denn dort war unser Lebensmittelpunkt. Milte ist inzwischen in die Kreisstadt Warendorf eingemeindet worden.

Im Herbst 1944 holte meine Mutter mich aus dem KLV-Lager nach Berchtesgaden. Viele der Mitschüler blieben bis zur Kapitulation im KLV-Lager. Sie waren jetzt auf sich allein angewiesen und machten sich zu Fuß auf den Weg nach Hause. Wie es ihnen ergangen ist, ist mir unbekannt. Einen der Mitschüler habe ich einige Jahre später in Münster getroffen und mich lange mit ihm über diese Zeit unterhalten. Das ist dann aber auch der einzige Kontakt geblieben.

Evakuierung in Milte, bei Warendorf

Einige Tage später reisten meine Mutter, meine Schwester und ich von Berchtesgaden aus mit der Reichsbahn über Münster nach Warendorf.

Da wir keine Koffer hatten, war unsere ganze Habe in Bettbezügen eingepackt. Von Warendorf aus fuhren wir mit dem Privatauto eines Kollegen von Vater in unser neues Quartier.

Der Hof liegt nur wenige Meter von der Landstraße entfernt, die die Dörfer Milte und Einen verbindet und in einer Richtung über Einen nach Telgte und in der anderen Richtung über Milte nach Warendorf oder auch Finnenberg/Ostbevern führt. Von dieser kleinen Landstraße führt ein unbefestigter Weg direkt auf den Hof.

Für mich zeigte sich eine neue, eine bisher unbekannte Welt. Ich ging natürlich sofort mit den Augen eines neugierigen Jungen auf Entdeckungsreise und musterte unseren neuen Wohnsitz erst mal von außen. Das Bauernhaus war ein alter Fachwerkbau mit einem, wohl vor nicht allzu langer Zeit, angebauten Wohntrakt in rotem Klinker. Am Ende des Fachwerkbaus gab es ein riesiges Tor, durch das ein voll beladener Erntewagen passte, und im rechten Winkel dazu einen Anbau mit den Tierställen. In einem Abstand von circa 20 Metern von der Toreinfahrt stand quer zum Hauptgebäude eine lang gestreckte Scheune. Das ganze Anwesen war von einem Holzzaun umgeben. Innerhalb der Abgrenzung standen mehrere dicke, wohl mehr als 100 Jahre alte Eichenbäume. Vor dem Wohngebäude gab es einen kreisrunden Sandbereich. In der Mitte des Bereiches war ein Pflock eingeschlagen, an dem an einer langen Kette ein Hund angekettet war, der ständig im Kreis umherlief und laut bellte, wenn sich etwas in seinem Bereich bewegte.

Auf der anderen Seite des Zaunes war ein unbefestigter Landweg für Pferdefuhrwerke. Von den Wagenrädern ausgefahrene tiefe Rinnen begrenzten diesen Landweg. In der Mitte zwischen diesen Rinnen sah man die Spuren der Pferdehufe. Auf einer Seite dieser Fahrspur gab es einen schmalen, festgetrampelten Pfad, das sogenannte „Päddchen" für Fußgänger und Radfahrer. In das Innere der Gebäude führten zwei Eingänge, einer ins Wohnhaus und der andere, der auch der Haupteingang war, in das Fachwerkgebäude. Das Staunen ging aber erst mal richtig im Gebäude los. Zuerst betrat man einen großen Raum, der mit dicken Natursteinplatten gepflastert war. Gleich zur Linken ein langer Steintrog und an seinem Ende eine Handpumpe mit langem Pumpenschwengel, mit dem das Frischwasser aus dem nahe liegenden hauseigenen Brunnen ins Haus gepumpt wurde.

Das sollte für die ganze Zeit meines Aufenthaltes der Ort für meine Körperpflege werden. Jeden Morgen dann das Gleiche: Für den Wasseraustrag musste ich mit der rechten Hand den Pumpenschwengel betätigen und das klare, aber immer eiskalte Brunnenwasser ergoss sich über meinen Kopf. Um mehr Körperstellen mit Wasser zu erreichen, fuhren wir ganz gelegentlich nach Warendorf ins Schwimmbad.

Etwas weiter im Raum, an der anderen Wand, waren einige Stufen, die zur Upkammer führten, dem Schlafplatz der Oma. Vor Kopf des Raumes war zu ebener Erde ein offener Kamin, in dem dicke Holzscheite darauf warteten, angezündet zu werden. Und hoch darüber, ich kam aus dem Staunen gar nicht mehr raus, ein uriger Rauchfang, in Westfalen „Wiem" genannt, darauf war eine Inschrift mit den Namen der Erbauer des Hauses eingeschnitzt. „Kuck doch mal nach oben", sagte die Bäuerin und ich sah, und wollte meinen Augen gar nicht trauen, im „Wiem" unter der Decke in langen Reihen Schinken und Würste hängen. Die Bäuerin sah meinen fragenden Blick und sagte: „Das sind Schinken und Würste, die durch den Rauch des Herdfeuers geräuchert werden, damit sie gut schmecken und lange aufbewahrt werden können." Durch eine Tür gingen wir in den Nachbarraum. Ein sehr großer und hoher Raum, die Tenne oder „Derl", wie die Westfalen sagen.

Und ich kam immer noch nicht aus dem Staunen raus. Auf der rechten Seite waren drei Pferdeboxen, dahinter eine Box mit einem Zuchtbullen und noch etwas weiter eine Tür mit ausgesägtem Herzchen, das Plumpsklo, gern auch Donnerbalken genannt. An der Wand hingen an einem Nagel einige Zeitungsstückchen, ein Ersatz für sanftes Klopapier, ein Artikel, den es seit Langem schon nicht mehr gab. Das war also künftig auch für mich der Platz zur Entsorgung. Die Sitzbasis war für mich zwar noch etwas zu hoch, aber: „Du willst ja noch wachsen", sagte die Bäuerin.

Auf der linken Seite der Tenne standen die Kühe und Kälber, wohl 20 in einer Reihe, und auf der anderen Seite die Schweine. Wir bekamen zwei Zimmer. Eines – das Wohn-, Koch- und Esszimmer – lag im Erdgeschoss und war etwa zwölf Quadratmeter groß, es lag direkt neben der Tenne und Wand an Wand mit dem Pferdestall. Auf dem Hof gab es drei Pferde, Mira, Minka und Nendra. Nendra, eine schwarze Stute, war unsere unmittelbare Nachbarin. Wir bekamen stets unangenehm zu spüren, wenn sie wild wurde und gegen die gemeinsame Wand ausschlug. Aber daran gewöhnte man sich schnell, schließlich lebten wir nun auf dem Lande. Das zweite Zimmer befand sich in der ersten Etage. Ein kleines Zimmer mit schrägen Wänden. Im Ehebett schliefen meine Eltern und meine achtjährige Schwester. Mein Schlafplatz war eine Matratze, die jeweils abends quer vor dem Ehebett ausgerollt wurde. Über uns war der Heuboden, und die dort beheimateten Mäuse kamen uns regelmäßig im Schlafzimmer besuchen.

Das Haus war an einem Gleichstrom-Stromnetz angeschlossen. Der Gleichrichter stand etwa auf halbem Wege zwischen unserer neuen Wohnung und dem Dorf neben einer alten Wassermühle, in der ein Generator installiert war. Von hier aus wurde der Strom über hochgehängte Kabel an die Höfe verteilt. Das Stromnetz war nicht sehr stabil und es kam häufig zum Stromausfall.

Wir lebten also recht einfach und bescheiden. Was aber nicht bedeutete, dass es auf dem Lande ganz allgemein eher hinterwäldlerisch zuging: Zum Beispiel hatte der Bauer für seinen eigenen Bedarf auch damals schon ein richtiges Badezimmer.

Ich besuchte jetzt die Dorfschule, eine dreizügige Volksschule. Die erste und zweite, die dritte bis fünfte und die sechste bis achte Klasse wurden jeweils in einem Raum unterrichtet. Ich war inzwischen in der sechsten Klasse. Was ich bisher in der Schule gelernt hatte, war nicht sehr viel. In Geschichte und Geografie strebten meine Schulkenntnisse gegen null, wie es eigentlich in der Zeit in deutschen Schulen üblich war, wichtig war nur „Deutschland, Deutschland über alles ...". Was ich wusste, hatte ich aus Karl-May-Romanen, die ich sprichwörtlich verschlungen habe. Meine schulische Ausbildung wurde hier nun ordentlich auf Vordermann gebracht. Der Hauptlehrer unterrichtete die sechste bis achte Klasse, er war auch Organist in der Kirche. Jeweils einer seiner Schüler durfte in der Kirche für die Orgel den Blasebalg treten. Man ging täglich in die Schulmesse. Dort hatte der Hauptlehrer stets ein waches Auge auf seine Schäfchen. Wer nicht in der Kindermesse war, musste später in der Schule dafür einen Grund nennen. Das Gleiche galt für die Christenlehre am Sonntagnachmittag. Sonntagmorgens ging man selbstverständlich ins Hochamt. Die meisten Bauern fuhren mit der Kutsche vor. Nach dem Hochamt verlas der Ortsvorsteher von der Kirchentreppe aus wichtige Anordnungen oder Änderungen in der Gemeinde oder später in der Militärverwaltung. Der Hauptlehrer war mit einer ehemaligen Schülerin verheiratet und stand damals kurz vor seiner Pensionierung. Er hatte sein ganzes Lehrerleben hier verbracht und kannte jedes Kind sowie seine Eltern und Großeltern, dazu selbstverständlich alle Hofgeschichten.

Zu dieser Zeit waren Prügelstrafen in den Schulen noch ein übliches Erziehungsmittel. Für Vergehen, auch wenn sie außerhalb des Schulbetriebes geschehen waren, gab es etwas mit dem Rohrstock auf den gespannten Hosenboden oder in die Handflächen, was noch mehr wehtat. Der Hauptlehrer stand neben dem Pfarrer und dem Dorfpolizisten in hohem Ansehen und wurde allseits geschätzt. Er war die Autorität im Ort überhaupt, und das sogar über seinen Tod hinaus. So ist es trotz der Prügelstrafen verständlich, dass wir bei Klassentreffen das Grab des Lehrers besuchen. Eigentlich müsste auf seinem Grabstein stehen:

»Ein gutes Herz und zwei unermüdliche Hände haben aufgehört zu schlagen.«

Unsere Wertschätzung für ihn blieb dennoch ungebrochen. Ich glaube, dass heutige Schüler, trotz der behutsamen Behandlung durch Eltern, Lehrer und Sozialpädagogen, nicht mehr zum Grab ihrer Lehrer gehen werden. Mein älterer Bruder berichtete aus seiner Volksschulzeit in Münster, dass auffällig gewordene Schüler vom weiteren Unterricht ausgeschlossen und auf den Flur geschickt wurden. Dort mussten sie sich mit dem Gesicht zur Wand aufstellen und durften dabei nicht schwätzen. Es waren dann in der Regel mehrere Knaben, die zu Beginn einer Pause dort an der Wand standen. Wenn der Lehrer kam, gab er das Kommando: »Finger auf das Leder!« Gemeint war, dass sich alle jetzt bücken, die Fingerspitzen auf die Schuhe senken und den Hintern weit herausstrecken mussten. Der Lehrer ging dann mit dem Rohrstock an den unartigen Kindern vorbei und klopfte im Vorbeigehen, den einen mehr, den anderen weniger kräftig, zur Strafe auf den Hintern. Eine unglaubliche „Rationalisierungsmaßnahme".

Das Dorf ist schnell meine zweite Heimat geworden. Ich fühlte mich hier einfach wohl. Hitlerjugend war hier nicht gefragt, was ich eigentlich schade fand. Hier wurden auch keine Kampflieder, sondern Volks- und Kirchenlieder gesungen. Besonders auffällig für mich war die Art zu grüßen. Hier wurde nicht mehr die Hand zum deutschen Gruß erhoben und Heil ... geschrien, sondern man sagte **„Cott hölpe you"**, was „Gott helfe dir" bedeutet, oder man sagte einfach nur **„Chuat chon"**, was heißen soll: „Lass es dir gut gehen." Die vorausgegangene Infizierung mit dem NS-Gedankengut bei mir war jedoch so intensiv, dass ich diesbezüglich zunächst etwas vermisste. Statt zur frühmorgendlichen Flaggenhissung ging es nun alltags selbstverständlich vor dem Unterricht in die Schulmesse. Vielleicht sage ich besser: „mussten wir" dorthin. Wurde zur gleichen Zeit eine Totenmesse gelesen, sangen wir dafür das Requiem. Der Hauptlehrer, als Organist immer dabei, zählte von der Orgelbühne die Häupter seiner „Lieben".

Alle Kinder von Bauernhöfen waren nach dem Unterricht ganz selbstverständlich eingebunden in die Arbeit auf dem Hof und auf den Feldern. Aber auch für die auf einem Hof „gelandeten" Evakuierten und später auch für die heimatvertriebenen Jugendlichen war die Mitarbeit üblich. Das hatte auch seine Vorteile. Wer eine Bescheinigung von einem Bauern vorlegte, dass er auf dem Feld mitgeholfen hatte, brauchte am nächsten Tag keine Schularbeiten abzuliefern; das war natürlich ein Angebot, von dem man gern Gebrauch machte.

Ich war jetzt zwischen elf und 13 Jahre alt und habe oft und gerne auf dem Hof mitgearbeitet. Das aber nicht nur der Schulaufgaben wegen, sondern weil es mir einfach Spaß machte und ich auf jede Tätigkeit, die ich selbstständig ausführen konnte und durfte, stolz war. Wenn ich allerdings in einen spannenden Karl-May-Roman vertieft war und zur Arbeit gerufen wurde, fand ich das Melken nicht so spannend wie den Karl May.

Nach einer gewissen Einarbeitungszeit ging ich täglich mit zum Melken, später habe ich die Arbeit auch allein gemacht – sowohl im Stall als auch auf der Weide. Das waren immerhin 15 Kühe, die dann von mir von Hand zu melken waren. Alle Arbeiten, die jahreszeitlich auf den Feldern anstanden, konnte ich nach einiger Zeit selbstständig erledigen. Ich fuhr allein mit dem Pferdewagen zum Melkstand oder im Frühjahr mit dem Maschinenrechen ins Heu oder half mit beim Mähdreschen oder beim Einfahren der Feldfrüchte und im Herbst beim Kartoffelaufsuchen und bei der Rübenernte. Was für die Bauernsöhne ganz normal war, war für mich ganz toll und interessant.

Das alles machte mir Spaß und außerdem gab es ja noch immer für die Mitarbeit auf den Feldern eine Belohnung in Naturalien. Für einen Nachmittag Kartoffelaufsuchen durfte man 25 Kilogramm mit nach Hause nehmen. Das war in der schlechten Zeit eine wertvolle Bereicherung für die Küche. Auf den Feldern herrschte stets lustiges Treiben mit vielen Menschen. Mägde, Knechte, Bauer und Bäuerin und bis zum Kriegsende auch Fremdarbeiter erledigten gemeinsam die Arbeit und es wurde auch oft dabei gesungen. Es gab genügend Pausen, die machte man gemeinsam am Feldrand, wenn die Bäuerin Säfte und Stullen brachte. Es wurde erzählt, gesungen und gelacht. Nach der Arbeit gab es auf der Tenne für alle gemeinsam ein kräftiges Essen. Vom Krieg sah, sprach und hörte man zu dieser Zeit noch nichts.

Einmal hatte ich sogar auf dem Feld einen Unfall. Beim Abziehen der Garben von der Mähmaschine brach ich mir den linken Arm. Die Aufregung war groß, denn man war sich nicht darüber im Klaren, wie das nach außen hin erklärt werden sollte – von wegen Kinderarbeit. Der Arm wurde eingegipst. Weil der rechte Arm noch voll verwendungsfähig war, musste ich weiterhin zur Schule und auch Hausarbeiten anfertigen und abliefern, was ich nicht so gut fand.

Irgendwie fühlte ich mich auf dem Bauernhof und in der landwirtschaftlichen Umgebung ausgesprochen wohl und zufrieden. Da es zu dieser Zeit in der näheren Umgebung keine Buben in meinem Alter gab, mit denen ich spielen konnte, war ich oft allein unterwegs. Ich konnte Bäume, Pflanzen und Tiere identifizieren, kannte die Zeiten, in denen gesät, gejätet, geerntet wurde, kannte mich bei den Tieren aus und war gerne bei ihnen in den Ställen. Ich nahm die Frühlingsluft bewusst wahr und fühlte ihre aufbauende Kraft. Ich konnte die reifenden Feldfrüchte am Acker schnuppern, empfand Glücksgefühle beim Ernten, ich erlebte die Ausdünstungen der Felder als Wohlgerüche. Ich fühlte mich hier einfach wohl.

Meine Ziege

Eines Tages kam bei mir der Wunsch auf, ein eigenes Tier zu besitzen.
In einem Gehege auf dem Nachbarbauernhof sah und bewunderte ich eine ganz zutrauliche Ziegenfamilie, darunter einige nur wenige Tage alte Zicklein. Ich stand am Zaun und schaute zu, der Bauer sah meine Begeisterung und kam zu mir. „Ach", sagte ich, „darf ich mal eines auf den Arm nehmen und streicheln?" Ich durfte und wollte mich gar nicht davon trennen. Der Bauer freute sich darüber und schenkte es mir. Jetzt be-

stimmte das Zicklein für viele Wochen meinen Tagesablauf. Fläschchen geben, streicheln, das Fell bürsten und auf der Wiese herumtollen. Zicklein und ich mochten uns, liebten uns. Eines Morgens war der Stall leer. War Zicklein weggelaufen? Ich suchte, rief und lockte vergebens, ich weinte und war ganz unglücklich. Nein, mein lieber Freund war nicht weggelaufen, er war zur bevorstehenden Kommunion meiner kleinen Schwester geschlachtet worden. Keine gut gemeinten Worte, keine Argumente konnten mich beruhigen, ich war anschließend einige Tage krank. Vom Fleisch habe ich noch nicht einmal etwas probiert.

Was für eine Idylle, was für eine Umgebung, was für eine Stimmung – ich war in einer ganz anderen Welt angekommen. Wenn man bedenkt, dass ich noch einige Wochen vorher in Marschordnung begeistert marschiert bin und mit glänzenden Augen gesungen habe:

„Ein junges Volk steht auf zum Sturm bereit! Reißt die Fahnen höher, Kameraden! Wir fühlen nahen unsere Zeit, die Zeit der jungen Soldaten. Vor uns marschieren mit sturmzerfetzten Fahnen die toten Helden der jungen Nation, und über uns die Heldenahnen Deutschland, Vaterland, wir kommen schon.

Wir sind nicht Bürger, Bauer, Arbeitsmann, haut die Schranken doch zusammen, Kameraden, uns weht nur eine Fahne voran, die Fahne der jungen Soldaten! Vor uns …
Und welcher Feind auch kommen mag mit Macht und List, seid nur ewig treu ihr Kameraden! Der Herrgott der im Himmel ist, liebt die Treue und die jungen Soldaten. Vor uns …

Ich habe lange überlegt, ob ich hier den ganzen Text des Liedes schreiben soll. Ich habe ihn mehrfach gestrichen und ihn ebenso mehrfach wieder eingefügt. Der Text, so fürchterlich er auch ist, ist ja noch nicht einmal alles. Stellen Sie sich im Geiste eine Gruppe von 30-50 Jünglingen, Kindern, jungen Männern vor, die in Marschordnung und HJ-Uniform mit glänzenden Augen sowie im Gleichschritt dieses Lied singend, fast schreiend, durch die Stadt marschiert, voran die Fahnen und die Trommelschläger, die mit dumpfen Trommelschlägen alles einrahmten und sich dabei noch auf den Herrgott beriefen. Aus heutiger Sicht unglaublich! Aber so war es, und lasst uns beten, dass so etwas nie wieder geschieht

Das Ende des Krieges ist nah

Anfang 1945 rückte der Krieg auch etwas näher an die ländlichen Gebiete: Tiefflieger fliegen im Sturzflug flüchtende Feldarbeiter an – freies Feld, keine Unterstände, keine Bäume, die Feldarbeiter hören die Fluggeräusche und rennen um ihr Leben, schutzsuchend in alle Richtungen. Die Flugmotoren heulen auf: Iiiiiiiiiiiiii … Stürzen hinunter und tak, tak, tak, tak … macht die Bordkanone und wieder hinauf in die Lüfte: Iiiiiii und wieder runter: Iiiiiiii und tak, tak, tak … tönt wieder die Bordkanone – eine Menschenjagd. Des Nachts sahen wir die Christbäume, Leuchtkugeln und Scheinwerfer über Münster, hörten das Heulen von Bomben, kamen zusammen, weinten und beteten.

In einiger Entfernung vom Hof gruben wir einen Schutzunterstand ins Erdreich. Alle Leute gingen jetzt in den Garten oder auch bei Nacht in den Wald und begannen, wertvolle Sachen wie Geld, Schmuck, Bettwäsche gut und wasserdicht verpackt zu vergraben, um sie vor Raub zu sichern. Offizielle Papiere mit Hakenkreuz wanderten nun ins Plumpsklosett. Das Radio, der Volksempfänger, blieb jetzt Tag und Nacht an, damit wir uns über die aktuelle Lage informieren konnten. Immer noch gaben Nazigrößen über den Rundfunk Durchhalteparolen aus. Viele Erwachsene glaubten auch jetzt noch an eine positive Wende des Krieges. Alles wartete auf die Vergeltungswaffe (V3), deren Einsatz kurz bevorstehen sollte.

Aber wir warteten vergebens, die Front rückte näher und näher, die Tieffliegerangriffe auf dem Lande nahmen zu und auch die Bombenangriffe auf Münster, die wir aus der Ferne verfolgen konnten. Wir sahen - Gott sei Dank - in großem Abstand die hin und her schwenkenden Scheinwerferschneisen am Nachthimmel, der durch Leuchtkugeln, die wir Christbäume nannten, taghell erleuchtet wurde. Wir hörten das Brummen der Flugmotoren, das Grollen der Bombenabwürfe und dazwischen das kurze dumpfe Knallen der Flakgeschütze.

Wegen dieser Eindrücke und der unübersichtlichen Lage ließen mich meine Eltern nicht mehr zur Führernachwuchsschule reisen. Ich muss allerdings gestehen, zu meinem Bedauern, sie ahnten wohl schon ein baldiges Ende.

Zerstörung Dresdens

Dann kam der Monat Februar mit der totalen Zerstörung Dresdens. Die in der Literatur genannten Zahlen der Todesopfer weichen erheblich voneinander ab. Die höchste Opferzahl, die genannt wurde, waren 38.000 Tote. Später einigten sich die Historiker auf 25.000 Tote für die Zeit vom 13. bis 15. Februar, alles im Wesentlichen unschuldige Opfer, Frauen und Kinder, keine Kollateralschäden, nein, gezieltes Töten!

Jetzt verloren auch die letzten Anhänger den Glauben an ein siegreiches Ende. Das war ja wohl auch die Absicht dieser unmenschlichen Aktion. Ich war zwölf Jahre alt, hörte das Wehklagen, sah die Betroffenheit. **Wenn es sie schon nicht auf Erden gibt, so hoffte ich damals – und tue es auch jetzt noch – auf eine höhere Gerechtigkeit.**

Einmarsch der Amerikaner

Später kamen die deutschen Truppen, die auf dem Rückzug waren, durch die Gegend und auch auf den Hof. Sie waren völlig demoralisiert, hatten schon aufgegeben, feierten noch einige Nächte, wohl mit dem Rest des Alkohols, ließen beladene Fahrzeuge zurück und vor allem auch Waffen. Ihr Motto war einfach nur das Überleben. Überall in den Wäldern fand man Gewehre, Munition und auch Panzerfäuste. Die Soldaten besorgten sich Zivilkleidung und waren dann spurlos verschwunden. Danach trat eine unheimliche Ruhe ein. Von den Uniformen, die sie zurückließen, nähte meine Mutter später, nachdem sie das Zeug gewaschen und gewendet hatte, für unsere Familie Kleidung. Als es hieß, die Front verliefe jetzt nur noch einige Kilometer vor dem Hof, hängten wir – und alle anderen Höfe handelten ebenso – weiße Bettlaken aus allen Fenstern: weiße Kapitulationsfahnen!

Dann war es so weit. Am Ostersonntag, wir waren gerade beim Eiersuchen, kamen amerikanische Panzer auf den Hof zu. Eine endlose Kolonne von Fahrzeugen und Panzern zog im Schritttempo am Hof vorbei in Richtung des Dorfes. Das waren also unsere gehassten und alles vernichtenden Feinde. Wir hatten Angst, beobachteten die Kolonne und erwarteten das Schlimmste. Erleichtert stellten wir nach einiger Zeit fest, dass die Soldaten die Höfe verschonten, wohl wegen der weißen Kapitulationsfahnen. Nachdem wir unsere Angst überwunden hatten, gingen wir Kinder näher an die Straße. Die schwerbewaffneten amerikanischen Soldaten, schwarze und weiße, winkten von den Fahrzeugen und Panzern aus. Sie warfen uns Schokolade und Kaugummis zu, um die wir uns zur Freude der Soldaten bald balgten. Ich sah zum ersten Mal in meinem Leben in natura einen Andersfarbigen.

Bei uns blieb sonst alles ruhig. Es gab aber in anderen Gegenden auch schlimme Zwischenfälle. Einzelne Hitlerjungen, die inzwischen zum Volkssturm an der Heimatfront einberufen und dort im Schnelldurchgang im Partisanenkampf ausgebildet worden waren, schossen allein mit einer Panzerfaust auf die einrückenden Panzer. Wahnsinn! Als Gegenreaktion wurden von den Panzern ganze Gehöfte in Schutt und Asche gelegt.

Für uns aber sah der Einmarsch ungewöhnlich und unerwartet freundlich aus. Hatte ich doch vorher durch zufälliges Mithören von Männergesprächen die schlimmsten Prognosen vernommen, die sich - Gott sei Dank - nicht erfüllten. Nicht viele Menschen hatten mit milden Siegern gerechnet, viele hatten sich auf das Schlimmste vorbereitet.

Aus dem Buch „Dresden, eine Kamera klagt an"

Die Einteilung der Bürgerinnen und Bürger in belastete und unbelastete Parteigenossen fand einige Tage oder Wochen später im Rahmen der sogenannten Entnazifizierung statt. Wir Jungen sammelten in den Wäldern die dort rumliegenden Waffen und die Munition. Im Wald bauten wir uns einen Unterstand, wo wir die gefundenen Waffen versteckten, und ballerten bei jeder sich bietenden Gelegenheit wild umher. Die

Schüsse wurden natürlich gehört und schon bald durchkämmten amerikanische Soldaten die Gegend. Sie fanden nach einigen Tagen auch unseren Unterstand und zerstörten ihn mit einem Panzer. Dass wir die Schützen waren, ist nie herausgekommen.

Es grenzt für mich noch heute an ein Wunder, dass wir diese Zeit überlebt haben. Wir haben nämlich nicht nur geschossen, sondern auch Munition in einen Schraubstock gespannt, die Kugeln von den Hülsen geschraubt, das Pulver gesammelt und damit Feuer gemacht.

Der Krieg ist aus

Am 08. Mai 1945 kapitulierte Deutschland bedingungslos und wurde von den Siegern in vier Besatzungszonen aufgeteilt. Alle hatten Angst, nichts war mehr wie vorher, alle fragten sich, was nun passieren würde. Viele Leute weinten, ich auch. Deutschland war besiegt – oder befreit?

In Münster waren wir total ausgebombt, eine Rückkehr in unsere Wohnung war für lange Zeit nicht denkbar. Berni und ich wühlten noch einige Zeit in den Ruinen und wohnten einige Nächte im Keller. Dann wurde uns der Mietvertrag gekündigt. Alles, was nicht mehr verwendbar war, ist in der Wohnung geblieben und bei den Sanierungsarbeiten entsorgt worden. Wir wohnten ja jetzt auf dem Lande, in einer kleinen Bauernschaft von vier Höfen, weit außerhalb des Dorfes. Wir hatten ein Dach über dem Kopf und konnten uns von Feldfrüchten ernähren. Was wollte man in dieser Zeit mehr? Informationen erhielten wir über unseren Volksempfänger und durch den Ortsvorsteher, der die Anweisungen der Alliierten nach der Messe von den Stufen der Kirche aus verlas und das durch Bimmeln mit der Kuhglocke ankündigte. Für die Dorfbewohner ging der Alltag wie gewohnt weiter. Schneller als erwartet normalisierte sich unser Leben. Der Krieg war aus, das Leben ging weiter. Ja, jetzt gab es sogar wieder Hoffnung, die Stimmung im Volk hellte sich auf. Ein angstfreies Leben winkte, nie wieder Angst vor Fliegern und Bomben – nie wieder Krieg!? Eine wunderbare Aussicht!

Deutsche Verbrechen

Aber schon bald berichteten die Siegermächte und alle Medien über die Gräueltaten des Nationalsozialismus, über sein Wirken und die Folgen. Zuerst herrschte ungläubiges Staunen, das alles war schlicht undenkbar.

Die Wahrheit kam zunächst tröpfchenweise ans Licht und irgendwann stand sie dann fest – die ganze, die brutale Wahrheit. Sie erschütterte mich bis ins Mark. Kriegsverbrechen, Konzentrationslager, organisierter Massenmord, Holocaust! Das stand jetzt unwiderruflich fest, begangen von meinem Volk, dem ich doch so sehr verbunden war.

Ich war erst irritiert, dann maßlos traurig und wäre vor Scham gern in den Boden versunken und mit mir, so glaube ich, auch noch viele andere Bürger. Die von Deutschen, in deutschem Namen begangenen Verbrechen haben mich auch in der Zeit nicht mehr losgelassen, als ich meine ganze Kraft zum Aufbau meines eigenen Lebens benötigte. Ich möchte mich noch heute vor den Opfern verbeugen und mich für die Taten entschuldigen, die auch in meinem Namen geschehen sind!

Judenfreunde

In Münster hatte ich viele gleichaltrige Freunde. Darunter auch mindestens drei, die – wie ich erst später erfuhr – Juden waren. Wir haben in den Jahren 1936–1942, also von meinem dritten bis zum neunten Lebensjahr, in Münster, Eitting und auch in Parchwitz stets unbefangen miteinander verkehrt. Eine auch nur irgendwie erkennbare Andersartigkeit wurde von uns gar nicht erst wahrgenommen, wir waren alle gemeinsam ›nur Kinder‹. Wir haben uns in dieser Zeit gegenseitig zu Hause besucht, auf der Straße, den Höfen und auf dem Schulhof zusammen getobt, gespielt, gealbert, uns später aber aus den Augen verloren.

In meinen Jugenderinnerungen war die Zeit, waren die Wirren des Krieges dafür verantwortlich. War es aber wirklich nur das? Ich war damals noch sehr jung, konnte kaum etwas objektiv in seiner ganzen Tragweite verstehen, sondern nur altersgemäß wahrnehmen. Erst im KLV-Lager wurde die Bezeichnung ›JUDE‹ negativ belegt und die Juden selbst für alle Übel dieser Welt als verantwortlich gebrandmarkt. Das kam dann auch äußerlich dadurch zum Ausdruck, dass wir Juden-Schmählieder auswendig lernen und singen mussten, und zwar nicht nur im stillen Kämmerlein – nein, auch öffentlich und in Marschordnung.

Wie konnte das alles geschehen, was machte Angehörige eines kultivierten Landes zu Teufeln, zu Bestien? Wie konnte so etwas von der großen Öffentlichkeit unbemerkt bleiben? Hat keiner etwas mitbekommen oder haben alle aus Angst vor eigener Verfolgung die Augen verschlossen?

Ich war zwölf Jahre alt. Wie war das mit mir, habe ich auch nichts gehört, gesehen? Heute bin ich sicher, dass ich in mehreren Fällen mit der Judenverfolgung konfrontiert wurde, ohne sie als solche wahrzunehmen. Hierzu einige Beispiele:

Ich stand in Münster vor unserer Haustüre. Gegenüber auf der anderen Straßenseite unsere Schule, davor der mit einem hohen schmiedeeisernen Zaun abgegrenzte große Schulhof. Auf der anderen Seite kämpften zwei Männer heftig mit einem etwa zwölf-, vielleicht auch dreizehnjährigen Jungen. Er wehrte sich verzweifelt, er schrie fürchterlich, wurde zu Boden geworfen, wollte fliehen, jedoch alles vergebens. Die beiden Männer nahmen ihn in ihre Mitte, packten ihn von beiden Seiten unter den Armen und schleiften ihn hinter sich her. Dieses Schauspiel haben viele Zuschauer aus sicherem Abstand beobachtet, ohne auch nur den Versuch zu machen einzugreifen. Ich war verwundert. Mir sagte man, der Junge sei krank, er habe die Tollwut und müsse in ein Krankenhaus gebracht werden.

Seitdem wir in Münster wohnten, ging ich in der Straße *Am Bleichen* in den katholischen Kindergarten. Bis zur Einschulung täglich vormittags und nach der Einschulung – wenn ich mal gerade nicht in Kinderlandverschickung war – auch nachmittags. Jetzt war wieder Kinderlandverschickung angesagt und die Reise sollte schon am nächsten Tag losgehen. Deshalb ging ich zum Kindergarten, um mich von den Schwestern zu verabschieden. Dort hatte Schwester Angela schon alle um sich versammelt. „Alle mal herhören", rief sie. „Heute ist das Wetter so schön, heute bleiben wir draußen und spielen Verstecken und machen Geländespiele." Die Menge jubelte, denn das war das Größte. Zu mir gewandt sagte sie: „Leo, lauf du mal eben nach Hause, ziehe deine HJ-Sachen an und komm so schnell wie möglich wieder zurück." Auf meinen fragenden Blick antwortete sie: „Ja, mach mal hin, das gehört mit zum Spiel." Für die HJ-Kleidung war ich eigentlich noch zu jung, dafür gab es Regeln. Wir durften sie aber auf Wunsch schon vor Erreichen des zehnten Lebensjahres tragen, dann allerdings ohne Schulterriemen, Halstuch, Knoten und Fahrtenmesser. Als ich zurückkam, standen zwei Schwestern mit einem von einer Plane ganz überzogenen Bollerwagen auf der Straße. Unter der

Plane saß, von außen unsichtbar, zusammengekauert mein jüdischer Freund Achim, ebenfalls in HJ-Uniform. Ich war erstaunt, denn Achim war kein Kindergartenkind, und in HJ-Uniform hatte ich ihn auch noch nie gesehen. Die Schwestern sagten zu mir, Achim solle versteckt werden, und zwar so gut, dass die anderen lange, lange nach ihm suchen müssten. Ich solle hinterhergehen und alles gut beobachten, auch den Bollerwagen schieben helfen. Wir zogen durch die Körnerstraße, die Blumenstraße und die Weseler Straße bis zur Antoniuskirche. In dieser Gegend hatten wir uns schon oft getroffen, um mit Holzgewehren Krieg zu spielen. Am Kircheneingang erwarteten uns der Pfarrer von St. Antonius und mein Onkel Pastor. Beide verwickelten mich in ein Gespräch und ehe ich mich versah, war Achim verschwunden. Man sagte mir, Achim sei jetzt versteckt, ich könne ruhig nach Hause gehen, meine Arbeit sei getan, suchen sollen die anderen. Wenn man es genau bedenkt, war das von den Schwestern noch nicht einmal gelogen. Am nächsten Morgen fuhr ich, wie geplant, in die Kinderlandverschickung. Achim habe ich nie wieder gesehen; man sagte mir, die Familie sei verzogen.

Auch dieser Fall hat mir im Nachhinein zu denken gegeben:

Wir wohnten in der vierten Etage. Auf gleicher Höhe und im Winkel von 90 Grad in Richtung unseres Fensters versetzt, befand sich das Fenster des Nachbarhauses. Durch den günstigen Winkel konnte man fast in diese Wohnung hineinschauen. Dort wohnte eine junge jüdische Familie; Mutter, Vater und ein vielleicht drei- oder vierjähriger Sohn. Die Frauen unterhielten sich oft und lange von Fenster zu Fenster und auch ich rief mein Hallo hinüber! Eines Tages war der Mann verschwunden, es hieß, er sei verhaftet worden, weil er Urkunden gefälscht habe. Als ich aus der Kinderlandverschickung zurückkam, war die Wohnung leer. Man sagte mir, auch diese Familie sei verzogen.

Der Krieg war jetzt zu Ende, wo aber waren unsere Idole geblieben, wo waren die, zu denen wir aufgeschaut hatten? Jetzt waren sie Verbrecher, standen vor Gericht! Zu Recht, wie ich später wusste. In dem Alter war es nicht leicht, das zu begreifen und zu verarbeiten. Es dauerte lange, bis unsere Augen auf andere Helden und andere große Taten gerichtet wurden. Da gab es nicht viele. Einer der ganz wenigen, die sich da anboten, war Albert Schweitzer, der evangelische Theologe, Organist, Philosoph und Arzt. Vor allem seine Arbeit im Urwaldhospital Lambarene beeindruckte mich. Später, nämlich erst im Jahre 1952, erhielt er für sein Lebenswerk den Friedensnobelpreis.

In der ersten Zeit nach der Kapitulation war es im Lande noch sehr unruhig. Befreite Fremdarbeiter zogen mit der Waffe in der Hand durchs Land, vergewaltigten Frauen und nahmen sich mit Gewalt alles, was sie zum Leben und zum Weiterkommen brauchten.

Hiroshima und Nagasaki

Im August machte sich der Krieg noch einmal bemerkbar. Ein Krieg, der im weit entfernten Japan, unserem ehemaligen Verbündeten, noch weiterging. Am 6. August 1945 warf ein amerikanischer Bomber eine Atombombe auf die japanische Stadt Hiroshima und wenige Tage später eine auf die Stadt Nagasaki.

Danach lagen beide Städte in Schutt und Asche, waren total zerstört, es gab viele Tote. Die Opfer waren im Wesentlichen, wie auch schon bei dem Angriff auf Dresden, unschuldige Frauen und Kinder. Auch hier schwankte die Zahl der angegebenen Todesopfer erheblich. Später einigten sich die Historiker auf 78.150 Tote in Hiroshima und 40.000 Tote in Nagasaki. In anderen Quellen werden 150.000 für Hiroshima und 80.000 für Nagasaki genannt. Zwei Atombomben, die eigens für zivile Opfer gebaut wurden, hatten ihre unbeschreiblich grausame Wirksamkeit unter Beweis gestellt.

Was eine Atombombe bedeutete, wussten wir überhaupt nicht. Für uns war es zunächst nur eine Bombe mit einer bisher unübertroffenen großen Wirkung, so etwas wie unsere V-Waffe. Die Wahrheit kam zu uns zuerst nur scheibchenweise, erst später wurde das wahre Ausmaß bekannt. Dann erfuhren wir auch, dass es nicht nur direkt betroffene Opfer gab. Die tödliche Strahlung der Atombombe forderte noch jahrelang zahllose Opfer, eine grausame hinterhältige Wirkung, die bekannt und eingeplant war. Die größte Menschenvernichtung aller Zeiten, vornehmlich von wehrlosen Frauen und Kindern und das in der kürzest denkbaren Zeit, hatte eine amerikanische Bomberbesetzung auf höchste Anordnung hin erreicht. Ich bringe es nicht über meine Lippen zu sagen: **»Gott sei denen, die das angeordnet und ausgeführt haben, gnädig!«**, denn ich hoffe auf eine Bestrafung, nicht nur durch die irdische, sondern auch durch eine höhere Gerechtigkeit, und das für ALLE Verbrechen gegen die Menschlichkeit. In meinem Umkreis sah ich die bestürzten Mienen der Erwachsenen, die mit Tränen in den Augen für die Verstorbenen beteten und Gott dafür dankten, dass wir davon verschont geblieben waren.

Die Welt hatte sich schlagartig verändert, die grausame Tat selbst ging in das globale Gedächtnis der Menschheit ein und beeinträchtigte das Menschenbild. Noch heute erfassen mich Wut und Fassungslosigkeit, wenn Leute versuchen, diese Menschenvernichtung zu relativieren, und für die Notwendigkeit dieser brutalen Kriegsführung auch noch eine Begründung anführen wollen. Um nicht falsch verstanden zu werden: Selbstverständlich verurteile ich auch die menschenverachtenden Taten der Nationalsozialisten, wie ja schon an anderer Stelle geschehen, in gleicher Schärfe. Und ich will mich hier auch gar nicht in Diskussionen vertiefen, wer sich Schlimmeres hat zuschulden kommen lassen oder wer angefangen hat. Für mich sind alle diese Taten gleichermaßen Verbrechen gegen die Menschlichkeit.

Das alles zu verarbeiten ist wirklich nicht leicht. Die Erinnerung entlässt einen nie. Das Erlebte bleibt im Kopf, lässt uns an der Intelligenz und an dem Guten im Menschen sowie an einem gütigen, barmherzigen Gott zweifeln. Immer und immer wieder die quälenden Gedanken: Wie konnte das passieren, wie konnte „ER" das zulassen? Unzählige Szenarien erdenkt, erfindet man, um in Zukunft so etwas zu verhindern.

Für durchaus überlegenswert halte ich auch folgende provokante Version:

Kriege gibt es seit Menschengedenken. Fast immer sind sie durch alte Männer angezettelt und ausgerufen worden. Vielleicht auch deshalb, weil diese am wenigsten zu verlieren haben. Bis auf die letzten drei Jahrhunderte waren diese alten Männer aber so anständig, dass sie sogar ihren Söhnen voran mit der Keule, dem Säbel und auch schon mit dem Gewehr in den Krieg zogen. Nun aber werden unsere Söhne von ihnen in den Krieg, in den Tod geschickt, ohne dass diese alten Männer selbst ihren sicheren Stand verlassen, praktisch vom Sofa aus. Sind vielleicht die alten Männer selbst das Problem? Es ist eine Überlegung wert, ob man nach dem Scheitern der alten Herren jetzt mal für die nächsten 1.000 Jahre junge Frauen, besser noch Mütter, an die Spitze lassen sollte. Junge Müt-

ter haben mit Sicherheit eine innigere Bindung an die Kinder, die sie unter Schmerzen geboren haben, und würden sie nicht so leicht der Gefahr, dem Tod aussetzen. Wie auch immer! Ich meine, es ist auch eine Überlegung wert, künftig für alle zukunftsrelevanten Entscheidungen in der Kommune, dem Land oder im Bund nur noch Personen einzusetzen, die leiblichen Nachwuchs haben.

Reise nach Japan

Vom 14. Mai bis zum 1. Juni 1991 habe ich mit der katholischen Gruppe *Leben aus der Mitte* Japan bereist. Meine verstorbene Frau Elisabeth und ich sind selbst keine Gruppenmitglieder. Wir waren aber häufig mit ihnen unterwegs. Planung und Organisation dieser Reise lagen in den Händen von Marianne, einer Freundin von meiner Frau, die uns auch die Teilnahme ermöglichte. Die Mitglieder der Gruppe waren alles sehr honorige, nette und freundliche Damen und Herren, mit denen es Spaß machte zu reisen. Anlass zur Reise war: Die Gruppe wollte in Japan die klassischen Stätten der Zen-Meditation kennenlernen. Die Teilnehmer wollten dort gemeinsam in Versenkung und Meditation, in Stille und im gemeinsamen intensiven Schweigen ihr Leben klären und neu ordnen. Das Ziel war, gestärkt und neu orientiert in den Alltag zurückzukehren und sich den Aufgaben des Lebens neu zu stellen.

Mit uns reisten fach- und ortskundige Führer. Wir waren auch in Hiroshima, am Ort und an der Stelle des furchtbaren Geschehens vom 6. August 1945, hörten die Worte der Zeitzeugen und sahen im Museum Modelle und Bilder des Grauens. Voller Erschütterung hörten wir den Führern zu und folgten ihnen fassungslos durch das Museumsgelände. Wir hatten eine Gebets-, Sing- und Plauderstunde mit dem katholischen Bischof Misue verabredet und feierten in der Friedenskirche von Hiroshima die heilige Eucharistie. Anschließend formierten wir uns in der Friedenskirche um den Altar, trugen uns in das Besucherbuch der Kirche ein und sangen Kirchenlieder und auch alle Strophen des Liedes:
We shall overcome, we shall overcome, we shall overcome some day, oh, deep in my heart I do believe that we shall overcome some day.

Es war ein unvergesslicher und bewegender Augenblick!

Von der Japanreise habe ich insgesamt sechs Stunden Videomaterial, die immer noch gut erhalten sind. Trotz des zeitlichen Abstandes muss ich auch heute noch mit meinen Gefühlen kämpfen, wenn ich nur an die Schlachten – oder sage ich besser an das Schlachten? – um Hiroshima und Nagasaki denke. Hätte ich das lieber verschweigen sollen? Nein, auch das geschah in der Zeit, in der ich lebe. Das Unfassbare geschah in meiner Jugend. Ich sah die Stätten des Grauens in der Mitte meines Lebens und wenn ich im Alter darüber schreibe, überfällt mich noch immer eine große Traurigkeit und ich kann die Tränen nicht zurückhalten.

Menschen, zu was seid ihr fähig, im Guten und im Bösen?

Nachkriegszeit in Milte

Im August 1945 wohnte ich ja noch in der kleinen Bauernschaft Velsen bei Warendorf auf dem Bauernhof. Dort konnte ich von 1945 bis 1947 noch ein ruhiges und beschauliches Leben in Schule, Familie und auf dem Hof führen. Inzwischen waren außer den Evakuierten auch noch Heimatvertriebene und Aussiedler ins Dorf gekommen, die Letztgenannten waren überwiegend evangelischer Konfession und das in dem erzkatholischen Dorf.

Alle Zugewanderten waren jetzt Habenichtse, sie hatten im Kriege alles verloren und noch nicht einmal genug zu essen. Die Eingeborenen waren gut durch den Krieg gekommen, konnten ihren Besitz behalten und vor allem, da sie Selbstversorger waren, mussten sie keine Not leiden. Das machte sich dann auch in der gegenseitigen Begegnung bemerkbar. Ungefähr zu dieser Zeit wurde mir – zumindest in etwa – klar, was Besitz und Vermögen in gesellschaftlicher Hinsicht bedeuten. Wir hatten doch immer von unserer Wohnung in Münster gesprochen. Jetzt erkannte ich, dass diese uns nur zeitweise für viel Geld überlassen worden war. Was ›viel Vermögen‹, ›wenig Vermögen‹ und ›kein Vermögen‹ auf dieser Welt bedeutet, ist mir aber erst viel später klar geworden. Auf meinem Nachhauseweg tanzte mir mal ein Dorfjunge vor der Nase her, zeigte mit dem Finger auf mich, lachte und sang immer »Evakuierter, Evakuierter«. Inzwischen war es schon zum Schimpfwort geworden. Nun, ich musste mich mit ihm prügeln, um in Anstand an ihm vorbeizukommen. Er hatte verstanden und mich seitdem in Ruhe gelassen. Wegen dieses Vorfalls gab es anschließend Nachforschungen – sogar der Schulrat wurde bemüht. Ich bekam vom Hauptlehrer am nächsten Tag wieder mal die Hose stramm gezogen, wie schon einige Wochen zuvor, als ich auf der Fronleichnamsprozession geschwätzt hatte. Einige Tage später wurde mir dann noch mit der ›Höchststrafe‹ gedroht. Eine der Mitschülerinnen sagte zu mir: „Das darfst du nicht mehr machen. Wenn du es doch tust, wirst du kein Mädchen aus dem Dorf abbekommen." Das war eine ehrlich gemeinte und nicht mehr zu steigernde Drohung; das machte mich nachdenklich.

Nichtsdestoweniger, das westfälische Dorf Milte war der Ort, an dem ich mich bis dahin die längste Zeit meines Lebens aufgehalten hatte. Nicht nur deshalb habe ich mich dort wohlgefühlt. Diese Zeit ist in mir immer auch mit Liebe, Ehrlichkeit, Anständigkeit und Geborgenheit verbunden. Ich betrachte das Dorf und seine Umgebung noch heute als meine Heimat und habe immer noch einen guten Kontakt zum Ort und zu seinen Leuten. Auch schaue ich gern mal dort vorbei und singe mit den alten Freunden die Dorfhymne:
„Do nu last us nu besingen use Dürpken pick und fin."
Als das Ende der Schulzeit nahte, stellte sich die Frage, wie es weitergehen sollte. Mein Wunsch war es, ein Aufbaugymnasium zu besuchen, wie

Weihnachten 1948, Urlaub bei den Eltern auf dem
Hof Höhner in Velsen

drei andere Mitschüler. Da das aus den verschiedensten Gründen nicht realisiert werden konnte, entschied ich mich für den Beruf meines Großvaters, der in Oberhausen Reviersteiger war, immer gutes Geld verdiente und nie arbeitslos war. Ich wollte Steiger werden! Ich höre heute noch meinen Vater sagen: „Ich werde Gott auf den Knien danken, wenn du in den Bergbau gehst." Nun, ich habe es gewagt und bin Bergmann geworden. Ich bin aber sicher, dass mein Vater deshalb nie Gott auf Knien gedankt hat. So viel konnte ich als gerade mal Vierzehnjähriger schon begreifen: Auf dem Lande gab es für mich keine berufliche Perspektive.

Heute denke ich oft daran, was gewesen wäre, wenn ich damals nicht die Weichen in Richtung Ruhrgebiet und Bergbau gestellt hätte.

Das neue Leben war gleichzeitig auch ein Abschied von der Kindheit, die eigentlich gar keine richtige Kindheit war. Am Anfang standen die katholischen Nonnen im Kindergarten, die ich abgöttisch liebte, deren Zuneigung ich aber nach und nach verlor, je mehr ich zur Hitlerjugend hingezogen wurde. Ich war stolz, in Uniform und unter Trommelwirbel mit Kameraden durch die Stadt zu marschieren, der Führerverehrung in Verbindung mit Indoktrination auf das System zu folgen, und nicht zuletzt sang ich auch die fürchterlichen Lieder, die Hass erzeugen und verbreiten sollten. Später folgte der Zusammenbruch! Ehemalige Idole waren jetzt Verbrecher. Dann die Konfrontation mit den deutschen Verbrechen und auch mit denen der Alliierten, mit den Geschehen um Dresden, Hiroshima und Nagasaki. Das geht an einem jungen Herzen nicht ohne weiteres vorbei. Beschämt, aber auch mit neugierigen Glücksgefühlen im Bauch, machte ich mich auf den Weg in ein neues Leben, eine neue Zukunft. Ich war mir nicht sicher, ob es für mich überhaupt da unten, 1000 m unter dem Rasen, nahe der Hölle, eine Zukunft gab.

Von der ersten Schicht bis zum Ruhestand

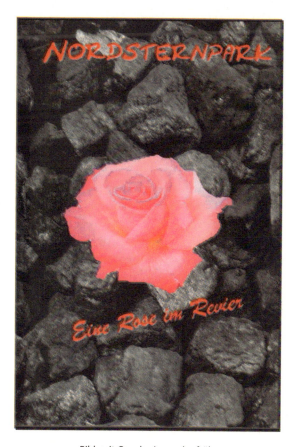

Bild: mit Genehmigung des früheren
Betriebsratsvorsitzen
den der Zeche
Nordstern Reinhold Adams

**Ein stilles Gedenken an alle in Ausübung ihres Berufes
tödlich verunglückten und körperlich geschädigten Bergleute.**

Im Ruhrgebiet

Am 15. April 1947 war es so weit. Von Warendorf fuhren mein Vater und ich mit dem „Pängelanton" nach Münster und von dort mit einem D-Zug zum Hauptbahnhof nach Essen. „Pängelanton" wurde diese Eisenbahn genannt, weil aufgrund der vielen Bahnübergänge und der Gefahr, die vom umlaufenden Vieh und auch vom Wild ausging, an der Lok ständig zur Warnung eine kleine Glocke, der Pängel, läutete.

Vom Essener Hauptbahnhof ging es mit der Straßenbahnlinie 18 nach Mülheim-Heißen – vorbei an den sich auf beiden Seiten türmenden Schuttbergen der ehemaligen kruppschen Waffenfabriken und an den ebenfalls in Trümmern liegenden Privathäusern an der Kruppstraße. Legt man heutige Maßstäbe zugrunde, gab es damals nur ein ganz geringes Verkehrsaufkommen, für mich aber war es überwältigend viel, was da über die Straße rollte. Ich stand da und staunte. Das war überhaupt nicht verwunderlich, schließlich kam ich ja gerade aus der Provinz. Überall waren lärmende Baumaschinen in Betrieb. Baumaschinen und Baukräne bestimmten das Straßenbild. Überall Baugruben, Baulärm, Staub – Nachkriegs-Deutschland im Wiederaufbau, im Aufbruch zu einer neuen Zeit, in einen neuen Geschichtsabschnitt! Krieg war gestern!

Ich war voller Erwartungen, auch für mich hatte ein neuer Lebensabschnitt begonnen. Meine Gedanken waren jetzt nach vorn gerichtet, ich war mächtig neugierig auf mein neues Leben und freute mich auf meine neuen Aufgaben. An der Haltestelle *Humboldthain* stiegen wir aus, es waren nur wenige Meter bis zum Berglehrlingsheim, meinem neuen Zuhause.

Im Jahre 1947, also im Jahre meines Berufseintrittes, nahm die Ernährungslage im Ruhrgebiet katastrophale Ausmaße an und trieb Zehntausende von Menschen zu Hungerdemonstrationen auf die Straße. Die Industrie schrie nach Energie, ohne diese war das Land nicht wieder aufzubauen. Und Hauptenergielieferant war nun einmal die Kohle. Nicht nur die Industrie, auch die Bevölkerung benötigte Energie für warme Stuben und Herde. Damals waren Bergleute gefragt und gesucht und sie bekamen trotz der Krisenzeit für ihre gefährliche und schwere Arbeit zusätzlich Nahrungsmittel und natürlich auch Deputatkohlen. Die Zusatzversorgung gab es aber nur für die Bergleute selbst, nicht für ihre Familien. Die

Kumpel nahmen natürlich einen Teil ihrer Verpflegung für ihre Familie mit nach Hause und kauften zu Schwarzmarktpreisen noch dazu. Aber man gab an Bedürftige, tauschte oder verkaufte auf dem Schwarzmarkt, was man eben erübrigen konnte: Stullen, Kantinenessen und auch Deputatkohlen.

Es war eine ganz andere Welt, als die, die ich bisher kannte. Die Menschen waren in einer Aufbruchsstimmung. Bald nahm ich auch wahr, was ich zwar schon gesehen, aber noch nicht richtig wahrgenommen hatte, die „Welt dahinter". Neben den Fördertürmen gab es dunkle, Rauch und Dreck ausspeiende Schlote, die den Himmel verdunkelten, Dreckschleudern! Unweit davon viele dunkle Steinhalden, die qualmend und stinkend aus der Ebene hervorragten. Halden, auf denen die bei der Kohlengewinnung anfallenden unbrennbaren Bestandteile deponiert wurden. Darauf krabbelten viele Menschen, junge und alte, auf der Suche nach zwischen den Steinen liegenden vergessenen Kohlebrocken. Denn längst waren die letzten Bäume und Sträucher abgeholzt. Menschen sammelten die Kohlen in Säcken und schleppten sie mithilfe von Bollerwagen als Heizmaterial für die heimischen Öfen und Herde nach Hause. Nicht selten gab es um die besten Plätze eine Rauferei. Eine gefährliche Arbeit, da einerseits von oben durch Gurtbänder oder Loren ständig neuer Nachschub kam, der den Hang, auf dem die Leute sich bewegten, herunter bollerte und andererseits neben Staubwolken auch giftige Gase aus dem Untergrund aufstiegen, die durch Kohlenbrocken, die sich auf der Halde selbst entzündet hatten, entstanden waren. Die Not war so groß, dass einige ganz Verwegene auf langsam fahrende Kohlenzüge sprangen und Kohlebrocken herunter warfen, die ihre neben den Gleisen wartenden Begleiter aufsammelten und nach Hause trugen. Wenn man sich dann noch vorstellt, dass auf dem Nebengleis Personenzüge fuhren, die innen und außen, auf den Puffern und Dächern und Trittbrettern voller Leute waren, Leute auf Hamstertour in die ländlichen Gegenden, wo sie ihre Teppiche, Bilder und andere Haushaltsgegenstände gegen Fleisch, Eier oder auch nur Kartoffeln tauschten, um überleben zu können.

Aber es wurde nicht nur getauscht, nein, oft wurde den Bauern Erntefertiges von den Feldern gestohlen, was damals aber nicht so, sondern „organisieren" genannt wurde. Diese Art von Nahrungsmittelbesorgung wurde sogar von der katholischen Kirche geduldet. Kardinal Josef Frings,

Erzbischof von Köln, ließ das ganz diplomatisch verlautbaren, danach hieß es nicht mehr stehlen oder organisieren, sondern einfach nur noch „fringsen". Das musste dann auch nicht mehr gebeichtet werden! Kirchen wurden zu dieser Zeit in der Regel gut besucht.

Das Geld, die Reichsmark, war nichts mehr wert. Auf dem Schwarzmarkt konnte man jedoch fast alles bekommen. Die Bevölkerung erhielt Lebensmittel- und Kleidermarken. Diese waren jeweils für einen Monat gültig und beim Kauf zusätzlich zur Bezahlung abzugeben. Ohne Lebensmittelmarken konnte man keine Nahrungsmittel erwerben, ohne Kleidermarken gab es nichts zum Anziehen; nur der Schwarzmarkt bot eine Alternative. Die Zuteilungen waren aber so knapp und dürftig bemessen, dass selbst Schwerstarbeiter und ihre Familien, trotz Zulagen, nicht davon leben konnten. Wer auf dem Schwarzmarkt keinen Gegenwert bieten konnte, ging zur Tauschzentrale. Dort konnte man Ware gegen Ware tauschen.

Im Ruhrgebiet gab es damals Gegenden mit unglaublich stark staubgeschwängerter Atemluft. Fast im ganzen Ruhrgebiet konnte man unter Dreck und Staub den Himmel nur noch erahnen. Musste man längere Zeit draußen warten, war man oft so eingestaubt, dass der Körper und die Kleidung einer Reinigung bedurften. Wer Wäsche draußen aufhängen wollte, der ging schon das Risiko ein, dass er es nicht sauber in den Schrank bekam.

Nur, wer sich das alles so vorstellen kann, der bekommt einen kleinen Eindruck an jene Zeit. Etwas später forderte Willy Brand: „Der Himmel über dem Ruhrgebiet muss wieder blau werden", eine Forderung, die man heute guten Gewissens als erfüllt ansehen kann!

Vieles ist in dieser Zeit geschehen, mit ungeheuren Kraftanstrengungen ist es uns gelungen, die Umwelt wieder etwas lebenswerter zu machen. Das möchte ich an zwei Beispielen klar machen, nämlich an den stillgelegten Bergwerken Zollverein und Nordstern. Vergleichbar Gutes ist aber auch an anderen Stellen geschehen. Aus den meisten dunklen Halden, die das Ruhrgebiet unansehnliche gemacht hatten, sind inzwischen schöne bewaldete Naturbauwerke entstanden

Vieles war erforderlich, wenn man weiß, dass es in der Vergangenheit im Ruhrgebiet über 600 einzelne Zechen gegeben hat, davon allein auf Essener Gebiet 187 Bergwerke, von der Kleinzeche bis zur Großzeche.

Hier einige Namen von Bergwerken aus dem frühen Bergbau an der Ruhr: Wolfsbank, Zur Hoffnung, Wohlgemut, Gabe Gottes, Nachtigall, Hagenbeck und Wasserfall, eine Zeche wurde „Zeche Eimerweise" genannt. Auf Mülheimer Gebiet gab es 9 Zechen, unter anderen Dimbeck, Freudenberg, Sellerbeck, Wiesche, Rosenblumendelle und Humboldt.

Zunächst zur Zeche Nordstern. 1855 erfolgte nach erfolgreicher Bohrung die erste Mutung auf die Grubenfelder Blücher I-V und Neu Horst. Die Entwicklung verlief nicht ungestört, da gab es Wassereinbrüche, Stilllegungen wegen Absaufens des Schachtes, Einstellungen der Arbeiten wegen Geldmangels, Schwierigkeiten wegen Hochwasserführung der Emscher, Zusammenlegungen, Schlagwetterexplosionen mit mehreren Toten und in der Auslaufphase Verbindungen mit den Zechen Mathias Stinnes, Consolidation und Zollverein.

Die Förderung wurde schon 1983 über die 12. Sohle von der Zeche Zollverein übernommen. 1993 wurde die Zeche dann endgültig stillgelegt. Bis zum Jahresende waren dann schon alle Schächte verfüllt. Nach einiger Zeit sah das riesige Zechengelände unglaublich katastrophal aus. Leer stehende Gebäude mit zerbrochenen Fenstern, verrostete Bahngleise und Weichen auf dem großen ehemaligen Verschiebebahnhof und dem Holzplatz. Überall, wo noch ein bisschen Platz war, eroberte sich die Natur Bereich für Bereich durch Überwachsen und Überwuchern zurück. Das Ungeziefer, das sich darin etablierte, wurde schnell zur Plage. Dann kam, nach dem Motto „Wenn du meinst es geht nicht mehr, kommt irgendwo ein Lichtlein her", das „Lichtlein" in Form der Bundesgartenschau 1997. Die Gebäude wurden zu Büroräumen umgestaltet und das gesamte Gelände aufgeräumt und renaturiert. Aus dem ehemaligen Magazin, nur einige Schritte von meinem ehemaligen Büro entfernt, ist ein Vier-Sterne-Hotel geworden. Auf dem Dach des Schachtgebäudes, das heute mehrere Firmen beherbergt, ist eine Monumentalplastik **„Der Herkules"** aufgebaut, der alles überragt, den Weg nach Nordstern weisen und die Stärke des Ruhrgebietes demonstrieren soll. Unter seinen Augen entstand der Nordsternpark von erhabener Schönheit und durchzogen von der Emscher, die heute zwar noch etwas müffelt, bis zum Jahre 2020 aber vollständig renaturiert sein soll, wofür die Arbeiten schon weit vorangeschritten sind. So entsteht aus der schmutzigsten Kloake des Ruhrgebietes, die der Volksmund Köttelbecke nennt, ein sauberes naturnahes Gewässer.

Unweit davon und den Park tangierend fließt der Rhein-Herne Kanal, an dessen Ufer eine Anlegestelle für Personen-Schifffahrt eingerichtet wurde. Nun kann man von dem wunderschönen Nordsternpark aus über mehrere Schleusen eine Schiffahrt über Oberhausen und Duisburg bis zum Rhein machen. **Im Park gibt es ein Amphitheater** für 6100 Zuschauer. Hier werden faszinierende Theaterstücke und atemberaubende Shows gezeigt. Die Bühne befindet sich mitten im Wasser. Der Park lädt regelrecht zu einem Tagesausflug ein und wird jährlich von vielen Personen aus nah und fern besucht. Nicht besonders erwähnen muss man, dass durch das Projekt der ganze Stadtteil, ja die ganze Stadt aufgewertet wurde und der Wohnwert der Anlieger sich wesentlich verbessert hat.

Im Rahmen der Bundesgartenschau wurde auch ein 63 Meter langer Bergwerksstollen angelegt, der heute noch jeden Monat eine Vielzahl von Besuchern von nah und fern anzieht und für viele Schulen im Land

Wilhelm Weiß, ehemaliger Steiger und Reinhold Adam, ehemaliger Betriebsratsvorsitzender und Stadtverordneter, organisieren Führungen im Bergbaustollen und haben den Freundeskreis Nordstern gegründet.

ein besonders interessanter Anziehungspunkt ist, der viel über das Ruhrgebiet und das Arbeitsleben des Bergmanns vermittelt. Es ist aber keineswegs nur ein Kinderbergwerk.

Der Stollen ist auch begehrt für ganz besondere Gelegenheiten. Hier werden Andachten gehalten und sogar eine Trauung ist schon im Stollen vorgenommen worden.

Die Führungen durch Park und Stollen werden von ehemaligen Mitarbeitern des Bergwerks Nordstern durchgeführt.

So erstrahlt die ehemalige unansehnliche Industriekulisse nun im neuen Glanz und das ganz besonders dann, wenn einmal im Jahr zur „ExtraSchicht" geblasen wird. Dann wird das Ruhrgebiet zum Lichtermeer, die Nacht zum Tag. Elektrische Beleuchtung und Laserstrahlen überstrahlen die zahlreichen kulturellen Veranstaltungen, die an diesem Tag stattfinden. Der Nordsternpark ist dabei ein besonderer Anziehungspunkt; für mich besonders, wenn ich daran denke, dass ich mich in der Vergangenheit jahrelang 1000 Meter

tiefer im dunklen Gedärm der Erde bewegt habe.

Das Bergwerk Zollverein war von 1852-1986 ein aktives Steinkohlebergwerk. Es war die größte Zeche der Welt und hatte die größte Zentralkokerei der Welt. Darüber hinaus galt sie auch noch als schönste Zeche der Welt. Nur Superlative! Nach der Stilllegung wurde daraus ein Industrie- und Architekturdenkmal gemacht, das von der UNESCO sogar zum Welt-Kulturerbe ernannt wurde. Auf dem Gelände der Hauptschachtanlage 10/12 in Essen Stoppenberg befindet sich u.a. das Design Zentrum NRW, das Ruhrmuseum und ein weit und breit bekanntes Kasino mit einer hervorragenden „Vier-Sterne-Gastronomie" sowie zahlreiche Freizeitmöglichkeiten.

Die Außenschachtanlage Zollverein 4/5/11 in Essen-Katernberg war der ökonomische Mittelpunkt dieses Essener Stadtteils. Hier gab es viele alte Betriebsgebäude. Nach der Fördereinstellung lagen dort die meisten Flächen brach. Für einige Jahre entstand hier noch eine zentrale Reparaturwerkstatt und die **„Überbetriebliche Zentrallehrwerkstatt Zollverein 4/11", eine Ausbildungsstätte für 500 Auszubildende der damaligen BAG Lippe,** deren Leitung mir bis zu meinem Eintritt in den Ruhestand übertragen wurde. Nachdem auch diese beiden Komplexe aus Rationalisierungsgründen aufgegeben wurden, lag hier eine ausgedehnte Industriebrache. Mit Hilfe von öffentlichen Geldern und mit Hilfe der eigens dafür gegründeten Aktiengesellschaft, die keine Ausschüttung vorsieht, entstand hier ein Industriepark, das **„ZukunftsZentrumZollverein AG",** kurz **„Tripple Z"** genannt. Zu den grundlegenden Zielen des Unternehmenszentrums gehören die Förderung der Wirtschaftsstruktur des vom Rückgang des Bergbaus besonders betroffenen Stadtteils Essen-Katernberg durch die Unterstützung kleinerer Unternehmen, insbesondere von Existenzgründungen. Dafür wurden die alten Gebäude entkernt und für die vorgesehene Nutzung vorbereitet. Dem Bedarf entsprechend legte man Straßen an und schaffte zahlreiche Mieträume in der Größe von 50 bis 500 Quadratmetern für Firmenansiedlungen. Mieträume, die in der Regel voll ausgelastet und Standorte für inzwischen 75 Firmen sind. Es darf noch erwähnt werden, dass die Firma mit Überschuss arbeitet. Die Objekte auf den ehemaligen Bergwerken Nordstern und Zollverein sind ein sichtbares und bewundernswertes Vorbild für die Aufbereitung von Industriebrachen. Hier wurde nicht nur die Natur zurückgeholt, sondern auch viele Arbeitsplätze und Freizeiteinrichtungen geschaffen.

Als Berglehrling im Ledigenheim

Im Berglehrlingsheim an der Blumendellerstraße hatte mich mein Vater abgeliefert und mich mit 10,- RM ausgestattet. Ich hatte keinen Palast erwartet, aber ein bisschen anders hatte ich mir meine künftige Bleibe schon vorgestellt. Das Berglehrlingsheim war ein halb in Trümmern liegendes ehemaliges Russenlager; der Volksmund nannte es Bullenkloster. Für die Heimleitung waren zwei grubenuntaugliche Bergleute eingesetzt. Ich war einer der ersten regulären Berglehrlinge in diesem Heim nach dem Kriege. Es war eine völlig unbekannte Atmosphäre, ich war total verunsichert. In dem langen Flur, von dem die Zimmer abzweigten, hingen viele Bilderahmen mit Sprüchen und Liedtexten und auch Bilder von Bergmannsdichtern. Die Absicht: Gedichte und Lieder sollen dich auf den Beruf stolz machen, was auch ein Lockruf war, um Leute für die schwere Untertagearbeit zu gewinnen.

Glück auf, ihr Bergleut jung und alt, seid frisch und wohlgemut! Erhebet eure Stimme bald! Es wird schon werden gut. Gott hat uns einst die Gnad gegeben, dass wir vom edlen Bergwerk leben, drum singt mit uns der ganze Hauf: Glück auf, Glück auf, Glück auf!

Im Betriebsratsbüro hing in großen Buchstaben ein Kurztext eines Gedichtes von Ferdinand Freiligrath.

Ehre der Arbeit[26]
Wer den wucht'gen Hammer schwingt; Wer im Felde mäht die Ähren; Wer ins Mark der Erde dringt, Weib und Kinder zu ernähren; Jedem Ehre, jedem Preis!

---

[26] Ferdinand Freiligrath (1810-1876), deutscher Dichter, Vorkämpfer für Freiheit und Demokratie, schrieb politische und soziale Gedichte, musste mehrmals Deutschland verlassen und lebte in England im Exil.

Die meisten Heimbewohner waren zwischen 18 und 30 Jahre alt und oft auch noch älter. Es war also damals eher ein Lager für ledige Männer als ein Wohnheim für Lehrlinge. Das sollte aber bald besser werden, so sagte man. Viele ›Heimbewohner‹ waren ehemalige Soldaten und Offiziere, sie wurden aus der Gefangenschaft entlassen, weil sie sich freiwillig für den Bergbau gemeldet hatten. Das Gebäude war also zu der Zeit noch kein Lehrlingsheim, sondern eher ein Ledigenheim.

Die Nachkriegszeit schrie nach Energie. Um diese zu erzeugen, brauchte man Leute, und die mussten auch irgendwie untergebracht werden. Das Bullenkloster war berühmt und berüchtigt. Häufig gab es in der Nacht Polizeirazzien, sogar mit Hunden. Ohne Hunde hat die Polizei sich erst gar nicht getraut, das Heim zu betreten. Neben den normal strukturierten Bewohnern gab es eine Anzahl vom Krieg geprägter wilder Gesellen, jenseits jeder Moral, und ich war als vierzehnjähriges Bürschchen mittendrin. Die Sprache war rau und unverblümt, die Männer nahmen kein Blatt vor den Mund, es wurde geflucht, geschrien, geschimpft, gefoppt und auch geprügelt. Die härtesten Schimpfwörter waren „Muttersöhnchen" und „du Arschficker".

Für völlig ausgeschlossen aber halte ich, dass Homosexualität dort auch praktiziert wurde. Denn das Thema war bis zum „Gehtnichtmehr" mit Abscheu, Verachtung sowie Abneigung verbunden und stand zudem unter Strafe. Die eigenen Kollegen hätten bestimmt jemanden, dem „das Delikt" nachzuweisen gewesen wäre, in der Luft zerrissen. Nach § 175 wurden in der Bundesrepublik 50.000 Männer verurteilt und 100.000 Ermittlungsverfahren durchgeführt. Der § 175 wurde erst 1957 aufgehoben und ein Schutzalter von 21 Jahren eingeführt, was später auf 18 Jahre reduziert und jetzt auf 14–16 Jahre festgesetzt ist. Im Heim gab es noch die so genannten Schieber und Stenze sowie Schwarzhändler aller Schattierungen; es waren nicht viele, aber es gab sie. Gern und oft sangen sie:

Weiße Strümpfe, Lederhosen, rotkariertes Hemd.
Ja, das sind die schweren Jungens, die man Stenze nennt.
Und auch ich war dabei, bei der schweren Keilerei …

Die Heimbelegschaft 1947 und 1948, in der Mitte der Heimleiter

Die alten Kampf- und Hasslieder waren verboten, aber es gab noch keine neue, dem System angepasste Liederkultur. Oft konnte man morgens am Eingang zum Heim auf Wäscheleinen die als Trophäen in der Nacht gesammelten Damenhöschen bewundern. Ich musste vor den wilden Gesellen aber keine Angst haben; als Jüngster und Kleinster genoss ich zunächst einmal so etwas wie Welpenschutz. Ich lernte schnell, das als Vorteil zu nutzen.

Mein Zimmergenosse und späterer Freund Dieter, der nur ein paar Tage später ins Berglehrlingsheim kam, war erst 13 Jahre alt, als er seine erste Schicht auf dem Bergwerk antrat. Jetzt war ich schon nicht mehr der Jüngste. Dieters Eltern waren im Krieg umgekommen. Da er noch so jung war, musste er nicht acht Stunden am Tag ran wie wir; er hatte nur eine Sechsstundenschicht. In den Zimmern standen je sechs Holzetagenbetten. Statt der heute üblichen Lattenroste gab es ungehobelte Bretter als Unterlage. Ich bekam eines der oberen Betten zugeteilt, weil ich noch jung und beweglich war. Die Älteren bevorzugten die unteren Betten, damit sie im Rausch nicht so tief fallen und sich so im Suff nicht so schwer verletzen konnten. Ich schlief in Zukunft also auf Strohsäcken, die einen seitlichen Schlitz hatten, damit das platt gedrückte Stroh aufgeschüttet werden konnte. Als Zudecke dienten alte Wolldecken aus Wehrmachtsbeständen. Viele Stühle und Tische hatten nur noch zwei oder auch drei Beine, mithilfe derer sie hinter die Heizungsrohre geklemmt wurden und so noch verwendet werden konnten, ansonsten saß man auf der Bettkante. Haus und Inventar waren so übernommen worden, wie die ehemaligen Fremdarbeiter alles hinterlassen hatten. Also Zustände, die man heute keinem Aussiedler anbieten dürfte, die für uns damals aber schnell selbstverständlich wurden. Ich kann mich nicht erinnern, dass sich je einer darüber aufgeregt hätte. Auch ich fand das nicht abstoßend oder belastend, denn auf dem Bauernhof gab es für mich ja auch nur eine Notliege auf dem Fußboden vor dem Ehebett. Neben jedem Bett stand noch ein Spind für jeweils zwei Personen.

Da eigentlich alle so arm und mittellos waren wie ich, lieh man sich untereinander Klamotten aus, wenn man gut aussehen und ausgehen wollte. Da hatte jemand eine schöne Jacke, der andere eine ordentliche und zur Jacke passende Hose, ein Dritter sogar eine Krawatte und der Vierte dann noch ein paar ganz passable Schuhe. So wurde einer eingekleidet und chic gemacht und unter Beifall verabschiedet, wenn er zum Minnedienst wollte. Dafür hat er dann auch hinterher ausführlich erzählt, wie es ihm ergangen war. Ach du Schreck, was da alles erzählt wurde! Ich lernte viel Theoretisches über den Minnedienst. Wenn es auch insgesamt rau zuging, eine tadellose Kleidung war damals für uns alle ein MUSS. Die Hose haben meine Mitbewohner und ich täglich aufgebügelt und fast jeder von uns hatte, wenn er ausging, einen Lappen bei sich, um schnell mal über die Schuhe putzen zu können.

Damals haben sich also die armen Malocher bemüht, so auszusehen wie die feine Gesellschaft; heute bemüht sich die feine Gesellschaft, so auszusehen wie die armen Malocher. Wie anders sollte man es interpretieren, wenn gut betuchte Leute ganz stolz mit Löchern im Hosenboden und ausgefransten Hosenbeinen herumlaufen?

Den Kaffee für das Frühstück im Berglehrlingsheim, natürlich Muckefuck, kochte der Heimleiter am frühen Morgen in seinem Büro in einem großen Kessel, dazu gab es zwei Heimdubbels mit Marmelade. Da das Heim zu diesem Zeitpunkt noch keine Küche hatte, mussten die Brote am Abend vorher aus der Kantinenküche der Zeche geholt und in das drei Kilometer entfernte Heim getragen werden. Die Brote befanden sich in großen Holzkoffern und diese waren randvoll gefüllt. Die Behältnisse mit Inhalt hatten dadurch natürlich ihr Gewicht. Das Tragen ging reihum, und so musste ich als Vierzehnjähriger schon regelmäßig eine solche Last tragen. Manchmal haben mir aber am Anfang die Älteren aus Mitleid geholfen. Um 5:00 Uhr früh ging der Heimleiter mit einer Trillerpfeife durch die Gänge und rief: »Reise, Reise, Kameraden, alles aufstehen, guten Morgen.«

Dieser schrille Pfeifton – und das um die Uhrzeit und im tiefsten Schlaf – klingt noch heute in meinen Ohren. Ich habe ihn gehasst!

Nach einer Erfrischung unter der Dusche holte man sich aus dem Zimmer des Heimleiters im Kochgeschirr den Kaffee, nahm die Brote in Empfang und frühstückte auf der Bettkante sitzend.

Weg zur Zeche

Danach machten wir uns auf den Weg zur Zeche, über die Blumendeller Straße ging es vorbei an den Zechenhäusern in rotem Backstein und der Direktionsvilla bis hin zur Markenkontrolle an der Kreuzung Blumendeller

Straße mit der Rosendeller Straße. Wir trugen die verbeulte Kaffeepulle an einem Riemen über der Schulter, das Handtuch als Schal um den Hals und zogen miteinander plaudernd in Richtung Zeche, manchmal sogar mit einem fröhlichen Lied auf den Lippen. Je näher wir dem Zechentor kamen, umso dichter wurde der Menschenstrom, der sich von allen Seiten auf die Markenkontrolle zubewegte. Es waren nur Männer, die Beschäftigung von Frauen im Untertagebetrieb war und ist gesetzlich verboten.

Ich habe einen gefährlichen Beruf gewählt

Alle würden gleich 600 Meter unter der Erde sein und nicht alle werden ohne gesundheitlichen Schaden wieder ans Tageslicht kommen. Unter Tage gibt es viele Gefahrenpunkte. Da kann das Gebirge einstürzen, können Förderseile reißen, kommt es zu Wassereinbrüchen, zu Gasexplosionen, zu Kohlenstaubexplosionen. Und so viel anderes kann passieren. Es gab in der Vergangenheit viele Grubenunglücke; das vermutlich größte, das es überhaupt je gab, passierte 1942 in China: Es waren 1.549 tote Bergleute zu beklagen. Bei dem größten Grubenunglück in Deutschland starben 405 Bergleute. Die Anzahl der Betriebsunfälle und vor allem die Anzahl der tödlichen Unfälle waren zu dieser Zeit sehr hoch. 1958 zum Beispiel wurden im bundesdeutschen Steinkohlenbergbau 187.000 Unfälle registriert.

Über Unfallgefahren und Berufskrankheiten, insbesondere über die Geißel der Bergleute, die Silikose, über all diese Dinge, die ja meinen Eltern vor meinem Berufseintritt bekannt gewesen sein mussten, hat vorher nie jemand mit mir gesprochen. Das Wissen hat meine Eltern auch nicht davon abgehalten, mich in diese Richtung zu lenken. Ich erlebte alles Stück für Stück am eigenen Körper. Über die Historie des Bergbaus habe ich erst im Rahmen des Studiums etwas erfahren.

Neben diesen Katastrophen gab es noch zahlreiche tödlich Verunglückte, viele Einzelfälle, über die wenig gesprochen wird, weil sie eben nicht so spektakulär sind.

Eine große Anzahl der tödlich Verunglückten konnte nicht geborgen werden und ist für immer unten geblieben. Darüber hinaus stand noch etwas als ständige Bedrohung vor uns allen, die Staublunge, die „Geißel der Bergleute". 1947, in meinem ersten Bergbaujahr, sind allein an Silikose und Siliko-Tuberkulose 1.364 Bergleute gestorben. Die Anzahl der an Silikose verstorbenen Bergleute stieg seitdem ständig an und erreichte im Jahre 1956 den höchsten Stand von 2.113 Bergleuten, die an dieser Berufskrankheit gestorben sind. Die Lebenserwartung der Bergleute lag 1947 im Durchschnitt circa 15 Jahre unter der allgemeinen Lebenserwartung. In alter Zeit gab es auf den Bergwerken eigene Gebetshäuser, wo die Bergleute vor der Anfahrt gemeinsam zum Beten zusammenkamen. Viele Leichenhallen gab es natürlich auch.

Ich selbst habe im Laufe meines Berufslebens zahlreiche kleinere, einige mittlere und einen schwereren Berufsunfall erlitten. Die Arbeit in einem Bergwerk ist gefährlich, da kommt es häufig zu Verletzungen. Der Kohlenstaub am Arbeitsplatz macht nicht nur den Bergmann schwarz wie einen Neger, er dringt auch in neu entstandene Wunden ein.

Größere Grubenunglücke im Steinkohlenbergbau in Deutschland vor meiner Bergbauzeit:

Jahr	Bergwerk	Tote	Ursache
1937	Nordstern	7	Schlagwetterexplosion
1941	Rubengrube	186	Erstickung durch CO-Gase
1942	Kaiserstuhl	42	Grubenbrand
1942	Blumenthal	6	Grubenbrand
1943	Dahlbusch	33	Schlagwetter- u. Kohlenstaubexplosion
1944	Hansa	95	Schlagwetterexplosion
1944	Sachsen	169	Schlagwetterexplosion, unter den Toten 113 Kriegsgefangene, 127 Bergleute blieben für immer unter Tage
1944	**Monopol**	**107**	**Schlagwetterexplosion**

Diese Schlagwetterkatastrophe wird auf einen Bombenangriff zurückgeführt. Unter den tödlich Verunglückten waren 21 Deutsche, 27 Italiener, 52 Russen, ein Kroate, vier Ukrainer und zwei Polen. Auf dem nahe gelegenen Friedhof sind 147 Zwangsarbeiter begraben, die auf der Zeche eingesetzt waren.

1946	Grimberg	405	Schlagwetterexplosion

Bei der Schlagwetter- und Kohlenstaubexplosion auf der Zeche Grimberg III/IV in Bergkamen-Weddinghofen starben 405 Männer, darunter drei britische Kontrolloffiziere. Es ist dies das schwerste Unglück der deutschen Bergbaugeschichte. Bei der Ermittlung der Ursache gab es Zweifel an einer ausreichenden Grubensicherheit, die, so wurde gemutmaßt, wegen des Leistungsdrucks der Besatzungsmacht vernachlässigt worden sein soll. Da die unter Tage wütenden Brände nicht unter Kontrolle gebracht werden konnten, musste die Schachtanlage geflutet werden. Erst nach über einem Jahr konnte mit der Trockenlegung begonnen werden.

Quelle: Internetportal „Westfälische Geschichte"

Glückauf! Damals war das nicht nur ein Gruß, sondern auch ein Wunsch, eine Bitte, ein Gebet!

Kohlenstaub ist absolut steril, deshalb besteht dadurch keine zusätzliche Infektionsgefahr. Bei größeren Verletzungen wird sogar schon mal gerne Kohlenstaub auf die Wunde gestreut, um die Blutung zu stoppen. Wenn man es dabei belässt, wächst die Wunde mit dem Staub zu und unter der Haut werden schwarze Bereiche sichtbar, die „Bergmannsnarben". So mancher trägt sie stolz vor sich her. Wer sie nicht so gerne herzeigt, der muss leiden. Er muss entweder nach der Schicht unter der Dusche die Wunde so lange scheuern, bis sie sauber ist – und das tut weh – oder er muss später die Narbe von einem Arzt wieder öffnen und säubern lassen.

Als ich 18 Jahre alt war, hat mir einmal ein herabstürzender Stein das ganze Schienbein aufgeschlitzt. Eine große Wunde entstand. Da die Wunde nicht heilen wollte und sogar anfing zu eitern, musste ich mit dieser Verletzung für vier Wochen ins Krankenhaus. Zu der Zeit war es üblich, dass sogar in den Krankenzimmern geraucht wurde. Die erste Zigarette meines Lebens rauchte ich im Krankenbett in einem verqualmten Krankenzimmer im Krankenhaus – und das aus purer Langeweile. So wurde ich zum Raucher, ein Laster, das ich dann bis zu meinem 49. Lebensjahr beibehalten habe.

Bei meinem schwersten Unfall wurde ich unter Gesteinsmassen begraben und bewusstlos über ein Kettenfördermittel bis kurz vor einen Gesteinsbrecher transportiert, dessen automatische Stillsetzvorrichtung - dem Himmel sei Dank - dieses Mal funktionierte: Glück im Unglück. Ich musste mit einer Trage aus der Grube getragen werden. Nach einer Notversorgung durch den Werksarzt und den Heilgehilfen kam ich ins Krankenhaus *Bergmannsheil* in Gelsenkirchen-Buer. Ich hatte mehrere Kopfwunden, einen Trümmerbruch im linken Oberarm mit Schädigung des Schultergelenkes, über den Körper verteilt mehrere Schnitt- und Platzwunden. Als Folgewirkung war nach zwei Tagen der ganze Oberkörper schwarz-blau angelaufen.

Hiervon mal abgesehen, gab es aber auch sonst viele betriebliche Situationen, in denen ich mein Leben nur dem Beistand eines guten Schutzengels zu verdanken habe. Ich sehe jede einzelne Situation noch heute vor mir. In diese Welt bin ich nicht hineingeboren worden. Den Beruf hatte ich mir ja selbst ausgesucht, allerdings war das schon ein wenig von der Mutter beeinflusst. Ausschlaggebend für die Berufswahl war der Wunsch nach einem krisensicheren Arbeitsplatz in Verbindung mit einer guten Bezahlung.

Bevor wir jetzt hier in die Welt des Bergbaus eintauchen, möchte ich darauf hinweisen, dass meine Beschreibungen an manchen Stellen nicht sehr für diesen Beruf, den ich eigentlich sehr gern hatte, sprechen und ihn auch überhaupt nicht attraktiv erscheinen lassen. Ja, das ist so! Aber dabei ist zu berücksichtigen, dass mein Berufseintritt in der unmittelbaren Nachkriegszeit erfolgte, in den Hungerjahren. Meine Ausführungen betreffen auch nicht den gesamten Bergbau, sondern nur die Bereiche, in denen ich beschäftigt und auch Zeitzeuge war. Beschäftigt war ich zuerst als Berglehrling und als Bergknappe, später dann als Schlepper, Lehrhauer, Hauer, Steiger, Reviersteiger, Wettersteiger, Fahrsteiger, Wirtschaftsingenieur, Mechanisierungsingenieur, Obersteiger, stellvertretender Betriebsführer und als Betriebsleiter.

Auf den nächsten Seiten möchte ich diesen geheimnisvollen Beruf und die Zeit, in der ich hier eingebunden war, nahebringen. Im Rahmen dieser Arbeit kann das naturgemäß nur ein kurzer Abriss sein. Meine Darstellungen basieren auf dem in meiner Ausbildung, meiner beruflichen Tätigkeit sowie dem bei der Gewerkschaft, den politischen Parteien und während des Studiums an der Universität Essen erworbenem Wissen.

Steinkohlengewinnung

In England wurde schon im 9. Jahrhundert Steinkohle abgebaut, in Deutschland erst ab dem 13. Jahrhundert. Die Region, in der die Steinkohlengewinnung in Deutschland ihren Ausgang nahm, war die Gegend um Witten und Sprockhövel. Dort traten die Flöze bis an die Tagesoberfläche. Die Bauern sahen schon beim Umpflügen der Felder, wie sich die

Aus dem Buch „Witten - Wiege des Ruhrbergbaus"

Ackerkrume mit den schwarzen Steinen vermischte. Erstmals urkundlich erwähnt wird der Steinkohlenabbau im Ruhrgebiet im Jahre 1302 im Zusammenhang mit einem Hausverkauf in Schüren bei Dortmund mit allem Zubehör, einschließlich des Rechtes „Kohlen zu schürfen im Waldgebiet wie in den Wiesen".

Vom 13. bis zum 15. Jahrhundert wurde vorwiegend Magerkohle, die als Schmiedekohle verwendet wurde, im Pingenbau abgebaut. Dafür grub man mit Hacke und Schaufel Löcher in die aus der Tiefe bis zur Tagesoberfläche aufsteigenden Lagerstätten und gab ihnen schöne Namen wie Glaube und Zuversicht, Aufgottgewagt, Gottsegnedich, um nur einige zu nennen. Aus den Namen ist bereits zu erkennen, dass der Bergbau schon immer ein gefährliches Werk und ein Wagnis war. Im 16. Jahrhundert begann der Übergang zum Abbau in Pütts, dabei ging man so tief, wie das Grundwasser und die Luftzufuhr es erlaubten.

Parallel dazu, etwa ab Mitte des 16. Jahrhunderts, ging man im hügeligen Gelände zum Stollenbergbau über, hier war das Problem des Grundwassers und der Luftzufuhr leicht lösbar. In Verbindung mit der rasanten technischen Entwicklung entstanden ab Mitte des 19. Jahrhunderts die ersten Tiefbauzechen. Es war in erster Linie die Erfindung der Dampfmaschine, die das

Aus dem Buch „Witten - Wiege des Ruhrbergbaus" von Bruno Sobotka

möglich machte. Je nach Epoche änderten sich die Namen der Bergwerke. Etwa ab 1840 waren es zunächst Vornamen der Frauen der Besitzer, wie Helena, Amalie und Carolinenglück. In der preußischen Zeit, etwa ab 1860, wählte man Namen von Persönlichkeiten, wie Graf Bismarck, Minister Stein, Gneisenau. In der nächsten Periode etwa ab 1870 wurden die Namen der Unternehmerpersönlichkeiten gewählt, wie Mathias Stinnes, Friedrich Thyssen. Später, etwa ab 1900, gab es dann Ortsnamen, wie Königsborn, Waltrop, Emscher-Lippe.

Der Sage nach erwärmten sich die Hirten schon immer an und mit den schwarzen Steinen, die sie auf Feldern, Wiesen und in Wäldern fanden. Später erkannten zuerst die Grundeigentümer den Nutzen der schwarzen Steine und verwendeten sie für sich zum Heizen. Aber schnell sprach es sich herum, dass man damit auch Geld verdienen konnte, und so verkauften die Grundeigentümer das „schwarze Gold" an Handwerksbetriebe. Auch der Handel mit

Aus dem Buch „Witten – Wiege des Ruhrbergbaus" von Bruno Sobotka

der Lagerstätte selbst wurde zum lukrativen Geschäft. Das - war grob gerechnet - die Zeit des Grundeigentümerbergbaus. Die Landesherren, die stetig nach neuen Geldquellen Ausschau hielten, wurden gierig und stellten schon im Mittelalter die Bodenschätze unter Staatsvorbehalt. Na ja, so ein bisschen ging es ihnen natürlich auch um planmäßigen Abbau der Bodenschätze. Als zuständig für die Gewinnung erklärten sich Kaiser, Könige und später auch die Territorialherren. Dem Grundeigentümer gehörte seitdem zwar das Grundstück, aber nicht mehr die in der Tiefe schlummernden Schätze. Wer diese gewinnen wollte, musste ›muten‹ und konnte dann – mit Auflagen zwar – das Gewinnungsrecht verliehen bekommen. Das waren dann in der Regel Gemeinschaften, so genannte Gewerke, die sich oft auch Berggewerkschaften nannten. Die verschiedenen Gewerke hatten Anteilsscheine, die sogenannten ›Kuxe‹, dadurch waren sie Miteigentümer am Bergwerk. 1766 wurde durch eine Bergordnung das Direktionsprinzip eingeführt. Damit wurde der Bergbau unter staatliche Leitung gestellt. Der Bergbau wurde jetzt als reiner Regiebetrieb geführt.

Die Bergbehörde schrieb Art und Umfang des Abbaus vor, ordnete die Verkaufspreise an, sorgte für den Absatz der Produkte, stellte Bergleute ein und entließ sie, bestimmte Arbeitszeit und Ort und setzte die Lohnhöhe fest. Im Zuge dieser Entwicklung bildete sich ein mit sozialer und wirtschaftlicher Sicherheit und mit zahlreichen Sonderrechten ausgestatteter Bergmannsstand.

Man zeigte sich auf Bergparaden-Umzügen stolz im Bergkittel und mit Fahnen. Die Bergkittel wiesen auf den gesellschaftlichen Stand der Bergleute hin. Die Kleidung war vom Berghauptmann über Obersteiger, Steiger, Hauer und Knappe verschieden, aber eine Tracht war schöner anzusehen als die andere.

Die Bergleute

Alle Bergleute waren zu dieser Zeit in der Gegend heimisch. Ihre materielle Existenz war nicht unbedingt vom Bergbau abhängig, denn die Menschen hatten daneben in der Regel eine kleine Landwirtschaft und Vieh. Schon früh hatten sich die Bergleute in Bruderschaften und Knappenvereinen organisiert und sich dadurch eine ständische gesellschaftliche und soziale Basis geschaffen. Aus den Kassen dieser Vereine versorgte man Witwen und invalide Bergleute. Daraus entstand die Knappschaft, eine Versicherung und Standesvertretung, auf die die Bergleute besonders stolz waren und die sogar Bismarck beim Aufbau der Sozialversicherung als Vorbild diente. Die Knappschaft war jahrzehntelang das wichtigste soziale Standbein der Bergleute. Ab 1851 schränkte der Staat das Direktionsprinzip durch verschiedene Gesetze ein, um es später ganz aufzuheben. Das Knappschaftsgesetz von 1854 reduzierte die Standesorganisation auf die Daseinsfürsorge. Die Bergleute fühlten sich durch das Knappschaftsgesetz in ihrer Standesehre verletzt und auf das Niveau eines ungelernten Arbeiters herabgesetzt. In diesem Gesetz war erstmalig nicht mehr vom Bergmann, sondern vom Bergarbeiter die Rede.

Als Ersatz für die durch das Knappschaftsgesetz verloren gegangene ständische und gesellschaftliche Basis gründeten die Bergleute katholische Knappenvereine. Die Gemeindepfarrer führten in der Regel in den Vereinen den Vorsitz.

Mit Einführung des ›Allgemeinen Berggesetzes‹ 1865 wurde das Direktionsprinzip endgültig durch das Inspektionsprinzip abgelöst. Dies bedeutete eine Privatisierung der Steinkohlengewinnung. Aus Staatsbeamten wurden Privatbeamte. Der Staat beschränkt sich seitdem auf die Genehmigung der Betriebspläne und auf Kontrollen. Trotzdem führt man auch heute noch in den Bergwerken die Bezeichnung Beamte und sogar Oberbeamte. Der Bergmann, einst hoch angesehen, unter dem Schutz des Königs stehend und mit vielen Privilegien ausgestattet, ein Quasi-Beamter und Aristokrat unter den Arbeitern, wurde mit Einführung des ›Allgemeinen Berggesetzes‹ von 1865 endgültig privatkapitalistischen Bedingungen ausgesetzt und dadurch proletarisiert.

Die schöne Zeit, in der der Knappe mit seinem Betriebsführer am Schacht niederkniete und sich Gott dem Herrn empfahl, bevor er in die

Grube stieg, war damit vorbei. Für den Ausbau der Industrie wurde immer mehr Energie benötigt. Die Steinkohlenförderung wurde ein gutes Geschäft.

Besiedlung des Ruhrgebietes

Im Rahmen der Industrialisierung wurden viele neue Maschinen und Geräte entwickelt, die jetzt auch den Schachttiefbau möglich machten. Das waren insbesondere die Dampfmaschinen und Pumpen. Jetzt konnte man das Deckgebirge durchstoßen und in größere Tiefen vordringen, wo die Kohle unter dem Grundwasserspiegel lag. Immer mehr Bergwerke wurden abgeteuft (Teufe = Tiefe), Arbeitskräfte wurden knapp. 1754 waren im Bereich des Oberbergamtes Dortmund in 110 Bergwerken nur 688 Bergleute beschäftigt, was einer durchschnittlichen Belegschaft von lediglich acht Leuten je Bergwerk entspricht. 1850 waren es dann schon in 203 Bergwerken 12.741 Bergleute, entsprechend 63 je Bergwerk, und 1900 bei 167 Bergwerken 222.902 Bergleute, entsprechend einer Belegschaft von 1.360 je Bergwerk.

1870 konstituierte sich der politische Katholizismus als Partei im Reichstag, die Partei gab sich den Namen ›Zentrum‹. Im gleichen Jahr kam es zum Konflikt zwischen Kirche und Staat. Papst Pius IX. (1846–1878) griff die kulturellen und politischen Grundsätze der liberalen Staatsgründer massiv an. In Preußen gab es zwei Lager. Auf der einen Seite stand das föderalistische, großdeutsch orientierte Zentrum, das den Papst unterstützte. Auf der anderen Seite stand die Nationalliberale Partei, in der das protestantische Bildungs- und Besitzbürgertum organisiert war.

Die Nationalliberalen betrachteten den Katholizismus mit Misstrauen und fühlten sich durch die antiliberalen Lehren von Papst Pius IX. herausgefordert. Bismarck vermutete, dass die Bindung der Zentrumspartei an Rom höher sei als an den eigenen Staat. Das führte zum Kulturkampf, der 1890 mit einer Stärkung des Zentrums und einer Niederlage Bismarcks und der Liberalen endete. Am 18. Januar 1871, noch während des Deutsch-französischen Krieges, wurde im Spiegelsaal von Versailles das Zweite Deutsche Reich gegründet und Wilhelm I., König von Preußen, zum deutschen Kaiser gekürt.

Bergarbeiter leiden Not und streiken

Inzwischen hatten sich die Arbeitsverhältnisse im Steinkohlenbergbau entscheidend verschlechtert. Um bessere Arbeitsbedingungen und Löhne zu erreichen, wurde gestreikt. Nach dem Streik von 1872 wurde den katholischen Knappenvereinen eine sozialistische Färbung und Unterstützung der Streikenden unterstellt. Deshalb stellte man sie 1873 unter Überwachung. Das schränkte ihre Tätigkeit stark ein und reduzierte sie auf Standes- und Frömmigkeitspflege. Tatsächlich gewannen die Sozialdemokraten schnell Einfluss auf die streikenden Bergleute. Die Zeitschrift *Der Sozialdemokrat* berichtete regelmäßig über gewaltige Streikbewegungen. Im Zuge dieser Entwicklung und trotz der Probleme übte das Ruhrgebiet zu dieser Zeit eine Sogwirkung auf die Menschen benachbarter Länder aus; es wurde trotz der Proletarisierung der Bergarbeiter zum ›Traumland der Sehnsucht‹ und zum ›Kap der Guten Hoffnung‹ für viele Leute, die in ihrer Heimat keine Perspektive mehr hatten. Die schlechten Arbeitsbedingungen schreckten sie keinesfalls ab. Die Neubergleute kamen zunächst aus der Grafschaft Mark, dem Herzogtum Berg, dem Siegerland, aus Waldeck und dem Harz und später auch aus Ost- und Westpreußen, Posen, Schlesien, Polen, Slowenien, Böhmen und der Steiermark. Damals ging man dahin, wo die Arbeit war, und wartete nicht darauf, dass die Arbeit zu einem kam. Das Ruhrgebiet wurde zum Schmelztiegel Europas. Die Zuwanderer waren im Wesentlichen junge, ledige, zudem ungelernte Arbeiter aus der agrarischen Überbevölkerung. Wie es heißt, beeinträchtigten sie die Grubensicherheit, schafften Unzufriedenheit und hatten auch sonst einen schlimmen Einfluss auf den Bergmannsstand.

Unter diesen Bedingungen kam es zu einer erheblichen Zunahme der tödlichen Verletzungen; sie stiegen von 20 im Jahre 1848 auf 558 im Jahre 1900. Nicht nur die Sicherheit stellte ein Problem dar; auch finanziell kam es immer wieder zu Problemen. Schon seit Beginn der Industrialisierung mussten sich die Bergleute ihren Anteil erstreiten. In der Zeit von 1872–1889 gab es jedes Jahr örtliche Streiks – allgemeine Aufstände werden in den Jahren 1889, 1905 und 1912 verzeichnet – vornehmlich zur Abwehr von einseitigen Schichtzeitverlängerungen und Lohnkürzungen, die es statt der erforderlichen Lohnerhöhungen gab. Die Antwort der Bergherren auf die Forderungen war:

„Der hohe Lohn aus den Jahren 1873 und 1874 ist niemals den Familien zugutegekommen, nur den Wirtshäusern", und das sei der Grund für eine Demoralisierung der Bergarbeiter.

1873 setzte die Wirtschaftskrise ein, die große Depression. Löhne und Gehälter sowie die Kohlenpreise fielen und die Gewinne der Unternehmen sanken. Das Einkommen der Bergarbeiter reichte nicht mehr zum Leben aus. Es kam zu Entlassungen. In den Jahren 1877 und 1878 erreichte die Krise ihren Höhepunkt. In dieser Zeit gingen 10.000 Arbeitsplätze verloren. Einfache Revierbeamte, die mit der Beobachtung der Situation beauftragt waren, schilderten, dass es vielen Bergarbeitern kaum möglich war – einige von ihnen schafften es gar nicht – ihre Familien zu ernähren. Es war keine Seltenheit mehr, dass sich die Bergarbeiter mit trockenem Brot als Nahrungsmittel begnügen mussten, während für ihre Familien noch nicht einmal dieses vorhanden war.

Die Streiks waren aber nicht nur eine Lohnbewegung. Wesentliche Forderungen der Bergleute waren die Verkürzung der Arbeitszeit von zehn bis elf Stunden auf acht Stunden, die Verbesserung der Knappschaftsbezüge, die freie Arztwahl und die Gewährung freier ärztlicher Behandlung sowie die Übernahme der Hälfte der Arzneikosten für erkrankte Familienangehörige. Und nicht zuletzt wird auch bittere Klage geführt über schlechte Behandlung der Bergleute durch die Grubenbeamten, die u. a. auch gern schon mal indirekt Überschichten ohne Bezahlung verlangten.

Die Forderungen wurden von den christlichen Organen immer positiv begleitet. Allgemein bestand die Meinung, dass die soziale Frage nur auf dem Boden des Christentums gelöst werden kann. Das machte sich auch Pastor Ferdinand zur Aufgabe. Er kam am 10. April 1893 als Kaplan in die Stadt Oberhausen-Osterfeld. Es war eine sehr unruhige Zeit im Revier, als er sein geistliches Amt antrat.

In der zweiten Hälfte des auslaufenden Jahrhunderts und speziell in den Gründerjahren fand der Kapitalismus in dieser Region den allerbesten Nährboden. Die Kriegsentschädigung aus Frankreich rief eine übertriebene Spekulation hervor. Viele neue Betriebe entstanden, Zechen wurden gegründet und ausgebaut und Tausende von Bergarbeitern aus anderen Gebieten herbeigeholt. Das Ruhrgebiet übte damals eine Sog-wirkung auf die Menschen der benachbarten Länder aus. Eine Einwande-rungswelle nie gekannten Ausmaßes überflutete die Region. Die Ruhr wurde zum Traumland der Sehnsucht und ein „Kap der guten Hoffnung" für viele, die in ihrer Heimat keine Perspektive hatten. Selbst die härtes-ten Arbeitsbedingungen und der „Kapitalismus pur" schreckten nicht ab. Eine Goldgräberstimmung! Die Zahl der fördernden Bergwerke war von 175 im Jahre 1818 auf 267 im Jahre 1875 gestiegen, um dann aber bis 1910 wieder auf 165 abzufallen. Belegschaft und Förderung steigerten sich über die Jahre kontinuierlich. Im Jahre 1910 förderten 345.136 Berg-leute 86,8 Millionen Tonnen Kohle.

Die Einwanderung ins Ruhrgebiet begann in den 70er-Jahren des vori-gen Jahrhunderts und erreichte in den 90er-Jahren ihren Höhepunkt. Insgesamt soll diese Ost-West-Wanderung zwei Millionen Menschen ins Ruhrgebiet gebracht haben. Ein großer Teil dieser „Einwanderer" waren Polen (350.000) und Masuren (150.000). Über 60 % von ihnen waren ledig und im Alter von 20-30 Jahren. Männer waren im Verhältnis 3 zu 1 in der Überzahl. Neben Recklinghausen und Bottrop war Duisburg-Hamborn ein bevorzugter Ort.

Anteil der polnischen Bevölkerung in Hamborn[27]							
1890		1900		1905		1910	
absolut	%	absolut	%	absolut	%	absolut	%
27	0,6	3.055	9,4	10.493	15,6	17.432	17,1

Im Stadtteil Hamborn-Marxloh war der Anteil aber noch bedeutend hö-her als in Hamborn-Stadt. Hamborn-Marxloh wurde zu dieser Zeit von der deutschen Bevölkerung wegen seines hohen Polenanteils „Posen am Rhein" genannt[28].

Schon bald zeigte sich, dass sich Unternehmer und Kommunen über-nommen hatten und es kam zur großen Depression. Speziell die Zechen-stilllegungen führten in der Region zu einer großen Erbitterung und Erre-gung der Belegschaften und an deren Folge zu Streiks und Aufständen. Es

---

[27] Mommsen und Borsdorf, 1979, S. 114
[28] Ebenda

waren vor allem junge alleinstehende Männer aus den verschiedensten Ländern, die in guten Tagen ins Land geholt worden waren. Die zusammengewürfelten Landsmannschaften hatten noch kein Solidaritätsgefühl entwickeln können und drohten nun, ins soziale Abseits zu geraten. Das reichliche Arbeitskräfteangebot führte zur Verschlechterung der Arbeitsbedingungen und der Löhne.

Aus dem Jahre 1905 wird berichtet, dass für viele Bergleute aus der achtstündigen Schichtzeit eine tatsächliche Arbeitszeit von 19 Stunden und mehr wurde. 1908 äußerte ein sozialistischer Sprecher gegenüber einem Publikum in Weimar: „Unter den heutigen Verhältnissen bedeutet das Leben für den Arbeiter nur noch eine Qual."[29]

Das alles blieb nicht ohne Folgen. In den Jahren 1889, 1905 und 1912 gab es im Bergbau drei allgemeine Aufstände, die viele Zechen und Tausende von Arbeitern des gesamten Ruhrgebietes umfassten. Darüber hinaus gab es zahlreiche örtlich begrenzte Streiks. Davon wird später noch berichtet. Es kam auch zu Missstimmungen zwischen Polen und Deutschen. Polnische Nationalisten verunsicherten die Menschen und heizten die Stimmung an. Sie forderten eigene Priester und Mitbestimmung im Staat und in der Kirche. Einige Polenvereine, die zur Erhaltung der polnischen Sprache und polnischen Brauchtums gegründet worden waren, widmeten sich nicht nur dem Gründungszweck, sondern auch der Stärkung des polnischen Nationalbewusstseins. Schon 1898 schrieb die Bottroper Volkszeitung:

„Wenn die Polen die Rechte deutscher Staatsbürger genießen wollen, müssen sie jegliche Agitation gegen Deutschland und die deutsche Regierung vermeiden."

1905 erlangten die Polen in Bottrop neun von zehn Sitzen im Kirchenvorstand und 22 von 30 in der Kirchengemeindevertretung[30]. Was hatte Ferdinand, der in der Zeit von 1893 bis 1915 der verantwortliche katholische Geistliche in Hamborn-Marxloh war, mit all dem zu tun? Die aus vielen Gegenden und Ländern zusammengeströmten Scharen unterschiedlicher Nationalitäten, vor allem aber die Polen, waren einzubür-

---

[29] Stadtarchiv Bochum, Acta des Landratsamtes, 481, Polizeiverwaltung Weitmar an den Landrat am 3.5.1908, zitiert von Mommsen und Borsdorf, 1979, S. 77
[30] Ebenda, S. 99

gern, mit der Umgebung in Verbindung zu bringen und zu einer neuen Gemeinschaft zusammenzuschweißen.

Fast der einzige Berührungspunkt in diesem Nationalitätengemisch war der gemeinsame Glaube. Um den Gläubigen aus den verschiedensten Ländern in der neuen Heimat einen religiösen Halt zu geben und sie in die Gemeinde zu integrieren, waren eine mehrsprachige Seelsorge und geeignete Begegnungsstätten erforderlich. Das alles musste geplant, gebaut und mit Leben erfüllt werden. Die Basis für die Begegnungen waren die kirchlichen Vereine. Auch sie waren in der neuen Gemeinde erst zu gründen. Ferdinand hat das mit großem Erfolg geschafft.

Der große Bergarbeiterstreik

Am 25. April 1889 verweigerten 45 jugendliche Schlepper der Zeche *Präsident* in Bochum die Anfahrt. Eine Woche später, am 01. Mai 1889, legten die Schlepper und Pferdejungen der Zeche *Friedrich Ernestine* in Essen die Arbeit nieder und lösten damit den größten Streik aus, den die Welt bis dato gesehen hatte. Nachdem am 3. und 4. Mai weitere 5.000 Bergleute die Arbeit niederlegten, wuchs die Zahl der Aufständischen von Tag zu Tag und erreichte am 13. Mai ihren Höhepunkt mit mehr als 90.000 Beteiligten. Zur Aufrechterhaltung der Sicherheit und Ordnung forderten die Unternehmer Militär an. Am 5. Mai rückte dieses ins Streikgebiet ein. Blutige Bilanz des Einsatzes über den gesamten Zeitraum: 15 Tote und 20 Verwundete. Deputierte der Knappenvereine erhielten am 14. Mai 1889 eine Audienz beim Kaiser. Am 27. Mai 1889 war die Streikfront gebrochen.

Noch am gleichen Tag wurde das örtliche Streikkomitee, unter ihm die Kaiserdeputierten und 40 Belegschaftsdelegierte, verhaftet. In dem Buch ›Geschichte der deutschen Arbeiterbewegung‹, Band 1, geschrieben von einem Autorenkollektiv, zu dem auch Walter Ulbricht gehörte, wird über die Situation berichtet. Dabei wird folgender Abschnitt aus dem Buch *Die Bergarbeiter* von Otto Hue, Bd. II, Stuttgart, Seite 365–366 zitiert:

Kaiserrede zum Streik

»Die herrschenden Klassen versuchen, den Ruhr-Bergarbeiterstreik mit Demagogie und Gewalt abzuwürgen. Brutal setzten sie in größerem Umfang Militär gegen die Streikenden ein. 7 Tote und mehrere Ver-

wundete waren die Folge dieser Gewaltpolitik. Als am 14. Mai 1889 eine dreiköpfige Delegation der Ruhr-Bergarbeiter – noch befangen in Illusionen über den junkerlich-bürgerlichen Klassenstaat – dem Kaiser ihre berechtigten Forderungen vortragen wollten, erklärte dieser kaltschnäuzig und brutal, er werde, falls sich ein Zusammenhang zwischen der Sozialdemokratie und den Streikenden herausstellen sollte, ›alles über den Haufen schießen lassen‹, was sich ihm widersetze. Für ihn sei jeder Sozialdemokrat gleichbedeutend mit Reichs- und Vaterlandsfeind.«

Die offizielle Version der Kaiserrede zum Streik lautet:

„Sollten aber weiterhin Ausschreitungen gegen die öffentliche Ordnung und Ruhe vorkommen, sollte sich der Zusammenhalt der Bewegung mit sozialdemokratischen Kreisen herausstellen, so würde ich nicht im Stande sein, Eure Wünsche mit Meinem königlichen Wohlwollen zu erwägen. Denn für mich ist jeder Sozialdemokrat gleichbedeutend mit einem Reichs- und Vaterlandsfeind. Merke Ich daher, das sich Sozialdemokratische in die Bewegung mischen und zu ungesetzlichem Widerstande anreizen, so würde ich mit unnachsichtlicher Strenge einschreiten und die volle Gewalt, die Mir zusteht – und dieselbe ist eine große – zur Anwendung bringen".

Die Drohung, „bei geringstem Widerstand gegen die Behörden" lasse er „alles über den Haufen schießen", basiert auf der Aussage der Deputierten.

Katholische Kirche auf der Seite der Bergarbeiter

Die katholische Kirche hatte schon früh die Wichtigkeit der sozialen Frage erkannt und bemühte sich, sie auf dem Boden des Christentums zu lösen. Auch der schon öfter erwähnte Pastor Ferdinand gründete zu diesem Zweck später viele Vereine und war als Gemeindepfarrer auch ihr Vorsitzender. Seine Gemeindebriefe musste er in fünf Sprachen verfassen. Es waren im Wesentlichen alleinstehende junge Männer, die auch schon mal Unruhe und Ärger machten, sich nicht immer an Normen hielten und im kirchlichen wie auch im politischen Bereich aufgrund ihrer Mehrheit mit Nachdruck Mitsprache verlangten. Auf der Basis des Glaubens ist es ihm gelungen, in seinem Verantwortungsbereich alle in die Gemeinde zu integrieren. Bei der Erörterung der Ursachen für die Streiks wird in der

Literatur immer wieder das Verhältnis zwischen Arbeitern und Beamten angesprochen. Innerbetrieblich nahmen Steiger zu der Zeit diese nicht sehr angenehme Puffer- und Vermittlungsfunktion zwischen Unternehmern und Arbeitern ein, die oftmals in einer Kritik mündete. So wurden sie vielfach bezeichnet als:

... die jungen Herrchen, die sich nicht scheuen, ergraute Bergleute anzuschnauzen ...

Andererseits zeigt man aber Verständnis für die Beamten. Diese sieht man zwischen drei Fronten:

... Der Bergwerksbesitzer verlangt von ihm (dem Steiger) viele Kohlen für wenig Geld, der Arbeiter verlangt viel Geld für wenig Arbeit, die Bergbehörde verlangt von dem Steiger, dass er die oft kostspieligen und zeitraubenden bergpolizeilichen Vorschriften bis auf das Genaueste befolgt und macht ihn für die Innehaltung der Vorschriften selbst dann haftbar, wenn ihm dieses vollständig unmöglich war ...

Verständnis aber hatte man für ihre Lage doch, und vor allem dafür,

... dass einigen Steigern, Obersteigern oder Betriebsführern manchmal die Galle überläuft, wenn sie sehen, wie durch Bosheit, Niedertracht und Faulheit ihre besten Absichten oder notwendige Anordnungen durchkreuzt werden ...

Die Verschlechterung des Arbeitsklimas wird in erster Linie den in den Jahren 1865–1890 zugereisten Arbeitern zugeschrieben. So heißt es:

... Gewerbefreiheit verbunden mit der Freizügigkeit, haben dem Bergbau sehr geschadet und den einst so stolzen und mit Vorrechten ausgestatteten Knappen zu einem gewöhnlichen Tagelöhner hinabsinken lassen, der vor dem Stirnrunzeln eines Steigers zittern muss ...[31]

Inzwischen waren aus den kleinen Kohledörfern große Kohlestädte geworden, von denen eine Stadt in die andere überging, die ständig unter einem Himmel von Ruß, Rauch und Staub lagen und immer schneller wuchsen. Kohle und Stahl hatten hier den Boden geschwärzt und verseucht sowie den Himmel verdunkelt. Das war auch noch zu meinem Eintritt in den Bergbau im Jahre 1947 so. Wäsche draußen aufhängen,

---

[31] Aus ›Steiger im deutschen Bergbau‹, Herausgeber:
Klaus Tenfelde, Sonderausgabe für die Mitglieder der IG Bergbau und Energie.

das war unmöglich, und während einer Wartezeit an einer Straßenbahn-haltestelle konnte sich die Kleidung schnell von hell auf dunkel verfärben. Das war der äußere Zustand in den Hungerjahren. 1947 demonstrierten 50.000 Bergleute in Essen unter dem Motto „Wir haben Hunger".

Während des Zweiten Weltkrieges wurden auch Kriegsgefangene und Fremdarbeiter zur Kohleförderung eingesetzt.

»Im Januar 1943 kam etwa jeder Fünfte der im Ruhrbergbau beschäf-tigten rund 380.000 Belegschaftsmitglieder aus der Sowjetunion. Im August 1944 machten die mehr als 120.000 sowjetischen Kriegsgefangenen, die so genannten ›Ostarbeiter‹ und italienischen Militärinternierten sogar ein Drittel der Gesamtbelegschaft aus, ihr Anteil blieb bis Kriegsende nahezu unverändert.«[32]

In der Nachkriegszeit stieg mit der Nachfrage nach Kohle zum Aufbau der deutschen Wirtschaft auch wieder das Ansehen der Bergleute. Jetzt waren sie der Motor für den Wiederaufbau Deutschlands und hatten wieder ein aristokratisches Ansehen erreicht. Infolge der Kriegsereignisse und der starken Nachfrage nach Energie fehlten wieder Bergleute. Nun kamen sie aus den Gefangenenlagern – wer sich freiwillig für den Berg-bau meldete, wurde schnell aus der Gefangenschaft entlassen – und auch aus den Auffanglagern für Heimatvertriebene und Flüchtlinge. Spä-ter warb der Bergbau mit großem Aufwand im In- und Ausland um Arbeitskräfte für den Bergbau. Bevorzugte Länder waren jetzt Italien und die Türkei. Der Entwicklung der Belegschaften und dem Voranschreiten der Technik entsprechend entstand in zunehmendem Maße auch ein Bedarf an Fach- und Führungskräften. Der Bergbau hat es stets geschafft, seinen Führungsnachwuchs so auszubilden, dass er den zeitgemäßen Anforderungen entsprach.

Hierarchische Führung im Bergbau

Von 1816 an bildete der Bergbau seinen Führungsnachwuchs für die Tä-tigkeit vor Ort in Bergschulen aus. Den jeweiligen Anforderungen ent-sprechend wurden die zeitliche Länge der Ausbildung und die Lehrpläne mehrfach geändert. Die Bergschulausbildung gliederte sich in Unterklas-sen und Oberklassen. Die Unterklassen führten zur Erlangung des Stei-

---

[32] http://gelsenblog.de/archives/date/2010/05

gerdiploms. Der Oberklassenabschluss, von der Aufgabenstellung her eine Betriebsführerausbildung, war die Voraussetzung für eine Tätigkeit als Oberbeamter (Fahrsteiger, Obersteiger, Betriebsführer). Steiger waren Tarifangestellte. Oberbeamte waren außertariflich angestellte Führungskräfte. Für alle Ebenen gab es regelmäßige Nachschulungen durch Seminare.

1948 wurde das ›Neue Bochumer System‹ eingeführt, eine kombinierte Ausbildung aus Theorie und Praxis. Auf diesem System basierte auch mein eigenes Studium. Voraussetzungen für die Aufnahme in die Bergschule war generell ein Mindestalter von 21 Jahren, doch war sie jenen vorbehalten, die vorher die zweijährige Bergvorschule besucht sowie eine Berufsausbildung oder ein Praktikum im Bergbau absolviert hatten. Neben diesen Bedingungen sollte man auch das Abitur vorweisen können, die Aufnahmeprüfungen bestehen und ein polizeiliches Führungszeugnis einreichen. Die Bergvorschule war nebenberuflich zu absolvieren; die Ausbildung dauerte zwei Jahre. Das sich daran anschließende Bergbaustudium nahm dann noch einmal fünf Semester in Anspruch.

Für den praktischen Teil waren drei Tage je Woche vorgesehen. Dieser wurde in den Betrieben nach festgelegten Plänen durchgeführt. Die Einhaltung der vorgeschriebenen Arbeiten für alle Bereiche der bergmännischen Praxis unter Tage wurde von den Ausbildungsabteilungen der jeweiligen Betriebe und von der Bergschule kontrolliert. Für den theoretischen Teil gab es eine Vorgabe von drei Tagen pro Woche zu je acht Stunden, also 24 Wochenstunden bei 49 Wochen im Jahr; eine vorlesungsfreie Zeit gab es nicht.

Die Aufsichtspersonen (Steiger) in den verschiedenen Funktionen waren fast ausschließlich Absolventen der Bergschule. Die Bergschule in Bochum war anerkannte Vorgängerin der Bergingenieurschule, die 1963 eingerichtet wurde, und diese wiederum war Vorgänger der privaten und staatlich anerkannten Fachhochschule Bergbau, die als *Technische Fachhochschule Georg Agricola* bezeichnet wurde. Inzwischen ist sie in *Fachhochschule für Rohstoffe, Energie und Umwelt* umbenannt worden.

Als zweite Nachfolgeschulform wurde 1964 die *Fachschule für den Steinkohlenbergbau* gegründet. Wie in anderen Branchen auch, gab es jetzt eine Dreiteilung der Ausbildung in Fachschule, Fachhochschule und Hochschule. Träger der Bergschul- und Bergingenieurschulausbildung war die *Westfälische Berggewerkschaftskasse*, eine Institution des Bergbaus. Träger der heutigen Fachhochschule ist die DMT – Gesellschaft für Lehre und Bildung GmbH. Lehre und Forschung der Bergschule, Bergingenieurschule und Fachhochschule finden seit 1816 zeitlich nacheinander in denselben Gebäuden in Bochum statt. Das Studium an der Bergschule wurde vom Bergbau finanziert, daher suchten die Verantwortlichen die Studierenden gezielt aus. Darüber ist schon so mancher Bewerber gestolpert. Ab Aufnahme in die Bergvorschule bis zum Examen der Bergschule mussten alle Schüler in Bergschüleruniform (Bergkittel) erscheinen. Zur Kluft gehörten ein blaues Oberhemd, eine schwarze Krawatte und schwarze Schuhe. Auf dem Kragen der Bergmannskluft war eine Nummer eingestickt, aus der die Bergschule, der Jahrgang und die Klasse zu erkennen war. Mit einer solchen Kennzeichnung war jeder leicht in der Öffentlichkeit zu identifizieren. Natürlich hatte jeder der Bergschüler seine eigene Einstellung zu dieser Kluft: Die Emotionen reichten von einem gewissen Stolz bis zur Ablehnung. Eine Wahl hatte man aber nicht.

Es ist nicht übertrieben, wenn man in Verbindung mit der Bergschulausbildung von einer geglückten Symbiose zwischen Theorie und Bergbaupraxis spricht. Zur Ausbildung gehörten viele Exkursionen zu Kohle-, Salz- und Erzbergwerken sowie zu Spezialfirmen und Bergbauzulieferern. Jeder Bergschüler hatte auch eine Schießmeisterprüfung abzulegen und eine Sprengpraxis nachzuweisen. Das fünfte Semester war ein Lehrsteigersemester. In dieser Zeit war der angehende Steiger Assistent einer Führungsperson.

Alles vollzog sich in einem gut organisierten und straff geführten System, das auf die Erreichung des Zieles in einer vorgegebenen Zeit abgestimmt war. Darüber hinaus gab es für Lernende und Lehrende keine Freiheitsgrade. Wiederholungsprüfungen oder das Nachholen von Semestern gab es nicht. Wer die Lernziele nicht erreichte, für den war die Bergbaukarriere zu Ende. Wer die Bergschule mit dem Gesamtergebnis ›gut‹ absolviert hatte, bekam mit dem Abschlusszeugnis die Berechtigung zum Eintritt in die technisch gehobene Laufbahn des Staates. Zugleich bekam er auf dem Zeugnis bestätigt, dass er nunmehr die Voraussetzungen zur Führung der Bezeichnung ›Ingenieur‹ erfüllt hat. 1971 erhielten dann alle Absolventen der Bergschule per Runderlass des Ministers die

Berechtigung zur Führung der staatlichen Bezeichnung Ingenieur (grad). Nach dem Gesetz zur Änderung hochschulrechtlicher Bestimmungen vom 21. Juli 1981 steht den Absolventen nunmehr das Recht zu, anstelle der verliehenen Graduierung den Diplomgrad ›Diplom-Ingenieur‹ als staatliche Bezeichnung zu führen. Darüber wurden entsprechende Urkunden des Landesoberbergamtes und der Fachhochschule Bergbau ausgestellt. Die Teilnehmer der Oberklasse mussten am Ende eine ›Oberklassenabschlussarbeit‹ abliefern, die einer Diplomarbeit entspricht. Vorweg war eine Erklärung abzugeben, in der versichert wurde, die Arbeit selbstständig angefertigt zu haben. Das Thema wurde von den Betrieben gestellt. Nach Abschluss der Unterklasse des Bergbaustudiums erfolgte in der Regel die Erstanstellung der Absolventen als Schichtsteiger. Diese Tätigkeit konnte man aber erst ausführen, wenn man als verantwortliche Person im Sinne des Berggesetzes von der Bergbehörde verpflichtet worden war.

Der Steiger

Der Steiger war Disziplinar- und Fachvorgesetzter auf seiner Schicht und somit auch für die Leistung auf seiner Schicht verantwortlich. Je nach Größe der Abteilung war er verantwortlich für 100 Bergleute und mehr. Abbaureviere konnten damals eine Belegschaft von bis zu 300 Mann haben. Steiger waren auch Hilfsbeamte der Staatsanwaltschaft. Sie konnten zu den Ermittlungen hinzugezogen werden und sogar Geldstrafen verhängen. Später nannte man diese Zwangsabgaben nicht mehr Strafen, sondern Geldbußen und noch später kam ein generelles Verbot für derartige Abgaben. Die Gründe für die Bestrafung damals reichten von einer Beleidigung seines Vorgesetzten bis zur Gefährdung der Grubensicherheit und vom Holzdiebstahl bis zur Sabotage. Derartige Vorkommnisse, die dann bestraft wurden, waren noch nicht einmal selten. Aus heutiger Sicht ist das natürlich undenkbar – damals aber musste man vorbeugen, und so hingen in der Regel alle Wände im Lichthof des Grubengebäudes voll von Bestrafungszetteln. Die auf diese Weise eingenommenen Gelder gingen an die werksseitige Unterstützungskasse.

Bewährte Schichtsteiger konnten, falls eine Stelle zu vergeben war, zum Reviersteiger befördert werden.

Reviersteiger

waren Abteilungsleiter. Sie trugen die Verantwortung für alle vier Schichten, führten den Schichtenzettel und waren verantwortlich für die Leistung und die Lohnrechnung in ihrer Abteilung. Das bedeutete eine große Verantwortung, zudem mussten sie die Fähigkeit besitzen, den Überblick zu behalten und brauchten einiges an Organisationstalent. Denn eine Belegung von 200 bis 300 Mann pro Revier war keine Seltenheit. Neben den Steigern im Abbau und in der Vor- und Herrichtung kannte man Funktionssteiger wie Wettersteiger, Sicherheitsbeauftragte, Arbeitsschutzbeauftragte, Stempelsteiger und Schießsteiger. Fachbezogen gab es Grubensteiger, Maschinensteiger, Elektrosteiger, Sicherheitssteiger, Vermessungssteiger und Ausbildungssteiger.

Bergschulabsolventen, die ihr Examen mit dem Gesamtergebnis ›gut‹ machten, erfüllten damit die Voraussetzung für den Eintritt als Beamter in den Staatsdienst. Hier hatten sie Aufstiegsmöglichkeiten vom Bergrevierinspektor über Bergamtmann und Bergamtsrat bis zum Oberbergrat. Als Bergrevierbeamte kontrollierten sie im Rahmen des Inspektionsprinzips die Gruben und waren zuständig für die Genehmigung der Betriebspläne.

Im Untertagebetrieb bildeten ein oder auch mehrere Reviere (Abteilungen) eine Fahrabteilung, die von einem Fahrsteiger geleitet wurde. Dieser war außertariflich beschäftigt und bildete die erste Stufe des leitenden Angestellten. Darüber standen fachbezogen die Obersteiger/Betriebsführer, zum Beispiel für die Kohlengewinnung, den Tages-, Maschinen- und Elektrobetrieb, die wiederum unmittelbar der Direktion unterstanden. Voraussetzung für eine Tätigkeit in diesen Ebenen war ein qualifizierter Abschluss der Unterklasse der Bergschule, eine mehrjährige erfolgreiche Betriebspraxis und der Besuch eines einjährigen und in Vollzeit im In- und Ausland durchgeführten Aufbaustudiums für Betriebsführung, die sogenannte Oberklasse. Dafür konnte man sich aber nicht bewerben; man wurde abgeordnet. Für diese Oberbeamten gab es darüber hinaus zahlreiche Fortbildungsmaßnahmen, zum Beispiel das einjährige Seminar für Betriebsführung, an dem auch ich teilnehmen durfte.

Kohle um jeden Preis!

Mit technischen Mitteln aus der Vorkriegszeit und unbeschreiblich schlechten Arbeitsbedingungen kämpften die Kumpel in den Hungerjahren der Nachkriegszeit unter Einsatz aller physischen und psychischen Kräfte ums eigene Überleben und waren doch Motor für den Wiederaufbau Deutschlands.

Als ich 1947 im Bergbau anfing, gab es im deutschen Steinkohlenbergbau noch 160 Bergwerke mit etwa 650.000 Bergleuten. 1957, zehn Jahre später, als ich mit meiner Ausbildung und dem Bergschulstudium fertig war und die Kohlenkrise ihren Anfang nahm, brachten 607.000 Bergleute in 173 Bergwerken noch 150 Millionen Tonnen Steinkohle als verwertbare Förderung zutage.

Im Rahmen von Rationalisierungsmaßnahmen und Zusammenlegungen, die dank unserer starken Gewerkschaft alle sozialverträglich durchgeführt werden konnten, verringerte sich sowohl die Anzahl der Bergleute als auch der Schachtanlagen über die Jahre gesehen ganz erheblich. Im Jahre 2009 förderten nur noch 27.317 Mitarbeiter in sechs Bergwerken 13,7 Mio. Tonnen. Wenn in der Zeit von 1947 bis 1957 das Revier hustete, dann hatte ganz Deutschland eine Lungenentzündung.

Heute (2015) sind im Steinkohlenbergbau an der Ruhr in zwei Bergwerken nur noch circa 10.000 Personen beschäftigt, die ca. 8 Millionen Tonnen Kohlen gefördert haben. Das totale Auslaufen des deutschen Steinkohlenbergbaus ist für 2018 vorgesehen. Obwohl die Steinkohlevorräte bei dem derzeitigen Verbrauch noch für 200 Jahre ausreichen würden, musste dieser Weg gegangen werden. Die Gründe: Wegen der besonders schwierigen geologischen Bedingungen, aber auch wegen der Kosten für die deutsche Sicherheitstechnik und aus Gründen der Umweltverschmutzung, insbesondere wegen des Austretens von Methangas und Kohlendioxid, war die deutsche Steinkohle inzwischen zu teuer geworden und konnte mit dem Weltmarktpreis nicht mehr konkurrieren.

Der Beruf des Bergmanns erfordert ein umfangreiches Wissen, entsprechend anspruchsvoll war dann ja auch die Ausbildung. Die Ruhrkohle AG war zeitweise mit 12.000 Auszubildenden der größte industrielle Ausbilder in Deutschland. Die im Bergbau ausgebildeten Personen waren auch in anderen Berufssparten gut angesehen und gefragt. Nach der Berufsausbildung zum Bergmechaniker – zu meiner Zeit hieß der gelernte

Bergmann noch Bergknappe – geriet jeder Einzelne in eine Arbeiterhierarchie. Dieser Weg stand auch Jungbergleuten offen, das waren Leute, die keine Ausbildung, sondern nur eine Anlernung bekommen hatten. Nach der Ausbildung oder Anlernung erfolgten, je nach persönlichem Anspruch und Können, Tätigkeiten als Schlepper, Gedingeschlepper und Lehrhauer. Hauer konnte der Bergmann erst werden, nachdem er einen Hauerlehrgang besucht und die Hauerprüfung abgelegt hatte. Erst der Hauer war die vollwertige Arbeitskraft, an der sich auch der Lohn der anderen Ebenen orientierte. Schlepper, Gedingeschlepper und Lehrhauer erhielten nur einen Prozentsatz des Hauerlohnes. Der Hauer war üblicherweise im Gedinge (Akkord) beschäftigt. Erreichte er aus irgendwelchen Gründen, die er nicht selbst zu vertreten hatte, über seine Leistung den Hauerlohn nicht, erhielt er den sogenannten Hauer-Mindestlohn, einen zwar geringeren Lohn, der aber ausreichte, den Lebensunterhalt zu sichern.

Über einen Mindestlohn für alle wird zurzeit scharf diskutiert. Ein Existenz sicherndes Einkommen für jeden Arbeiter gibt es bisher in unserem ansonsten sehr reichen Land nicht. Es ist eine Schande, dass in einigen Sparten trotz Vollzeitbeschäftigung das Einkommen für die Bestreitung des eigenen Lebensunterhaltes nicht ausreicht. Auch in dieser Beziehung war der Bergbau schon vor über 50 Jahren vorbildlich.

Für die Arbeiter gab es zu Beginn meiner Tätigkeit im Bergbau dreimal im Monat einen Lohntag. Zweimal im Monat gab es einen Abschlag auf den verdienten Lohn und am Anfang des nächsten Monats gab es den Restlohn. Der Abschlag wurde vom Steiger leistungsbezogen festgesetzt, der dann in bar in der Lohnhalle ausgezahlt wurde. Der Restlohn als Endabrechnung wurde unter Berücksichtigung aller gesetzlichen Abgaben errechnet und ebenfalls in bar ausgezahlt. Die Zahltage waren natürlich auch Einnahmetage der umliegenden Kneipen, in denen so mancher Abschlag versoffen wurde. Später wurde der Lohn durch die Post ausgezahlt und direkt vom Postboten an der Wohnungstüre abgeliefert. Die Einmalzahlung des Lohnes durch Überweisung auf eine Bank erfolgte erst Anfang der 1960er-Jahre.

Die technischen Angestellten erhielten ein Monatsgehalt, das aus einem Grundgehalt und einer oder mehreren Zulagen bestand. Bis Ende der 1950er-Jahre schrieb man die Gehaltszettel noch von Hand. Zulagen gab es für Leistung, wirtschaftliches Arbeiten und erreichte Grubensicherheit. Zulagen konnten zwischen 10 und 120 % des Grundgehaltes liegen. Darüber hinaus erhielten die technischen Angestellten noch eine kostenlose Dienstwohnung, die in regelmäßigen Abständen auch kostenlos renoviert wurde, sowie kostenlosen Brand und kostenlosen Energieverbrauch. Das war schon ein ganz erheblicher Anreiz.

Der Bergbauberuf wurde in vielen Liedern besungen und in vielen Gedichten beschrieben: Wenn man sich in großem zeitlichem Abstand den Text auf der Zunge zergehen lässt, ist die Absicht zu spüren. Damals war ich aber einfach nur stolz dazuzugehören.

Gedicht:

Ein Bergmann will ich werden,
Das ist ein Stand auf Erden,
Geachtet weit und breit.
So ist mein ganzen Streben
In meinem jungen Leben
Ein echter auch zu sein.
Ich meid den falschen Schein,
Kameradschaft will ich zeigen
Und abhold allem Feigen,
Geb' ich in Ehr als Unterpfand
Mein junges Herz dem Vaterland.

Ja, und ich gehörte nun dazu. Einige Tage vor der beabsichtigten Anlegung als Berglehrling war noch eine Eignungsprüfung zu bestehen, eine Prüfung der Kenntnisse in Deutsch und Rechnen sowie eine körperliche Untersuchung durch den Werksarzt.

Zu Beginn meiner Tätigkeit war ich gerade 14 Jahre alt und arm wie eine Kirchenmaus. Mein Vater hatte mir für den Start ins Leben 10 Reichsmark da gelassen. Das war die letzte finanzielle Zuwendung, die ich jemals von den Eltern erhalten habe, sie entsprach einem Gegenwert von zwei Zigaretten. Alles, was ich am Körper trug, von der Unterwäsche bis zum Mantel, hatte meine Mutter selbst genäht – und das zumeist aus gewendeter Militärkleidung. Meine sonstige Habe passte in eine Tasche.

Meine erste Schicht

Nach bestandener Eignungsprüfung verfuhr ich am 16. April 1947 auf der Zeche *Rosenblumendelle* in Mülheim-Heißen die erste Schicht als Berglehrling in der Ausbildungswerkstatt über Tage. Vom Berglehrlingsheim bis zum Zechentor waren es circa drei Kilometer. Ich bekam gemeinsam mit anderen Neulingen eine Einweisungsschicht. Der Ausbildungssteiger nahm uns am Zechentor in Empfang. Ich war sehr nervös, aber auch gespannt auf das, was auf uns zukommen sollte. Etwas ängstlich gingen wir am Pförtner vorbei durch das Zechentor. Von hier aus hatte man eine gute Übersicht über fast das gesamte Zechengelände, dessen Aufteilung uns der Ausbildungsleiter ausführlich erklärte.

Von einigen Bereichen des Betriebes wollten wir uns dann an Ort und Stelle ein Bild machen. Wir gingen zuerst zum Förderturm Schacht 1. Hier stand, ganz oben in dem gemauerten Turm über dem Schacht, die Fördermaschine. Wir fuhren mit dem Aufzug nach oben Ich staunte. Wände und Böden waren gefliest und überall sah man blank geputztes Messing. Hier strahlte es, alles war hell; der Raum, eigentlich ein großer Saal, war gut ausgeleuchtet und picobello sauber. Der Fördermaschinist saß in einem bequemen Ledersessel vor der Treibscheibe, neben ihm die Bedienungshebel; er hatte große Verantwortung. Bei der Personenfahrt hingen immerhin circa 100 Personen am Seil, und die musste er schnell und sicher im Schacht befördern.

Danach gingen wir zum Leseband, an dem die gesamte Tagesförderung über ein Stahlband lief. An beiden Seiten standen Leute, die von Hand Fremdkörper (Holz, Metall und auch dickere Gesteinsbrocken) aus dem Haufwerk nahmen. Das war der unattraktivste Ort im Tagesbetrieb, laut, staubig und dreckig. Leider wurden dort auf der Morgenschicht häufig auch Lehrlinge eingesetzt. Vom Leseband geht das Haufwerk in die Kohlenwäsche. Jawohl, Kohlenwäsche! Hier wird in einem ausgeklügelten technischen Verfahren der Rest der Steine rausgewaschen und die Kohle nach Korngrößen gesiebt. Was dann am Ende des Bandes herauskommt, ist die reine verwertbare Förderung, die entweder sofort in Bundesbahnwaggons geladen oder auf einer Halde zwischengelagert wird. Durch die Mechanisierung bedingt betrug der Bergeanteil (Anteil an Steinen) damals bis zu 50 % der Roh-Tagesförderung. Entsprechend schnell wuchsen die Steinhalden.

Hinter den Schächten befanden sich der große Materiallagerplatz und der Holzplatz, auf dem reger Betrieb herrschte, da dort mehrmals täglich Bundesbahnwaggons mit Holzstempel angeliefert wurden. Die Streben wurden fast alle in Holz ausgebaut, sodass großer Bedarf bestand. Die Waggons mussten entladen und die Stempel nach Länge und Durchmesser gestapelt werden. Der Bedarf für die Grube wurde hier auch in Förderwagen oder spezielle Holzwagen, die sogenannten Teckel, geladen und für den Abtransport bereitgestellt. So verschwanden ganze Wälder in kurzer Zeit in die Grube, um dort das Gebirge zu stützen.

Anschließend gingen wir in die Lehrwerkstatt. Im Erdgeschoss befanden sich die Schlosserei und die Schmiede. Hier wurde unter Anleitung von Schlosser- und Schmiedemeistern gemessen, gefeilt, gesägt und gehämmert. An den zwei Schmiedefeuern wurden Eisenstäbe zum Glühen gebracht und anschließend auf einem Amboss bearbeitet. An einer anderen Stelle reparierten Auszubildende defekte Eisenstempel. Und in einer Ecke befand sich das verglaste Büro des Obermeisters.

Nachdem wir die übertägigen bergmännischen Betriebe gesehen hatten, ging es in die Kaue, den Baderaum der Bergleute. Hier ziehen sich die Bergleute um und waschen sich nach der Schicht. Die Kleidung (Grubenzeug oder die Zivilkleidung) wurde an einem Haken befestigt, der nach dem Umziehen mithilfe einer Kette unter die Decke gezogen wurde. Für Jugendliche gab es, durch eine spanische Wand abgetrennt, einen eigenen Bereich. Bis hierhin wurden wir von unserem Begleiter geführt. Jetzt verabschiedete er sich und sagte: „Wenn ihr genug gesehen habt, ist ›Schicht‹. Ihr könnt nach Hause gehen und euch noch einen schönen Tag machen. Morgen früh treffen wir uns im Klassenzimmer über der Lehrwerkstatt. Da erhaltet ihr einige Informationen über die Steinkohle und unseren Steinkohlenbergbau und dann geht's in die Grube zur Besichtigung." Die letzten Worte wurden mit lautem Freudengeschrei begrüßt.

In der Kaue (Baderaum der Bergleute)

Und das war das erste Mal in meinem Leben, dass ich einen anderen Menschen nackt sah. Im Duschraum war Hochbetrieb, die Nachtschicht war gerade angekommen. Einige standen schon unter der Dusche und wuschen sich mit Seife den Dreck vom Körper. Schwarze Bächlein rannen vom Körper in den Abfluss. Andere Bergleute standen in gebeugter Haltung und ließen sich von ihrem Kumpel den Rücken schrubben. Um Zeit

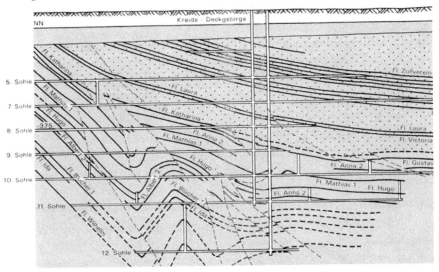

Schnitt durch das Steinkohlegebirge

zu sparen, stellten sich mehrere Nackte hintereinander auf und bildeten eine Kette. Nun konnte einer den Buckel des Vordermanns schrubben und bekam gleichzeitig seinen eigenen gesäubert. Zum Schluss bearbeiteten sich der Erste und der Letzte der Reihe. Andere standen vor den Spiegeln und rasierten sich. Alle schnieften und spuckten und befreiten so Hals, Nase und Luftröhre vom Kohlenstaub. Besonders schwierig waren die Augen. Hier musste jeder seine eigene Fertigkeit entwickeln, diese zu reinigen. Aber selbst bei Könnern blieb immer noch ein Rest, die „Knappschaftsbrille", wie man die kohlenstaubumrahmten Augen nennt. Was am ersten Tag noch beängstigend und bedrückend, ja bedrohlich auf mich wirkte, wurde später gar nicht mehr wahrgenommen. Das alles sollte von nun an für mich Alltag sein.

Am nächsten Morgen um 6 Uhr, alle noch ein bisschen müde, saßen wir im Klassenzimmer. 20 Berglehrlinge, einige 13, die anderen schon 14 Jahre alt. Zu uns gesellten sich der Ausbildungssteiger, zwei Meisterhauer und der Betriebsrat. Sie klopften uns erst mal auf unser schon vorhandenes Wissen ab. Außer dass Kohle schwarz ist, tief unten in der Erde liegt und dass man damit heizen und kochen kann, war aus den meisten von uns nichts aus herauszuholen.

Dann sprach der Ausbildungssteiger: „Ein freundliches Glückauf. Ich heiße Jordorf, Heinrich Jordorf. Ich bin euer Ausbildungssteiger. Bevor wir zur Besichtigung in die Grube fahren, möchte ich euch etwas über den Bergbau erzählen, es ist notwendiges Grundwissen." Heinrich Jordorf hatte einen dicken Packen DIN-A4-Blätter vor sich liegen. Er zeigte darauf und sagte: „Hieran möchte ich euch das Steinkohlengebirge und das Grubengebäude erklären.

Der Erdmantel besteht aus vielen unterschiedlich ausgeprägten Schichten. Stellt euch einfach vor, jedes der vor euch liegenden Papierblätter wäre so eine Schicht, die wenigen schwarzen Seiten dazwischen sollen die Steinkohlenflöze sein. Die sind in der Karbonzeit entstanden.

Die Karbonzeit begann vor 275 Millionen Jahren und hat 75 Millionen Jahre angedauert. Das Karbongebirge selbst ist 2.500 bis 3.000 Meter mächtig und hat 50 bis 60 abbauwürdige Flöze von 0,6 bis drei Metern Stärke." Es ist kaum zu glauben und noch schlechter zu vermitteln, doch das Gebirge zeigt dem Bergmann noch heute tatsächlich in 1.000 Meter Tiefe ganze Abschnitte der Erdgeschichte und lässt ihn erahnen, welche ungeheuren Bewegungen im Laufe der Zeit in der Erdkruste stattgefunden haben. In dieser Zeit herrschte bei uns überwiegend tropisches Klima. Auf der Erdoberfläche wuchsen in der Karbonzeit riesige Wälder, deren Bäume in der damaligen stark CO_2-haltigen Atmosphäre schnell wuchsen und ungeahnte Höhen erreichten. Eine Waldgeneration wuchs auf der anderen und wurde durch die Bewegungen in der Erdkruste vom Meer überschwemmt und mit Meeresablagerungen überdeckt, und das wieder und immer wieder. Die Erosion tat ihr Übriges.

Inkohlung

Ein zu jener Zeit am Rande der Ereignisse stehendes riesiges Gebirge, das *Variskische Gebirge*, das bis zu 8.000 Meter in die Höhe ragte, wurde in Millionen von Jahren durch die Erosion fast vollständig abgetragen und bedeckte mit den Sedimenten die abgesunkenen Wälder. Durch die Bewegungen in der Erdkruste, durch Überschwemmungen und auch durch Ablagerungen von Erosionsmaterial wurden die Flöze immer stärker und luftdicht überlagert – eine der Voraussetzungen für die Kohlewerdung –

und gerieten in die Tiefe, in der wir sie heute finden. So wurde aus Bäumen in der Reihenfolge Moor, Torf und Braunkohle und mit zunehmendem Gebirgsdruck und Hitze dann Steinkohle. Diese entwickelte sich von der Gaskohle über die Fettkohle bis zum Anthrazit, der ältesten Art der Steinkohle. Das ist ein Vorgang, den die Fachleute Inkohlung nennen. Anthrazit hat einen Anteil von fast 100 % Kohlenstoff. Übrigens basieren Grafit und Diamanten ebenfalls auf Kohlenstoff. Damit aber aus Kohlenstoff Diamanten werden, ist eine bestimmte Lagerstätte sowie ein hoher Druck bei Temperaturen von über 3.000°C erforderlich. Durch diese Möglichkeit der Entwicklung wird Steinkohle auch oft als ›Schwarzer Diamant‹ bezeichnet. Der Bergmann kann unter Tage in der direkten Schicht über einem Flöz, einer Schicht, die er das Hangende nennt, Rippelmarken sehen, wie sie sonst nur am Meeresstrand vorkommen. Im Gestein über dem Flöz findet der Bergmann auch versteinerte Gräser, Blätter, Blütenpollen, Baumrinden und auch Muscheln (Ammoniten). Das sind fossile Abdrücke von Pflanzen in 1.000 Metern Tiefe. Zeugen der Vergangenheit.

All diese Dinge und noch vieles mehr erklärte uns der Ausbildungssteiger anhand seines Papierpacks. Unter anderem vermittelte er uns die unterschiedlichen Fachbegriffe, die Arten der Lagerung und den Beginn des deutschen Steinkohlenbergbaus. So erfuhren wir: Durch zu hohen Druck kommt es zu Abrissen und man spricht von einer geologischen Störung. An wenigen Stellen sind die Kohlenschichten durch die Bewegungen in der Erdkruste sogar bis an die Tagesoberfläche gedrückt worden oder sie lagerten nun knapp unter der Erdoberfläche. Diese Geburtsorte des deutschen Steinkohlenbergbaus liegen im Süden des Ruhrgebietes, bei Witten, Werden, Herbede, Sprockhövel oder Hattingen. Von hier aus entwickelte sich der Steinkohlenbergbau im Ruhrgebiet immer weiter in Richtung Norden. Das ganze Steinkohlengebirge ist infolge des großen Drucks auch von Rissen und Klüften durchzogen, die durch Abbaubewegungen weiter geöffnet werden. Gefährlich wird es, wenn die Risse so verlaufen, dass sie einen Gesteinsblock bilden, der durch sein Eigengewicht aus dem entstandenen Verband ausbrechen kann. Solche Gesteinsblöcke nennt man ›Sargdeckel‹. So mancher Bergmann ist schon durch einen solchen ums Leben gekommen. Nach all den Informationen wurde uns der Bau eines Bergwerks geschildert, der mit dem Errichten eines Schachtes beginnt. Mehrere Jahre nimmt das in Anspruch, diese in

Ziegelmauerwerk oder Stahlringen ausgebaute Röhre mit etwa zehn Metern Durchmesser bis zu 1.000 Meter tief in den Berg zu treiben. Mit zunehmender Tiefe wird es zudem immer wärmer – alle 33 Meter um circa ein Grad.

Der Bergmann spricht von der geothermischen Tiefenstufe. Nach dem Abteufen des Schachtes müssen viele Streckennetze angelegt werden, die in mehreren Etagen, den Sohlen, übereinander verlaufen. Jede Sohle verfügt selbst über ein umfangreiches Streckennetz aus Querschlägen, Richtstrecken, Gesteinsstrecken und Flözstrecken. Oft erstreckt sich ein untertägiges Streckennetz über 100 Kilometer, manchmal verläuft es auch noch weitaus länger. Es ist ein Kunstwerk an sich.

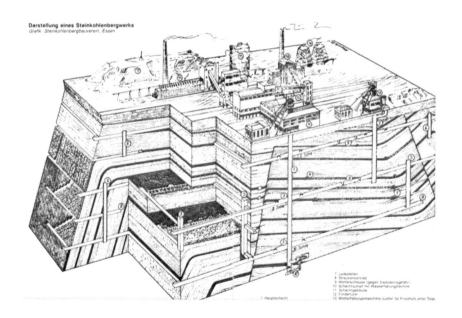

Darstellung eines Steinkohlenbergwerks
Grafik: Steinkohlenbergbauverein, Essen

Jeder einzelne Meter dieses umfangreichen Streckennetzes muss mit Atemluft versorgt werden. Das ist nicht leicht, weil die Luft sich immer den kürzesten Weg sucht. Die Luft muss also geführt, gelenkt werden. Sie wird aber nicht nur zum Atmen, sondern auch zum Verdünnen der in der Grube vorkommenden schädlichen Gase benötigt. Damit das in erforderlichem Maße geschieht, dafür sind der Wetteringenieur und seine Mitarbeiter, die Wettersteiger, verantwortlich. Der Bergmann nennt die Luft in den Schächten übrigens ›Wetter‹. Bergbau ist ein reiner Männerberuf. Frauenarbeit ist unter Tage gesetzlich verboten. Das hängt hauptsächlich mit der körperlichen Belastung, aber wohl auch mit der Gefährlichkeit dieser Tätigkeit zusammen. Bergleute benötigen ein umfangreiches Wissen und auch Erfahrung. Das hatten wir am Anfang unserer Ausbildung bereits zu spüren bekommen. Auch über die Gepflogenheiten wurden wir sogleich unterrichtet: Bergleute grüßen mit »Glückauf«, sind Kumpel, duzen sich und sind vor allem eine Gefahrengemeinschaft, denn jeder muss sich unter Tage auf jeden verlassen können; die Gefahr macht an keiner Grenze halt.

Die erste Grubenfahrt

Als die Theoriestunde beendet war, wurden wir in die Kaue geschickt, um unsere Bergmannskluft anzuziehen. Eine halbe Stunde hatten wir Zeit, danach wollte uns der Ausbildungssteiger zur gemeinsamen Grubenfahrt abholen. Und da standen wir nun auf der Hängebank: in Arbeitskleidung, den Lederhelm auf dem Kopf, das Arschleder vor dem Hintern und eine zwölf Kilogramm schwere Lampe in der Hand. Ringsherum war alles in Bewegung. Von Weitem hörten wir schon die Glockensignale und es war laut, entsetzlich laut; es rumpelte und ratterte und krachte aus allen Richtungen. Wir bekamen Angst.

Heinrich Jordorf erklärte: „Wir stehen hier direkt am Schacht, hier geht es 1.000 Meter in die Tiefe. Im Schacht hängen an einem armdicken Stahlseil zwei Förderkörbe, wenn der eine hier oben ist, steht der andere unten. Jeder Förderkorb hat fünf Etagen, auf jeder stehen zwei Förderwagen. Der Mann, den ihr hier seht, das ist der Anschläger, er gibt dem Fördermaschinisten die Ausführungssignale." Sich zum Anschläger wendend sagte er: „Glückauf, ich wollte mit den jungen Herren zur sechsten Sohle." Als der nächste Korb oben ankam, schob der Anschläger die beladenen Wagen vom Korb runter, aktivierte die Schutzgitter für die Personenfahrt und rief uns zu: »Seilfahrt.« Wir betraten den Förderkorb. Jetzt hingen wir im Schacht – weglaufen ging nicht mehr. Der Förderkorb setzte sich zwar langsam in Bewegung, erreichte aber nach unserem Gefühl eine atemberaubende Geschwindigkeit. Die Schachteinbauten rasten nur so an uns vorbei; mir wurde schwindelig. Hinzu kam ein starker Druck auf den Ohren und ein komisches Gefühl im Bauch, als der Korb stark abgebremst wurde. Wir waren an der sechsten Sohle angekommen.

Wir standen nun im Füllort, einem großartigen Bauwerk, bogenförmig aus Bruchsteinen gemauert und mit elektrischen Lampen hell ausgeleuchtet. Auch hier herrschte reges Treiben. Vor dem Schacht und hinter dem Schacht war alles in Bewegung. Es war laut, die Wagen knallten mit ihren Puffern aufeinander – Stahl auf Stahl –, dazwischen die Schachtsignale und laute menschliche Stimmen. Nichts wie weg! Wir gingen mit gemischten Gefühlen ganz nahe neben einem rollenden Leerwagenzug entlang und erreichten schnell einen Großraum.

Es ging weiter in Richtung Lehrrevier, ein ebenfalls bogenförmiger Ausbau. Hier wurden uns wiederum unzählige Dinge erklärt; welche Behälter wofür da waren, wann man für ›oben‹ sagte ›in der Firste‹ (nämlich dann, wenn man von einer Strecke spricht) und wann es ›das Hangende‹ heißt (dann, wenn man im Flöz die oberen Schichten meint). Auch die Gefährlichkeit des Kohlenstaubs, der einfach überall zu finden war, wurde uns erklärt. Vor allem bei einer Explosion konnte dieser verheerende Auswirkungen haben, denn er war sehr leicht entzündbar und würde, einmal Feuer gefangen, in Sekundenschnelle durch das ganze Grubengebäude rasen und alles vernichten.

Wir kamen dann zu einem Streckenabzweig. „Was ist das denn da?“, rief einer erstaunt und zeigte mit dem Finger auf eine holzgeschnitzte Heiligenfigur, die dort in einer kleinen Nische stand. „Ist das hier etwa eine Kirche unter Tage?“ Alles lachte.

„Warum lacht ihr?“, fragte Herr Jordorf in die Runde, „Das ist überhaupt gar keine dumme Frage. Was ihr dort seht, ist ein Abbild der heiligen Barbara und die ist die Schutzpatronin der Bergleute. Ihr Gedenktag

ist der 4. Dezember, da feiert man vielerorts im Ruhrgebiet das Barbara-
fest. Gelegentlich findet unter Tage auch schon mal ein Gottesdienst
statt. Viele Bergleute sind sehr religiös und auch regelmäßige Kirchenbe-
sucher. Es gibt viele Bergmannslieder mit religiösem Hintergrund. Eins
der schönsten hat folgenden Text:

Glückauf ihr Bergleut, jung und alt,
seid frisch und frohgemut.
Was helfen eure Klagen all,
es wird schon werden gut.

Gott hat uns einst die Gnad gegeb'n,
dass wir vom edlen Bergwerk leben,
drum singt mit uns der ganze Hauf
Glückauf, Glückauf, Glückauf.

Von einer Zeche erzählt man sich sogar, dass aus ihren Schornsteinen
kein Qualm, sondern Weihrauch emporsteigt." Wieder lachten alle.

Hier im Lehrrevier lernten wir auch Meisterhauer Schulte kennen, der
unsere Tour weiter begleitete. Er zeigte und erklärte, beschrieb die verschiedenen Abbauprozesse. Dann waren wir im Lehrstreb. Die Flözmächtigkeit betrug hier circa einen Meter und die Lagerung war fast flach.
„Was da vorne so glitzert, wenn man es anleuchtet, das ist die Kohle",
erklärte Herr Schulte. „Der schwarze Diamant", schrie einer überrascht
und begeistert. „Jungens aus dem dritten Lehrjahr arbeiten hier für einige Zeit im Ausbildungsabschnitt ›Abbau‹. Hier wird noch in Holz ausgebaut", erklärte Meisterhauer Schulte weiter und zeigte auf die Holzstempel, die das Gebirge stützen sollten. Und dann wurden wir zu einem
Jungkohlenhauer geführt.

Im Schein unserer Grubenlampen mussten wir dreimal hinschauen,
um überhaupt etwas erkennen zu können. Er war in der Finsternis nämlich kaum zu sehen. Aus seinem kohlenstaubgeschwärzten Gesicht fun-
kelte uns nur das Weiß seiner Augen an.

Gespenstisch, aber toll, wie das aussah, und bald würden auch wir so
aussehen. Wir freuten uns schon darauf. Der junge Mann rief uns zu:
„Wollt ihr es auch mal probieren?" Und ob wir wollten!

Und so drückte er dem Ersten von uns den Abbauhammer in die Hand und zeigte ihm, wo er ansetzen sollte.

Vom Abbauhammer kamen leise Geräusche – tok, tok, tok –, aber nichts tat sich.

„Ja", sagte der junge Mann, „Kohle abbauen ist nicht leicht, du musst da ganz feste auf den Abbauhamerdrücken."

Aus dem Buch „Der Arbeitsplatz des Bergmann" von Evelyn Kroker

Tok, tok, tok, machte es wieder, aber wieder tat sich nichts.

„Lass mal einen Stärkeren ran", hieß es dann.

Der Nächste von uns nahm den Abbauhammer und drückte und drückte, doch nichts passierte. So ging es immer weiter, bis schließlich ich an der Reihe war. Alle waren bereits demotiviert und schämten sich wegen ihrer Schwäche. Auch ich hatte keine große Hoffnung und war sehr nervös. Doch probieren wollte ich es und drückte drauf und, oh Wunder, der Abbauhammer ratterte und brach die Kohle. Ich war selbst erstaunt.

Doch bevor sich meine Brust vor Stolz schwellen konnte, sagte der Ausbildungssteiger: „Habt ihr gar nicht bemerkt, dass der junge Mann euch gerade verarscht hat?" Ungläubige Gesichter. „Er hat bei allen den Luftschlauch abgeknickt, nur beim Leo die Luft voll durchgelassen." Der junge Mann grinste.

Auch das war so üblich unter den Kumpel. Dann ging es wieder zurück ans Tageslicht. Alle waren hell begeistert, aber auch etwas traurig, weil wir ja noch zwei Jahre würden warten müssen, um unter Tage eingesetzt werden zu können.

Aus dem Buch „Der Arbeitsplatz des Bergmann" von Evelyn Kroker

Die ersten zwei Jahre meiner Ausbildung zum Bergknappen führten mich - dem Ausbildungsplan entsprechend - zur Ausbildung in die Schlosserei, die Schreinerei, die Schmiede und an verschiedene Arbeitsplätze im Tagesbetrieb, wie dem Leseband, der Hängebank, der Kohlenwäsche und in das zecheneigene Kraftwerk. Die in der Schreinerei, der Schlosserei und der Schmiede vermittelten Kenntnisse waren für ein erfolgreiches Arbeiten im Beruf unerlässlich, aber auch im privaten Bereich sehr hilfreich. Nach Erreichen des 16. Lebensjahres erfolgte eine Verlegung in den Untertagebetrieb.

Aus dem Buch: „Witten - Wiege des Ruhrbergbaus" von Bruno Sobotka

Gleich am ersten Arbeitstag wurde ich Mitglied der Industriegewerkschaft Bergbau. Nicht ganz freiwillig, denn ich wusste damals überhaupt nichts damit anzufangen. Sinn, Zweck und Notwendigkeit sowie Aufgaben einer Gewerkschaft waren mir völlig unbekannt. Mit meinem Arbeitsvertrag bekam ich einfach auch die Eintrittserklärung zur Unterschrift vorgelegt – und unterschrieb. Wie wichtig eine Gewerkschaft für jeden Einzelnen und für die gesamte Gesellschaft ist, wurde mir aber schnell klar.

Im Jahre 2007 bin ich für die 60-jährige Mitgliedschaft geehrt worden. Ich bin der Gewerkschaft treu geblieben, obwohl das nicht in allen beruflichen Positionen, die ich innehatte, sinnvoll und manchmal sogar auch von Nachteil war. Die meisten meiner Kollegen haben die Mitgliedschaft aufgegeben, als sie nach entsprechender Qualifizierung zum Oberbeamten befördert wurden.

Die Existenz einer Gewerkschaft und die Aufgaben einer Gewerkschaft konnte ich als 14-Jähriger überhaupt nicht verstehen, was sich aber schnell ändern sollte.

400 Jugendliche aus dem Betrieb wählten mich zu ihrem Gewerkschaftsjugendleiter. Über den Betriebsrat und verschiedene Gewerkschaftsseminare konnte ich mir viel Wissen über Arbeitsrecht aneignen. Bei den von der IG Bergbau organisierten Protestmärschen demonstrier-

te ich mit meiner Jugendgruppe u. a. auch als Reaktion auf die Diskussionen im Vorfeld zur Wiedereinführung der Wehrpflicht in der Bundesrepublik Deutschland, unter dem Motto **„Butter statt Kanonen, mehr Lohn statt Divisionen …".** Trotz dieser Protestmärsche wurde aber die allgemeine Wehrpflicht tatsächlich im Jahre 1956 eingeführt.

Im Rückblick kann man sagen: Damals erfolgte nichts freiwillig und aus Menschenliebe. Wir kämpften für mehr Lohn, kürzere Arbeitszeiten, längeren Urlaub, sichere Arbeitsplätze, Mitbestimmung auf Veranstaltungen und mit Petitionen; wir trafen uns auch außerbetrieblich noch zu Diskussionen.

Das Lied, „Wenn wir schreiten Seit an Seit …" war für uns allgegenwärtig.

Verpflegung für Leistung

Nach jeder verfahrenen Schicht gab es in den Krisenjahren von 1945-1948 in einer als Kantine ausgebauten Baracke gegen Vorlage einer Zechen-Essensmarke eine warme Mahlzeit. Brote und Essensmarken hatten auf dem Schwarzmarkt ihren Preis. Da ich einer der Jüngsten und Kleinsten war, hatten die Essensausgeberinnen Mitleid mit mir und ich bekam immer einen Nachschlag, auch wenn ich meine Essensmarke auf dem Schwarzmarkt verkauft hatte. Im ersten Lehrjahr verdiente ich 2,50 RM pro Tag. Damals gab es noch die 48-Stunden-Arbeitswoche, also sechs Tage à acht Stunden, wir bekamen zwölf Tage Urlaub und fünf Feiertage im ganzen Jahr zugesprochen. Krankengeld gab es erst vom vierten Tag an. Zudem wurden Krankfeiernde noch kontrolliert, ob sie sich im Haus aufhielten. Krankmeldungen über 14 Tage hinaus konnten nicht vom Hausarzt, sondern mussten von einem Vertrauensarzt ausgestellt werden. Das Arbeitszeug war selbst zu beschaffen und auch regelmäßig selbst zu reinigen. So zogen die Bergleute regelmäßig zum Wochenende mit ihrem Pümmel – so nannte man den mit schmutzigem Arbeitszeug gefüllten Leinensack – auf dem Buckel nach Hause.

Später bekamen die Kumpel ihr Arbeitszeug kostenlos gestellt und auch kostenlos gewaschen. Welch ein Fortschritt, wenn man bedenkt, dass noch einige Jahre zuvor nicht nur das Arbeitszeug zu Hause zu waschen war, sondern auch der Kumpel. Er ging dann in Arbeitszeug und mit kohlenstaubgeschwärztem Gesicht über die öffentlichen Straßen bis zur Bergarbeiterkolonie, den Siedlungsbereichen der Bergleute. Werkzeug (das ›Gezähe‹) bekam man im Magazin zur Ausleihe, was vom Verwalter auf einer entsprechenden Karte vermerkt wurde. Ging das Gezähe verloren oder wurde es gestohlen, wurden die Kosten vom Lohn abgezogen, es sei denn, der Betriebsführer bescheinigte schriftlich, dass der Verlust unvermeidlich war, zum Beispiel weil das Gezähe unter einen Bruch gekommen war und nicht zurückgewonnen werden konnte.

Eine selbst gedrehte Zigarette kostete damals auf dem Schwarzmarkt 5 RM, eine ›Aktive‹ (fabrikmäßig hergestellte Zigarette) kostete 8 RM. Auch ich sammelte die von den alliierten Soldaten auf die Straße geworfenen Kippen auf, drehte aus dem gewonnenen Tabak und Zeitungspapier Zigaretten der Marke „Eigenheimer" und verscheuerte diese dann. Ein Heimdubbel (Doppelschnitte Brot mit Marmelade) kostete 5 RM und ein Zechendubbel, gut mit Wurst belegt, 7–9 RM. Kantinenessen hatte seinen Tagespreis, der zwischen 4 und 8 RM lag. Es gab keine Teller, sondern man aß aus dem mitgebrachten Kochgeschirr; Bergleute mit Familie konnten so auch etwas für die Lieben mitnehmen oder es auf dem Schwarzmarkt verkaufen, denn hier wurde wirklich alles ge- und verkauft, was nicht niet- und nagelfest war, und das nicht nur von den Heimbewohnern.

Lehrlinge des Berglehrlingsheimes bekamen von ihrem Einkommen 5 RM Taschengeld pro Monat – also den Gegenwert von einer Zigarette. Für Unterkunft und Verpflegung im Heim wurden 40 RM pro Monat vom Lohn zurückgehalten. Was noch übrig blieb, kam auf ein Sparkonto und sollte nach der Abschlussprüfung ausgezahlt werden. So kam es, dass ich fast anderthalb Jahre, also bis zur Währungsreform, für lediglich 5 RM je Monat gearbeitet habe. Es ist sicher zu verstehen, dass ich, wie auch meine Kollegen, unter diesen Bedingungen alles, was eben entbehrlich war – auch meine Brote und mein Mittagessen – zu Schwarzmarktpreisen verkauft habe. Da Geld keinen Wert mehr hatte, wurde von den Amerikanern für die im Gedinge (Akkord) beschäftigten Bergleute ein Leistungsanreiz eingeführt, zunächst die Carepakete und später IK-Marken. Carepakete waren mit Nahrungsmitteln der feinsten Art gefüllt, die die Leistungsfähigkeit und den Leistungswillen erhöhen sollten. Mancher Magen rebellierte, weil er so gute Sachen nicht mehr gewohnt war. Weitere Sonderleistungen für die Bergleute waren Zusatzkleidung, aber auch

Sonderzuteilungen an Schnaps und Zigaretten. Die Menge, die an die Einzelnen verteilt wurde, war leistungsabhängig. Jugendliche erhielten zudem eine Extraportion an Süßigkeiten.

Berlinkrise

Politisch bahnte sich eine unruhige Zeit an, der Beginn des Kalten Krieges. Aus Protest gegen einen beabsichtigten westdeutschen Staat sperrten sowjetische Truppen am 24. Juni 1948 die Zufahrtswege nach Berlin, das dadurch von allen Nachschüben abgeschnitten war. Panzer fuhren auf, die Welt hielt den Atem an. Hatte die Menschheit aus dem Krieg nichts gelernt, würde es doch wieder Krieg, Bomben, Angst und Schrecken geben, setzten sich in dieser gefährlichen Situation die ›Falken‹ oder die ›Tauben‹ durch? Nichts wurde ausgeschlossen, man war ja an Grausamkeiten und unmenschliche Entscheidungen gewöhnt. Die ›Tauben‹ konnten sich letztendlich durchsetzen, und in einer beispielhaften Aktion sicherten die drei Westmächte auf dem Luftweg durch etwa 200.000 Flüge der legendären Rosinenbomber die Versorgung der ehemaligen Reichshauptstadt und trotzten dadurch der Erpressung der Sowjettruppen. Im August 1948 vereinigten die drei Westmächte ihre Besatzungszonen zur Trizone; es war die Geburt des westdeutschen Staates. Das Volk sprach von Trizonesein und viele sangen erleichtert: „Wir sind die Eingeborenen von Trizonesein …"

Aber auch moderne amerikanische Musik eroberte das Land und vor allem die Jugend. Besonders beliebt war der Song: *„Pardon me, boy, is that the Chattanooga Choo Choo …"*

Erst am 12. Mai 1949 wurde die Blockade der Zufahrtswege nach Berlin aufgehoben. Am 23. Mai 1949 trat das Grundgesetz der Bundesrepublik Deutschland in Kraft. Aber die Zeit war noch immer gekennzeichnet von Mangel in allen Lebensbereichen. „Chattanooga Choo Choo" wurde umgereimt und wir sangen:

Verzeihen Sie mein Herr,
fährt dieser Zug nach Kötzschenbroda?
Er fährt vielleicht, wenn die Kohle noch reicht!
Für geübte Leute ist das

Reisen heute kein Problem,
auf dem Puffer, auf dem Trittbrett
fährt's sich ganz bequem,
kriechste noch nen Fußtritt,
fährst du auf dem Dach mit
und hast obendrein noch frische Luft.
So fährt man heut,
von Groß Berlin nach Kötschenbroda und
dann und wann, kommt man auch mal an.

Im Berglehrlingsheim gab es einige Gitarrenspieler. Wenn die sich an lauen Sommerabenden irgendwo auf den Boden hockten, zusammengekauert, die Gitarre unterm Arm, die Augen sehnsüchtig in die Ferne gerichtet und spielten und sangen, bildete sich rundherum schnell ein Kreis von Leuten, die in den Gesang einstimmten. Der Künstler und seine Musikbegleiter sangen oder summten dann mit schmachtender Stimme und in sentimentaler Stimmung z. B.: *„Wenn bei Capri die rote Sonne im Meer versinkt ..."*

Währungsreform

Im Jahr 1948 kam die Währungsreform. Jetzt erhielt jeder Deutsche 40 DM und zwei Wochen später noch einmal 20 DM. Das Geld auf meinem Sparkonto war im Zuge der Währungsreform verfallen. Umgetauscht wurden später nur Beträge über 600 RM im Verhältnis 1 zu 10 und da lag ich noch weit drunter. All die Arbeit der letzten anderthalb Jahre war nun lediglich 5 RM pro Monat wert.

Während des Krieges und in den Nachkriegsjahren bis in die 1950er-Jahre hinein gab es einen Mangel an den elementarsten Dingen. Es gab Tauschzentralen, wo man nicht mehr benötigte Sachen oder solche, die man eben entbehren konnte, gegen andere lebenswichtige Dinge tauschen konnte. Es wurde vieles benötigt, denn der Nachholbedarf war wegen der Kriegsschäden sehr groß. Alles wurde gesammelt und aufbewahrt, nichts wurde weggeworfen. Selbst alte verrostete und verbogene Nägel richtete man sorgfältig und lagerte sie für eine spätere Verwendung ein. Alte Kleidung, speziell auch Wehrmachtskleidung, wurde auseinandergetrennt, gewendet, gefärbt und wiederverwendet. Zuckersäcke wurden aufgeribbelt und aus den Fäden wurden Pullover gestrickt

Wenn man noch vor der Währungsreform nicht mal für viel Geld etwas kaufen konnte, gab es nun plötzlich wieder alles, was man sich nur vorzustellen vermochte. Doch jetzt hatte keiner Geld – und ich schon gar nicht.

Auch sonst hatte sich vieles geändert. Es war eine ganz neue Welt. Es gab Licht und Glanz - wir staunten nur!

Politisch hatte sich einiges geändert. Die Gründung der Bundesrepublik Deutschland und das Inkrafttreten der parlamentarischen Demokratie – natürlich unter Kontrolle der Siegermächte – hatten auf mich, meine Familie, Freunde und Bekannten keinen spürbaren Einfluss. Die deutsche Wirtschaft wuchs und blühte. Deutschland hatte seinen ›Juliusturm‹, so wurden die von 1952–1957 erwirtschafteten Überschüsse des Bundeshaushaltes bezeichnet. Das alles berührte mich nur peripher. Mein Fokus war jetzt ganz auf meinen Beruf und speziell auf meine eigene berufliche und private Situation gerichtet.

Bergbau

1947 gab es im Bergbau noch mittelalterliche Zustände Was aus heutiger Sicht unglaublich klingt, war damals Alltag. In den Abbaustrecken, die auf meinem Bergwerk in der Regel so eng waren, dass nur ein Förderwagen hindurchpasste, fand eine ständige Bewegung statt.

Da mussten leere Wagen hinein- und beladene heraustransportiert werden. Was früher noch von sogenannten Schleppern einzeln von Hand oder auch durch Grubenpferde geschah, wurde 1949 im Zugverband mithilfe von Stahlseilen und Drucklufthäspeln erledigt. Die Ausführungssignale zum Bewegen der Zugverbände erhielt der Haspelführer noch in kurzen Strecken durch Zuruf oder durch Lichtsignale mit der Grubenlampe. In längeren Strecken, in denen das nicht mehr möglich war, mussten die Kommandos durch Klopfzeichen mit dem Hammer auf die Druckluftleitung gegeben werden. Wurden die Entfernungen größer und damit die Signale schwächer, richtete man auf halbem Wege eine ›Klopfzwischenstation‹ ein. Hier hielt ein Kumpel, zeitweilig wurde auch ich dafür eingesetzt, Hand und Ohr an die Rohrleitung, um die schwachen Klopfzeichen zu empfangen und durch neue sicherzustellen, dass der Haspelführer richtig reagierte.

Ein ruhiger Job, aber nichts für mich. Ich empfand das schon als Auszubildender als sehr rückständig und mittelalterlich. Meine Arbeit im Lehrstreb war aber auch nicht wesentlich aufregender. Ich schaufelte Steine in einem nur einen Meter mächtigen Flöz bei einer Neigung von 45 Grad gegen die Horizontale. Oder ich löste die Kohle mit dem Presslufthammer, der ständig kräftige Schläge in meine ja noch jungen Muskeln, Gelenke und in das ganze Skelett übertrug. Das alles bei einer Tem-

Aus dem Buch „Der Arbeitsplatz des Bergmanns" von Evelyn Kroker

peratur von 28–30°C, gepaart mit einer hohen Luftfeuchtigkeit. Ich arbeitete mit freiem Oberkörper, kurzer Unterhose, Arschleder, Knieschoner, Ellenbogenschoner, Leder-Grubenhelm und einer zwölf Kilogramm schweren Grubenlampe um den Hals, umgeben von absoluter Dunkelheit. Ganz zu schweigen von dem Staub, der im Bereich der Anthrazit- und Esskohle einen sehr hohen Gesteinsstaubanteil hat, die Ursache für die gefürchtete Staublunge. Nein, das wollte ich alles nicht, zumindest nicht für mein ganzes zukünftiges Berufsleben. Ich hatte die Blut spuckenden Bergleute vor Augen und kannte Berginvaliden, die nur 35 Jahre alt geworden waren. Einige meiner Kollegen hatten schon aufgegeben. Als sie gingen, riefen sie mir und den Zurückbleibenden »Selbstmörder« zu.

Ein Mädchen, mit dem ich einmal im Kino war, sagte zu mir zum Abschied die „tröstenden" Worte: „Mit uns kann das nichts werden, du bist Bergmann, mein Vater war auch Bergmann, er ist unter schweren Qualen an Staublunge gestorben. Das war so schlimm, dass ich ihn am liebsten umgebracht hätte, um ihn von seinem Leid zu befreien."

Ich wollte eigentlich länger leben und das möglichst gesund und ohne Qualen. Aber was tun? Hatte nicht mein ehemaliger Hauptlehrer gesagt, dass in jedem Beruf mal eine Zeit käme, in der man am liebsten alles hinschmeißen möchte. Er sagte damals: „Nicht hinschmeißen, sondern durchbeißen und auf bessere Zeiten hoffen. Also Helm auf und durch, auf Regen folgt Sonne!"

Weiterbildung in der Wartezeit

Ich wohnte im Bullenkloster, das ausschließlich für Betriebsangehörige da war, und hätte Unterkunft und Job gleichzeitig verloren, wenn ich gekündigt hätte; zudem hatte ich kriegsbedingt eine schlechte Schulausbildung. Ich begann, an meinem Berufsziel Steiger zu zweifeln. War das unter den gegebenen Bedingungen überhaupt noch erstrebenswert? Was wäre, wenn ich den Anforderungen überhaupt nicht gewachsen sein würde? Doch ich gab nicht auf, riss mich zusammen. Bis ich die Ausbildung für die Steigerlaufbahn beginnen konnte – das Mindestalter war auf 19 festgesetzt –, musste ich noch drei Jahre warten. Das war genug Zeit für eine Bildungsaufrüstung, die ich jetzt für immer wichtiger hielt.

Aufbauklasse

Ich besuchte nun nebenberuflich zwei Jahre lang einmal die Woche eine Aufbauklasse der *Westfälischen Berggewerkschaftskasse.*

Kaufmännische Privatschule

Mit meinem geringen selbst verdienten Geld ging ich dann auf eine kaufmännische Privatschule, von der ich mich später aber wieder verabschiedete, weil eine Lehrerin mich behandelte wie einen kleinen dummen Jungen. Sie schien nicht zu verstehen, was ich nach acht Stunden Untertagetätigkeit da vollbrachte, regte sich nur auf, wenn ich keine Schulaufgaben vorzeigen konnte. Wir diskutierten oft, irgendwann eskalierte es dann. Ein Wort ergab das andere; die Frau und die Schule haben mich nicht mehr gesehen.

Abendgymnasium

Ich erfuhr von einem Abendgymnasium in Duisburg und meldete mich dort an. Auch das musste ich natürlich neben meiner Achtstundenschicht unter Tage und auf eigene Kosten bestreiten. Oft schlief ich auf der Fahrt in der Straßenbahn, manchmal sogar in der Schule ein. Irgendwann erhielten meine Eltern einen Brief vom Abendgymnasium; sie fielen aus allen Wolken, denn sie wussten bis dahin noch nichts. Und dann auch noch gleich einen blauen Brief; ich hatte eine Fünf in Latein. Meine Eltern wussten noch nichts von meinem Bildungsdrang und schrieben mir, dass sie sich wunderten, dass ich als Bergmann auch Latein lernen müsste.

Bis Mitte 1948, etwa zum Zeitpunkt der Währungsreform, geschah bezüglich des Wohnens und des Essens im Berglehrlingsheim Entscheidendes. Der ausgebombte Teil des Gebäudes wurde wiederhergestellt, alle Personen über 18 Jahre mussten das Heim verlassen und es wurde ein Pädagoge als Heimleiter eingestellt. Von nun an war es ein ordentlich geführtes und sauberes Berglehrlingsheim, das bald über die Grenzen hinaus einen guten Ruf erlangte. Freizeiteinrichtungen wurden geschaffen, wie ein Fußballplatz, Tennisplätze, ein Billardtisch, Tischtennisplatten und sogar Boxhandschuhe standen schon Ende 1948 zur Verfügung. Im Heim wurde nun nicht nur ein Höchstalter festgelegt, sondern man achtete auch vermehrt auf den Bildungsgrad: Zumindest einen Abschluss an der Volksschule hatte man vorzuweisen, am besten noch das Abitur.

Es wurde fast schon intellektuell. An arbeitsfreien Tagen diskutierten die Heimbewohner auf den Stuben über gesellschaftliche und politische Entwicklungen im Lande und in Europa. Unsere Gespräche waren vielleicht vergleichbar mit dem ehemaligen „Frühschoppen" am Sonntagmorgen im Ersten Deutschen Fernsehen. Ich sehe unser Tun gern als einen Vorläufer dessen, nur etwas kleiner, etwas ungeordneter, aber genauso ernsthaft und leidenschaftlich. Die Wortführer saßen auf dem Tisch, der wie eine Bühne wirkte. Die anderen Disputanten lagen auf den

Etagenbetten, zum Teil im Unterzeug, oder sie saßen auf den Bettkanten mit Blick zum Plenum und ließen die Füße herabbaumeln. Im Nachhinein war das irgendwie sogar idyllisch.

Europa, ein Traum, wird er wahr?

Wie sollte es weitergehen mit uns, mit Deutschland, ohne Vorbilder, ohne erstrebenswerte Ziele? Anfang der 1950er Jahre kam der europäische Gedanke auf. Ein Gedanke, der mich und viele meiner Altersgenossen begeisterte. Deutschland, eingebettet in die Vereinigten Staaten von Europa – ja, dafür lohnte es sich zu leben, danach lohnte es sich zu streben. Ein weiter Weg, der, bisher noch lange nicht zu einem vereinigten Bundesstaat, sondern nur zu einem Europa der Vaterländer geführt hat, und das noch mit vielen Fragezeichen. Ja, die schreckliche Vergangenheit! Die anderen Länder haben Angst vor »Deutschland, Deutschland über alles ...«.

Die Hoffnung auf einen vereinigten Bundesstaat Europa schwindet von Tag zu Tag. Vor allem das „Griechische Drama" zeigt in neuester Zeit die enormen und scheinbar unüberwindbaren Unterschiede zwischen den Nord- und den Südländern. Unüberwindbar nicht nur wegen der Finanzen, sondern auch und vor allem wegen der Mentalitäten. Zu bewundern ist aber, dass sich einige Politiker mit allen ihnen zur Verfügung stehenden Kräften darum bemühen, wenigstens das Bisschen, was bisher erreicht wurde, zu erhalten. Ihnen gebührt Anerkennung und Lob.

Es ist einfach schlimm, wie sich Staaten an ungewöhnlich hohe Schulden gewöhnen können. Im Falle Griechenlands sollen es bisher 320 Milliarden Euro sein, weitere 80 Milliarden sind eingeplant. 400 Milliarden Euro, lieber Gott!!! Um die Größe der Zahlen mal deutlich zu machen: Das Alter des gesamten Universums wird heute mit ca. 14 Milliarden und das Alter der Erde mit 4,5 Milliarden Jahren errechnet. Griechenlands Schulden allein entsprechen seit Christi Geburt 198 Millionen pro Jahr, entsprechend ca. 542 Tausend Euro pro Tag. Unglaublich!!

Viele andere Staaten haben auch nicht besser gewirtschaftet. Ganz Europa versinkt im Schuldensumpf. Einschränkungen hinnehmen, um keine weiteren Schulden zu machen oder sogar weiter Schulden abzubauen, will erklärlicher Weise keiner. Eine denkbare Möglichkeit, die Schulden wenigstens nicht weiter ansteigen zu lassen und ihren Gegenwert zu verringern, wäre eine hohe Inflationsrate. Der Ruf nach Schuldenausgleich zwischen den Ländern bedeutet eine Verletzung der bestehenden Gesetze und würde darüber hinaus die ohnehin schon in allen Ländern in einem zu großen Maße vorhandenen nationalen Gefühle verstärken. Es muss etwas geschehen, so geht es nicht weiter, ein vereinigtes Europa ist in weite Ferne gerückt. Europa ist in Gefahr! Jetzt wird es Zeit, die Basis mitzunehmen, denn sie rumort in allen Ländern. Alte Männer werden das nicht erreichen, sie sind satt und kleben an ihren Stühlen. Vielleicht sollten in der Europapolitik mal die alten Männer gegen junge Frauen, vor allem gegen Mütter, ausgetauscht werden, denn den Müttern gehört die Zukunft, ihnen und ihren Kindern.

Zu Beginn standen sich der Bergbau und Europa ganz nahe.

Nach vielen Verhandlungen wurde 1952 die Europäische Gesellschaft für Kohle und Stahl, die Montanunion (EGKS), gegründet, ein erster Schritt zur wirtschaftlichen und politischen Vereinigung. „Europa" wurde in meinem Bekanntenkreis viel diskutiert. Wir sahen in einem vereinigten Europa eine Möglichkeit für einen immerwährenden Frieden zwischen den europäischen Staaten. Aber noch lagen die Wunden offen und schmerzten, noch gab es Angst, Neid und Misstrauen und auch Sprachbarrieren, die das menschliche Miteinander erschwerten. Um das zu überwinden, waren wir für eine einheitliche Sprache, die aber keine der Landessprachen, sondern eine neutrale sein sollte. Vorsorglich lernte ich nun Esperanto, die künstlich geschaffene Sprache für Europa.

Das Zusammenleben im Berglehrlingsheim war nett, oft sogar lehrreich. Aber es gab eben auch die andere Seite. Wie überall im Leben kämpften auch hier einige Mitbewohner um Anerkennung als ›Leitbullen‹. Neuankömmlinge wurden bald zu einem Boxkampf herausgefordert, um sie in die Rangfolge der Stärksten einordnen zu können.

Nach der Schicht fuhr man in der Regel von der Blumendeller Straße mit der Straßenbahnlinie 18 in die Stadt nach Mülheim/Ruhr. Wegen meiner Doppelbelastung durch Schule und Betrieb war ich selten dabei. Aber wenn es meine Zeit erlaubte, schloss ich mich den Kumpel an. Die Straßenbahnen waren ständig überfüllt. Fand ich keinen Platz, was eigentlich immer so war, fuhr ich auf einem der Trittbretter oder auf dem Puffer mit. Das war zu dieser Zeit ganz normal. In der Stadt gingen wir meist ins Kino. Anschließend schlenderten wir gern die Flaniermeile, Rennbahn genannt, entlang, einfach nur, um zu sehen und gesehen zu werden. Um irgendetwas zu kaufen, fehlte uns das Geld.

Betriebsräte und Gewerkschaft

Im Mai 1955 wurden die Gründung der Bundeswehr und die Wiederbewaffnung Deutschlands beschlossen. Mein Kumpel und Zimmergenosse aus dem Bremsberg gehörte zu den ersten Freiwilligen. Rechte und Pflichten der Betriebsräte wurden erstmals 1920 in der Weimarer Republik im Betriebsrätegesetz aufgeführt. In der Zeit des Nationalsozialismus waren Betriebsräte verboten. Das Kontrollratsgesetz vom 10. April 1946 gestattete ihre Tätigkeit in Deutschlands Betrieben wieder. Meine Berufsausbildung von 1947–1950 fiel also noch in die Zeit des Kontrollratsgesetzes. Das Betriebsverfassungsgesetz von 1952 regelte dann erneut die Rechte und Pflichten der Betriebsräte.

Schon ein Jahr vorher wurde das Gesetz über die Mitbestimmung der Arbeitnehmer in den Aufsichtsräten und Vorständen der Unternehmen des Bergbaus und der Eisen und Stahl erzeugenden Industrie verabschiedet (Montan-Mitbestimmungsgesetz vom 21. Mai 1951). Irgendwann im Jahre 1950/51 versuchte ein Gewerkschaftssekretär, von dem ich wusste, dass er Kommunist war, mich so wie viele seiner Amtskollegen auch für die SPD anzuwerben. Erstaunt fragte ich ihn, wieso SPD, wo er doch Kommunist sei? „Das war einmal", sagte er, „ich habe Familie und in der Gewerkschaft ist kein Platz mehr für Kommunisten. Wenn ich nicht die Partei gewechselt hätte, wäre ich bei der Gewerkschaft untragbar gewesen und hätte meinen Job verloren." Später gab es für Kommunisten sogar ein gesetzliches Berufsverbot.

Kommunist, oder nicht?

Ich war jetzt 17 Jahre alt. Das Herz dieser Altersgruppe schlägt bekanntlich links. Man sagt ja, wer mit 17 kein Kommunist ist, hat kein Herz und wer mit 40 noch einer ist, hat keinen Verstand. Wörter wie ›Kommunist‹, ›Proletarier‹ und ›Demokratie‹ habe ich hier zum ersten Mal gehört. Bald ging auch ich nachdenklich durch die Straßen und staunte darüber, dass es Leute gab, die Haus- und Grundbesitz und darüber hinaus auch noch genügend Bargeld hatten. Ich jedoch lief trotz schwerer Lohnarbeit mit geliehener Hose herum, musste mein Jackett auf Abzahlung kaufen, wartete ständig auf den nächsten Lohntag und hatte auch nicht die geringste Chance, von irgendjemand irgendwann unterstützt oder gefördert zu werden und fand das überhaupt nicht lustig. Aber mir ging es nicht allein so.

Wohl weil ich mit den vorgefundenen Zuständen nicht zufrieden war und mich etwas aufmüpfig zeigte, wählten mich 400 Jugendliche der Betriebsgewerkschaftsgruppe zu ihrem Sprecher. Als Gewerkschaftsjugendleiter war ich jetzt Anlaufstelle für die Sorgen und Klagen meiner jungen Kollegen. Ich wurde einmal pro Woche von der Arbeit freigestellt, um die Kollegen vor Ort besuchen zu können und mir ihre Arbeitsbedingungen anzusehen. Festgestellte Mängel konnte ich in Betriebsratssitzungen, an denen ich – allerdings nicht stimmberechtigt – teilnehmen durfte, wenigstens direkt an den Mann bringen. Von den Betriebsräten und in einigen Seminaren und Lehrgängen der Gewerkschaft erhielt ich Grundkenntnisse in Arbeits-, Sozial- und Wirtschaftsrecht. So gerüstet erkannte ich, dass es Arbeitnehmerrechte gibt und dass man sich mit mittelalterlichen und unmenschlichen Verhältnissen nicht einfach abfinden muss. Nicht weglaufen, sondern mitarbeiten und mitgestalten waren angesagt.

Gewerkschaftsjugendleiter

Mein Bild vom Bergbau änderte sich jetzt immer mehr. Was mich abschreckte, waren die nicht mehr zeitgemäßen technischen Mittel und die unsozialen, ja sogar unmenschlichen Bedingungen, die ich vorfand. Zustände, die geändert werden konnten und im Interesse der Menschen auch geändert werden mussten. Ich war mir jetzt sicher: Ich wollte im Bergbau bleiben und mich gemeinsam mit Gleichgesinnten für eine bessere Zukunft des Bergbaus einsetzen. Meine gewerkschaftlichen Aktivitäten waren aber nicht allein auf den Betrieb beschränkt. Mit einer kleinen Gruppe traf ich mich häufig nach der Schicht, zum Teil auch in Gaststätten. Wir informierten einander, diskutierten und stellten einen Forderungskatalog auf für unsere Änderungswünsche und reichten diese weiter an die Geschäftsstelle, mit der wir in ständigem Kontakt standen. Gelegentlich bekamen wir von der IGB-Geschäftsstelle einen Bus gestellt für Tagesausflugsfahrten oder auch für längere Fahrten zu Veranstaltungen, wie zum Beispiel zu internationalen Zeltlagern. Das machte Spaß und förderte die Gemeinschaft. Auch auf der Bezirksebene gab es regelmäßige Treffen; die fanden meistens auf der Schachtanlage *König Ludwig* statt. Hier wurde eine breite Palette angeboten – von Nachhilfeunterricht über Diskussionsforen bis zu Sportveranstaltungen.

Als Gewerkschaftsjugendleiter habe ich viele gewerkschaftlich orientierte Leute kennengelernt und konnte ihren Lebensweg über Jahre verfolgen; einige haben es im Rahmen der Mitbestimmung bis in die Vorstände und Aufsichtsräte der Bergbauunternehmen geschafft. Wenn ich später im Betrieb so richtig unter Druck stand, rund um die Uhr dort war und schlaflose Nächte hatte, drängte sich bei mir der Vergleich zu den Gewerkschaftskollegen auf, die inzwischen im Rahmen der Mitbestimmung Direktionspositionen innehatten. Dann fragte ich mich, ob ich nicht doch eine falsche Wahl bezüglich des Berufes getroffen hatte. Die Gewerkschaft hat sich nicht nur um unsere Arbeitsbedingungen gekümmert, sondern uns auch an kulturelle Veranstaltungen herangeführt. Einmal erhielt ich für meine Gruppe zehn Karten für die Operette *Land des Lächelns*. Keiner von uns kannte so etwas wie eine Operette; ich war gespannt.

Land des Lächelns

Als der Vorhang hochging, wurde ich in eine andere Welt versetzt. So etwas hatte ich noch nie gehört und auch nicht gesehen. Meine bisherige Welt waren Krieg, Bullenkloster und finstere dunkle Gewölbe viele Meter unter Tage, und jetzt … Mir fielen fast die Augen aus dem Kopf; eine bunte Welt, Licht, Glanz und Glimmer und berauschende Melodien. Grazile Mädchenkörper, bunt bekleidet, huschten feengleich leicht und beschwingt über die Bühne. Eine andere Welt, eine schönere Welt, eine lustigere, bunte Welt, eine Welt, von der ich bislang noch nicht einmal gehört hatte. Ich staunte und war begeistert! Doch hielt ich all das für eine Scheinwelt, die mit der Wirklichkeit nichts zu tun hatte, obgleich ich in den neuen Kaffeehäusern bereits einen Hauch davon erlebt hatte. Es sollte noch viele Jahre dauern, bis ich sagen konnte: „Dies ist keine Scheinwelt, diese Welt gibt es wirklich."

Auf dem Bergwerk *Rosenblumendelle* in Mülheim-Heißen waren zu der Zeit etwa 400 Jugendliche in der Ausbildung; den meisten ging es nicht viel besser als mir. Mir war klar, dass man als Einzelkämpfer nichts erreichen kann. Ich hörte Sätze wie »Proletarier aller Länder vereinigt euch!« und die »Internationale – Völker hört die Signale ...«. Das klang zunächst einmal gut in meinen Ohren und eigentlich auch plausibel; über die Gewerkschaft und durch eigene Erfahrungen im Rahmen meiner Gewerkschaftsarbeit erkannte ich jedoch, dass auch das nicht der Weg sein konnte.

Anfang der 1950er-Jahre kam für mich der Umbruch. Ich musste vieles hinter mir lassen und nach vorn schauen. Aber auch in dieser Phase ging es weiter mit der Indoktrinierung, Manipulierung, Programmierung und Umprogrammierung, jetzt nur total anders, auf einem anderen Niveau oder mit anderen Vorzeichen! Die Richtung war schon im Studium bemerkbar und war voll ausgerichtet auf „pro Kapitalismus". Das Studium wurde gänzlich vom Arbeitgeber bezahlt. Wen wundert es, dass er dafür volle Loyalität erwartete. Nichts anderes war denkbar. **„Wes Brot ich ess, des Lied ich sing"** war jetzt angesagt und unvermeidbar. Dem Dozenten fiel einmal während des Unterrichtes das Monokel aus dem Auge, als jemand bei einem Referat den Ausdruck „Monopolkapitalismus" verwendete. Danach gab es noch eine lange Diskussion, nein, eigentlich keine Diskussion, sondern eine Klarstellung über das Wieso und Warum. Das Wort selbst, mit seinem vielschichtigen Hintergrund, war für uns, die wir ja in der Wirtschaft Verantwortung übernehmen sollten, zum „Unwort" geworden.

Aber wen wunderte das, denn schon im September 1950 verabschiedete die Bundesregierung den sogenannten Adenauererlass, der die Verfassungstreue der öffentlich Bediensteten festschrieb und damit Mitgliedschaften in verfassungsfeindlichen Organisationen verbot. Viele Kommunisten wurden daraufhin unter dem Vorwurf der Verfassungsfeindlichkeit aus dem öffentlichen Dienst entlassen. Das hatte auch Auswirkungen auf die Zusammensetzung der Betriebsräte; viele Betriebsräte wechselten jetzt das Parteibuch.

Prüfung zum Bergknappen

Am 30. März 1950 konnte ich meine Berufsausbildung durch die Knappenprüfung mit dem Gesamtergebnis ›sehr gut‹ abschließen. Ich erhielt dafür eine Prämie von 50 DM. Auch meine Freunde Dieter und Charly konnten sich über ihre Freisprechung freuen. Wir zogen unsere besten Sachen an, besorgten uns Zylinderhüte – woher, weiß ich heute gar nicht mehr – und gingen in den *Krug zur Heimaterde*, um das Ereignis gebührend zu feiern. Das Wetter war sehr schön. Wir setzten uns zur Freude der Gäste mit unseren Zylindern in den Biergarten, bestellten protzig eine Flasche Sekt und ließen es uns laut palavernd gut gehen. Anschließend wurde die ganze Nacht geschwoft.

Die Lossprechung im Berglehrlingsheim

Am nächsten Tag gab es im Berglehrlingsheim die offizielle Lossprechungsfeier. Die Tische waren festlich geschmückt und der Speisesaal voller gut gekleideter junger Leute. Wir, die frisch gebackenen Bergknappen, waren ganz in Bergmannsuniformen gekleidet, sogar mit Helm und Arschleder, und wurden mit hell leuchtenden Grubenlampen von kräftigem Beifall begleitet und im Gänsemarsch in den abgedunkelten Speisesaal geführt, wo wir am Vorstandstisch neben dem Ausbildungsleiter, dem Ausbildungssteiger und dem Heimleiter Platz nehmen durften. Nach dem offiziellen Akt mit netten Reden und lustigen Geschichten standen alle auf und sangen zu unserer Ehrung das Bergmannslied
   „Glück auf, Glück auf, der Steiger kommt …"
   Wir waren gerührt und richtig stolz. Dann wurde aufgetragen; es gab ein festliches Mahl und reichlich zu trinken. Danach ging für uns ein unvergesslich schöner Tag zu Ende. Noch heute schaue ich mir gerne die Fotos dieser damals so festlichen Veranstaltung an.

Ledigenheim und Unterkunft in der Kaserne

Nach der Knappenprüfung musste ich das Berglehrlingsheim verlassen. Ich bekam einen Platz in einem Ledigenheim in einer ehemaligen Kaserne in Mülheim. Es war das reinste Chaos. Zwölf Leute auf einem Zimmer. Alle waren für verschiedene Schichten eingeteilt, es war weder Zeit zum Schlafen noch zum Leben, denn Tag und Nacht fanden irgendwo in den Räumen Partys statt. Die Zustände waren noch schlimmer als ehemals im

Berglehrlingsheim, das sich ja inzwischen gemausert hatte. Als ich bemerkte, dass ich langsam in den Sumpf gezogen wurde, habe ich mich aus diesen Fesseln befreit und mich im Wiescher-Heim einquartiert, wo gerade eine Bettstelle frei geworden war. Das Wiescher-Heim war ebenfalls ein Ledigenheim, wo es aber etwas gesitteter zuging.

Es war die Zeit, in der ich das Abendgymnasium besuchte. Eine wie auch immer geartete Unterstützung für ein Hochschulstudium war nicht in Sicht und auch gar nicht denkbar. Als ich Schüler im Abendgymnasium des Lehrinstitutes Zimmermann in Duisburg war, sah mein Tagesablauf folgendermaßen aus: 5:00 Uhr aufstehen und frühstücken. Um 6:00 Uhr begann meine Achtstundenschicht in der Grube. Um 14:00 Uhr wieder über Tage, waschen und etwas essen. 15:00 Uhr mit der Straßenbahn nach Duisburg, von 17:00 bis 21:00 Uhr Unterricht, danach wieder eine Stunde mit der Straßenbahn zurück nach Mülheim-Heißen, Schularbeiten, schlafen. Und das Tag für Tag. Ans Lernen war aber auch im Wiescher-Heim kaum zu denken.

Die Ausbildungsleitung gab mir dann für eine Übergangszeit noch einmal ein Zimmer im Berglehrlingsheim.

Ich arbeitete jetzt nacheinander als Schlepper, Gedingeschlepper, Lehrhauer, Hauer und später als Strebmeister auf der Morgenschicht oder der 24:00-Uhr-Schicht des Untertagebetriebes. Das war – vor allem, wenn Nachtschicht angesagt war – mit dem Abendgymnasium nur schwer zu vereinbaren. Einerseits hatten die Kollegen kein Verständnis dafür, dass ich den üblichen Schichtwechsel nicht mitmachen konnte. Andererseits wurde jemand auf diesem Bergwerk von den Steigern für die schwersten und gefährlichsten Arbeiten eingesetzt, wenn bekannt war, dass er die Beamtenlaufbahn anstrebte und deshalb auf gute Zeugnisse angewiesen und von daher ruhiggestellt war. Es waren unattraktive, gefährliche Arbeiten, für die es zudem wenig Geld gab. „Sie wollen doch mal Steiger werden und eine gute Beurteilung bekommen, also, strengen Sie sich mal an!", so hieß es dann für jemanden wie mich. Man war dem machtlos ausgeliefert.

Kostgänger am Bremsberg

Nach all den Jahren in den verschiedenen Unterkünften waren mein Freund und Kumpel Willi und ich das Lagerleben endgültig leid. Wir waren jetzt 18 Jahre alt, wollten mehr Selbstständigkeit und suchten eine Kostgängerstelle. Diese fanden wir in der Nähe der Zeche *Rosenblumendelle* in der Straße *Am Bremsberg*, und zwar bei der Witwe Bartkowski. Hier hatte ich dann endlich auch Zeit zum Lernen. Damals gab es im Ruhrgebiet viele Kostgänger. Junge Leute aus nah und fern gingen dorthin, wo es Arbeit gab. Daneben gab es in dieser Zeit auch viele Witwen, die Zimmer an Kostgänger vermieteten, um ihre karge Witwenrente aufzubessern und dadurch nicht mehr allein im Haus zu sein; sie vermieteten Räumlichkeiten eben auch, um etwas Gesellschaft zu haben. Es waren Kriegswitwen, von denen es damals ja genug gab, aber auch viele junge Bergmannswitwen. Die Bedingungen für das Zusammenleben wurden ausgehandelt und durch Handschlag besiegelt. Drei Mietvertragsarten für sogenannte Kostgänger waren üblich:

Als Kostgänger am Bremsberg in Mülheim Heißen

- Übernachtung mit Frühstück
- Übernachtung mit voller Kost: Frühstück, Mittag- und Abendessen
- Übernachtung mit ›voller Kost voll‹; hier war die Kostmutter dann auch voll inbegriffen.

Das ist jetzt keine Erfindung von mir, nein, das war allgemein so bekannt. Alle drei Mietarten wurden auch den individuellen Bedürfnissen entsprechend zahlreich genutzt, sie haben sogar Beachtung in der Literatur gefunden. Unser Dachgeschosszimmer war sehr spärlich eingerichtet. Es gab nur zwei Betten und einen Schrank, einen Tisch und zwei Stühle. Im Zimmer war kein Wasseranschluss. Für die kleine Körperpflege standen auf einer Kommode eine Wasserkanne und eine Waschschüssel zur Verfügung. Für uns hatte aber schon das einen Hauch von Komfort und wir sahen es im Vergleich zu dem, was wir vorher hatten, als großen Fortschritt an und waren zufrieden.

Wir hatten uns für ›volle Kost‹ eingemietet, was der etwa sechzigjährigen Witwe aber auf die Dauer zu aufwendig war; später gab es nur noch Übernachtung mit Frühstück und noch später dann nur noch Übernachtung. Damenbesuche waren nicht erwünscht; wer anklopfte oder anschellte, wurde nicht zu uns hoch gelassen. Die Kostmutter wollte uns entweder für sich allein haben oder uns vor allem Weiblichen beschützen.

Wie auch immer! Mädchen warfen dennoch schon mal Steinchen ans Fenster, um mit uns Kontakt aufzunehmen. Sobald die Kostmutter das merkte, rannte sie mit ihrem Krückstock raus und verscheuchte sie. Das sah von oben recht lustig aus und wurde von uns wie von anderen entsprechend belächelt. Natürlich fanden wir trotz der fürsorglichen Bemutterung und Abschottung Mittel und Wege zu Begegnungen.

Unsere Straße *Am Bremsberg* war eine schmale, leicht ansteigende Schotterstraße ohne Bürgersteig, nur wenige Meter vom hoch eingezäunten Zechengelände entfernt. Links und rechts der Straße standen anderthalb Stockwerke hohe Zechenhäuser mit stark beschädigtem, verwittertem Putz und mit rauchenden Schornsteinen. Davor hatte man kleine Vorgärten angelegt. Als Grenzen zwischen den Häusern dienten niedrige, leicht vermoderte Lattenzäune, die von kleinen Holztörchen unterbrochen wurden. Über die Zäune hinweg gab es ein reges nachbarschaftliches Leben. Hinter den Häusern waren große Gärten, die in dieser schweren Zeit, in den Hungerjahren, der Familie das Überleben sicherten. Die Gegend war sehr ruhig, man nahm Rücksicht aufeinander, nicht zuletzt wegen der ruhebedürftigen Schichtarbeiter. Unter vielen Dächern gab es einen Taubenschlag mit Brieftauben, den ›Rennpferden des

Bergmanns‹, denen sich der ›Duvenvatter‹, also der Taubenvater, mit Hingabe widmete. Im Anbau war oft noch ein Schwein untergebracht oder eine Ziege, die als ›Kuh des Bergmanns‹ galt.

Wendet man vom Bremsberg aus seinen Blick zurück, sieht man in unmittelbarer Nähe auf einer Anhöhe thronend die mächtige Silhouette des Bergwerks *Rosenblumendelle*. Ein toller Anblick und ein wunderschöner Name für diese Industriekulisse, ein Name, der darauf schließen lässt, dass die Natur dort einmal einen größeren Stellenwert hatte.

Dieses Bergwerk förderte die damals sehr begehrte Hausbrandkohle und nebenbei die beste weit und breit. Neben den Schachtgebäuden befand sich lang gestreckt, ansteigend, mit steilen Flanken und unübersehbar, grau in grau und fast drohend wirkend die Bergehalde. An vielen Stellen der Halde stieg Qualm auf, ein sichtbares Zeichen von selbst entzündeten

Bergwerk Rosenblumendelle in Mülheim Heißen

Schwelbränden, die mit ihrem Schwefelgeruch die nähere Umgebung verpesteten und bei entsprechender Wetterlage auch den Bremsberg erreichten.

In den Nachkriegsjahren suchte hier die notleidende Bevölkerung von nah und fern für den Hausgebrauch zwischen den Steinen nach Kohlenresten. Ja, hier wohnten wir, das war der Lebensraum der Bergleute des Mülheimer Bergwerksvereins. Von hier aus zogen wir mit der Kaffeepulle und dem Handtuch als Schal um den Hals, vorbei an den Steigerhäusern und der Direktionsvilla, zum nahe liegenden Zechentor zur Schicht. Nach der Schicht kamen wir abgearbeitet mit der ›Knappschaftsbrille‹ und einem ›Mutterklötzchen‹ (einem kleinen Stück Weichholz, das zum Anheizen benutzt werden konnte, wobei ›Mutter‹ hier für die Ehefrau steht) unter dem Arm wieder heim. Über das sogenannte Mutterklötzchen gibt es viele Geschichten und Legenden, insbesondere darüber, auf welche Weise sich die Hausmutter für das Mitbringsel bedankte. Je besser das Teil, so sagte man, desto größer, intensiver und besser die Dankbarkeit der Mutter. Solcher Versuchung konnte man dann auch schlecht widerstehen.

Mutterklötzchen, eine wahre Geschichte

Bestand das Mutterklötzchen zunächst wirklich aus Abfallholz mit vielen Ästen, wurde es später aus dem besten astfreien Stück eines Stempels gesägt und der Stempel dadurch unbrauchbar gemacht. Als nächste Steigerung zerlegte man das Klötzchen noch während der Arbeitszeit mit einem Beil in viele kleine Späne und umwickelte diese mit Isolierband, damit sie beim Transport ja nicht auseinanderfallen konnten. Jetzt war das Mutterklötzchen fast ein Kunstwerk und weil das nicht nur einer, sondern alle Bergleute mit eigenem Haushalt so machten, war es auch zum Kostenfaktor für das Bergwerk geworden. Ermahnungen der Werksleitung auf Unterlassung waren wirkungslos. Deshalb wurde die Mitnahme von Anmachholz aus Kostengründen irgendwann verboten. Der Steiger, der bei der Seilfahrt die Aufsicht hatte, wurde beauftragt, die Bergleute bei der Ausfahrt diesbezüglich zu kontrollieren und den betreffenden gegebenenfalls mit einer Geldbuße zu belegen. Natürlich ließen sich viele Kumpel nicht abhalten, dennoch etwas herauszuschmuggeln. Einige wurden recht einfallsreich. Eine meiner Lieblingsgeschichten ist folgende:

Wilhelm Weiß, der Leiter des Bergbaustollens
mit Mutterklötzchen.

Am Schacht sah der Steiger einen Bergmann mit ausgebeulter Arbeitsjacke, unter der er offensichtlich etwas verbarg. „Was verstecken Sie da unter ihrer Jacke?", fragte der Steiger den ausfahrenden Bergmann. Zögernd, aber laut vernehmlich antwortete der Kumpel: „Hühnerfutter." Der Steiger fragte wiederholt und bekam immer wieder die gleiche Antwort. Jetzt wurde es interessant und lauter, alle Augen und Ohren richteten sich auf die Beiden. Die umstehenden Kumpel mit ihren schwarzen Gesichtern grinsten und zeigten ihre weißen Zähne. „Machen Sie mal Ihre Jacke auf!", sagte der Steiger. Zögernd tat das der Kumpel und ein gut bearbeitetes Mutterklötzchen wurde sichtbar. „Ei", sagte der Steiger,

„was sehe ich denn da? Jetzt habe ich Sie erwischt! Das soll Hühnerfutter sein?"

Der Kumpel sah auf das Mutterklötzchen und antwortete: „Na ja, kein Problem, Steiger, wenn die Hühner das nicht fressen, verbrenne ich es einfach", sprach's und ging unter großem Gelächter der umstehenden schwarzen Männer an dem verdutzten Steiger vorbei auf den Förderkorb zu.

Die Tradition um das Mutterklötzchen und gerade solche Geschichten zeigen die Bedeutung der Bergmannsfamilien und speziell die der Bergmannsfrauen. Ich habe zu der Zeit nur intakte Familien kennengelernt. Man wohnte in einem Zechenhäuschen, meistens mit großem Garten. Für die Notdurft stand im Garten ein Plumpsklo, das ›Häusken mit Herzken‹. In der Familie herrschte Arbeitsteilung. Der Mann war zehn Stunden am Tag bei der Arbeit, nicht selten waren zusätzlich Überstunden zu leisten. Die Frau versorgte Haus, Hof, Garten und Kinder. Sie war kein Heimchen am Herd, sondern Powerfrau mit Fulltime-Job. Im Rahmen der ihm noch zur Verfügung stehenden Zeit half der Mann im Haushalt mit. Die Kinder gingen in den Zechenkindergarten.

In dieser Zeit (1950er-Jahre) gab es in diesem Milieu weder Auto noch Telefon noch Fernseher. Auch viele Geräte, die heute das Haushalten erleichtern, wie E-Herde, Spülmaschine, Waschmaschine, Trockner und Kühlschrank, gab es damals in Arbeiterhaushalten nicht. Zum Heizen und Kochen gab es Kohleöfen. Eingekauft wurde im Konsum, der auch wichtiges Kommunikationscenter für die Frauen war. Die Bergmannsfrauen waren mit der Arbeitswelt ihrer Männer stark verbunden. Man sprach über die gefährlichen Arbeitsplätze, kannte Durchschnittslöhne, Mindestlöhne und Spitzenlöhne und wusste auch, wer wie viel verdiente. Es heißt, dass mancher Lohn zwischen Bergmannsfrau und Frau des Steigers im Konsum ausgehandelt wurde. Sie wussten auch, wer ›am Brett‹ hing (gemeint sind die von den Steigern auf einem Brett im Lichthof ausgehängten Bestrafungszettel). Am schwersten trugen sie aber alle an dem angstvollen Warten: Kommt er heute wieder heil nach Haus?

Die Bergmannshymne

Auf mich wirkten diese Familien aber, trotz aller Entbehrung und Not, glücklich und zufrieden. Man war freundlich und nett zueinander, ja, und auch irgendwie stolz, hier zu leben, hier zu arbeiten, ein Bergmann zu sein oder eben die Frau eines solchen. Stolz und wie eine Hymne sang man das Bergmannslied *Glück auf, Glück auf der Steiger kommt*, das man gern auch mal umdichtete.

Eine besonders schöne Variante der siebten Strophe wurde und wird immer noch von den Frauen gesungen, wenn sie in fröhlicher Stimmung unter sich waren/sind oder bei gemeinschaftlichen Sitzungen als Antwort auf das Absingen der offiziellen siebten Strophe der Männer.

Die siebte Strophe des Bergmannsliedes als Originaltext:

Die Bergleut sein
Kreuzbrave Leut,
Denn sie tragen das Leder
Vor dem Arsch bei der Nacht
Und saufen Schnaps.

Und hier die umgedichtete siebte Strophe:

Die Bergmannsfrauen sein auch
Kreuzbrave Leut.
Sie hacken Petersilie und
Vermehren die Familie
Und saufen auch.

Es hat sich im Ruhrgebiet zum Ritual entwickelt, dass beim Absingen der siebten Strophe alle Bergleute aufstehen, das mit Schnaps gefüllte Glas erheben, sich nach Beendigung des Liedes zuprosten, ein Glückauf zurufen und austrinken. Das machen dann die Bergmannsfrauen auch so, wenn ihre Strophe dran ist. Sie singen dann laut aus tiefster Brust und mit etwas Trotz in der Stimme und trinken ebenfalls aus, was stets mit großem Jubel verbunden ist.

Meine Altersgenossen und ich waren inzwischen schon etwas gesellschaftsfähig geworden und hatten auch einige private Kontakte. Mein Kumpel Jupp zum Beispiel hatte ein Mädchen kennengelernt. Die Eltern des Mädchens waren Mitglied in einem exklusiven Essener Sportverein, der ein Fest im *Hotel Essener Hof* ausrichtete. Die Eltern konnten nicht und Jupps Freundin durfte nur mit ihm dorthin gehen, wenn ihre Schwester mitging. Jupp brauchte also Unterstützung, und so war ich mit von der Partie. Wir fuhren mit der Straßenbahn nach Bredeney, dem noblen Vorort von Essen, wo die Mädchen wohnten.

Eine Droschke? Ach du lieber Gott, da kam ich schon ins Grübeln. Ich hatte zwar genügend Geld für die Straßenbahnfahrkarte und auch für das eine oder andere Bier, aber eine Droschke war finanziell nicht eingeplant und auch nicht unser Ding. Für mich war es das erste Mal überhaupt, dass ich ein Hotel betrat. Die eintreffenden Gäste wurden mit Musik empfangen und von uniformierten Pagen in den Saal begleitet. Mir fielen fast die Augen aus dem Kopf. Ein toll geschmückter Saal, aufmunternde Musik, die Männer im Frack und mit Fliege und die Damen überwiegend in den schönsten Abendkleidern. An ihren Armen und dem Dekolleté glitzerte und strahlte es; Diamanten! Die waren echt und nicht – schwarz. Als alle Platz gefunden hatten, kam von der Kapelle ein nicht zu überhörender Tusch. Die Küchentüre ging auf und im Gänsemarsch kam von Fanfarentönen und lautem rhythmischem Klatschen begleitet die Küchenmannschaft hereinspaziert. Voran die Köche mit ihrer hohen weißen Kopfbedeckung, sie gingen durch die Tischreihen und präsentierten in allen Richtungen die mit Wunderkerzen hell angestrahlten Speisen. Dann wurde aufgetragen. Na ja, das Menü und ein Getränk waren frei, wer mehr konsumierte, musste dafür blechen. Nach dem Essen tranken wir einige Gläschen Bier. Nach jedem einzelnen zählte ich heimlich und unauffällig in der Hosentasche meine Penunzen, Jupp ebenso. Ein richtiges Portemonnaie hatten wir noch gar nicht. Wir waren ordentlich unter Druck. Was tun? Wir meldeten uns bei den Mädels zur Toilette ab, bezahlten unterwegs unauffällig unsere Rechnung und verschwanden still und heimlich. Wie peinlich!

Meine Berufsausbildung war inzwischen abgeschlossen. Ich war gerade 17 Jahre alt und wurde vom Lehrrevier in den Grubenbetrieb verlegt und bald darauf bei der Kohlengewinnung im Gedinge (Akkord) eingesetzt, was eigentlich verboten war. Jetzt sah die Welt auf einmal ganz anders aus. Es zählte nur noch Leistung, denn dafür wurde man bezahlt; Stücklohn, der nur bei gleichbleibenden Verhältnissen gerecht ist. Das war im Bergbau aber so gut wie nie der Fall. Wo der Bergmann hinkommt, war vorher noch keiner. Bergleute sagen: »Hinter der Hacke ist es duster.« Über die Vergabe von Ausfallzeiten sowie die Nichtanerkennung von Erschwerniszuschlägen konnte der Lohn leicht manipuliert werden, was auch nicht selten geschah.

Im Leistungslohn

Mein erster Arbeitsplatz nach Beendigung der Ausbildung im Jahre 1950 hatte unglaublich schlechte geologische und betriebliche Bedingungen. Es waren Zustände, die Gott sei Dank seit vielen Jahren schon der Vergangenheit angehören. Es war ein Abbaubetrieb im Flöz *Finefrau*, ein Schrägbau mit einer Abweichung von 60 Grad von der Horizontalen, einem Böschungswinkel von 40 Grad, einer Flözmächtigkeit von 1–1,2 Meter und mit sägeblattartigem Verhieb. Die gelöste Kohle rutschte über eine Bergeböschung bis in den Ladekasten, durch den sie dann mit menschlicher Hilfe in die Förderwagen gelangte. Der Förderkorb brachte uns durch den Schacht bis zum Füllort der tiefsten Sohle in 800 Meter Tiefe. Hier kletterten wir in leere Förderwagen und setzten uns auf Holzbrettchen, die wir, um einigermaßen bequem sitzen zu können, in die Mulde der Kohlenwagen legten. Die erhitzten Körper lehnten an dem kalten Stahl der Wagen, nicht gut für den Rücken, nicht gut für die Gesundheit. Für den Personentransport eingerichtete spezielle Wagen, die heute überall üblich sind, gab es damals noch nicht. Nach einer zwanzigminütigen Fahrt in den leeren Kohlenwagen erreichten wir die Endstation am Eingang zur Grundstrecke. Diese hatte einen Querschnitt von zehn Quadratmetern und war mit in Trapezform aufgestellten alten Eisenbahnschienen ausgebaut. Vom Eingang zur Grundstrecke hatten wir noch einen Fußmarsch von 20 Minuten bis zum Strebeingang hinter uns zu bringen. Hier standen einige Gezähekisten (Werkzeugkisten), die uns als Sitzplätze dienten. Bevor wir zu unseren Arbeitsplätzen im Streb krochen, verschlangen wir noch schnell unser mitgebrachtes Butterbrot und entledigten uns unserer überflüssigen Kleidung. Aber Achtung, auch hier lauerte Gefahr! Man durfte nicht eine längere Zeit mit Mund und Nase am Boden bleiben, denn da konnte sich Kohlendioxid angesammelt haben, ein farb- und geruchloses Gas, das schwerer ist als Luft, sich deshalb unten auf der Sohle ansammelt und den Luftsauerstoff verdrängt. Hier lauerte der Tod.

Die sechs Kilogramm schwere Grubenlampe an einem Lampenriemen um den Hals gehängt, kletterte oder rutschte ich bis zu meinem Einsatzpunkt im Streb. Jetzt war ich vor Ort, nur mit Schuhen, Lederhelm, Schienbein und Ellenbogenschonern, Unterhose und Arschleder bekleidet. Die Füße in den Arbeitsschuhen waren nicht durch Strümpfe, sondern durch Fußlappen geschützt. Es war heiß, mindestens 30°C und dazu 100 % relative Luftfeuchtigkeit; das ist Tropenklima! Die Decke und der Boden, die nur einen Meter senkrecht gemessen auseinanderlagen, waren schräge Flächen und hatten eine Neigung von 50–60°. Ich stand auf Holzstempeln, die das Gebirge stützten. Seitlich von mir, sowohl nach unten als auch nach oben verlaufend, eine schwarze Wand, die im Schein meiner Lampe das Licht brach und reflektierte, als würde sie aus unzählbaren angestrahlten Diamanten bestehen. Die Kohle, der schwarze Diamant! Nicht mit den Sinnen zu erfassen, weil farb-, geruch- und ge-schmacklos, tritt aus winzigen Poren Me-thangas aus und vermischt sich mit der Luft - eine ständige Gefahr. Heute melden spe-zielle Gas-, Spür- und Messgeräte, wenn sich das Luft-Gasgemisch der explosiblen

Mannschaftslampe

Grenze nähert und ermöglichen so rechtzeitiges Eingreifen zur Verhinderung einer Schlagwetterexplosion. Das gab es damals noch nicht. Ein laues Lüftchen umwehte mich, es roch nach Mensch, nach Schweiß.

Dann sicherte ich zuerst einmal den Arbeitsplatz. Durch den Gebirgsdruck hatten sich die Holzstempel tief in die Schalhölzer am ›Hangenden‹ und ›Liegenden‹ gedrückt. Einige Stempel waren angebrochen, sie mussten zuerst ausgewechselt werden. Hatte die Nachtschicht genügend Holz für den neuen Arbeitstag bereitgelegt? Dann legte ich das Werkzeug, das Gezähe, bereit. Es hing an einem Eisenring um einen Stempel und war mit einem Sicherheitsschloss gegen Diebstahl gesichert. Von Mann zu Mann wurde durch Zuruf bestätigt, dass alle bereit waren. Dann war Arbeitsbeginn. 15 Presslufthämmer brüllten gleichzeitig los, trieben ihre

Meißel in die schwarze Wand und lösten die Kohle. Das Gebirge bebte und schüttelte sich, als wollte es sich dagegen wehren. Die in die Tiefe stürzende Kohle wirbelte Staub auf, der den ganzen Strebraum erfüllte und ihn so verdunkelte, dass der Schein meiner Lampe kaum noch wahrzunehmen war. Der Staub verband sich mit meinem Schweiß und bildete eine dicke Schlammschicht auf dem Körper. Die Luft blies Fäkaliengerüche zu mir. Von unten rief jemand: »Da kommt einer ohne Lampe.« Nun wusste jeder, was in den nächsten Minuten auf ihn zukommen würde; den ›Mann ohne Lampe‹ kann man nämlich nicht sehen, sondern nur riechen und man kann ihm nicht ausweichen. Das würde nun die ganze Schicht mehr oder weniger ausgeprägt so bleiben, Arbeitsalltag!

Die gerade freigelegte und noch unausgebaute Hangendfläche führte zu Entspannungsschlägen, die auf den Gang der Kohle wirkten und große Mengen ausbrechen ließen. Drohend und nicht zu überhörend knallte es. Nun musste man schnell mit Holzstempeln und Schalhölzern den freigelegten Strebraum ausbauen zur eigenen Sicherheit, aber auch zur Sicherheit der Kumpel und des Betriebes. Je nach Einschätzung der Lage musste der Stempel ein bis zwei Finger kürzer gesägt werden als vorher gemessen, um die einsetzende Absenkung des Hangenden auszugleichen. Ich atmete die staubgeschwängerte Luft natürlich auch ein; mein Körper wehrte sich, er ließ mich schniefen, spucken und husten, um mich vor Schaden zu bewahren. Immer fragte ich mich, ob das gelingen konnte oder ob der Staub auch meine Lunge zerfressen würde.

Glückauf ist nicht nur ein Gruß, sondern auch ein Gebet!

Der Beruf des Bergmanns war nicht nur anstrengend, sondern eben auch sehr gefährlich. Umso mehr lernte ich die Arbeit der Gewerkschaft schätzen, die für bessere und sicherere Umstände sorgte. Auch außerbetrieblich nahm die Gewerkschaft großen Einfluss, so auch auf Wirtschaft und Politik. Ohne die Tätigkeit und den Einfluss der Gewerkschaft wäre der rasche Aufbau nach dem Kriege überhaupt nicht möglich gewesen. Auch heute noch ist die Gewerkschaft für mich ein Garant für bestmögliche Arbeitsplätze und für den sozialen Frieden. Der Bergbau von damals hat sich so in meinem Verstand ein-

genistet, dass ich heute, nach mehr als 60 Jahren, noch oft daran denken muss. Er hat meinem Leistungswillen, der zu einem beruflichen Aufstieg notwendig ist, Flügel verliehen und in mir den Wunsch wachsen lassen, an einem sicheren und menschlicheren Bergbau mitzuarbeiten. Was mein persönlicher Anteil daran wirklich war, will ich nicht beurteilen. Tatsächlich ist aber der Bergbau über die Zeit gesehen, in der ich im Bergbau tätig war, und das war immerhin mein ganzes Berufsleben von insgesamt 44 Jahren, technisch vom Mittelalter ins Atomzeitalter geführt worden.

Bei einem Urlaubsaufenthalt im Jahre 2008 an der Nordsee in gelöster, entspannter Atmosphäre und innerlich und äußerlich zufrieden wandern die Gedanken an meine Anfangszeit im Bergbau zurück.

Urlaub an der Nordsee

Wir fahren zum Gasthaus *Poggenstool* in Neuharlingersiel. Wir sind mit dem Fahrrad von Dornumersiel über Bensersiel seeseits über den Deich hierhergekommen. Die einfache Entfernung beträgt 18 Kilometer. Es ist eine wunderbare Strecke, vor allem wenn – wie heute – kein starker Gegenwind die Fahrt erschwert und wenn die ›Wanne‹ voll ist. Ich fahre ein Fahrrad mit elektrischer Unterstützung. So kann ich bei meiner durch die Tätigkeit im Bergbau verursachten angeschlagenen Gesundheit Überlastungen vermeiden und doch das Fahrgefühl, die Natur und das Meer, vor allem die gute Meeresluft genießen.

Dem Lokal, dem wir zustreben, geht ein guter Ruf voraus, es hat vier Michelin-Sterne und wir wollen einfach mal erkunden, was da geboten wird. Das Haus und sein Ambiente lassen nichts zu wünschen übrig; alles sauber, stimmig und einladend. Besonders gut gefällt uns die geschmackvoll gestaltete Speisekarte; sie zeigt uns aber ungeniert, dass die Preise unseren gewohnten Rahmen weit überschreiten. Wir kämpfen mit uns, der Geiz siegt und wir fahren in ein nahe gelegenes Lokal. Hier gibt es ein reichhaltiges Angebot an preiswerten Speisen. Wir sehen aber, dass hier nicht mit Fett gespart wird, und wir befürchten, dass das Essen uns nicht bekommt. Etwas kleinlaut fahren wir zurück zum Gasthof *Poggenstool*, suchen uns ein schattiges Plätzchen im schönen Garten und erfreuen uns zunächst an den blühenden Blumen und Sträuchern. Uns gegenüber ein künstlich angelegter kleiner Teich. In einer Ecke ist ein Frosch aus bunter Keramik platziert, der Wasser speit. Eine sprudelnde Wasserglocke rundet das Kunstwerk ab. In dem von Wasserpflanzen umrandeten und zum Teil auch bewachsenen Teich sieht man einige Goldfische, die ruhig ihre Bahnen ziehen. Auch jede Menge Kaulquappen – wohl mehr als tausend – und aus jeder wird einmal ein Frosch, der im Plattdeutschen ›Pogge‹ genannt wird; daher auch der Name ›Poggenstool‹, was ›Froschstuhl‹ bedeutet. Gelernt hatte ich das Gedicht vor circa 65 Jahren, ich konnte es immer noch auswendig, stellte ich überrascht fest und freute mich.

Wir haben Anfang Mai, das Wetter verwöhnt uns, es ist warm und die Sonne scheint aus einem wolkenlosen Himmel. Dann kommt das Essen, gedünsteter Schellfisch im Gemüsebett und Salzkartoffeln, eine Augen- und Gaumenweide, dazu ein Glas Wein. Zum Abschluss trinken wir noch einen Cappuccino. Welch herrlicher Tag, wie schön kann die Welt, wie schön und unbeschwert kann doch das Leben sein! Dieser Eindruck wird noch nicht einmal von der Rechnung verdorben.

Ich lasse mich zurücksinken und denke an vergangene Zeiten, an mein Leben in den Bullenklöstern. Ich denke an meine Ausbildung, an den Berufseinstieg als Kumpel in den Nachkriegswirren und in den Hungerjahren, und das an den verschiedensten Arbeitsplätzen in 1.000 Meter Tiefe. Ich schließe die Augen, Maschinenlärm dringt in meine Ohren, ich spüre

Staub, Hitze, Schweiß – ich höre Gebirgsschläge und Setzschläge – das macht Angst. Ich höre die fast nackt arbeitenden Kumpel husten, schniefen, schreien, hetzen. Ich sehe die Holzstempel unter der Last des Gebirges splittern und einknicken. Denke daran, wie oft sie diese Last nicht mehr tragen konnten und das nachbrechende Gebirge die Kumpel begrub. Ich höre Paul schreien: „Mutter nimm mich von der Zeche, damit es sich nicht ewig räche." Ich sehe mich im Geiste an ein Schalholz angelehnt, während einer Arbeitsunterbrechung – eine offizielle Pause gibt es nicht – und mir einen Dubbel in den ausgetrockneten und verstaubten Mund schieben, in der anderen Hand die ausgebeulte Alu-Kaffeepulle mit Muckefuck. Die Ratten hatten heute keinen Tunnel durch das Brot gebissen, was sonst oft vorkam.

Ich schrecke auf und gehe zur Toilette des Gasthofes. Die Welt ändert sich schlagartig; ich musste nur die Augen öffnen. Im Waschraum ist alles picobello sauber, wohlriechende Seife und weiche Tücher stehen auf dem blitzblanken Waschtisch. Damals gab es für die Notdurft nur einen Kübel, eine einfache Tonne mit Deckel, der in großer Entfernung aufgestellt war, einfach so am Streckensaum ohne Sichtschutz und ohne Seife, Tücher und natürlich auch ohne Wasser. Ich sehe rundherum die Ratten flitzen und erinnere mich an den erbärmlichen Gestank der „Scheißkübel", wie sie von den Bergleuten genannt wurden. Für diese Kübel, die meistens randvoll waren, gab es einen Abholdienst, den Kübelmajor. Dieser brachte nicht selten den Inhalt der Kübel als Dünger in die Gärten der Steiger. Ja, so war's damals, für mich ein unvergesslicher Lebensabschnitt. Was da aus meiner Seele fließt, ist ein Bild, ein Albtraum aus der Zeit der Nachkriegswirren und Hungerjahre in schöner Umgebung.

Der moderne Bergbau sieht schon seit vielen Jahren gesitteter und menschlicher aus. Ich durfte dabei mithelfen! Der Vergleich zwischen gestern und heute: kaum zu fassen – aber wahr! Die Betriebsräte, fast alle kommunistisch geprägt, hatten in dieser Zeit schon eine starke Stellung. Eine Begebenheit sehe ich noch genau vor mir. Zum Schichtwechsel kam ein Betriebsrat in die Kaue, stieg auf die Bank, hielt sich mit der einen Hand an einer Kleiderkette fest, gestikulierte mit der anderen, die Hand zur Faust geballt und schrie in den Raum: „Kameraden, Genossen, die Werksleitung will, dass wir am Sonntag arbeiten, und verlangt von mir eine schnelle Entscheidung."

Die nackten schwarzen Körper rückten näher zu ihm, von allen Seiten Zurufe: „Gelobt sei Jesus Christus, der Sonntag ist uns heilig, er soll auch in Zukunft arbeitsfrei bleiben." Aus einer anderen Ecke schallte es: „Wie viel Prozent Aufschlag erhalten wir dafür? Wir wollen einen Abschlag bar in die Hand direkt nach der Ausfahrt."

Und weitere Forderungen wurden laut: „Wir kommen nur, wenn uns zugesagt wird, dass die Mehrförderung am Sonntag ausschließlich in den Hausbrand geht." Die meisten klatschten natürlich einfach nur oder riefen »Bravo«. Überstunden waren gefragt. Im Krieg war viel vernichtet worden. Auch im privaten Bereich gab es einen hohen Nachholbedarf und für den Neuaufbau benötigte man viel Geld. Das war innerbetriebliche Demokratie mit starkem Vorteil für die Arbeitnehmerschaft. Ich erinnere mich oft an den im Jahre 1947 lautstark in der Waschkaue vorgetragenen Satz eines Betriebsrates zum Werksleitung: „Meine Herren, jetzt bestimmen Sie noch nach eigenem Gutdünken und Junkersart, aber schon bald werden wir Ihnen sagen, wo es langgeht." Aber auch solche Sätze hörte man: „Wenn ihr so weitermacht, dann hängen wir euch demnächst am Fensterkreuz auf." Aber es kam anders!
Westdeutschland entwickelte sich politisch anders, als die Kommunisten gehofft hatten; statt in Richtung Kommunismus, entwickelte sich im Westen Deutschlands der Kapitalismus bis zur vollen Reife.
DER WESTEN HATTE DIE BESSEREN ARGUMENTE. DAS BESTE ARGUMENT WAR DIE KONSUMGESELLSCHAFT.

Die Aktivitäten der „Roten Brüder" blieben damit auf das Herausstellen angeblicher Fehlleistungen der Politik und der Betriebe beschränkt. Dieses „Falsche" wurde dann in der Zeitung „Der rote Funken" veröffentlicht und selbst vor dem Zechentor verteilt. Gelegentlich bin ich darin auch aufs Korn genommen worden. Einmal stand dort ganz groß als Überschrift: »Der sanfte Abel und die Ratten von *Mathias Stinnes*.« Sollte bedeuten, Abel ist nur der Vorläufer. Wenn *Mathias Stinnes* endgültig stillgelegt wird, kommen die anderen Ratten nach; gemeint waren in erster Linie die Steiger, Oberbeamten und der Bergwerksdirektor der

Zeche. Zu der Zeit waren die Kommunisten aber schon absolute Außenseiter. Sie hatten nur noch wenige offizielle Getreue.

Bergmannstod

Einer meiner Kameraden aus dem Berglehrlingsheim verunglückte damals unter Tage. Er wurde unter großer Beteiligung seiner Familie, Kameraden und Kumpel auf dem Heißener Friedhof beigesetzt. In Bergmannsuniform und mit brennender Grubenlampe hielten fünf Heimbewohner und ich für einige Stunden am Sarg in der Friedhofskapelle und später am Grab die Totenwache. Es waren für uns alle ganz bewegende Augenblicke.

Ein unter Tage verunglückter Kumpel wird zu Grabe getragen

Der erste Gewerkschaftsjugendtag der IGB

Politisch war es eine unruhige Zeit. Mit einer großen Abordnung meiner Jugendgruppe fuhr ich mit einem von der Gewerkschaft georderten Sonderzug von Mülheim nach Bochum zum ersten Gewerkschaftsjugendtag der Industriegewerkschaft Bergbau (IGB). Alle Veranstaltungen dieser Art wurden zu dieser Zeit systematisch von Kommunisten durchsetzt und gestört. Politische Aktivisten kamen mit Bussen aus der DDR, um gezielt zu stören. Schon als wir aus dem Zug ausstiegen, entrollten die Kommunisten aus den eigenen Reihen die ersten Transparente: »Wir fordern mehr Lohn statt Divisionen, mehr Butter statt Kanonen.«

Gewerkschaftsfunktionäre sprangen in guter Absicht auf die Bänke und schrien: „Kameraden, wollt ihr, dass wir diese Transparente tragen?" Anders als erwartet, kam aus tausend Kehlen die Antwort: „Ja, wir wollen." Es herrschte Kampfstimmung!

Das erinnerte mich ein wenig an die Frage des ehemaligen Reichspropagandaführers Josef Goebbels, der ja mal gefragt hatte: »Wollt ihr den totalen Krieg?«, und die Antwort bekam: »Ja, wir wollen.« Diese Zustimmung ist aus heutiger Sicht völlig unverständlich. In Bochum vor dem Bahnhof standen – für die Jugendlichen natürlich sehr provokant – unzählige Polizeiwagen.

Dann formierte sich der Demonstrationszug vor dem Bahnhof. Die Teilnehmer entrollten Transparente. Polizisten ritten durch die Menschenmassen und rissen den Demonstranten die nicht genehmigten Transparente aus den Händen. Dieses Vorgehen provozierte Gegenwehr, man schlug auf die Polizisten ein und holte auch einige von ihrem Pferd. Ein Hauch von Revolution lag in der Luft. Am Demonstrationsplatz angekommen, waren die Kommunisten aus der DDR schon da. Gut organisiert bildeten sie zahlreiche Diskussionszirkel und diskutierten scharf, lautstark und populistisch politische Themen mit den umstehenden Personen. Die Reden des Bundespräsidenten Theodor Heuss und des Vorsitzenden der IGB gingen in den Tumulten unter, und nicht nur das: Die Redner wurden sogar mit Eiern beworfen. Auf einem Flachdach standen Leute, die sich mit der Bundesfahne die Schuhe abputzten. Dann die Gegenwehr der Polizei. Überfallkommandos stürmten den Platz und schoben alle, die gerade im Weg standen, in die „grüne Minna". Aus meiner Jugendgruppe wurden 20 Personen, die überhaupt nicht an den Tumulten beteiligt waren, verhaftet und einen Tag später wieder freigelassen. Zu dieser Zeit hatte das Volk auf der Straße über die endgültige politische Ausrichtung des Landes noch nicht entschieden.

Nach meiner Ansicht hätte das Pendel auch zur anderen Seite ausschlagen können.

Aber im Laufe der Zeit und im Gleichschritt mit der Verbesserung der Lebensverhältnisse wurden aus den Kommunisten nach und nach Sozialdemokraten. Als Gewerkschaftsjugendleiter hatte ich Kontakt zu vielen anderen Jugendorganisationen. Es gab Zusammenkünfte, Besprechungen und Seminare, womit meine Freizeit voll verplant war. In dieser Zeit bekam ich eine Einladung zu einer Gewerkschaftsschule, ein dreiwöchiges Seminar über Betriebs- und Volkswirtschaft in Amtshausen bei Steinhagen.

Irgendwie war ich wegen der Gruppe, die hinter mir stand, eine gefragte Person. Es gab Situationen, durch die mein ganzes Leben beeinflusst wurde. Situationen, die durchaus auch zu einem anderen Leben hätten führen können, wie es zum Beispiel bei zweien meiner Freunde, Hans und Fritz, geschehen ist, die ursprünglich gleiche Berufsziele hatten wie ich. Woher, das weiß ich nicht mehr genau, aber irgendwann erhielten meine Freunde und ich eine Einladung zu den Weltjugendfestspielen in Leipzig. Die Einladung beinhaltete freie Unterkunft und Verpflegung sowie freie An- und Abreise. Obendrauf gab es noch ein kleines Taschengeld. Das sah für uns nach Urlaub und Erholung aus. Die Großzügigkeit hat uns erst mal nicht gewundert, also meldeten wir uns an. Ich hatte kurz vorher einen Betriebsunfall und musste mich wieder abmelden. Schicksal! Meine Freunde fuhren und kamen nach einigen Tagen als glühende Kommunisten zurück, die mit ihrer Meinung auch nicht hinter dem Berg hielten. Sie waren außerdem ›drüben‹ reichlich mit Geld ausgestattet worden. Inzwischen hatten sich im Westen die politischen Verhältnisse stabilisiert und unverbesserliche Kommunisten wurden auch in den Betrieben nicht mehr geduldet. Beide wurden nach kurzer Zeit wegen Agitationsarbeit entlassen.

Freund Hans

Mein Freund Hans, zunächst wegen der Entlassung arbeitslos, ist in die Fremdenlegion gegangen. Er hat dort als Fremdenlegionär gekämpft, ist in Dien Bien Phu gefangen genommen und an die DDR ausgeliefert worden und von dort wieder in den Westen geflüchtet. Inzwischen war ja schon viel Wasser den Rhein heruntergelaufen und es wurden Bergleute gesucht. Auf der Zeche *Hagenbeck* fand er wieder eine Arbeitsstelle. Er kam, ohne dass ich davon wusste, in mein Revier, ich führte hier die Morgenschicht. Auf seiner ersten Schicht, einer Nachtschicht, ist er tödlich verunglückt. Als ich in den Betrieb kam, lag er verschüttet unter Steinen begraben, aber er lebte noch und schrie fürchterlich. Es war zum Herzerweichen. Nach einer Spritze durch den Werksarzt wurde es dann ruhig. Einige Zeit später wurde Hans tot geborgen. Ein erschreckendes Einzelschicksal.

Von meinem Freund Charly habe ich später gehört, er sei Holzfäller im Bayerischen Wald geworden. Das war aber nicht so.

Schon 1951 hatte ich den Kontakt zu ihm verloren. Nach einigen Jahren hatte ich dann alles in Bewegung gesetzt, ihn ausfindig zu machen, was aber zunächst ergebnislos blieb. Erst im Jahre 2012 fand ich ihn. Es war schon eine dolle Überraschung für ihn und eine riesige Freude für uns beide. Einige Zeit danach habe ich ihn in seinem Heimatort besucht. Das war ein herzliches Wiedersehen nach 61 Jahren. Es gab natürlich viel zu erzählen. Charly war noch 1951 nach Australien ausgewandert, hat dort im Goldbergbau und im Tunnelbau sein Geld verdient und im Busch und Dschungel viele Abenteuer erlebt. Nach acht Jahren ist er wieder in die Heimat zurück, hat hier eine Familie gegründet und in der Industrie gearbeitet. Wir schwärmten von alten Zeiten, wie wir damals im besten Anzug in den Ruhrauen wandelten, die Jacke lässig über

Charly und ich nach einer Grubenfahrt. Der Rundfunk war auf der Zeche und hat uns interviewt und fotografiert.

Charly und ich auf der Ruhrpromenade

die Schultern gehängt, mit 70er-Schlag in der Hose und blank geputzten Schuhen.

Damals fühlten wir uns als Mittelpunkt der Erde, uns platzten vor Energie fast der Kragen und die Hose. Wenn ich mit Charly unterwegs war, fühlte ich mich besonders sicher, denn Charly war Boxer. Aber auch Spaß konnte man mit ihm haben. Einmal saßen wir in einem guten und voll besetzten Café und protzten gegenseitig mit unseren Erlebnissen. Das war so dick aufgetragen, dass wir einen Lachanfall bekamen.

Wir konnten einfach nicht mehr aufhören und erregten so einiges Aufsehen. Dem Inhaber gefiel das nicht und wir wurden von ihm hinauskomplimentiert. Inzwischen lachte aber das halbe Lokal mit uns. Lachen steckt eben an!

1950	Zeche Dahlbusch	78 Tote	Schlagwetter
Zu der Zeit war ich Gewerkschaftsjugendleiter und habe bei den Jugendlichen im Betrieb und im Berglehrlingsheim Geld gesammelt und es gemeinsam mit einer Abordnung von drei Kollegen zur Unglückszeche gebracht.			

Eine Entscheidung fürs Leben

Anfang 1952, ich war jetzt 19 Jahre alt, war eine Entscheidung zu treffen. Eine Entscheidung, die nicht leicht war und mein ganzes zukünftiges Leben bestimmen sollte. Von der Gewerkschaft aus wurde bei mir nachgefragt, ob ich für eine Position bei ihnen zur Verfügung stünde. Ich ging noch zum Abendgymnasium nach Duisburg und hatte das Mindestalter von 19 Jahren für eine Bewerbung bei der Bergvorschule erreicht. Was tun, was anstreben? Das war die Frage. Eine Gewerkschaftskarriere, ein Hochschulstudium oder ein Bergschulstudium? Herz und Verstand zeigten in verschiedene Richtungen. Sicher war, ich musste von meinem derzeitigen Status ausgehen. Ich konnte bisher und auch in Zukunft nicht damit rechnen, dass jemand für mich eine längere Zeit Kosten für Wohnen, Schlafen und Essen und darüber hinaus auch die sonst noch anfallenden Unkosten übernehmen würde.

Die Entscheidung war gar nicht leicht. Ich brauchte fachmännischen Rat. Meinen Vater hielt ich in der Angelegenheit für nicht sehr kompetent und hatte darüber hinaus auch Probleme, ihn diesbezüglich anzusprechen. Ich fasste mir also ein Herz und sprach mit meinem Taufpaten Onkel Leo, dem Bruder meiner Mutter, über das Problem. Da er unverheiratet war, habe ich gehofft, dass er mir ein Unterstützungsangebot machen würde. Das tat er aber nicht. Am Ende erteilte er mir zwar keinen Rat zu der einen oder der anderen Seite, erweiterte aber meine Sichtweise, sodass mir nun die endgültige Entscheidung für den Steigerberuf leichter fiel.

Einige Tage später schickte ich meine Bewerbung für den Besuch der Bergvorschule los. Das Bergschulstudium war kostenlos, und man verdiente durch den Wechsel zwischen Theorie und Praxis genügend Geld für den Lebensunterhalt. Bei meiner Entscheidung spielte auch das Leben meines Großvaters eine Rolle, der in Österreich auf der Bergschule Leoben Bergtechnik studiert hatte und später auf mehreren Zechen im Ruhrgebiet Reviersteiger war. Mutters Vater war im Leben nie arbeitslos, hat in einer angesehenen Position immer gutes Geld verdient und bekam damals eine sehr gute Rente.

Gottesdienstbesuche, die ich vom Dorf aus gewohnt war, habe ich auch in Mülheim-Heißen beibehalten. Sonntagsmorgens ging ich zum Hochamt in die Heißener Kirche. Von der Belegschaft des Bullenklosters war ich, so habe ich das in meiner Erinnerung, einer der ganz wenigen Kirchgänger. Inzwischen war ich auch Mitglied in der ›Katholischen Arbeiterbewegung‹ (KAB) und in der ›Katholischen Jugend‹ und war eine ganz kurze Zeit sogar Pfarrjugendführer. Später war ich ein Anhänger von Pater Leppich, einem Jesuitenpater, der in den 1950er- und 1960er-Jahren als Straßenprediger in Westdeutschland religiös geprägte Großveranstaltungen abhielt und damit regen Zulauf hatte. Man nannte ihn u.a. den ›roten Pater‹, den ›schwarzen Goebbels‹ oder auch das ›Maschinengewehr Gottes‹. Er sprach lautstark sowie völlig unkonventionell. Sein Auftreten und seine Thesen wurden allerdings nicht von allen positiv bewertet. Ich jedenfalls war von allem begeistert und habe fast alle seine Großveranstaltungen im Revier besucht. Hatten in den schlechten Kriegs- und Nachkriegsjahren die Leute verstärkt über Gebete Zuflucht zu Gott gesucht, wurde man jetzt eher kritischer und stellte die Frage, warum er, Gott, das alles zugelassen hat. Es wurde argumentiert: Entweder ist Gott allmächtig, dann kann er nicht barmherzig sein oder er ist barmherzig, dann kann er nicht allmächtig sein.

Katholische Arbeiterbewegung

Bei einer Feier der ›Katholischen Arbeiterbewegung‹ erzählte ich dem Pastor, der auch Präses der KAB war, dass ich eine neue Kostelle suchte. Der Pastor nahm seine Glocke, bimmelte und bat um Ruhe. Dann erklärte er meinen Fall und fragte, ob nicht jemand der Teilnehmer eine Kostelle für den lieben Leo Abel hätte. Es meldeten sich mehrere Personen, unter anderem auch Anton Wehmann. Wir wurden schnell handelseinig und schon einige Tage später zog ich als Kostgänger bei der Familie Wehmann in Mülheim-Heißen ein.

Bei den Schwiegereltern

Der Umzug war nicht sehr aufwendig, passte doch meine ganze Habe – wie schon bei allen vorangegangenen Umzügen – in einen kleinen Pappkarton. Für Kost und Logis zahlte ich zu der Zeit 90 DM pro Monat. Anton Wehmann war ein sehr weitsichtiger Mann, eigentlich hatte er in seinem Hause keinen Platz für einen Kostgänger, dafür hatte er aber zwei nette Töchter. Und wie das Schicksal so spielt, wurde eine davon, Elisabeth, im Jahre 1954 meine Frau und später Mutter meiner sechs Kinder. Bei Wehmanns lebte ich nun endlich in geordneten Verhältnissen. Wir schrieben das Jahr 1952 und ich hoffte auf die Zulassung zur Bergvorschule.

Wegen seiner christlich-sozialen Grundeinstellung und aufgrund seines Engagements war Anton Wehmann beliebt und bekannt und zeitweise sogar Mitglied des Betriebsrates seiner Arbeitsstelle. In seiner Freizeit war er leidenschaftlicher Hobbygärtner und Skatspieler. Anton diente von 1909–1912 bei der 5. Eskadron des Leibhusaren-Regiments Nr. 1 in Danzig-Langfuhr und wurde anschließend als Husar der Reserve beurlaubt. Infolge der Mobilmachung wurde er am 17. Januar 1916 zu den Waffen gerufen. Anton hat im Ersten Weltkrieg an zahlreichen Schlachten, u. a. bei Verdun, Reims und Arras, teilgenommen. 1917 wurde er zum Gefreiten, am 16. April 1918 wegen Tapferkeit vor dem Feind zum Unteroffizier und am 29. Juli 1918 zum Sergeanten befördert. Am 5. Oktober 1917 erhielt er als besondere Auszeichnung das EK II. Seine ehrenhafte Entlassung aus dem Kriegsdienst erfolgte am 6. Januar 1919 in Eidelstedt. Danach kehrte er nur für eine kurze Zeit in seine ermländische

Heimat zurück. Während einige 100 Jahre vorher alles ›gen Osten ritt‹, zog es viele Menschen und auch Anton nun in den Westen. Hier gab es Arbeit und Brot. Die ›Ostpreußen‹ standen als Arbeitskräfte in hohem Ansehen und waren entsprechend gefragt. Handwerkliches Können, Fleiß und vor allem Zuverlässigkeit gelten auch heute noch als Tugenden der ›alten Ostpreußen‹. Anton lebte seit dem 31. Dezember 1932 mit seiner Familie in Mülheim-Heißen. Er war praktizierender katholischer Christ und aktives Mitglied der ›Katholischen Arbeiterbewegung‹. Bei Anton und seiner Familie wohnen zu können, war für mich ein großes Glück.

Das Betriebsverfassungsgesetz tritt in Kraft

In diesem Jahr trat auch das Betriebsverfassungsgesetz in Kraft. Es sah die Mitwirkung und Mitbestimmung der Arbeitnehmer in privatwirtschaftlichen Betrieben in sozialen, personellen und wirtschaftlichen Angelegenheiten vor. Für alle Arbeitnehmer ein sehr wesentlicher Schritt. Infolge des Gesetzes bekam nun jede Bergwerksgesellschaft einen Arbeitsdirektor und später einen eigenen Direktor für Personal und Soziales, kurz PS-Direktor genannt. Das Betriebsverfassungsgesetz wurde von mir sehr begrüßt. Der Arbeitsdirektor war jetzt ordentliches Vorstandsmitglied mit allen Rechten und Pflichten, was man auch im Betrieb schnell positiv bemerken konnte.

Heldenschmiede oder was?

Ja, ich war jetzt in der „Heldenschmiede" des Bergbaus. Um das, was dies gefühlsmäßig bedeutete, anschaulich zu beschreiben, fällt mir folgender spöttischer Vergleich ein:

Hier werden die aus einem bunt zusammengewürfelten Haufen ausgesiebten besten Rohdiamanten von Hand verlesen und die Ausgewählten so lange geschliffen, bis sie in jeder Beziehung den Anforderungen entsprechen. Trotzdem gibt es noch ganz erhebliche Unterschiede bei der Präsentation des fertigen Produktes bezüglich der Ausstrahlung, der Lupenreinheit und des Feinschliffs. Die Hochkarätigen von ihnen haben dann ihren Preis. Na, das ist vielleicht etwas übertrieben ausgedrückt, aber irgendwie haben wir das so gefühlt.

Bergvorschule

Anfang 1952 bekam ich aufgrund meiner Bewerbung eine Einladung zur Aufnahmeprüfung für die Bergvorschule. Nach bestandener Aufnahmeprüfung kam die Zulassung für die Bergvorschule in Oberhausen Sterkrade. Der Schulort lag circa 30 Kilometer vom Wohnort entfernt und war schlecht mit öffentlichen Verkehrsmitteln zu erreichen. Deshalb kaufte ich mir auf Ratenzahlung ein Motorrad, eine 125er DKW, und konnte so den Schulweg in circa 40 Minuten zurücklegen. Wie schon an anderer Stelle erwähnt, war der zweijährige Besuch der Bergvorschule voll nebenberuflich, da war eine Zeitersparnis für den Schulweg nach der Achtstundenschicht unter Tage schon sehr vorteilhaft.

Nach der Aufnahme in die Bergvorschule habe ich mich von allen anderen Aufgaben zurückgezogen und mich voll auf mein berufliches Ziel konzentriert. In der Bergvorschule unterrichteten Studienräte sowohl in den klassischen Lernfächern als auch in Gesellschaftslehre, Politik und Kultur. Hier ging es also zunächst kaum um den Bergbau, sondern um Anhebung des Allgemeinwissens und um das Auftreten im Beruf und in der Öffentlichkeit. Wir lernten die Werke von Hemingway, Norman Mailer und anderen modernen Schriftstellern kennen und besuchten Opern und Schauspiele.

Auf Kleidung und Umgangsformen in der Schule und auch im privaten Bereich wurde besonderer Wert gelegt. In jedem Semester gab es ein Klassenfest in gehobener Umgebung mit Damen. Die Herren erschienen in der Bergschülerkluft, die Damen in großer Abendrobe. Insgesamt hatte die Ausbildung in der Bergvorschule einen elitären Charakter. Auch im Hinblick auf die Berufsarbeit bedeutete der Übergang zur Bergvorschule eine Änderung.

Arbeiten im Schacht

Der praktische Teil meiner Ausbildung führte mich jetzt auch an Arbeitsplätze, die ich vorher nur vom Hörensagen kannte. Hauptsächlich war ich im Förderschacht tätig, der Hauptschlagader des Bergwerks, einem kreisrunden dunklen Loch mit einem Durchmesser von zehn Metern, das 800 Meter senkrecht in die Tiefe führt. Ich gehörte jetzt also zu den Schachthauern. Einen Tag im Schacht werde ich, solange ich lebe, nicht vergessen:

Der letzte Kohlenwagen war an diesem Tag gehoben, jetzt gehörte der Schacht uns, den Schachthauern. Mit geringer Geschwindigkeit starteten wir, oben auf dem Korbdeckel stehend, zur Revisionsfahrt.

Aus Sicherheitsgründen haben wir unseren Standort mit einem Blechdach und einem Geländer geschützt. Langsam glitt der Korb in die Tiefe. Mit unseren Lampen leuchteten wir die Umgebung aus und suchten nach Gefahrenpunkten. An einem alten Füllort hielten wir an und stiegen vom Korb. Hier

Teufkübel

wurden in früheren Jahren die Kohlen gefördert, jetzt lagerten die Schachthauer dort ihr Material. Hinter dem Füllort lagen noch einige gut erhaltene große Räume, die ehemaligen Pferdeställe. Etwa ab Mitte des 19. Jahrhunderts wurden für die Streckenförderung im Bergbau Pferde eingesetzt. In

Aus dem Buch „Witten - Wiege des Ruhrbergbaus"
von Bruno Sobotka

der Spitze sollen 7.000–8.000 Pferde im Untertagedienst eingesetzt worden sein. Der letzte Grubengaul ging nach zwölfjähriger Dienstzeit erst im

Jahre 1966 in Rente. Über die Zeit, in der die Kohlenwagen unter Tage von Pferden gezogen wurden, und über die Grubenpferde selbst gibt es viele Geschichten und Legenden. Wir sollten eine verschlissene Spurlatte auswechseln. Also luden wir das erforderliche Werkzeug und Material auf den Förderkorb, fuhren langsam zur Einsatzstelle etwa auf halbe Schachthöhe und gingen ans Werk.

Die Arbeit war noch nicht annähernd fertig, da erreichte uns ein Notruf. Der Korb wurde sofort für einen Verletztentransport benötigt. Eile

Abteufen eines Schachtes.
Bild: auf der Schachtsohle im Schacht mit Bohrhämmern auf Stützen und Greifer. Die Löcher werden konventionell gebohrt, dann wird gesprengt und wird das gelöste Hauf-werk mit dem Greifer in den Kübel geladen, in dem auch die Personenfahrt durchgeführt wird, siehe Bild oben.

war geboten, es musste improvisiert werden. Die Schachthauer bestiegen wieder den Korb und fuhren zur untersten Sohle, mich ließen sie zur Sicherung der Arbeitsstelle zurück. Da saß ich nun mutterseelenallein und rittlings auf einem Schachtholz mitten im Schacht und hielt mit einem Seil Spurlatten in der Führung. Schrecklich! Nach oben wie nach unten waren es jeweils ungefähr 400 Meter. Es war dunkel, stockdunkel, der Schein meiner Lampe erhellte nur meine nahe Umgebung. Der in die

Grube strömende orkanartige kalte Luftstrom rauschte an mir vorbei und ließ mich vor Kälte, vor Angst und vor Wut über die Situation zittern.

Mir durfte jetzt nicht schwindelig werden und ich sollte möglichst nicht einschlafen, was schwierig war; ich war ja auf der Nachtschicht. Ich hörte nicht identifizierbare Geräusche, sie kamen aus allen Richtungen; schon ein kleines Steinchen aus 400 Meter Höhe würde mich unweigerlich abstürzen lassen. Ich hatte Angst. Die Gewissheit aber, hier eine Aufgabe erfüllen zu müssen, ließ mich die schreckliche Zeit voller Bangen und Warten ertragen. Diese Nacht werde ich wohl nie vergessen.

Als weitere Tätigkeit im Rahmen meiner Ausbildung stand das Abteufen von Schächten auf dem Programm. Eine sehr interessante Arbeit, die große Fachkunde und besondere Fachkräfte verlangt und üblicherweise nicht von den Bergwerken selbst, sondern von Bergbau-Spezialfirmen ausgeführt wird, die über das spezielle Werkzeug und Fachkräfte verfügten. Da musste gebohrt, geschossen, geladen, belüftet, gemessen und gemauert werden. Hier gab es keinen Förderkorb. Menschen, Material und Haufwerk wurden in einem mehrere Kubikmeter fassenden und an einem Seil hängenden Stahlkübel im Schacht transportiert. Nach einer Einarbeitungszeit war ich wirklich stolz, Mitglied einer Teufmannschaft zu sein. Es war schon eine robuste, international zusammengesetzte, harte, tatkräftige und leistungsbereite Mannschaft. Obwohl an anderen Stellen des Bergwerks Ähnliches zu beobachten war, fiel es mir hier besonders auf: Primen und Schnupfen gehörten immer dazu. Da unter Tage ein Rauchverbot besteht, nahm man Kautabak, um seinen Nikotinbedarf zu decken. Dieser wurde portionsweise von einer Stange abgebissen, mehrere Minuten im Mund umgewälzt und gekaut. Nach Abklingen der Wirkung spuckte man die braune Brühe mit spitzem Mund oder durch eine Zahnlücke irgendwo hin.

Weiter in meinem beruflichen Werdegang!

Die Bergschule

Ich hatte jetzt die Aufnahmebedingungen erfüllt und die Aufnahmeprüfung für die Bergschule bestanden. Anfang 1955 ging es los. Der Unterricht war ganzjährig.

1955	Zeche Dahlbusch	41 Tote	Schlagwetter

Noch während meiner Bergschulzeit gab es auf der Zeche *Dahlbusch* ein schweres Grubenunglück mit 41 Toten. Davon konnten 17 beerdigt werden, 24 Bergleute hat der Berg nicht mehr herausgegeben. Hier kam zum ersten Mal zur Rettung der Verschütteten die sogenannte Dahlbuschbombe zum Einsatz, die inzwischen weltweit bei ähnlichen Katastrophen Verwendung findet. Im Lehrbetrieb wieder mal ein Hinweis, wie wichtig in der Praxis die Einhaltung der bergbehördlichen Bestimmungen, Verordnungen und Gesetze und die Weiterentwicklung der zur Gefahrenerkennung und -vermeidung geeigneten Mittel sind.

1955	Nordstern	14 Tote	Schlagwetter

Als mögliche Ursache wurde Sprengarbeit oder eine defekte Sicherheitslampe eines Schießmeisters herausgefunden.

Auf Wunsch der Belegschaft hatte die Werksleitung eigens die Schichtzeit verlegt, um ihr die Möglichkeit zu geben, das Endspiel um die deutsche Meisterschaft zwischen Rot-Weiß Essen und Kaiserslautern zu sehen.

Die Ausbildungsbedingungen in der Bergschule waren sehr streng und elitär. Es gab eine Anwesenheitsliste und Zensuren in allen Fächern und jeweils zum Ende des Semesters Klausuren, zur Halbzeit eine Zwischenprüfung. Eine ganz besonders wichtige Zensur war das ›NIE NIE‹, was ›nie gefehlt‹ und ›nie zu spät gekommen‹ bedeutete. Seitens der Betriebe war das ein wichtiges Kriterium für die Einstellung und so war natürlich jeder bestrebt, diese Zensur zu erreichen. Es wird sogar berichtet, dass Bergschüler nicht zur Beerdigung ihres eigenen Vaters gegangen sind, um ja nicht diesen Anspruch zu verlieren. Wer es bis hier mit viel Aufwand geschafft hatte, musste sich nun den Gegebenheiten fügen, mitmachen, festgesetzte Ziele erreichen, vorgeschriebene Kleidung korrekt tragen, sich gut benehmen und im Übrigen die Klappe halten, schließlich wurde ja vom Bergbau alles bezahlt. Wer das nicht wollte oder nicht konnte, wurde gefeuert.

Es gab Dozenten, die besonders gnadenlos waren. Erhielt jemand zum Beispiel im Fach ›Bergpolizeiverordnung‹ die Bewertung ›mangelhaft‹, bedeutete dieses ein endgültiges AUS, egal wie die anderen Zensuren aussahen. Das ist zwar ein hartes Vorgehen, aber Gesetzeskunde, wie

Berggesetze und Bergverordnungen sind wirklich wichtige Fächer, wenn man sich die Vielzahl der Grubenunglücke und Katastrophen vor Augen führt. Da durch die regelmäßigen Führungszeugnisse eine enge Zusammenarbeit zwischen den Betrieben und der Bergschule gegeben war, war für diese Leute auch in der Regel eine Rückkehr in den Betrieb ausgeschlossen. Korrekte Dienstkleidung und gute Führung in der Öffentlichkeit waren damals für uns ein Muss; selbst im heißesten Sommer durfte der ›Kittel‹ nicht aufgeknöpft, geschweige denn ausgezogen werden. Wer im Unterricht auffällig geworden war, weil er geschwätzt, gelangweilt auf die Uhr geschaut oder ähnliche ›schlimme Taten‹ begangen hatte, durfte den Rest der Stunde auf dem Flur verbringen. Er flog einfach raus!

Nur zur Erinnerung: Ich war mit 23 Jahren der Jüngste in der Klasse. Das strenge Regiment der Bergschule bedeutete intensives Studium im Unterricht, erweitert durch Haus- und Semesterarbeiten und das alles in Verbindung mit tadelloser Führung im Betrieb und im Privatbereich. Mit der Aufnahme in die Bergschule wurde ich Mitglied im Verein deutscher Bergingenieure. Das strenge Reglement der Bergschule änderte sich später mit dem Übergang des Lehrbetriebes von der privaten Bergschule zur Bergingenieurschule und noch später zur Fachhochschule Bergbau. An Letzterer war dann ein Studium möglich, das jeder Interessent mit einer entsprechenden schulischen Vorbildung und nach einem Praktikum im Bergbau, jetzt aber auf eigene Kosten, aufnehmen konnte. Diese Absolventen hatten es aber beim Eintritt in den Beruf sehr schwer, da ihnen im Vergleich zu unserer Ausbildung die Praxis fehlte.

1956 machte ich die Prüfung als Schießmeister, die im Zuge der Bergschulausbildung zwingend vorgeschrieben war. Jetzt war ich befugt, im Untertagebetrieb Sprengarbeiten jeder Art auszuführen, und musste das im Rahmen der Ausbildung auch machen. Nach den vorgeschriebenen fünf Semestern und einer Abschlussexkursion in die Bergbaugebiete Österreichs, Ungarns und der Tschechischen Republik bestand ich 1957 die Abschlussprüfung der Bergschule zu Hamborn mit dem Gesamtergebnis ›GUT‹. Das Zeugnis trug den Vermerk, dass es zum Eintritt in die technisch gehobene Laufbahn berechtigt.

Meine erste Anstellung als Grubensteiger

Diese bekam ich mit Wirkung vom 1. November 1957 beim damaligen Mülheimer Bergwerksverein auf der Zeche *Hagenbeck*, der ältesten urkundlich nachgewiesenen Zeche des Oberbergamtsbezirks Dortmund, in Essen-Schönebeck.

Ich erhielt für diese Tätigkeit einen Grundlohn plus Leistungszulage von 0 % bis zu 30 %, dazu gab es für alle technischen Bergbauangestellten als Deputat freies Wohnen in einer Dienstwohnung des Unternehmens und freien Brand. Nun hatte ich alle Prüfungen bestanden und war von der Bergbehörde als Aufsichtsperson im Sinne des Berggesetzes verpflichtet worden. Der Obersteiger hatte mir tags zuvor die Morgenschicht in Revier 6 übertragen. Erhobenen Hauptes und mit einem tiefen Glücksgefühl ging ich durchs Zechentor und an der Markenkontrolle und den dort anstehenden Bergleuten vorbei. Ich war keine Nummer mehr. Ich hatte mein Berufsziel nach harten Anstrengungen und intensiven Bemühungen erreicht.

In der Steigerstube stellte mich der Obersteiger meinen neuen Kollegen vor, die ich schon alle kannte, denn ich wurde ja, was nicht allgemein üblich war, auf derselben Zeche als Aufsichtsperson eingesetzt, auf der ich zuvor Kumpel und Praktikant gewesen war. Ein bisschen komisch war mir schon zumute, heißt es doch: »Der Prophet gilt nichts in seinem Heimatlande.« Dann ging es an der Mannschaftskaue vorbei in die Steigerkaue. Als Steiger wurde ich standesgemäß mit weißem Grubenzeug versorgt. Ich bekam jetzt einen Blitzer; das ist eine große Akkulampe, die vom Steiger an aufwärts getragen wurde. Vollständig ausgestattet ging ich stolz und mit etwas schlotternden Beinen in Richtung Schacht. Auch einen neuen Helm hatte man mir verpasst. Die Farbe des Helmes zeigte die Fachrichtung und auch die Stellung in der Hierarchie an. Einen gelben hatte der deutsche Bergarbeiter, grün kennzeichnete den türkischen Kumpel. Diese Unterscheidung wurde später verboten. Die Helmfarbe Rot kennzeichnete den Elektriker (im Sprachgebrauch Brückenbauer), blaue Helme trugen die Schlosser. Meiner war weiß, denn ich war Steiger, meine Vorgesetzten, die Oberbeamten, trugen schwarze Helme.

Erstmals stand ich nicht mehr mit den Kumpel in langer Reihe an, sondern nun ging ich, wie es sich für eine Aufsichtsperson im Dienst gehörte, direkt bis ans Schachttor. Ein bisschen Spießrutenlaufen war das schon. Dann begann die Grubenfahrt. An meinem Einsatzort angekommen, ging es los: »Steiger, wo soll ich heute arbeiten?«, »Steiger, wie soll ich das machen?« ... Gott sei Dank war es ein eingespieltes Team, das ich übernommen hatte. Der Strebführer und die Ortsältesten übernahmen das Kommando, jeder für seinen Bereich – Routine!

Was eigentlich von vornherein klar war, wurde mir jetzt erst und das schlagartig bewusst und legte sich schwer auf meine Schultern. Jetzt war ich für alles, was hier geschah, verantwortlich: für den wirtschaftlichen Erfolg, die Einhaltung der einschlägigen Gesetze, für Leib und Seele der mir anvertrauten Leute und darüber hinaus für das ganze Bergwerk. Besondere Angst hatte ich vor schlagendem Wetter, wie Methangasexplosionen genannt werden, denn ich wusste, dass diese nicht an den Grenzen der Reviere haltmachten.

Beginn der Kohlenkrise

Der Beruf, den ich nun hatte, war dennoch mein Traumjob, er hatte mich immer schon fasziniert. Ich hatte ihn von der Pike auf gelernt. Und trotzdem: Wo der Bergmann hinkommt, war vorher noch keiner und hinter der Hacke ist es duster, wie man bei uns sagt. Man lernt in diesem Beruf einfach nie aus. Der technische Fortschritt brachte zudem ständig neue Probleme, die erkannt und bewältigt werden mussten. Mit der guten praktischen und theoretischen Vorbildung waren die aber zu meistern. Schwieriger war da schon der ungewohnte Umgang mit den Leuten – das ist ja auch in anderen Berufen so –, das lernt man nicht während eines Studiums und auch nicht in der Ausbildung. Unter dem Druck der Akkordarbeit wird häufig Arbeit abgeliefert, die eine verantwortliche Aufsichtsperson nicht akzeptieren kann und darf und die sein Eingreifen – nicht immer nur zur Freude des Betroffenen – erfordert. Soll heißen: Schon der Steiger muss ein gutes Durchsetzungsvermögen haben, und auch das konnte ich nach einiger Zeit entwickeln.

Aber auch diese Medaille hat zwei Seiten. Eine lange Zeit bin ich täglich frisch, froh und voller Tatendrang zur Arbeit gegangen, dann wechselten die Vorgesetzten. Der langjährige Obersteiger, ein alter erfahrener Fuhrmann, wurde als Leiter des Grubenbetriebes *Hagenbeck* abgelöst und ein anderer, relativ junger Mann als Betriebsführer mit dessen Aufgaben betraut. Es war die Zeit der beginnenden Kohlenkrise. Es gab Kurzarbeit und auch Entlassungen. Nun änderte sich alles schnell und dramatisch. Steiger wurden vor versammelter Mannschaft abgekanzelt, täglich gab es neue Drohungen: »Wenn keine Leistung kommt, kommt der Deckel auf den Schacht«, was heißen sollte: Dann wird der Betrieb stillgelegt und ihr werdet arbeitslos. Aber auch Kürzungen der Leistungsprämie waren an der Tagesordnung, nicht zu sprechen von den ersten Kündigungen wegen Rationalisierungsmaßnahmen. Es wurde geflucht, geschimpft, geschrien und getobt. Jetzt kam auch noch ein neuer Direktor, der die Mannschaft noch weiter aufmischte.

Ich erkenne die Macht der Gewerkschaft, Walter Köpping, 100 Jahre Bergarbeiterdichtung, S. 238

Management by Hubschrauber, nämlich: »Landen, Staub aufwirbeln und wieder abfliegen!« Und alles bei einer Siebentagewoche und täglichen Überstunden. Mehrarbeit, die sogar oft ohne Bezahlung gemacht werden musste, leistete nun jeder. Überstunden waren ja einerseits zwingend vorgeschrieben, wenn der Betrieb oder die Sicherheit gefährdet waren, andererseits wurden sie aber vom Betriebsführer später mit einem sehr engen Blick auf Notwendigkeit überprüft und unter Umständen auch ersatzlos gestrichen. Von der Direktion wurde angewiesen, dass nur noch zwei Überschichten bezahlt wurden. Falls erforderlich, mussten natürlich dennoch mehr gefahren werden. Diese sollten dann später irgendwann abgefeiert werden, was häufig eine Zusage blieb, die nicht umgesetzt wurde. Beschwerden wurden oft als ›subversives Verhalten‹ ausgelegt und geahndet. Nicht Wenige zogen nun freiwillig einen Berufswechsel vor. Das war für die Leute schlimm, vor allem da ihre Ausbildung zwar unübertrefflich gut, aber sehr einseitig war. Auch ich bin in dieser Zeit

zweimal entlassen, aber kurz darauf nach Verhandlungen wieder eingestellt worden.

Auf dem Weg zur Arbeit sah ich beim Betreten des Zechengeländes im
Geiste stets die Warnung: **Ab hier verlassen Sie den demokratischen
Sektor.**

Lange hatte sie sich angekündigt und nun hatte sie uns voll erreicht: die
Kohlenkrise! Die Kohlenvorräte reichten unter Berücksichtigung des damaligen Verbrauchs noch für circa 150 Jahre. Trotzdem: Die deutsche
Steinkohle war durch ungünstige Lagerstätten und durch besonders
schwere Förderbedingungen im Vergleich zum Weltmarktpreis zu teuer
geworden. Außerdem bevorzugte der Endverbraucher zunehmend leichter zu handhabende und sauberere Energiearten wie Strom, Gas oder Öl.
Aber auch das Argument der CO_2- und Methan-Immission sprach gegen
eine Weiterführung des Bergbaus. 1958, ich war gerade mal ein Jahr an-
gestellt, gab es die ersten Entlassungen und auch die ersten, damals noch
unbezahlten Feierschichten, die rasant zunahmen und bald die Millio-
nengrenze überschritten. Ebenfalls unter dem Einfluss der Kohlenkrise
gab es ab dem 1. Mai 1959 die Fünftagewoche. Im Herbst 1959 zeigten
die Bergleute ihren Unmut.

1958	Elisabethenglück	4 Tote	Grubenbrand
1958 mussten auf dem Bergwerk *Elisabethenglück* vier Bergleute durch einen Grubenbrand ihr Leben lassen; ein weiterer Grund, noch besser hinzusehen und auf die Arbeit der Mitarbeiter und auf die eigene zu achten.			

60.000 Männer marschierten nach Bonn und trugen dort ihre Forderungen vor. Es ging um das eigene Schicksal und um den Erhalt der Arbeitsplätze im Steinkohlenbergbau. Infolge der Krise war der Leistungsdruck
ins Unermessliche gestiegen, es wurde schamlos Druck ausgeübt und mit
Entlassungen gedroht. Auch die ersten Kündigungen wurden schon verschickt. Noch waren wir genug, um Gehör zu finden. Es war ja noch nicht
lange her, dass es hieß:

**»Wenn das Ruhrgebiet hustet, bekommt die Bundesrepublik eine
Lungenentzündung.«**

Der Protestmarsch war von der Gewerkschaft gut organisiert. Eigene Ordner verhinderten brutale Übergriffe, der Protest blieb friedlich und hatte Erfolg. Diesem Protestmarsch sollten später noch viele folgen.

Das Ruhrgebiet und der Bergbau hatten in der Vergangenheit schon härtere Auseinandersetzungen erlebt. Dass Proteste im Arbeitsleben heute geordnet geschehen können, ist das Verdienst des freiheitlich demokratischen Staates und der Gewerkschaften.

Der Rationalisierungsverband

Der Protest der Bergleute im Jahre 1959 blieb nicht ergebnislos, unter anderem erreichten wir damals einen Härteausgleich für die Feierschichten. Doch der wirtschaftliche Druck wurde so groß, dass weitere Stilllegungen unvermeidlich waren. In der Zeit von 1958–1963 waren 24 Schachtanlagen stillgelegt worden. 1964 meldete der Rationalisierungsverband weitere 31 Großzechen und 20 Kleinzechen mit einer Kapazität von 26 Millionen Tonnen zur Stilllegung an.

Nun musste auch ich um meinen Arbeitsplatz bangen. Im Betrieb wurde der Ton noch rauer und der Erfolgsdruck noch größer. Alles war im Umbruch, nichts hatte mehr Bestand, jeden Tag neue Meldungen über Zechenstilllegungen, Zusammenlegungen von Bergwerken, Entlassungen, Verlegungen, Umschulungen. Die Zeche *Hagenbeck*, meine Zeche, wurde 1966 stillgelegt. Insgesamt 25 Bergbaugesellschaften mit einem Förderanteil von 93,5 % schlossen sich 1968 aus Rationalisierungsgründen zur *Ruhrkohlen AG* zusammen, die am 1. Januar 1969 ihre Tätigkeit aufnahm. Die neu gegründete Einheitsgesellschaft des deutschen Ruhrbergbaus verfügte damit immer noch über 52 Schachtanlagen, 29 Zechenkokereien, fünf Brikettfabriken sowie 20 der eigenen Versorgung dienenden Zechenkraftwerke.

Heute, 2015, gibt es nur noch drei Bergwerke. Dieser Auslaufbergbau wird nur noch bis zum Jahre 2018 staatlicherseits subventioniert. Für eine Förderung nach diesem Datum, sofern das überhaupt in Betracht gezogen wird, muss sich der Bergbau dann dem weltweiten Wettbewerb stellen. In diesem Zusammenhang ist auch erwähnenswert, dass es für den Bergbau eine große Zulieferindustrie gibt, die viele Menschen beschäftigt und die weltweit mit ihren Produkten führend ist. Mit der letzten Zeche würde auch die Zulieferindustrie ihre Tore schließen oder zumindest erhebliche Einbußen hinnehmen müssen. Ich möchte an dieser Stelle besonders hervorheben, dass damals alle sozialverträglichen Maßnahmen durchgeführt werden konnten; das war und ist aus meiner Sicht eine meisterlich gut gelungene Gemeinschaftsarbeit zwischen Politik, Unternehmen, Gewerkschaft und Betriebsräten. Neben all den Problemen lief das tägliche Familienleben natürlich weiter.

1959 wurde unser zweiter Sohn geboren. Wohnungsprobleme gab es dadurch nicht, denn ein Jahr vorher hatte ich in der Wattenbachstraße in Essen-Frohnhausen meine erste Dienstwohnung mit einer Wohnfläche von 100 Quadratmetern (drei Zimmer, Küche, Diele und Bad) bekommen. Meine Arbeitsstelle auf der Zeche *Hagenbeck* erreichte ich in 15 Minuten zu Fuß. Eine familiengerechte moderne Angestelltenwohnung. Wir waren glücklich. Mit der Wohnung verbunden war mietfreies Wohnen und kostenloser Energieverbrauch, wie es damals für alle Bergbauangestellten als Deputat üblich war. Geheizt wurde natürlich mit Kohle.

1961 kam unsere erste Tochter zur Welt. Im selben Jahr kaufte ich das erste Auto, einen 15 Jahre alten Opel Olympia. Da die Halterkosten aber zu hoch waren, wurde dieser nach sechs Monaten wieder verkauft. Von dem Erlös leisteten wir uns den ersten Fernseher in unserem Leben: eine Fernsehtruhe mit einem Schwarz-Weiß-Gerät.

1960	123 Tote	Karl Marx	Schlagwetterexplosion
1960 starben auf dem Steinkohlenbergwerk *Karl Marx* 123 Bergleute durch eine Schlagwetterexplosion mit nachfolgender Kohlenstaubexplosion.			

Diese Nachricht ging jedem Bergmann durch Mark und Bein. Obwohl in den vergangenen Jahren die Grubenunglücksprophylaxe, besonders auch für Schlagwetterexplosionen, erheblich verbessert werden konnte, reichte es einfach noch nicht aus, um diese schweren Unglücke zu verhindern. Doch man bemühte sich und schickte junge, gut ausgebildete und mit den modernsten Hilfsmitteln vertraute Fachleute zur Besserung der Sicherheit in die Bergwerke.

Die Mauer, die Deutschland trennt

1961 wurde die Mauer errichtet, die Ost- und Westdeutschland lange Jahre trennen sollte, für Berlin eine Insellage brachte und an deren Todesstreifen viele Republikflüchtige ihr Leben lassen mussten. Deutschland und die Welt hielten den Atem an. Zu dieser Zeit war ich voll – und zwar bis zum „Gehtnichtmehr" – im Arbeitsprozess eingespannt; Weltpolitik berührte mich nur peripher.

1962	Zeche Sachsen	37 Tote	Schlagwetterexplosion

Reviersteiger

Ungewöhnlich früh, nämlich schon 1961, im Alter von 28 Jahren und nach nur drei Jahren Schichtsteigertätigkeit wurde ich, nachdem ich schon über ein Jahr lang kommissarisch Abteilungssteigerdienste versehen hatte, zum Abteilungssteiger (Reviersteiger) befördert. Ich erhielt nun ein höheres Grundgehalt plus eine leistungsabhängige Zulage sowie freies Wohnen und freien Brand. Grundlage für die Leistungszulagen waren die prozentuale Überschreitung des Fördersolls des gesamten Bergwerks sowie des eigenen Reviers, der Holzverbrauch in der eigenen Abteilung und später auch die Revierkosten. Die Höhe der Zulagen konnte schon mal bei 50 % des Grundgehaltes liegen, also boten sie einen gewaltigen Anreiz.

1962	Luisenthal	299 Tote	Schlagwetterexplosion

Ein rabenschwarzer Tag für das Saarland.
Am 7. Februar 1962 ereignete sich im Saarland auf der Zeche *Luisenthal* ein schweres Grubenunglück, ausgelöst durch eine Schlagwetterexplosion. 299 Bergleute verloren ihr Leben.

Der berufliche Aufstieg bedeutete aber auch mehr Arbeit und noch weniger Freizeit. Die Schichtzettelführung sowie die Planung und Organisation benötigten zusätzliche Zeit, aber auch mein Tag hatte nur 24 Stunden. Für diese zusätzlichen Verwaltungsarbeiten, für die es noch keine Hilfsmittel wie Computer, Bindegeräte oder Taschenrechner gab, die also wirklich noch echte Handarbeit waren, musste neben der normalen Arbeit einiges an Zeit aufgebracht werden. Es war schon eine beachtliche Leistung, die mir der Job im Laufe meiner Reviersteigerjahre da abverlangte, da gab es nur wenig Zeit zum Schlafen oder für Privates. Nun sollte man annehmen, das hätte zu einem großen Verdruss und zu ständigen Ängsten geführt. Keineswegs! Mit jugendlichem Drang und Elan, ja auch mit Freude bei der Bewältigung schier unglaublich schwieriger Aufgaben ging es Tag für Tag, und wenn es sein musste auch Nacht für Nacht, ans Werk. Schlussendlich drehte sich mein ganzes Leben um SOS = Sicherheit, Ordnung und Sauberkeit, darüber hinaus um die Sollerfüllung, die Gesundheit der Mitarbeiter und natürlich auch um die Wirtschaftlichkeit des Betriebes.

Es gab schlimme Tage, an denen ich mit hängenden Ohren und frustriert durch das Tor ging; aber nach dem Motto »Auf Regen folgt Sonne« ging es am nächsten Tag immer wieder mit Volldampf ans Werk. Genauso oft gab es nämlich Tage, da gelang einfach alles und ich konnte beglückt und stolz – weil erfolgreich – den Betrieb verlassen. Insgesamt war meine Zeit, ja, eigentlich mein ganzes Leben, auf viel Betrieb und nur wenig Privatleben ausgerichtet. Der Verstand war jetzt voll auf Leistung eingestellt. Ich stand täglich unter Volldampf. Mit Leidenschaft und Energie plante, organisierte, kontrollierte, ja, man kann wohl auch sagen ›kämpfte‹ ich und kroch dazu täglich mehrfach bäuchlings oder robbend über 200 Meter durch das nur 50–60 Zentimeter hohe Flöz in 1.000 Metern Tiefe, um meiner Aufgabe und Verantwortung nachzukommen.

Mein Körper registrierte das – erst gelegentlich, dann zunehmend – als Druck und Belastung. Irgendwann war die Grenze erreicht. Ich machte mir Sorgen wegen der Gefahr einer Staublunge und ging zum Arzt. Dieser sagte nur: »Kurztreten!« Sicher ein gut gemeinter Ratschlag, aber er kannte weder mich noch meinen Beruf näher. Von Anfang an war klar: Diesen Job konnte man nur ganz oder gar nicht machen. Ich benötigte zunächst eine Verschnaufpause und bekam eine Heilkur verordnet. Danach ging es wieder in alter Frische ans Werk.

Ich suchte aber nach Möglichkeiten, die mir die Aufgabenerfüllung leichter und erträglicher machten, und stieß auf die Hirt-Methode, eine Methode zur optimalen Arbeits- und Lebensgestaltung. Nachdem ich mich umfassend darüber informiert und sie für meine Ziele als geeignet erkannt hatte, kaufte ich mich in das System ein. Die Kosten dafür waren für meine damaligen Einkommensverhältnisse ganz erheblich, doch ich war von dem Wert dieser Methode überzeugt. Das Kosten-Leistungs-Verhältnis empfand ich als angemessen.

Viele Jahre später erst erkannten auch die Unternehmensführungen die

1963	Lengede	29 Tote	Wassereinbruch

Am 24. Oktober 1963 erreicht uns eine entsetzliche Nachricht. Wieder eine Grubenkatastrophe, jetzt nicht bei uns in der Steinkohle, sondern auf der Eisenerzgrube *Lengede*. Über Tage waren Klärdeiche gebrochen und das Wasser und der Schlamm waren in den Schacht geströmt, als sich 129 Bergleute in der Grube befanden. Eine weltweit beachtete Rettungsaktion lief an. Von der Tagesoberfläche aus wurden Bohrlöcher niedergebracht. Beim Anbohren eines abgeworfenen Grubenteils, dem sogenannten ›alten Mann‹, fand man einen Bereich, zu dem elf Bergleute geflüchtet waren. Alle lebten noch! Mithilfe der

sogenannten Dahlbuschbombe konnten sie durch dieses Bohrloch gerettet werden. Diese Rettungsaktion fand als ›Das Wunder von Lengede‹ Eingang in die Bergbaugeschichte. Auch ich hatte die Übertragung im Fernsehen miterlebt und erlitten. Am Ende waren 29 Tote zu beklagen. Drei der später tot gefundenen Bergleute sollen schätzungsweise zwei Wochen in ihrem Gefängnis unter Tage überlebt haben. Für alle Bergleute eine absolute Horrorsituation. Man mag sich nicht vorstellen, wie sie gelitten haben zwischen Entbehrung, Hoffen und Bangen.

Die originale Dahlbuschbombe als Leihgabe im Bergbaustollen im Nordsternpark

Notwendigkeit von Weiterbildung für ihre Mitarbeiter und ließen ihre Führungskräfte, natürlich immer deren Aufgaben entsprechend, durch Fachinstitute in kostenlosen Seminaren – bei Freistellung von der Arbeit – in gehobener Umgebung in Managementmethoden und -praktiken schulen. Später erwarben die Unternehmen für diese Methoden Lizenzen und ließen einige Mitarbeiter, darunter auch mich, als Lehrbeauftragte ausbilden. Im Rückblick war die Hirt-Methode für mich bzw. für die Erfüllung meiner Aufgaben eine wertvolle Hilfe. Es war ja noch die ›VORDIGITALE ZEIT‹, in der es noch keinerlei Hilfen durch Computer gab. Die Methode bot neben einem umfangreichen Einführungsbuch und Lernheften Arbeits- und Planungshilfen ein detailliertes Zeitplanbuch, eine spezielle Armbanduhr mit der Möglichkeit der Terminüberwachung. Auch an die körperliche Ertüchtigung war gedacht, die sich in den restlichen Zeitplan integrierte. Hier fand man eine Anleitung zum Fitnesstraining mit Yoga, autogenem Training und Atemübungen. Darüber hinaus gab es hilfreiche Vorschläge für den Umgang mit Mitarbeitern, Vorgesetzten und sogar für erfolgreiches Finanzverhalten. Das Ziel war, die tägliche Arbeit gesünder, in einer kürzeren Zeit sowie besser und erfolgreicher als zuvor zu erledigen. Die gewonnene Zeit war nach individuellem Bedarf wahlweise für das persönliche Wohlergehen oder auch für den weiteren beruflichen Aufstieg zu verwenden.

Wettersteiger

Anfang 1964 wurde die Position eines Wettersteigers vakant, ich wurde als Nachfolger ausgewählt und für diese Aufgabe aufgebaut. Die Zusatzausbildung dafür hatte ich bereits absolviert. Wenn hier von Wetter gesprochen wird, ist einfach nur „Luft" gemeint, wobei zwischen Frischluft (Frischwetter) und Abluft (Abwetter) unterschieden wird. Nun sollte ich also für die Luftversorgung (Wetterführung) des gesamten Bergwerks *Hagenbeck* zuständig sein. Für die Grubenbewetterung gelten besonders strenge gesetzliche Vorschriften und Verfügungen. Aufgabe des Wettersteigers ist es, kurz gesagt, unter Beachtung dieser Vorschriften die ganze Grube mit ausreichend frischen Wettern zu versorgen, schädliche Gase unschädlich zu machen sowie die Wetterführung zu planen und zu kontrollieren.

Eine große und schwere Verantwortung, wenn man bedenkt, dass die meisten großen Grubenunglücke durch Schlagwetterexplosionen verursacht werden. Die Schwierigkeit lag darin, dass matte, giftige und schlagende Wetter in der Regel nicht zu fühlen, zu riechen oder zu schmecken waren und sie nur mit Hilfsmitteln festgestellt werden konnten. Für die Temperaturüberwachung der Bergbaubetriebe gibt es eine eigene Kennziffer, das effektive Grubenklima (tff), ein Klimasummenwert aus Trockentemperatur, Feuchttemperatur und Wetterbewegung. Der Wert des effektiven Grubenklimas entstand empirisch durch Angaben von Versuchspersonen, die in

Karbitlampe

Klimakammern verschiedenen Klimawerten ausgesetzt wurden und danach Angaben zu der dort gefühlten Temperatur machten. Aus diesen Werten sind Tabellen und Kurven entstanden, aus denen die effektive Temperatur anhand der gemessenen Einzelwerte direkt abgelesen werden kann. Heute wird das oft als gefühlte Temperatur bezeichnet. Auch hierfür ist der Wettersteiger zuständig, denn die Dauer, die reine Arbeitszeit vor Ort, hängt von der Effektivtemperatur ab; ab einer Effektivtemperatur von 28 Grad ist die Arbeitszeit um eine Stunde zu kürzen. Das Ganze hat dadurch also auch eine erhebliche wirtschaftliche Komponente.

Ein sogenannter Frosch,
Öllampe mit Docht

Außerdem oblag mir in dieser Eigenschaft die Ausbildung der Wetterleute, d. h. der Leute, deren Aufgabe es war, die Luft an arbeitsfreien Tagen oder in unbelegten Betriebspunkten auf schädliche Gase zu untersuchen, denn damals gab es noch keine Fernüberwachung. Zudem waren regelmäßig für die Bergbehörde Kontrollmessungen der Wettermenge, Wettergeschwindigkeit und Wetterzusammensetzung und der Nutzquerschnitte durchzuführen sowie die geforderten Wetterberichte anzufertigen und der Bergbehörde termingerecht zuzustellen. Wetternetze müssen geplant und berechnet werden. Man kann sie mit einem elektrischen Netz vergleichen und ähnlich wie elektrische Netze auch berechnen. Bei Großanlagen wurden die Wetternetze elektronisch simuliert. Dafür gab es damals beim Steinkohlenbergbauverein ein analoges Wettermodell. Es ist heute kaum noch zu glauben, aber die Installation füllte damals einen ganzen Saal. Heute ist das mit einfachen Computern zu machen. Wie schon erwähnt, besteht so ein Grubengebäude aus einem vielen Kilometer langem Streckennetz, das gleichzeitig auch ein Wetternetz bildet. Diesem Wetternetz müssen je Minute viele Tausend Kubikmeter Frischluft von der Tagesoberfläche aus zugeführt und über mehrere Ebenen verteilt und geleitet, eben geführt werden, damit jeder Meter Grubenbau ausreichend Frischluft erhält: Frischluft zum Atmen und zur Verdünnung der schädlichen Gase aus Kohle und Nebengestein sowie von Schießschwaden und Abgasen der Motoren. Bei den Gasen handelt es sich überwiegend um Kohlenmonoxid (CO), Methan (CH_4) und Kohlendioxid (CO_2).

Kohlenmonoxid (CO) ist ein sehr giftiges Gas, das eigentlich nur bei Bränden entsteht. Der maximale Arbeitsplatzwert liegt nur bei 30 ppm, das sind 30 Teile CO auf eine Million Teile Luft. Höhere Konzentrationen wirken schon nach ganz kurzer Einwirkungszeit absolut tödlich. Die Gefährlichkeit liegt darin begründet, dass CO eine größere Affinität zu den roten Blutkörperchen hat als der Sauerstoff der Luft. Wird CO eingeatmet, besetzt es die Transportfläche der roten Blutkörperchen und der Sauerstoff findet keinen Platz mehr darauf, was bedeutet, dass den Körperzellen nicht mehr ausreichend Sauerstoff zugeführt werden kann, was zu Ersticken führt. Damit sich der Bergmann beim Auftreten von CO-Gasen in der Luft noch retten kann, muss seit vielen Jahren jedermann jederzeit unter Tage einen CO-Selbstretter (eine Art Gasmaske) am Körper mitführen.

Dieses Gerät gewährt für den Fluchtweg vom Arbeitsplatz bis zum Schacht Schutz.

Methan ist leichter als Luft, sammelt sich also in den oberen Bereichen an und wirkt „stickend", weil es Sauerstoff verdrängt, und ist zudem in Konzentrationen von 3-14 % explosibel. Kommt es durch eine Zündung zur Explosion, wirbelt der Explosionsdruck den abgelagerten Kohlenstaub auf und in der Folge zündet die Explosionsflamme das Gemisch aus Kohlenstaub und Methan. Das ist dann eine **Schlagwetterexplosion**, der Bergmann sagt „schlagende Wetter", die mit einer Urgewalt durch das Grubengebäude rast und alles vernichtet, für alles Lebende eine tödliche Gefahr! Ein großes Problem war in der Vergangenheit die Feststellung von Ansammlungen dieser Gase.

Aus den Anfängen des Bergbaus ist überliefert, dass Bergleute einen Kanarienvogel mit in die Grube nahmen, um die Luft auf Sauerstoff zu kontrollieren. Kanarienvögel sind nämlich sehr

Meine alte Wetterlampe

anfällig bei Sauerstoffknappheit und konnten deshalb damals den Bergmann warnen.

Unter Tage herrscht eine absolute Dunkelheit. Zur Beleuchtung wurden früher unter Tage Öllampen, sogenannte „Frösche" und noch später Karbitlampen mitgeführt. Beides war wegen der offenen Flammen äußerst gefährlich. Durch Einführung von Akkulampen wurde dieses Problem gelöst. Bei der Suche nach weiteren Verbesserungen erfand man die Wetterlampe. Diese war zwar als Arbeitsplatzleuchte sehr schwach, aber mit ihrer Hilfe konnte man nun CH_4 aufspüren und sogar erheblich sicherer. Aber durch die Bauform der Lampe konnten schlecht zugängliche Bereiche nicht erreicht werden.

Erst mithilfe von elektronischen Handmessgeräten, die jede Aufsichtsperson und jeder Sprengberechtigte mitführen musste und die etwa Mitte der 1970er-Jahre entwickelt und eingeführt wurden, konnten an jeder Stelle und sogar in Bohrlöchern eine genaue Prozentmessung durchgeführt werden. Seitdem ist der Bergmann den durch „schlagende Wetter" drohenden Gefahren nicht mehr hilflos ausgeliefert. Parallel dazu werden schon seit langer Zeit alle Grubenbereiche durch Fernmessungen überwacht. Die Messwerte werden in die über Tage stehenden Grubenwarten übertragen und lösen dort Alarm aus. Werden Grenzwerte überschritten, erfolgt automatisch eine Abschaltung aller elektrischen Geräte in diesem Bereich.

Außerdem gilt für alle unter Tage eingesetzten Geräte und Maschinen, dass sie schlagwettergeschützt sein müssen. Zur weiteren Sicherheit werden in Streckenabschnitten Wassertrog- und Gesteinsstaubsperren eingebaut, die durch den Explosionsdruck aufgewirbelt werden und dadurch die Explosionsflamme löschen, ersticken, abkühlen und auch den betroffenen Bereich gegen andere Bereiche abgrenzen sollen. In Gruben, die eine sehr große CH_4-Ausgasung haben, wird vorsorglich sogar ein Teil des Gases aus Bohrlöchern abgesaugt. Trotz all dieser Vorbeugungsmaßnahmen ist die ständige Aufmerksamkeit jedes Einzelnen geboten. Kohlendioxid ist schwerer als Luft, setzt sich unten auf dem Boden ab und verdrängt dadurch den Sauerstoff. Es wirkt in kleinen Mengen belebend, zum Beispiel in Mineralwässern. In größeren Mengen verdrängt es so viel Sauerstoff, dass Menschen, die das Gas-Luftgemisch einatmen, ersticken. Der Bergmann nennt das „matte Wetter".

Für seine Arbeit benötigt der Wettersteiger viele Geräte, wie Barometer, Barografen, Wettergeschwindigkeitsmesser, Messgeräte zum Ermitteln der Trocken- und Feuchttemperatur, Querschnittsmessgeräte, Gläser für Luftproben und vieles andere mehr. In meiner Zeit als Wettersteiger fanden in der Welt viele Atombombenversuche statt. Die dadurch erzeugten Erschütterungen in der Erdkruste wurden über viele Tausend Kilometer auch auf meinen Messgeräten angezeigt.

1965	Zeche Sachsen	10 Tote	Seilriss
1965 gab es auf der Zeche *Sachsen* im Ruhrgebiet ein Grubenunglück mit zehn Toten. Ein weiterer Hilfeschrei zur Wachsamkeit. Wieder ging es mir durch Mark und Bein.			

Ebenfalls 1965 wurde unsere Familie wieder etwas größer, der dritte Sohn erblickte das Licht dieser Welt, jetzt waren wir schon sechs Personen. Unsere Wohnung in Essen-Frohnhausen wurde nun zu klein. Aufgrund meines Antrages bekamen wir ein älteres Angestelltenhaus in Essen-Schönebeck zur Alleinbenutzung. Das Haus war geräumig, hatte genügend Platz und war gut ausgestattet. Wir hatten nun auch einen eigenen Vorgarten und hinter dem Haus einen richtigen, größeren Garten.

Urlaub mit dem eigenem Auto

Ab Mitte der 1960er-Jahre haben wir uns – auch mit der immer größer werdenden Familie – jährlich einen Urlaub gegönnt. Manchmal recht abenteuerlich wie bei unserem ersten Seeurlaub. Mit einem VW-Käfer – die Leistung betrug gerade einmal 25 PS –, den ich kurz vorher als Jahreswagen in Wolfsburg erworben hatte, machten wir uns auf den Weg. Es war ein schönes Auto. Es hatte sogar, man glaubt es heute kaum noch, standardmäßig Scheibengardinchen.

Der Wagen war vollgepackt mit Frau, Schwiegermutter und drei Kindern, dazu das Gepäck, etwas Wegzehrung, ein Nachttopf für die Kleine und Kotztüten für alle Insassen. Mit der Last war der Wagen natürlich hoffnungslos untermotorisiert. Deshalb fiel in ansteigenden Streckenabschnitten, von denen es Gott sei Dank nicht allzu viel gab, die Geschwindigkeit stark ab. Was sollte ich machen? Last abwerfen war nicht möglich, von Hand nachschieben ebenfalls nicht, also musste ich mich mit den Gegebenheiten abfinden und die Mannschaft bei Laune halten. Trotz der nicht gerade angenehmen Platzsituation für uns sechs Insassen und der geringen Durchschnittsgeschwindigkeit waren wir sehr lustig und sangen gemeinsam »Die Affen rasen durch den Wald ...«, und von der Morgenfrühe, die unsere Zeit sei, was eigentlich nicht so ganz stimmte – und natürlich Seemannslieder wie das vom ›Hamborger Veermaster‹ und den Blauen Jungs von der Waterkant und noch viele andere mehr. Es war immer eine dolle Stimmung. Wir kamen aber nur langsam voran, denn ständig musste irgendeiner pinkeln.

Irgendwann am späten Nachmittag erreichten wir endlich unser Ziel. Die Straße endete direkt am Meer. Wir hielten an, stiegen aus, ließen alles auf uns wirken, staunten, jubelten, waren überwältigt von dem Anblick, nahmen uns in die Arme und jubelten weiter. Unser Quartier war nicht weit entfernt. Eine Baracke aus dem Zweiten Weltkrieg mit nahe stehendem Plumpsklo war jetzt für zwei Wochen unser Urlaubsdomizil für acht Personen. Ja, acht Personen waren wir inzwischen, denn die gute Tante Marianne, Gott hab sie selig, und unser ältester Sohn, die beide wirklich nicht mehr in den Wagen gepasst hätten, waren samt Gepäck mit dem Zug angereist und stießen nun zu uns. Den Zustand fanden wir überhaupt nicht schlimm, denn zu dieser Zeit war der Anspruch an Urlaubsquartiere im Allgemeinen und im Besonderen bei uns nicht sehr hoch. Wir waren jung, die Familie groß, das Geld war knapp und wir auch mit Einfachem zufrieden. Trotz der beengten Verhältnisse, in denen wir hier untergebracht waren, erholten wir uns in diesem Urlaub prächtig.

Allen hat es so gut gefallen, dass diesem ersten Urlaub am Meer noch viele weitere im In- und Ausland folgten. Anreiz hierfür waren bis dahin immer der Erholungseffekt und die idealen Beschäftigungsmöglichkeiten für die Kinder. Hier konnten sie Sandburgen und Schleusen bauen, sich im Wattschlamm wälzen und sich immer und immer wieder so richtig austoben. Aus den Erholungsurlauben entwickelte sich nach und nach eine Anziehungskraft, um nicht zu sagen: eine Liebe zum Land, zum Meer und zu den Leuten, den Friesen.

1966	Rossenray	16 Tote	Schlagwetterexplosion
1966 auf dem Bergwerk *Rossenray* eine Schlagwetterexplosion mit 16 toten Bergleuten. Nur die vorhandenen Explosionssperren konnten eine größere Katastrophe verhindern. Alle Toten konnten durch die Grubenwehr geborgen werden.			

Nach diesem Urlaub konnte ich die hier gewonnene Kraft sehr gut gebrauchen, denn nun hatte auch mich die Krise erreicht. 1966, im Alter von 33 Jahren, wurde ich im Rahmen von Rationalisierungsmaßnahmen wegen der bevorstehenden Betriebsstilllegung der Zechengruppe *Rosenblumendelle/Wiesche* zur Zeche *Welheim* in Bottrop verlegt, jetzt wieder als Reviersteiger. Der Weg zwischen meinem Wohnort und der Arbeitsstätte betrug nun 35 Kilometer; das war eine große Entfernung, vor allem bei einem Beruf, der ständige Bereitschaft erforderte und möglichst noch Allgegenwärtigkeit.

Verlegung in einen anderen Betrieb der Firma

An einem der ersten Arbeitstage in meinem neuen Betrieb passierte Folgendes: Es war 4:30 Uhr am frühen Morgen. Ich machte mich auf den Weg zu meiner neuen Arbeitsstelle, verließ das Haus, ging über die Straße, stieg in mein Auto – doch es ließ sich nicht starten. Egal, was ich auch probierte, es war nichts zu machen. Ich startete, aber außer einem kleinen Knurren tat sich nichts. Ich wiederholte den Vorgang mehrfach, jedoch ohne Ergebnis. Ich war genervt, holte die Starterkurbel aus dem Kofferraum und drehte ohne Ende; wieder nichts. Mir wurde warm, Schweißperlen tropften schon von meiner Nase. Ich überlegte, was die Ursache sein könnte: der Verteiler oder die Zündkerzen. Schnell öffnete ich die Motorhaube, nahm die Verteilerkappe ab, säuberte die Kontakte und ging wieder an die Kurbel – auch diesmal tat sich nichts. Ärgerlich, jetzt geriet ich in Zeitnot. Nacheinander schraubte ich die Zündkerzen heraus, säuberte sie, stellte den Spalt neu ein. Um die Feuchtigkeit zu vertreiben, sprühte ich schnell noch Moosöl über den Zündverteiler und die Kabel, aber der Motor sprang weder mithilfe des Starters noch der Kurbel an. Für mehr Selbstreparaturen hatte ich keine Zeit, wenn ich pünktlich im Betrieb sein wollte, und das wollte ich, denn ich war erst seit einigen Tagen dort beschäftigt und da sollte man tunlichst pünktlich sein. Aus Verzweiflung schellte ich bei der Nachbarin, die als Taxifahrerin ihr Geld verdiente. Ich hatte sie geweckt, weshalb sie im ersten Moment nicht wirklich begeistert wirkte, doch als ich ihr den Ernst der Lage erklärte, brauchte sie keine fünf Minuten und ich saß im Taxi auf dem Weg zur Arbeit. Pünktlich zur „Morgenandacht", so nannten wir die Frühbesprechung, hielt das Taxi genau vor dem Fenster des Betriebsführers.

Nach der Besprechung wurde ich gefragt: „Warum kommen Sie denn mit einem Taxi?" Ich erklärte kurz den Sachverhalt. Betriebsführer und Obersteiger lobten mein Verhalten und bezeichneten es meinen Kollegen gegenüber als vorbildlich. Ich hörte noch, dass sie sagten: „Vielleicht haben wir doch keinen schlechten Griff mit dem Kerl gemacht." Auch einige Kollegen hatten meine Ankunft mitbekommen, aber weniger das Taxi, sondern mehr die Frau im Auto gesehen. Sie tuschelten hinter vorgehaltener Hand anerkennend: „Der Loser kommt doch bestimmt direkt aus einem Nachtlokal." Ich ließ sie in dem Glauben, was auch immer sie sich darunter vorstellten, und ging mit dem Gefühl an die Arbeit, dass ich gerade von beiden Seiten geadelt worden war.

Die meisten Leute der stillgelegten Schachtanlagen wurden komplett vom ersten bis zum letzten Mann, einschließlich der zuständigen Steiger, übernommen und auch weiterhin als eingespielte Gruppe beschäftigt. Da ich aber vorher Wettersteiger war, der normalerweise nur wenige Hilfskräfte hat, kam ich allein und ohne eigene Mannschaft. Ich war schon froh, überhaupt übernommen worden zu sein; dieses Glück hatte nicht jeder. Ich übernahm ein Revier, in dem der ehemalige Reviersteiger abgelöst worden war. Sein designierter Nachfolger war natürlich gar nicht glücklich darüber, dass mir die Revierführung übertragen worden war. Ich hatte also nicht nur mit der neuen, unbekannten Umgebung, den neuen Vorgesetzten und den völlig anderen geologischen Bedingungen, an die ich mich erst gewöhnen musste, zu kämpfen, sondern vor allem auch mit der eigenen, mir zugeteilten Mannschaft, die mir zunächst sehr reserviert gegenüberstand. Das änderte sich zwar bald, aber leider nicht auf ganz friedlichem Wege. Es gab Streit, die Situation zwischen meinem Konkurrenten und mir eskalierte. Er oder ich, war die Frage, für beide war kein Platz.

Ein Revierumzug, der von mir in einer bis dahin für unmöglich gehaltenen kurzen Zeit geplant, organisiert und überwacht wurde, verschaffte mir Luft. Er brachte die Anerkennung der neuen Vorgesetzten sowie eine dicke Sonderprämie und das Personalproblem war damit auch erledigt. Dabei hätte das alles auch schiefgehen können, denn bei einer letzten Kontrolldurchsicht meiner Unterlagen für den Revierumzug und speziell für die Bereitstellung des Werkzeugs stellte ich fest, dass etwas fehlte. Ein dringend benötigtes Werkzeug war weder im Betrieb noch im Magazin vorrätig. Der Magazinverwalter sah sich außerstande, es so schnell zu besorgen. Es war Freitagabend und schon am Samstag sollte die Aktion starten. Ich fuhr schnell mit meinem Wagen zu Eisen Tilco und kaufte das Werkzeug auf eigene Kosten. Mein neuer Betrieb hatte in allen Betriebsbereichen eine moderne technische Ausrüstung. Das war natürlich großartig, für mich aber etwas, an das ich mich erst gewöhnen musste. Wegen meiner guten und breit gefächerten Ausbildung ist mir das dann aber schnell gelungen.

Auch gab es hier einen völlig anderen und für mich positiveren Führungsstil im oberen Management. Die neue Direktion war offener und betriebsnäher und auch das Betriebsklima war besser. Es gab eine gute Basis für eine vertrauensvolle Zusammenarbeit. 1967 wurde auch die Zeche *Welheim* stillgelegt und ich wechselte zur Zeche *Mathias Stinnes* 3/4 in Gladbeck-Brauck, die zur selben Zechengruppe gehörte. Ich übernahm als Reviersteiger einen neu eingerichteten Betrieb im Mächtigkeitsbereich von 1,5–2 Metern, der mit einer der allerneuesten und stärksten Schreitausbau-Version ausgerüstet war und eine technische Neuerung enthielt – Schreiten unter Andruck! Ich hatte den Betrieb einige Tage anlaufen lassen und erste Erfahrungen gesammelt, als eine Befahrung der Werksdirektion mit dem Leiter des Bergamtes und dem Chef der Lieferfirma erfolgte, um die Wunderwaffe zu besichtigen. Ich wurde gebeten, das Schreiten unter Andruck vorführen zu lassen, und wurde ausführlich nach den bisherigen Erfahrungen befragt. Ich machte den Herren klar, dass ich keinen Vorteil in der Neuentwicklung sah, sondern eher einen Nachteil. Was ich auch bei einer längeren Vorführung überzeugend deutlich machen konnte. Ich hatte schon befürchtet, dass mich nun der volle Unmut treffen würde. Oft trifft ja nicht den Verursacher, sondern den Überbringer einer schlechten Nachricht die volle Härte, aber weit gefehlt. Meine Argumente waren überzeugend. Die Runde besprach, was sie gehört und gesehen hatte. Man war sich einig darüber, dass mit dieser Technik das gewünschte Ziel nicht erreicht werden könne und beschloss, eine Weiterentwicklung zu veranlassen.

Der Übergang vom Tarifangestellten zum außertariflichen Angestellten und damit zum leitenden Angestellten im Sinne des Gesetzes bedeutete noch einmal eine extreme Umstellung. Ein leitender Angestellter ist ein natürlicher Gegenpart des Betriebsrates, welcher durch die Mitbestimmungsgesetzgebung wesentlich gestärkt war. Diese Aufgabe erforderte noch mehr persönliche Leistung, eine noch längere Arbeitszeit und absolute Loyalität dem Arbeitgeber gegenüber. Jetzt galt es die richtige Balance zwischen Unternehmen und Belegschaft zu finden, ein schmaler Grat zwischen Wirtschaftlichkeit und Sicherheit.

Fahrsteiger und leitender Angestellter

Am 1. Dezember 1966 wurde ich zum Fahrsteiger befördert und das zunächst, ohne das für diese Dienststellung sonst übliche einjährige Aufbaustudium in der sogenannten Oberklasse absolviert zu haben. Die Freistellung wurde mir aber für den Fall verbindlich zugesagt, dass ich die mir übertragenen Aufgaben binnen eines Jahres gut erledigt hätte. Na, ein Jahr Bewährung, damit konnte ich leben! Und ich nutzte dieses Jahr, die Bilanz sah gut aus und so erhielt ich vom Vorstand die einjährige Freistellung zum Besuch der Oberklasse. Als Fahrsteiger konnte ich als Leiter einer ganzen Schicht im Grubenbetrieb, als Leiter einer Fahrabteilung oder als Projektingenieur eingesetzt werden. Ich erhielt ein Grundgehalt, eine Leistungsprämie, ein 13. Grundgehalt als Weihnachtsgeld sowie freie Wohnung und freien Brand. »Als Fahrsteiger sind Sie leitender Angestellter im Sinne des Betriebsverfassungsgesetzes«, das wurde im Anstellungsvertrag besonders hervorgehoben.

Eine wesentliche Aufgabe der Fahrsteiger ist die Gedingekalkulation und der Gedingeabschluss. Als Gedinge wird im Bergbau die Akkordarbeit bezeichnet. Die Schwierigkeit ist, bei der Festsetzung das richtige Maß dafür zu finden. Ich vergleiche das immer mit Seilchenspringen. Wird das Seil zu tief gehalten, muss sich keiner anstrengen, es kommt keine Leistung. Wird es zu hoch gespannt, nimmt man noch nicht einmal mehr einen Anlauf, weil man weiß, dass man es nicht schaffen kann. In beiden Fällen bleibt die Leistung auf der Strecke.

Als Fahrsteiger hatte ich Anspruch auf eine Oberbeamtenwohnung. 1967 bekam ich in der Rheinbabenstraße in Bottrop-Eigen eine sehr schöne und große Wohnung, die per Fernwärme beheizt wurde. Die Wohnung lag im ersten Obergeschoss und hatte zwei Wohnzimmer, eine große Küche, zwei Schlafzimmer und ein Bad mit WC. Zur Wohnung gehörte eine Mansarde im zweiten Obergeschoss mit einem Vorraum von 40 Quadratmetern, den wir als Spielzimmer nutzten, sowie zwei weiteren Schlafzimmern. Jetzt gab es ausreichenden Wohnraum für die große Familie in „standesgemäßer" Lage. 1968 wurde hier unsere zweite Tochter und 1970 der vierte Sohn geboren. Jetzt war unsere Familie mit acht Personen komplett und die neue Wohnung gut ausgelastet.

So wie viele deutsche Familien sind auch wir eigentlich eine europäische Familie, mit Wurzeln in Deutschland, im französischen Königreich

Westfalen, in Frankreich, Österreich/Ungarn, Galizien, Tschechien, Ostpreußen, Ermland, Polen und sogar mit Abkömmlingen in Amerika und Kanada. Also in mehreren Generationen deutsch geboren, jedoch mit europäischen Wurzeln. Die Frage ist doch nur, wie weit man in der Familienforschung zurückgehen muss oder will, um seine Wurzeln zu erkennen. Bei dieser Aufzählung sind noch nicht mal die großen Wanderbewegungen in der Antike und im Mittelalter berücksichtigt, von der kaum eine Familie verschont geblieben ist.

Trotz allem gibt es den Nationalismus, manchmal unverblümt ausgeprägt und auch zur Schau getragen, manchmal als Patriotismus, Vaterlandsliebe oder Heimatliebe getarnt. Wenn ich an Europa denke und sehe zum Beispiel beim Absingen der Nationalhymnen vor einem Fußball-Länderspiel die fanatischen Gesichter der singenden Sportler, dann weiß ich es wieder: Es ist noch ein langer Weg bis ›Europa‹. Man gewinnt den Eindruck, das ist kein Länderspiel, sondern ein Krieg. Gut, man kann sagen: »Besser Krieg um ein Stück Leder als mit dem Gewehr.« Nein, es ist einfach eine entbehrliche Überbetonung des Nationalen und ein Ausdruck von Nationalismus.

Bis Mitte der 1960er-Jahre waren im Steinkohlenbergbau in den Strebbereichen beachtliche Rationalisierungserfolge erreicht worden. Man hatte sich auf Gewinnung und Strebförderung konzentriert. Der zunehmende wirtschaftliche Druck erforderte nun auch Maßnahmen in den nachgeschalteten Bereichen. Hier gab es noch erkennbare Rationalisierungsreserven. Der Vorstand beschloss ein Programm zur Rationalisierung der Förder- und Transportbereiche.

Förder- und Transportingenieur

Noch im Jahre 1967 wurde ich im Rang eines Fahrsteigers als Förder- und Transportingenieur zur Hauptschachtanlage *Mathias Stinnes* in Essen-Karnap verlegt. Dort wurde ich als Projektleiter mit der Rationalisierung des Materialtransportes und der Umstellung auf Granby-Förderwagen beauftragt.

Mein Büro lag zwar in der Stabsabteilung; ich unterstand jedoch dem Werksdirektor direkt und hatte dadurch viel Freiheit. Außerdem war ich Mitglied im Normenausschuss des Steinkohlenbergwerkvereins. Neue Maschinen waren erforderlich, sie mussten nicht nur gekauft, sondern auch neu entwickelt oder weiterentwickelt werden. Bis zur Betriebsreife war ein ständiger Gedanken- und Erfahrungsaustausch zwischen Lieferfirmen und Betriebsingenieuren erforderlich. Diese Entwicklung stellte hohe Anforderung an das gesamte technische Personal – von der Steigerebene bis zur Werksleitung.

Als Projektingenieur hatte ich Einfluss auf die Gesamtplanung des Bergwerks und war verantwortlich für die rechtzeitige Bereitstellung von Maschinen, maschinellen Einrichtungen und Material. Ziel war es, den Materialfluss so zu gestalten, dass das Material von über Tage – ohne Materialumschlag und Zwischenlagerung – bis zum Verbraucher mit so wenig Schichtenaufwand wie möglich durchgeführt werden konnte. Für den Stückguttransport waren geeignete Container zu beschaffen. Die Geldmittel dafür waren enorm und kaum zu realisieren. Ich wurde deshalb federführend beauftragt und bevollmächtigt, unter Verwendung der alten Förderwagen geeignete Container nebst Untergestellen zu konstruieren und mit den Fachkräften in den eigenen Werkstätten bauen zu lassen. Neben den Stückgutbehältern wurden Container für Magazinmaterial konstruiert und ihr Einsatz geplant. Das war auch und insbesondere ein Beschäftigungsprogramm für die nicht ausgelastete Belegschaft der Zechenwerkstätten und wurde deshalb besonders vom Arbeitnehmerflügel unterstützt. Bei der Fertigung der Container gab es zwar einige Patentprobleme, aber die haben wir bewältigt. Ich weiß nicht mehr genau, wie viele Behälter und Unterwagen wir in den eigenen Werkstätten gebaut haben, letztlich waren aber alle Betriebe der Schachtanlage damit ausgerüstet und ein messbarer Rationalisierungserfolg erreicht.

Parallel arbeitete ich an der Rationalisierung des Staubguttransportes. Der Untertagebetrieb benötigte eine große Menge an Zement und Anhydrit; beides wurde bis dahin in Säcken angeliefert und musste in der Regel auch mehrfach umgeladen werden, ehe es beim Verbraucher ankam. Das war sehr arbeitskostenaufwendig, außerdem war die planmäßige und zeitgerechte Bereitstellung nicht gewährleistet. Auf anderen Schachtanlagen gab es Versuchsbetriebe, die das Staubgut von über Tage bis zum Verbraucher entweder durch Rohrleitungen pneumatisch oder auch hydraulisch transportierten. Der Zuschnitt unserer Anlage ließ aber weder eine noch das andere zu. Wir beschlossen deshalb, auch diesen Bereich auf Containerbetrieb umzustellen. Ich hatte keine Ahnung davon, wie schwierig das sein würde.

Zuerst kauften wir für viel Geld bei einer Zulieferfirma fünf Silowagen und starteten den ersten Versuch. Sie erfüllten in keiner Weise unsere Ansprüche. Wenn das Material beim Verbraucher nach einer Fahrt über mehrere Kilometer ankam, hatte es sich so verfestigt, dass der Silowagen nur aufwendig in Handarbeit entleert werden konnte. So ging es also nicht und wieder war eine eigene Konstruktion gefragt. Ich habe deshalb gemeinsam mit der Firma Hölter, insbesondere mit dem Firmenchef Professor Karlheinz Hölter, den Fluidförderwagen erfunden. Das ist jetzt leicht gesagt, aber dazwischen lagen viele technische Irrwege, viel Zeit, viel Schweiß und noch mehr Ärger. Aber Ende gut, alles gut! Jetzt war es möglich, Fluidförderwagen über Tage aus Standsilos zu füllen, über beliebige Kilometer über Gleise und Einschienenhängebahnen zu transportieren und das Staubgut vor Ort mithilfe einer Förderschnecke direkt in die Betonmischmaschine einzugeben. Das wurde ein beachtlicher Rationalisierungserfolg.

Wenn ich das jetzt hier so schreibe, muss ich mich fragen, ob ich mich nicht ein wenig unter Wert verkauft habe!

1968	Minister Achenbach	17 Tote	Schlagwetterexplosion
1968 wieder eine Katastrophe. Auf dem Bergwerk *Minister Achenbach* kamen 17 Bergleute durch eine Schlagwetterexplosion zu Tode. Wieder hatte der Bergmannstod zugeschlagen: ›schlagende Wetter‹.			

Oberklasse

1968 trat ich endlich meine weitere Ausbildung in der Oberklasse an. Dieses Aufbaustudium war dem ausgesuchten Führungsnachwuchs vorbehalten; man konnte sich dafür nicht bewerben, man wurde geschickt; und geschickt wurden nur Leute mit einer längeren Führungspraxis. Eine Freistellung für ein einjähriges Studium bei vollen Bezügen als außertariflicher Angestellter, wo gibt es so etwas sonst noch? Aber anders wäre es für mich auch gar nicht möglich gewesen. Es war eine schöne Zeit, wenn auch sehr anstrengend. Die Anforderungen waren hoch.

Auch für die Dozenten war es eine Herausforderung, schließlich hatten alle Teilnehmer zwischen 15 und 20 Jahren Berufserfahrung. Vor allem in den technischen Fächern stellte sich manchmal die Frage, wer hier wohl von wem etwas lernte. Insgesamt konnte aber der berufliche Horizont wesentlich für künftige Führungsaufgaben erweitert werden. Meine mitstudierenden Kollegen wählten mich für das gesamte Jahr zu ihrem Sprecher und noch heute treffe ich mich einmal im Jahr mit meinen Oberklassenkollegen. Nach Vorlage und Bewertung meiner Oberklassenabschlussarbeit, natürlich über Planung und Organisation des Materialflusses, sowie zahlreichen Klausuren und einer mündlichen Prüfung konnte ich auch hier das Examen mit Erfolg bestehen. Am Ende der Studienzeit wurde ich von der Schulleitung gebeten, für alle drei Oberklassen eine Abschlussrede zu halten.

Wir waren insgesamt 28 Teilnehmer. Ich war der Zweitälteste und ihr Sprecher und rufe seitdem jährlich zum Treffen der Ehemaligen. Von den 28 sind inzwischen 16 verstorben. 2014 habe ich mit meinen Kollegen telefoniert und sie zum Treffen eingeladen. Von den zwölf noch Lebenden mussten vier wegen schwerer Erkrankung absagen. Die Belastungen dieses Berufes sind eben nicht im Zeug stecken geblieben! Unser Beruf bedeutete viele Jahre gute Bezahlung, aber unter unbeschreiblicher körperlicher, geistiger und nervlicher Belastung.

Ende der 1960er-Jahre verschärfte sich die Situation des deutschen Steinkohlenbergbaus weiter. Weitere Rationalisierungsmaßnahmen, Zechenschließungen und Kündigungen waren an der Tagesordnung. Zechen wurden stillgelegt, Belegschaften aus Rationalisierungsgründen entlassen. Man musste Angst um seinen Arbeitsplatz haben. Den Bergbauangestellten wurden einige Privilegien gestrichen, unter anderem auch die freie Dienstwohnung. Wohl wurde ein bestimmter Betrag dafür dem Gehalt zugeschlagen, der aber schnell von den Teuerungsraten aufgefressen wurde. In Anbetracht dieser Situation beschlossen wir, ein Eigenheim zu bauen. Mit der ungewissen beruflichen Situation im Hintergrund war das schon sehr mutig und außerdem mit vielen zusätzlichen Ängsten verbunden. Dann legte auch noch ein Nachbar Widerspruch gegen das schon begonnene Bauvorhaben ein. Der Bau wurde zeitweilig eingestellt und mit der Sperrung von Hypotheken gedroht. Wir suchten anwaltlichen Rat und politischen Rückhalt. Letzteren erhielt ich von den

SPD-Mitgliedern im Rat der Stadt. Das war für mich die Veranlassung, in die SPD, der ich ja ohnehin gedanklich nahestand, einzutreten.

Nachdem aber die Partei kriegsähnliche Auslandseinsätze der Bundeswehr befürwortete, bin ich nach 27-jähriger Mitgliedschaft ausgetreten.

Nach vielen Wochen konnte unser Anwalt über die Landesbaubehörde die Baugenehmigung erreichen. Im Mai 1972 war es dann so weit, wir zogen in unser Eigenheim und waren auf das Erreichte stolz. Kurz darauf erhöhten die Banken den Zinssatz für den variablen Teil der Hypothek von 7 % auf 11 %. Gleichzeitig nahm das Land für die zweite Hypothek, die zinslos gewährt werden sollte, aufgrund einer Gesetzesänderung einen Zinssatz von 2 %. Eine unglaubliche Belastung für unser Budget und unsere Nerven. Das ging an die Substanz. Die gemeinsame Verantwortung für unsere Familie hat uns aber immer beflügelt und wir schafften es gemeinsam!

Der erste Mensch auf dem Mond

Der 20. Juli 1969 war eine Sternstunde für die Menschheit: Der erste Mensch landete auf dem Mond. Die Raumfähre *Apollo 11* brachte die Mondfähre *Eagle* und die Astronauten Neil Armstrong und Edwin Aldrin dort ins ›Meer der Ruhe‹. Beim Betreten des Mondes sprach Armstrong die berühmt gewordenen Worte: »*Es ist ein kleiner Schritt für einen Menschen, aber ein großer Sprung für die Menschheit.*« In meiner Jugend hatte ich mir sehr gewünscht, das einmal zu erleben. Entsprechend groß war meine Begeisterung. Einige Tage später kaufte ich mir eine Briefmarke vom ersten Mondflug, die ich immer noch gut aufbewahre.

Diese Mission war ein sehr teures Prestigeobjekt der Amerikaner und beweist, was die Menschen zu schaffen in der Lage sind. Gestern der Mond, morgen der Mars und andere Planeten und Sterne! Und so fantastisch, beeindruckend und faszinierend das auch sein mag, drängt sich mir doch immer wieder die Frage auf: Ist das nötig? Nichts gegen Wissenschaft und Forschung, die ich für sehr wichtig halte. Was aber könnte mit gleichem Geldaufwand und gleichem Engagement Gutes auf dieser Erde getan werden?

Mechanisierungsingenieur

Nach Besuch des Betriebsführerlehrganges wurde ich innerhalb der Stabsabteilung mit der Leitung der Mechanisierungsabteilung auf der Schachtanlage *Mathias Stinnes 1/2/5* beauftragt. Damit war ich für die Planung und Organisation des Maschineneinsatzes sowie für die Einsatz- und Betriebspläne für den gesamten Untertagebetrieb zuständig und bekam zusätzlich auch überbetriebliche Aufgaben übertragen. Und wieder stand eine Verlegung an. Am 01. September 1971 verlegte mich der Vorstand wegen Stilllegung der Zeche *Mathias Stinnes* zur Zeche *Nordstern* in Gelsenkirchen-Horst. Hier war eine Stelle als Wirtschaftsingenieur vakant. Ich bekam ausreichend Gelegenheit, die Zeche kennenzulernen, und bekam hierfür zunächst eine Fahrsteigerabteilung im Abbau übertragen.

Wirtschaftsingenieur

Später, ab dem 28. Februar 1972, erhielt ich die Bestellung zum Wirtschaftsingenieur. In dieser Eigenschaft war ich örtlich für das ganze Bergwerk zuständig. Sachlich bedeutete die Berufung die ›Überwachung der Materialwirtschaft hinsichtlich der Beschaffung und Verwendung nach Maßgabe der Bergverordnung und den dazu ergangenen ergänzenden Verfügungen‹.

Obersteiger

Mit Wirkung vom 01. August 1975, ich war jetzt 42 Jahre alt, erfolgte die Beförderung zum Leiter der Obersteigerabteilung Abbau und zum ständigen Vertreter des Betriebsführers im Untertagebetrieb des Bergwerks *Nordstern*. In dieser Abteilung waren circa 1.000 Bergleute, vier Fahrsteiger, sechs Reviersteiger und circa 25 Steiger beschäftigt. Damit war ich für die gesamte Kohlenförderung des Bergwerks verantwortlich sowie für Sicherheit, Sauberkeit und Ordnung in dem weitverzweigten und

unübersichtlichen Grubengebäude. Die Aufgaben, die ich zu erfüllen hatte, umfassten eigentlich alles, was so anfallen konnte. Es war nicht nur sprichwörtlich ein Fulltime-Job; oft ging er auch tatsächlich über 24 Stunden. Langweilig wurde es jedenfalls nie; jeder Tag war anders und über jeden einzelnen könnte ich ein Buch schreiben.

Seminar für Betriebsführung

1975/76 wurde ich vom Vorstand der „Bergbau Aktiengesellschaft Lippe" als Teilnehmer des Seminars für Betriebsführung benannt. Das waren 42 Fortbildungsveranstaltungen in allen relevanten Fächern, verbunden mit einer Studienreise in den Bergbau Ungarns und einer Wochentagung ›Führungs- und Rechtspraxis im Bergbau‹. Meine Ausbildung war also auch jetzt immer noch nicht beendet.

Wo im untertägigen Steinkohlenbergbau Kohle abgebaut wird, entstehen Hohlräume. Diese kann man nach Durchgang des Abbaus zu Bruch gehen lassen oder mit viel Aufwand und hohen Kosten wieder verfüllen.

Selbst die verfüllten Hohlräume werden unter Belastung des Gebirgskör-

Gelsenkirchen-Horst: Bergwerk Nordstern. 1857 ist zum erstenmal ein Schacht nördlich der Emscher abgeteuft worden; das Bergwerk, dessen Tagesanlagen im Zweiten Weltkrieg starke Zerstörungen erlitten hatten und neu errichtet wurden, fördert jährlich 2 Millionen Tonnen Kohle.

pers auf bis zu 50 % ihrer ursprünglichen Höhe wieder zusammengedrückt. Es kommt zu Absenkungen der Tagesoberfläche, zu Bergschäden. Es ist unglaublich, aber es ist so! Durch den Bergbau sind ganze Gebiete mit Häusern, Kirchen, Straßen, Bächen um mehr als 20 Meter abgesenkt worden. Es sind Mulden entstanden, die, würde man sie nicht ständig durch das Abpumpen des Wassers frei halten, vollliefen und einen See bildeten. Um das auf Dauer zu verhindern, müssen die Pumpen für alle Ewigkeit betrieben werden. Ewigkeitskosten!

Da auf dem Bergwerk *Nordstern* wegen der empfindlichen Tagesoberfläche und der relativ hohen Flözmächtigkeit die Betriebe einen erheblichen Anteil an Blasversatz hatten und nach dem neuesten Stand der Technik arbeiteten, wurde ich als Obersteiger fast zwangsläufig auch Fachmann für Blasversatz. Gemäß einer Vereinbarung zwischen der Direktion und der Fachhochschule Bergbau beauftragte man mich, dort nebenberuflich den Studierenden Kenntnisse in diesem Bereich zu vermitteln. Mit der Verantwortung ist das so eine Sache. Natürlich ist jeder an seiner Arbeitsstelle oder in seinem Arbeitsbereich verantwortlich und die letzte Verantwortung trägt der Arbeitgeber in Gestalt des Vorstandes. Dieser delegiert die Verantwortung schriftlich auf die Werksleiter, diese wiederum delegieren ihre Aufgaben schriftlich auf die Obersteiger und Betriebsführer für deren Zuständigkeitsbereiche. Dazu gibt es, wie ich meine, eine schöne Geschichte:

Der Vorstandsvorsitzende der Ruhrkohle hatte sich zu einer Befahrung angekündigt. Der sollte natürlich nur Gutes sehen, einen Grubenbetrieb, der bezüglich der Sicherheit, Sauberkeit und Ordnung ohne Beanstandung ist, und vor allem wenige Leute, die Unbedachtes reden konnten. Dafür war viel Vorbereitung erforderlich. Nach einer an sich gelungenen Befahrung saßen wir im Personenzug und der höchste Chef fragte: „Wer ist auf diesem Bergwerk für die Kohlenförderung verantwortlich?" Der Bergwerksdirektor beugte sich vor und zeigte mit dem Finger auf mich. „Oh", sagte darauf der oberste Chef, „und ich habe gedacht, Sie seien dafür verantwortlich." Danach herrschte für einige Zeit eisiges Schweigen.

Das Grundgehalt eines Obersteigers ist natürlich höher als das eines Fahrsteigers. Darüber hinaus ergaben sich bezüglich der Privilegien, wie Leistungszulagen und Deputat, im Dienstvertrag keine Änderungen. Als ich einmal beim Lungenfacharzt war, fragte dieser mich, was denn wohl so ein Obersteiger auf der Zeche alles macht. Ganz erstaunt darüber, dass nicht jeder wusste, was das für ein zeitaufwendiger und nervenaufreibender Beruf ist, antwortete ich ihm: „Der Obersteiger ist für seinen Bereich der oberste Disziplinar- und Fachvorgesetzte und der Hauptverantwortliche für die Grubensicherheit. Er setzt theoretische Planung in Machbares um und macht alles, für das die im Rang höher Stehenden sich ehren und bezahlen lassen." Der Doktor stellte fest: „Also genau so etwas wie der Oberarzt im Krankenhaus." Wir waren uns einig!

Der Job brachte nicht nur mehr Geld; ihn gut zu erfüllen erforderte auch einen größeren Zeitaufwand. Oft war ich jetzt von morgens 5:00 Uhr bis abends 20:00 Uhr auf der Zeche. Nur ganz selten gönnte ich mir mal Zeit für eine kurze Mittagspause zu Hause. In dieser Zeit ernährte ich mich von den mitgebrachten Dubbels, belegten Brötchen und Würstchen, die ich vom Kauenwärter holen ließ, und von Kaffee, Cola und Zigaretten.

Aber auch nach 20:00 Uhr war die Arbeitszeit genau genommen noch nicht zu Ende. Da sprach man von zu Hause aus noch telefonisch mit den Oberbeamten der Mittags- und Nachtschicht und wurde darüber hinaus bei schweren Unfällen, Gasalarm oder sonstigen erheblichen Betriebsstörungen in der Nacht geweckt. Gelegentlich waren diese Störungen so schwerwiegend, dass sie nicht telefonisch zu regeln waren und die eigene Anwesenheit erforderlich wurde – adios Schlaf, Glückauf Zeche!

Damals empfand ich das aber nicht als belastend. Ich stand in der Verantwortung und der persönliche Einsatz und das ›Kümmern‹ waren selbstverständlich. Aber auch das ist, wie man so schön sagt, nicht im Zeug stecken geblieben. Der Körper hat diese Überbelastung registriert und erst viel später auch reagiert!

Besuchergrubenfahrten

Außer der Arbeit gab es noch die Besuchergruppen, die sich über den Bergbau informieren wollten und die geführt werden mussten. Da wir in den politischen Lagern Freunde und Fürsprecher verloren hatten, waren diese Besuche für uns von ganz besonderem Interesse. Wir konnten stolz den modernsten, am meisten mechanisierten und sichersten Untertagebergbau der Welt vorzeigen. Für die Besucher war es jeweils ein unvergessliches Erlebnis, ein Abenteuer. Sie kamen in eine faszinierende Welt.

Vor der Grubenfahrt erhielten die Besucher eine kleine theoretische Einführung. Im Steigeranzug, mit aufgesetztem Grubenhelm mit Kopflampe, einem CO-Selbstretter und, falls erforderlich, auch mit einem Arschleder ging es in rasender Geschwindigkeit in 1.000 Meter Tiefe. Wer das einmal mitgemacht hat, wird es sein ganzes Leben nicht mehr vergessen. Damit das alles gefahrlos geschehen konnte, waren vorher und bei der Grubenfahrt zahlreiche Sicherheitsmaßnahmen zu treffen; das haben wir sehr ernst genommen. Voller Achtung für die technische Ausrüstung und voll des Lobes für den nach wie vor schweren Bergmannsberuf sowie um einige Kenntnisse reicher, erreichten die Besucher einige Stunden später wieder das Tageslicht.

Für den Obersteiger war eine Besucherführung nur bei handverlesenen Leuten üblich, andere Besuchergruppen wurden durch den Sicherheitsdienst oder Arbeitsschutz geführt. Wenn eine Führung für den Obersteiger anstand, konnte sich das zeitlich lange hinziehen und endete in der Regel mit Brötchen, Bier und dem Bergmannsschnaps in der Oberbeamtenkaue. Alles natürlich im Grubenzeug und völlig ungewa-

Der Ritterschlag zum Ehrenhauer der Schachtanlage Nordstern

schen, nicht einmal die Finger durften gesäubert werden. Hier wurden Leute, die sich besonders für den Bergbau verdient gemacht hatten, auf eine ganz besondere Weise geehrt. Sie wurden nämlich, sofern sie dazu bereit waren, zum Ehrenhauer geschlagen – eine für alle sehr lustige Prozedur. Hilfsmittel waren ein Vorschlaghammer, in der Bergmannssprache ›Motteck‹ genannt, und eine Pfannschaufel, die sogenannte

›Pannschüppe‹. Beides wurde wie Folterwerkzeuge präsentiert. Man ließ sie herumgehen, von allen genauer ansehen, ließ sie bestaunen, betasten und anheben, um Respekt davor zu erreichen. Dann befragte man den Anwärter erneut, ob er immer noch bereit sei, in den edlen Stand der Ehrenhauer einzutreten.

Das wurde trotz aller Angstmacherei in der Regel bejaht. Nun band man ihm das Arschleder um und er musste sich tief bücken. Ein Helfer hielt dem Anwärter eine Pannschüppe vor den Hintern und ein anderer schlug kräftig zu. Für eine weiche Landung sorgte ein Fänger, der sich in einiger Entfernung postiert hatte und den Anwärter auffing. Die Position des Fängers war besonders dann begehrt, wenn Frauen zum Ehrenhauer geschlagen wurden. Bei all dem Spaß hat so mancher diesen Ehrenschlag noch lange Zeit an seinem Allerwertesten gespürt. Über dieses Prozedere erhielt der Aspirant im Anschluss eine Ehrenhauerurkunde verbunden mit dem Privileg, beim Singen der siebten Strophe des Bergmannsliedes (... *wir tragen das Leder vor dem Arsch bei der Nacht* ...) wie alle echten Bergleute aufstehen zu dürfen.

Es gab also auch lustige Seiten in meinem Beruf, mehr allerdings ernste und traurige Anlässe. Einer meiner Vorgänger war Jäger und auf der Rückfahrt von der Jagd mit seinem Auto tödlich verunglückt. Die Beerdigung fand in einem großen Rahmen statt. Nicht nur die Familie, sondern auch Arbeitskollegen im Bergmannskittel und die Jagdfreunde waren stark vertreten. Eine Bergmannskapelle und eine Jagdhorngruppe rundeten den würdigen Rahmen ab. Die Bergmannskapelle spielte am Grab die Bergmannshymne »Glückauf, Glückauf, der Steiger kommt ...«. Und die Jagdhorngruppe stimmte das Lied vom guten Kameraden an: »Ich hatt' einen Kameraden, einen bessern findst du nit ...«. Ein Lied, das man noch gut aus den Kriegsjahren kannte und das harte Kerle weich werden ließ. Nach Verklingen der letzten Töne dieses Liedes fing der Jagdhund des Toten ein herzzerreißendes und nicht enden wollendes Jaulen an. Alle waren tief erschüttert, ein kalter Schauer lief meinen Rücken rauf und runter, es flossen Tränen!

Familie als Stütze

Die schnell groß und größer werdende Familie verlangte von meiner Frau und mir ihren Tribut. Als Alleinverdiener eine achtköpfige Familie gut zu versorgen, ist selbst bei einem guten Einkommen nicht leicht. Es bedarf einer ausgewogenen Finanzplanung, zumal es später ja auch einen zusätzlichen Aufwand für die Ausbildung und das Studium der Kinder gab. Wenn mein Einkommen in dieser Situation, aus welchen Gründen auch immer, einmal weggefallen wäre, hätte ich schnell die Armutsgrenze erreicht. Diese Angst fühlt man dann auch im Nacken. Was andere aber lähmte, war mir Anreiz, einfach einmal mehr aufzustehen als hinzufallen.

Das Finanzielle ist die eine Seite, wichtig und unverzichtbar! Aber es gibt auch noch eine andere Seite der Medaille. Das ist die Versorgung des Haushaltes durch die Hausfrau und Mutter. Acht Personen, die zudem alle noch zu verschiedenen Zeiten nach Hause kommen, ausreichend und ausgewogen mit Nahrung zu versorgen, ist an sich schon Schwerstarbeit und eine Meisterleistung für die Frau des Hauses – aber das ist noch nicht alles. Da ist die Wohnung sauber zu halten, Kleidung zu kaufen, Wäsche zu waschen, mit dem Fahrrad einzukaufen und im Krankheitsfall möchte auch noch jeder umsorgt werden – und ich habe sicherlich noch vieles vergessen! Ach ja, dem Mann musste bei alldem auch noch der Rücken frei gehalten werden, sodass dieser sich auf seine Aus- und Weiterbildung, den Beruf, eben auf das Geldverdienen konzentrieren konnte.

An mir selbst und auch an meinen Mitarbeitern konnte ich immer wieder feststellen, wie wichtig die Familie selbst für den Betrieb ist. Dazu habe ich stets gesagt: „Die Heimatfront muss in Ordnung sein, wenn nicht, sinkt auch die Leistung im Betrieb." Und dann der Urlaub. Es ist anderen Leuten kaum zu vermitteln, wie es aussieht, wenn eine achtköpfige Familie gemeinsam in Urlaub fährt. Alle zusammen in Urlaub, das ist allerdings aus finanziellen Gründen in all den Jahren nur dreimal vorgekommen. Oft wurden für die Urlaubszeit ein oder mehrere Kinder bei den Eltern, Verwandten oder auch Bekannten untergebracht. Für die Hausfrau war die Urlaubsvorbereitung eine unglaubliche Leistung: Für acht Personen und die Urlaubsdauer Wäsche waschen, bügeln und in Koffern verpacken: Das bedeutete Stress, da waren mehrere Nachtschichten angesagt. Als Ablage und Sortierplatz diente eine Tischtennisplatte im Keller, die am Ende nicht einmal mehr ausreichte. Ich kann mich noch gut erinnern, dass ein Besucher eines Tages 80 Socken auf unserer Wäscheleine gezählt hat.

Ein Lob der Frau und Mutter

Wir, meine Frau und ich, waren beide an der Belastungsgrenze, beide auch wohl zu gleichen Teilen, aber eigentlich nicht unglücklich dabei. Wenn man richtig in das Geschehen eingespannt und sich der Verantwortung bewusst ist, merkt man die Belastung nicht so. In unserer Familie musste alles funktionieren, da musste jeder mitwirken, mitdenken, verstehen, damit alles reibungslos lief, und – heute weiß ich manchmal nicht mehr wie – wir haben es geschafft! Natürlich geschah alles noch unter dem Zwang einer sparsamen Haushaltsführung.

Sechs Kinder sind groß geworden, sechs Kinder konnten ihre Schulausbildung mit dem Abitur abschließen und hatten schon dadurch einen guten Start ins Berufsleben. Alle konnten nach dem Abitur ihr Wissen auf Fach-, Fachhoch- oder Hochschulen vertiefen und haben inzwischen in ihren Berufen eine gehobene Position erreicht. Ein Sohn und auch schon eine Enkelin sind promoviert worden, sie haben sich den Doktorhut durch viel Fleiß erarbeitet. Alle haben die richtige Einstellung zum Arbeitsleben und zu ihrem Beruf, bisher war keiner auch nur einen Tag arbeitslos. Ich bin stolz auf meine Kinder und auf das, was sie erreicht haben. Neben der guten Ausbildung hat es ihnen auch materiell an nichts gemangelt. Und das war nicht selbstverständlich!

Aber manchmal bin ich traurig und bedaure es dann sehr, dass ich damals nicht mehr Zeit mit meinen Kindern verbringen konnte. Aber meine Arbeit war nur **ganz oder gar nicht** zu meistern. Ein Wechsel hätte die Existenzgrundlage der ganzen Familie gefährdet.

Der moderne Bergbau

An dieser Stelle noch ein kurzer Blick in einen modernen Bergbaubetrieb: Er zeigt den Zustand, wie er zu dem Zeitpunkt war, als ich die Untertagetätigkeit aus gesundheitlichen Gründen aufgeben musste. Hier also ein Rückblick auf das Jahr 1982. Die Mechanisierung der Streben und der nachgeschalteten Bereiche ist auf allen Bergwerken erfolgt, überall etwas anders, aber nicht weniger wirkungsvoll. Die Kohle wird mit elektrohydraulisch betriebenen Doppelwalzenladern oder Kohlenhobel gewonnen und über Kettenförderer vom Streb in die Fußstrecke transportiert. Über moderne Gummigurtförderer gelangt sie über Wendelrutschen von der Fußstrecke in die Hauptstrecke.

Steinkohlengewinnung 1990 Walzenstreb Doppelwalzenlader und Schildausbau
Bochum - Deutsches Bergbau-Museum –

Dort wird sie in große Förderwagen geladen, mit führerlos betriebenen Fahrdrahtlokomotiven zum Schacht gefahren und ohne Fahrtunterbrechung in große Schachtbunker entladen. Vom Bunker aus wird die Kohle automatisch in ein etwa 20 Tonnen fassendes Fördergefäß gefüllt, welches sich nach erfolgter Füllung ebenfalls automatisch in Bewegung setzt und die Kohle über die Teufe von 1.000 Metern mit großer Geschwindigkeit nach oben hebt, zutage fördert.

Ein Bergwerk hat ein weitverzweigtes Streckennetz (Tunnelnetz). Das bedeutet lange Wegezeiten zu den Arbeitsstellen. Um diese zu verkürzen, transportieren heute moderne Personenzüge die Bergleute bis nahe an ihre Arbeitsstelle. In Strecken und Anhöhen, die von der Endstation der Personenzüge bis zum Einsatzort noch zu überwinden sind, übernehmen moderne Einschienenhängebahnen den Transport der Bergleute und auch des erforderlichen Materials.

In vielen Strecken erfolgte der Personentransport darüber hinaus über – für Personenfahrt zugelassene – Gummigurtförderer, und das sowohl im Oberband als auch auf dem Unterband des Gurtförderers. Im Streb stützen Schreitausbaueinheiten das Gebirge (Hangende). Der Schreitausbau wird hydraulisch an das Hangende gepresst und ebenfalls hydraulisch vorgezogen. Eine Ausbaueinheit besteht aus vier Stempeln (Hyd-

Kohlengewinnung mit einem Kohlenhobel am Panzerförderer PF1 der Eisenhütte Westfalia. Bild: aus „Der Arbeitsplatz des Bergmanns" von Evelyn Kroker

raulikzylindern); jeder dieser Zylinder drückt mit 60 Tonnen gegen das Gebirge und hält dieses im Verband.

Der Abtransport des Haufwerkes, so wird das Gemenge aus Kohle und Steinen genannt, zur Fußstrecke erfolgt über Kettenförderer, auch Panzerförderer genannt. Hinter dem Ausbau wird der Raum wieder mit Steinen verfüllt. Die auf Kieselsteingröße gebrochenen Steine (Blasberge) werden mit Blasmaschinen mittels Druckluft durch Blasrohre in den Hohlraum hineingeblasen. Ein sehr teures und zeitaufwendiges Verfahren.

Strecken mussten zu Beginn meiner Tätigkeit mühsam von Hand aufgefahren werden. Das bedeutet, die Bohrlöcher waren mit von Hand geführten Bohrhämmern in den Stein zu bohren. Heute werden oft schon

*Eine Vollschnittmaschine schneidet den Querschnitt
aus dem vollen Gebirgskörper, hier im Einsatz im Tunnelbau.
Gleiche Bauarten werden auch im Untertagebergbau eingesetzt*

mehrarmige Bohrwagen (Bohrlafetten) eingesetzt. Nach dem Bohren folgte die Sprengarbeit und danach das Wegräumen des rausgeschossenen Haufwerkes mit einer Schaufel in den Förderwagen – durch Knochenarbeit also.

Inzwischen erfolgt auch die Ladearbeit maschinell, wenn nicht sogar Teilschnitt- und Vollschnittmaschinen zum Einsatz kommen, die den vollen erforderlichen Querschnitt aus dem Gestein schneiden. Das Bild sieht ja schon mächtig aus. Zu sehen ist davon nur der Bohrkopf.

Dahinter steht aber eine ganze Fabrik, in der das anfallende Bohrklein verladen und abgefördert wird. Darüber befindet sich eine Bühne, von der aus zunächst vorläufiger und später endgültiger Ausbau eingebracht wird. Mit nur wenigen Leuten, jedoch hohen Maschinenkosten wird so ein kreisrunder Querschnitt aus dem Gebirge gefräst.

Auch übergroße Schlaghämmer, ›Impakt-Ripper‹ genannt, wie man sie von Abbrucharbeiten an der Erdoberfläche kennt, kommen zum Einsatz. An der Einführung dieser Maschinen und auch an ihrer Weiterentwicklung für den Bergbau war ich in einigen Fällen beteiligt. Zur Sicherheit und Überwachung der Betriebe werden die Laufzeiten der Maschinen elektronisch an die übertägigen Grubenwarten gemeldet und dort aufgezeichnet. An vielen Stellen im Untertagebetrieb sind darüber hinaus Gasmessstellen für Methan (CH_4) und Kohlenmonoxid (CO) eingerichtet. Sie geben die gemessenen Werte ebenfalls direkt an die Grubenwarte und setzen bei Erreichen von Gefährdungsgrenzen automatisch die Maschinen auf Stillstand und warnen die Mannschaft.

Der hoch technisierte Betrieb hatte zwangsläufig eine positive Auswirkung auf das Berufsbild der Bergleute. Aus den früheren Malochern sind heute hoch qualifizierte Facharbeiter geworden. Zuerst fand eine Abqualifizierung statt: vom ehemals hoch angesehenen Bergmann zum staub- und kohleverdreckten Arbeiter. Heute hat der Beruf in der Öffentlichkeit wieder positiv an Profil gewonnen. Früher wie heute gibt es aber das Zusammengehörigkeitsgefühl als **Kumpel**. Das bedeutet hier aber mehr als nur ›netter Kerl‹ oder ›Freund‹. Die **Kumpel** sind Kameraden, die sich absolut und hundertprozentig aufeinander verlassen können, vor allem in Gefahrensituationen, von denen es in der Arbeitswelt des Bergmanns nicht wenige gibt. Die Bezeichnung **Kumpel** beschreibt auch und insbesondere eine solidarische Arbeits- und Schicksalsgemeinschaft. Eine Gemeinschaft, die im Gegensatz zu früher heute keine National- und Hierarchiegrenzen mehr kennt. Aber das war nicht immer so ...

Die Beschäftigten im Bergbau waren stets zu über 90 % gewerkschaftlich organisiert. Die Gewerkschaft hat im Laufe der Jahre eine Vielzahl von Sozialleistungen erstritten. Nicht zu vergessen die vielen Verbesserungen beim Einkommen, beim Urlaub, den Freischichten und bei Arbeitszeitverkürzungen.

Gastarbeiter

Die ersten Gastarbeiter in unserem Betrieb lernte ich Ende der 1950er-Jahre kennen, es waren Italiener. Als ich eines Morgens in den Lichthof ging, standen vor dem Zimmer des Betriebsführers etwa 20 Leute, alles Italiener. Sie hatten bei uns die erste Schicht verfahren und verlangten Geld für ihre Arbeit. Die Verständigung war sehr schlecht. Bald war aber klar, dass man ihnen bei der Anwerbung zugesagt hatte, sie bekämen einen täglichen Lohn von 20 DM. Offensichtlich hatte man aber vergessen zu sagen, dass der Arbeitslohn nicht täglich, sondern monatlich ausbezahlt würde. Sie waren sehr aufgeregt, weil die Zusage nicht eingehalten wurde, verlangten sofort die Auszahlung ihres Arbeitslohnes und wollten den Betriebsführer sprechen. Nach langer Wartezeit ließ dieser sie in sein Büro. Die Italiener fingen dort laut zu schreien und zu randalieren an. Einige setzten sich auf den Boden, andere an den Sitzungstisch und einer sogar auf den Stuhl des Betriebsführers. Der Sekretär hatte inzwischen die Polizei informiert. Nach einiger Zeit kamen etwa 20 Polizeibeamte und versuchten, die Italiener zu beruhigen. Die aber schrien weiter und griffen sogar die Polizisten an. Als einer von ihnen einem Beamten die Pistole entwendete, gingen dieser zum Angriff über und kurze Zeit später lagen 20 Italiener mit Handschellen versehen auf dem Boden des Lichthofes und wurden anschließend einzeln abgeführt

1976	Zeche Sachsen	3 Tote	Schlagwetterexplosion

Einige Jahre später kamen die Türken der ersten Generation. Für uns waren es Exoten, die wir mochten. Ich habe gerne mit ihnen gearbeitet. Keine Arbeit war ihnen zu schmutzig und zu gefährlich und sie waren stets freundlich, so freundlich, dass uns das manchmal schon zu viel wurde. Es kam durchaus vor, dass sie beim Vortragen einer Bitte einen tiefen Bückling machten oder sich sogar niederknieten und, wenn man nicht aufpasste, die Hand ergriffen, um sie zu küssen. Das war dann schon mal etwas peinlich.

1977	Schlägel und Eisen	7 Tote	Grubenbrand

Staublunge, die Geißel des Bergmanns

Und keiner von uns, egal woher er einst kam, war vor der Geißel des Bergmanns, der Staublunge, in Sicherheit. Dieser Gefahr war jeder ausgesetzt und wir alle hatten Angst davor. Ja, die Angst war immer mit in der Zeche. Zu viele hatte das Schicksal bereits ereilt. Zu viele waren bereits daran gestorben. Auch bei mir machte sich irgendwann die Belastung des Berufes körperlich bemerkbar. Durch das Einatmen von lungengängigen Quarzstäuben kommt es zum Ausfall von mehr oder weniger großen Teilen der Lunge. Nebenwirkungen sind Kreislaufstörungen, Bronchitis und Lungenemphysem. Die Staublunge ist seit vielen Jahren als Berufskrankheit der Bergleute anerkannt und ist nicht heilbar; wohl aber können die auftretenden Beschwerden durch Medikamente gemildert werden. Die krankmachende Wirkung von Gesteinsstaub war bereits seit dem Altertum aus anderen Bergbauzweigen bekannt und war auch dort schon ein großes Problem. Es ist daher eigentlich erstaunlich, dass das im Steinkohlenbergbau an der Ruhr so spät erkannt und beachtet wurde. Besonders gefährlich war der Abbau in den Flözen der Anthrazit-, Mager- und Esskohle, und das vor allem in der steilen und halbsteilen Lagerung. Genau dort aber war ich in meinen ersten Berufsjahren eingesetzt. Zu Beginn meiner Untertagetätigkeit im Jahre 1949 gab es bezüglich der Staubbekämpfung nur zaghafte Versuche. Etwa ab Mitte der 1950er- bis Anfang der 1960er-Jahre änderte sich das. Es war ein weiter, aber erfolgreicher Weg.

| 1979 | Zeche Hansa | 7 Tote | Schlagwetterexplosion |

Heute gibt es gute Maßnahmen, den Staub schon bei der Entstehung zu bekämpfen: Anfeuchten des Haufwerkes, Wasserberieselung bei mechanischer Gewinnung, der Einsatz von Nassbohrmaschinen und Nassabbauhämmern sowie das Kohlenstoß-Tränkverfahren und auch die Staubabsaugung. Aber auch schon vorhandene Staubmaskentypen als persönliche Schutzmittel wurden weiterentwickelt. Dabei gab es allerdings auch einige Fehlentwicklungen, die die Situation für die Kumpel sogar noch verschlechterten. Eine dieser Fehlentwicklungen war der Pressluftatmer, der zwar vor Staub schützen konnte, aber den Träger an Bronchitis und Lungenemphysem erkranken ließ. Welch ein Drama: Eine Schutzeinrichtung wird zum Krankheitsherd! Der Pressluftatmer ist dann auch schnell wieder aus dem Verkehr gezogen worden.

Heute gibt es gesetzliche Vorschriften für den Einsatz der Untertagebeschäftigten in staubbelasteten Betrieben, wo der Grad der Belastung gemessen und der Betrieb entsprechend eingestuft wird. Untertagebeschäftigte dürfen ihrer Vorbelastung an Gesteinsstaub entsprechend in ihrem Bergmannsleben nur eine beschränkte Anzahl von Schichten in staubbelasteten Betrieben verfahren. Erreicht die persönliche Belastung des Bergmanns einen bestimmten Grad, so ist ihm weitere Untertagetätigkeit untersagt.

Mit Bergmannsrente in den Vorruhestand

Mich persönlich betraf diese Regelung im Jahre 1982. Ich war damals 49 Jahre alt, war auf dem Zenit meines beruflichen Könnens und sah meine berufliche Karriere überhaupt noch nicht am Ende. Eine persönliche Katastrophe! Zuerst kam die schriftliche Nachricht der Berufsgenossenschaft. Nach einer gründlichen Untersuchung teilte man mir mit, die Berufskrankheit sei jetzt so weit fortgeschritten, dass ich die Untertagetätigkeit sofort aufgeben müsse. Die Nachricht kam nicht ganz unverhofft, denn bereits seit einiger Zeit gab es Symptome und einige Körperfunktionen standen auf „Alarm". Als ich aus einem Urlaub zurückkam, fand ich einen Vermerk vor, dass ich vor Aufnahme der Arbeit zum Werkchef kommen möchte. Sollte das jetzt das Ende meiner beruflichen Laufbahn sein?

In dem Gespräch, zu dem mich der Werkchef gebeten hatte, teilte er mir mit, er habe sich persönlich, nachdem der Bescheid der Berufsgenossenschaft eingetroffen war, um eine Ausnahmegenehmigung bei der Behörde bemüht. Diese ist aber weder auf Dauer noch für einen zeitweiligen Einsatz, zum Beispiel für eine Position bei der Hauptverwaltung mit nur gelegentlichen Grubenfahrten, genehmigt worden. Ich wurde fürs Erste mit Planungsaufgaben für die Grube beauftragt. Höheren Ortes war man zunächst ratlos und ließ durchblicken, ich sei ja sozial abgesichert und könne in den vorgezogenen Ruhestand gehen. Wie hätte ich mir das aber leisten können, lebten doch von meinen sechs Kindern immer noch drei in meinem Haushalt und die anderen waren noch in der Ausbildung oder im Studium. Zweimal habe ich in dieser Zeit und in der Angelegenheit eine schriftliche Eingabe an das Bundesfamilienministerium gemacht und eine unbefriedigende Antwort erhalten.

Einige Wochen gingen vorbei und ich wurde so langsam nervös. Alle waren in dieser Zeit sehr nett zu mir. Ich bekam aber jetzt eine Ahnung davon, wie ›wertvoll‹ auch ein ehemaliger Leistungsträger ist, der die gewohnte Leistung nicht mehr für den Betrieb erbringen kann/darf. In meiner Not rief ich das Vorstandsbüro an, um einen Termin zu erbitten. Statt der Sekretärin meldete sich der Arbeitsdirektor persönlich. Ich erfuhr, dass er informiert war und in Kürze eine Entscheidung treffen wollte. Irgendwann kam endlich der Bescheid. Der Vorstand beabsichtigte, mich über Tage entweder als Betriebsleiter eines Fortbildungsbetriebes oder als Betriebsleiter eines Ausbildungsbetriebes einzusetzen.

Zur Vorbereitung auf diese Tätigkeit verlegte mich der Vorstand zur Hauptabteilung B3, die für Aus- und Weiterbildung und angewandte Arbeitssicherheit zuständig war. Parallel dazu besuchte ich in Essen-Heisingen einen Lehrgang zur Erlangung der Ausbildereignungsprüfung, die ich am 10. Februar 1983 mit Erfolg bestand. Das Ganze traf mich zwar sehr hart, aber letztendlich war ich froh, dass die Zunahme der Silikose rechtzeitig entdeckt wurde, mir dadurch eine weitere körperliche Belastung erspart blieb und ich eine angemessene Stellung als Betriebsleiter eines großen überbetrieblichen Ausbildungsbetriebes in der Firma erhielt. Nachdem es nun unabänderlich so gekommen war, nahm ich mir vor, mehr als bisher für meine Gesundheit zu tun, nicht zuletzt auch deshalb, um einer weiteren Verschlechterung vorzubeugen. Auch hatte ich aus meinen Anfängen im Bergbau immer das Bild von Bergleuten vor Augen, die sich keuchend und spuckend – oft sogar mit Blutauswurf – fortbewegten.

Dornumersiel

Von früheren Urlauben an der See wusste ich, dass das Nordseeklima meinen gesundheitlichen Zustand erträglicher macht. Seitdem haben wir viele Wochenenden und die meisten Urlaube dort verbracht. Seit ich im Ruhestand bin, halten wir uns dort mehrfach im Jahr auf. Wir haben zeitweise auch daran gedacht, unseren ersten Wohnsitz dorthin zu verlegen. Die vier Wintermonate mit ihrer besonderen Schärfe haben uns dann letztendlich davon abgehalten. Dornumersiel ist einer der vielen Sielorte an der südlichen Nordsee, ein kleines ruhiges Fischerdörfchen, das allerdings nicht viel Abwechslung bietet. Das hatten wir aber auch nicht gesucht. Wichtig für uns war viel Bewegung in der frischen Nordseeluft und dazu gehört natürlich auch das Wattwandern. Das Watt an der Nordsee gilt ja als größtes Inhalatorium der Welt. Es sind nicht nur die sieben Nordseeinseln, von denen jede ihren eigenen Reiz hat, die uns zu einem Besuch locken, sondern auch das schöne Binnenland an der Küste lädt uns zu Ausflügen und Besichtigungen ein. Ganz besonders sehenswert ist der Hauptort Dornum, die sogenannte „Herrlichkeit Dornum", ein ehemaliger Häuptlingssitz. Mit „Herrlichkeit" wurde ein regionaler Bereich bezeichnet, der von einem Adligen geführt wurde. In dieser Herrlichkeit Dornum gibt es eine uralte Kirche, die Bartholomäus-Kirche mit ihrer berühmten Orgel, einer Holy-Orgel, die ein nationales Denkmal von europäischem Rang ist. In dieser schönen Kirche geben in jeder Saison regelmäßig bekannte Organisten in einer unbeschreiblich schönen Atmosphäre Orgelkonzerte. Es ist ein Hochgenuss für die Seele. Der Kirchenraum wird bei diesen Veranstaltungen ausschließlich von Wachskerzen beleuchtet, die in alten messingfarbenen Kronleuchtern stecken. Das muss man einfach erlebt haben. Die Orgelklänge, das Kerzenlicht, die Seele hüpft, man wagt kaum zu atmen, eine Atmosphäre wie man sie sich wünscht, wenn man mal diese Erde verlassen muss.

Der Fischerhafen von Dornumersiel ist noch tidenabhängig. In dem

gerade erneuerten Hafenbecken liegen die Fischkutter vor Anker. Ein schöner Anblick an sich! Hier legen auch die Krabbenkutter an. Manchmal kann man am Anleger frische Krabben kaufen. Das Pulen ist aber mühsam, und nicht jeder Feriengast weiß, wo man frische, hier gepulte Krabben kaufen kann. Es ist

Osterfeuer am Hafen des Nordseebades Dornumersiel

kaum zu glauben, aber die meisten Krabben werden in großen Kühllastwagen nach Marokko gefahren, weil in Deutschland die Kosten für das

Pulen zu hoch sind. Mit deutschem Arbeitslohn bearbeitet wären sie angeblich unbezahlbar. Nach dem Zwischenaufenthalt in Marokko bringen die Kühllaster die gepulten Krabben nach Deutschland zurück. Sehr gut für die ungelernten Arbeiterinnen in Marokko, aber sehr schlecht für die Umwelt. Es würde zu weit führen, wenn ich hier alle Sehenswürdigkeiten in Dornumersiel und Umgebung aufzählen würde, es sind einfach zu viele! Hervorheben möchte ich aber noch die Gastronomie. Hier gibt es zwar nicht nur die erlesensten Gerichte, aber in vielen Restaurants leckeren Fisch, und diesen auch ganz frisch vom Kutter in nicht zu kleinen Portionen.

Zentrallehrwerkstatt Zollverein 4/11

Am 1. Oktober 1982, mit 49 Jahren, wurde ich von der Zeche *Nordstern* zur Zentrallehrwerkstatt Zollverein 4/11 versetzt, wo ich zunächst von meinem Vorgänger eingearbeitet wurde. Am 11. Juli 1983 übertrug mir der Vorstand die Unternehmerpflichten für diesen Bereich. Gleichzeitig erfolgte die Bestellung als verantwortliche Person gemäß §§ 58 ff. des Bundesberggesetzes. In der Bestellung hieß es: »Sie sind Fach- und Disziplinarvorgesetzter aller Ihnen nachgeordneten Personen.« Die Ruhrkohle war zu dieser Zeit mit circa 12.000 Lehrlingen der größte industrielle Ausbilder in Deutschland. Die Auszubildenden wurden auf den Zechen eingestellt und für Ausbildungsabschnitte, die besonders kostenintensiv waren und besonders geschulte Ausbilder erforderten, zeitweise in zentrale Ausbildungsbetriebe geschickt. Mein Ausbildungsbetrieb, die Zentrallehrwerkstatt Zollverein 4/11, war mit 475 Auszubildenden, 55 Ausbildern und zwei Bürofachkräften belegt. Unter Berücksichtigung der Berufsschultage und sonstigen Fehlschichten lag die Anwesenheit im Ausbildungsbetrieb je Tag bei 350–380 Personen. Ausgebildet wurde in den Berufen Industriemechaniker, Energieanlagen-Elektroniker, Elektroinstallateure, Bergmechaniker und Berg- und Maschinenleute. Daneben wurden im Rahmen der Erwachsenenfortbildung Autogen- und Elektroschweißer ausgebildet und nachgeschult. Die Einarbeitung in diesen für mich völlig neuen Bereich fiel mir leichter als gedacht. Ich möchte aber auch betonen, dass ich hier ganz hervorragende und willige Mitarbeiter (Meister, Steiger und Techniker) vorfand. Es war also genügend Knowhow vorhanden, es musste nur geweckt werden.

Das Arbeiten mit den Jugendlichen machte mir Spaß. In all den Jahren gab es keine großen Probleme. Die Jugend, die ich hier vorfand, war besser als der Ruf, der ihr vorauseilte. Alle waren technisch interessiert und bemühten sich redlich, etwas zu lernen, und das bei einem überwiegend akzeptablen Verhalten. Das gilt insbesondere auch für die jungen Frauen in den technischen Berufen. Disziplin ist sicher in Ausbildungsbetrieben besser einzufordern als in der Berufsschule. Die mitgebrachten schulischen Kenntnisse waren schwach bis kaum vorhanden. Damit und auch mit der Einhaltung einer Disziplin hatten die Berufsschullehrer ihre Mühe. Wo es bei den Auszubildenden nicht ganz passte, haben wir im Betrieb Nachhilfe in den Grundfächern geben müssen. Ich selbst konnte bald Akzente setzen und eigene

Zentrallehrwerkstatt Zollv. 4/11
Ausbildungsabschnitt Elektrohydraulik

Vorstellungen von einer modernen Ausbildung verwirklichen, Vorstellungen, die weit über die bestehenden Ausbildungsrahmenpläne hinausgingen, die natürlich auch bei einigen Personen und Gremien auf Widerstand stießen. Es war viel Überzeugungsarbeit

Zentrallehrwerkstatt Zollverein 4/11,
Ausbildungsabschnitt Schildausbau

erforderlich. Letztendlich konnte ich für die Ausbildung der Energieanlagen-Elektroniker Computer beschaffen, mit denen speicherprogrammierbare Steuerungen entworfen und simuliert werden konnten. Für die Ausbildung der Industriemechaniker wurden computergesteuerte CNC-Drehmaschinen beschafft und ein Lehrraum mit 20 Programmierplätzen und einem Masterplatz eingerichtet. Ja, nicht nur eingerichtet, sondern das dafür erforderliche Haus wurde mit Eigenmitteln und eigenen Ausbildern von Grund auf selbst entworfen, gebaut und eingerichtet. Ausbilder können eben alles!

An der Kopfwand des Computerraumes wurde eine zwei mal drei Meter große Leinwand installiert und mit den Computern verkabelt. Das kostet heute vielleicht nur noch ein Lächeln, damals war das eine Sensation. Die im gleichen Raum stehende CNC-Drehmaschine konnte nun von jedem Platz aus programmiert werden. Die einzelnen Arbeitsschritte waren von jedem Lehrgangsteilnehmer auf der Leinwand nachzuvollziehen. Im Rahmen eines geförderten Entwicklungsprogramms konnten für die Aus- und Weiterbildung der Industriemechaniker weitere 30 computergesteuerte Drehmaschinen beschafft werden. Die Ausbildung der jungen Menschen war damit auf einem supermodernen Stand.

Ich führte bei uns auch die projektorientierte Ausbildung ein. Im Rahmen dieses Programms konnte ein hydraulisch betriebener Senklader geplant, gebaut und bis zur Betriebsreife gebracht werden. Die örtliche Presse und die Werkzeitung haben mehrfach über die neuen Aktivitäten in der Ausbildung berichtet. Besondere Beachtung fand das Modell eines Förderflusses von einem Abbaubetrieb bis zum Förderschacht. Das Modell war mit sämtlichen relevanten Sicherheitsschaltungen ausgerüstet. Für die Ausbildung der Bergmechaniker, Berg- und Maschinenleute, Energieanlagen-Elektroniker, Elektroinstallateure und Industriemechaniker standen insgesamt 66 Räume, darunter sechs Werkstätten sowie 17 Toilettenanlagen, alles zusammen auf einer Fläche von insgesamt 7.288 Quadratmetern zur Verfügung.

Fortbildung von Führungskräften

Parallel zu diesen Aufgaben beauftragte mich der Vorstand im Rahmen eines Weiterbildungsprogramms mit der Fortbildung von Führungskräften und der Leitung von Seminaren. Nachdem ich die Trainerausbildungen mit Erfolg absolviert hatte, erhielt ich die Lehrberechtigung für die

Trainingsprogramme: PSB–Produktionsstörungen systematisch beheben, das Kepner-Tregoe-Managementsystem und das Blackbox-System.

Beim Kepner-Tregoe-System geht es um die Aufstellung von Alternativen für ein Vorhaben und darum, die günstigste herauszufinden. Dazu gehören eine Situationsanalyse, eine Problemanalyse, eine Analyse potenzieller Probleme und die Entscheidungsanalyse selbst.

Beim Blackbox-System geht es – einfach ausgedrückt – darum, in Gesprächen sicherzustellen, dass man sich bei der Übermittlung von Informationen genau versteht. Die Seminare dauerten jeweils von montags bis freitags, sie fanden in Stadtlohn und Borken statt und ich war ein- bis zweimal pro Jahr dabei. Unterkunft und Verpflegung waren jeweils ausgezeichnet.

Viele gemeinsame Unternehmungen in der Freizeit und noch bis spät in die Nacht sollten das bessere Kennenlernen der Kollegen untereinander fördern, um im Betrieb auf dem kurzen Wege besser zusammenarbeiten zu können.

Besonders interessant waren die im Rahmen der Seminare durchgeführten Managementpraktiken. Da gab es den heißen Stuhl.

Jemand sitzt in der Mitte eines Kreises von Kollegen auf einem Drehstuhl. Er wird von ihnen in schneller Folge von allen Seiten mit Fragen konfrontiert. Jegliche Art der Fragen ist erlaubt. Erwartet wird, dass der so Befragte sich dem Frager zuwendet und schnell, sachlich und präzise antwortet. Der Beobachter erfährt bei diesem „Spielchen" viel über den Mann auf dem „heißen Sitz".

Bei einem einfachen Spiel ist die Aufgabe, ein Puzzle mit wenigen großen Teilen in vier Zügen und ganz kurzer Zeit fertigzustellen. Vorher wird mitgeteilt, mit wie viel Zügen es die intelligenteren Probanden schaffen. Bei dieser Aufgabe gibt es viel Schweiß.

In einer anderen Sitzung soll eine Gruppe von acht Teilnehmern mithilfe von stuhlgroßen Modellen eine Stadt konzipieren: eine Stadt mit Flüssen, Straßen, Häusern, Amtshäusern, Schulen und Kirchen. Bei der Ausführung stellen sich schnell eine natürliche Führungsperson und Befehlsempfänger heraus.

Und noch eine möchte ich verraten, man könnte es unter der Überschrift sehen: „Wer bin ich wirklich?". Wir waren 21 Teilnehmer, alles seit

Jahren bekannte Kollegen! Jeder muss schriftlich jeden beurteilen. Heraus kommt, dass man erheblich anders gesehen wird, als man sich selbst sieht. Die Moral von der Geschichte: Man ist nicht so, wie man sich selbst sieht, sondern so, wie man wahrgenommen wird.

Infolge der Stilllegungsmaßnahmen im Bergbau wurden in den Folgejahren weniger Auszubildende von den Bergwerken eingestellt. Damit schrumpfte auch die Belegung meiner Zentrallehrwerkstatt.

Als die Ausbildungszahlen einen Tiefstand erreichten, wurde es dramatisch; die Stilllegung des Ausbildungsbetriebes kam ins Gespräch. Das bedeutete auch Arbeitsplatzverlust für mich und meine Mitarbeiter. Um die Ausbildungskapazität zu erhalten, bemühte ich mich daher um externe Ausbildung und bekam dafür auch die Unterstützung des Vorstandes.

Zu der Zeit waren Ausbildungsplätze eine Mangelerscheinung und landesweit viele Jugendliche arbeitslos. Viele Träger interessierten sich für die freien Ausbildungsplätze. Die Geistlichen der Diözese spendeten sogar einen Teil ihres Einkommens, um Ausbildungsplätze zu schaffen. Besonders hilfreich war die Unterstützung durch den Oberbürgermeister der Stadt Essen und Bundestagsabgeordneten Peter Reuschenbach sowie von Kardinal Hengsbach, die beide sehr an einem Fortbestand des Ausbildungsbetriebes interessiert waren. Für alle im Ausbildungswesen Beschäftigten bedeutete das aber einen zusätzlichen Aufwand. Während bisher nur kostenintensive Ausbildungsabschnitte zentral durchgeführt wurden, war jetzt auch Komplettausbildung gefordert. Nach entsprechender Vorbereitung konnten wir für die Kostenträgerstadt Essen, die Diözese Essen, die KAB und für das Landesarbeitsamt eine Komplettausbildung anbieten.

Peter Reuschenbach kam mehrfach zur Betriebsbesichtigung. Ich habe die Auszubildenden immer wieder daran erinnert, wem sie ihren Ausbildungsplatz zu verdanken hatten. Dazu gehörten auch Besuche mit den Auszubildenden der Stadt Essen beim Oberbürgermeister im Rathaus und in der Diözese bei Kardinal Hengsbach, worüber jeweils in der Presse berichtet worden ist.

Auf meine Initiative hin kamen jetzt nicht nur junge Männer, sondern auch junge Frauen zu uns in die Ausbildung. Frauen in Bergbaubetrieben – das gab Probleme. Mein direkter Vorgesetzter war strikt dagegen. »Weiber machen nur Ärger«, das war sein stärkstes Argument. Inzwischen hatte ich aber viele Freunde für den Gedanken gewonnen und auch Fäden gezogen, um das trotzdem möglich zu machen. Ärger stand ins Haus. Es erschien plötzlich und unangemeldet der Vorstandsvorsitzende in meinem Büro. Ein völlig ungewöhnliches Bild. Das ließ Schlimmes ahnen. Genau das Gegenteil war aber der Fall. Ich schilderte ihm die Situation, er machte eine Betriebsbegehung und genehmigte anschließend meinen Plan, aber nicht ohne Festsetzung eines Kostenlimits für die erforderlichen Maßnahmen.

Für Frauen war der Betrieb mit seinen sanitären Anlagen eigentlich überhaupt nicht geeignet. Ich leitete unverzüglich die erforderlichen Maßnahmen zur Umgestaltung ein, das dauerte aber dennoch eine Weile. Bis dahin mussten sich die Mädchen zunächst in einer nahe gelegenen Schule umkleiden und duschen. Es war schon ein ungewohntes Bild für die Anwohner, wenn die jungen Frauen vor und nach der Schicht in Arbeitskleidung, natürlich auch mit einem Grubenhelm, durch die Straßen liefen. Bald gehörte das aber der Vergangenheit an, denn wir hatten schnell in Eigenarbeit und innerhalb des vorgegebenen Kostenrahmens Toiletten und Baderäume gebaut. In der Spitze waren es immerhin 50 junge Frauen, die bei uns ausgebildet wurden.

Unter den Externen waren viele lernschwache und schwer erziehbare Jugendliche. Einige bestanden den Einstellungstest nicht. Mit den Ausbildungsleitern, Dezernenten und Betriebsräten einigten wir uns aber darauf, diese trotzdem aufzunehmen. Die jungen Leute waren damit von der Straße und diejenigen, die keinen Abschluss erreichten hatten, lernten wenigstens etwas für das Leben. Das betraf dann aber nur noch wenige Personen, denn die Ausbilder bemühten sich sehr und gaben auch noch Nachhilfeunterricht in den theoretischen Fächern.
Viele der als sehr lernschwach eingestuften Auszubildenden erreichten dadurch auch wirklich noch ihr Ausbildungsziel.

In den Ausbildungsplänen stand jetzt auch das Programmieren von Werkzeugmaschinen und das Arbeiten mit computergesteuerten Drehmaschinen. Das erforderte viel Arbeit, denn es mussten neue Lehrpläne angefertigt, neue Maschinen beschafft sowie die Räume dafür eingerichtet oder sogar neue gebaut werden.

Diese Aufgaben konnten wirklich nur mit hoch qualifizierten und hoch motivierten Fachkräften bewältigt werden, die das alles in vorbildlicher

Weise geschafft haben. Für meine Mitarbeiter bedeutete das ja auch die Sicherung des eigenen Arbeitsplatzes. Auf diese Weise ist es mir bis zu meiner Verabschiedung in den Vorruhestand gelungen, die vorhandene Kapazität auszulasten und sogar noch zu erweitern, dazu die Arbeitsplätze für die Ausbilder zu sichern.

In meiner Eigenschaft als Betriebs- und Ausbildungsleiter wurde ich als Beauftragter der Arbeitgeber in den Prüfungsausschuss der Industrie- und Handelskammer (IHK) berufen und auch mit der Ausbildung der Ausbilder in speziellen Abschnitten beauftragt.

Die Mauer fällt

Ja, und dann passierte in Deutschland etwas, wovon das ganze Land jahrelang geträumt hatte: Die Mauer, die Ostdeutschland von Westdeutschland trennte, wurde geöffnet. Wir waren zum Geburtstag meines Bruders Berni in Essen. Die ganze Familie war versammelt. Beim Kaffeetrinken schaltete jemand den Fernseher an und wir sahen das schier Unglaubliche. Alle ließen Kaffee und Kuchen stehen und rückten näher an den Fernseher. Es riss uns von den Stühlen, die Tränen rollten bächeweise: Die Mauer, die Deutschland so lange trennte, war gefallen. Bis zur Wiedervereinigung sollte es aber noch einige Monate dauern. Am 23. August 1990 erklärte die DDR-Führung den Beitritt zur Bundesrepublik Deutschland. Die Freude war groß, Deutschland war wiedervereint! Die offizielle Wiedervereinigungsfeier in Berlin erlebte ich im Urlaub am Sonnenstrand von Agadir in Marokko mithilfe eines kleinen Weltempfängers. Meine Kinder hatte ich vorher gebeten, die Feierlichkeiten zur Deutschen Einheit zu Hause auf Videobändern aufzunehmen.

Ruhestand

Am 31. Dezember 1989, kurz vor Vollendung meines 57. Lebensjahres, verfuhr ich in der Zentrallehrwerkstatt Zollverein 4/11 die letzte Schicht in meinem Berufsleben. Ich wurde aus Rationalisierungsgründen in gegenseitigem Einverständnis entlassen. Insgesamt waren es 43 Jahre, die ich in diesem Beruf auf den verschiedensten Bergwerken gearbeitet hatte. Dabei war ich immer nur bei einer Firma beschäftigt, die allerdings mehrfach den Namen gewechselt hat. Hier habe ich 1947 als Berglehrling angefangen und bin 1989 als leitender Angestellter, nämlich als Betriebs- und Ausbildungsleiter, ausgeschieden. Meine Nebentätigkeiten in dem Prüfungsausschuss der IHK für Bergmechaniker und Industriemechaniker sowie für die Ausbildung der Ausbilder habe ich anschließend noch drei Jahre lang ausgeübt. Kurze Zeit später wurde ich gebeten, eine Beratertätigkeit in der ehemaligen DDR anzutreten. Nach reiflicher Überlegung habe ich das Angebot jedoch abgelehnt und meinen ehemaligen Stellvertreter dafür vorgeschlagen. Dieser hat das Angebot angenommen und zehn Jahre dort gearbeitet.

Die Bilanz meiner Karriere kann sich sehen lassen. Leicht war es natürlich nicht immer, aber ich war gerne Bergmann. Ich hatte den Beruf von der Pike auf gelernt.

Die Begegnung mit der Natur und den Naturgewalten im untertägigen Bereich, der Umgang mit den Menschen – den Bergleuten –, dort zu arbeiten, wo vorher noch kein Mensch war, und nicht zu wissen, was einen dort erwartet, aber das Rüstzeug zu besitzen, damit fertig zu werden, diese Aufgabe hat mich täglich neu gereizt und angespornt. Ebenso das Lesen der Grubenrisse, die Positionsbestimmung in dem mehrere Kubikkilometer großen Gebirgskörper, das erforderliche dreidimensionale Denken, das Einschätzen der Auswirkungen früherer und laufender Abbaubetriebe auf die Gebirgsbewegungen, das Erkennen der von den Grubengasen und vom Grubenwasser ausgehenden Gefahren sowie das Fachwissen zur Beseitigung der Schäden und Probleme zu haben.

Ja, und dann die Technik. Man brauchte die technischen Grundlagen und ausreichend Erfahrung mit dem Umgang der Technik in der Praxis – und das sowohl in der Berg-, Maschinen- und Elektrotechnik. Das alles hat mich immer wieder zum Weitermachen angeregt und beflügelt.

Die Entscheidungen, die zu treffen waren, waren nicht leicht, weil in der Regel von hoher Tragweite. Entscheidungen, die einerseits auf maximale Sicherheit für Bergleute und Betrieb, andererseits aber auch auf optimale Leistung auszurichten waren. Eine Gratwanderung. Kann doch ein und dieselbe Situation von verschiedenen Leuten mit den unterschiedlichsten Erfahrungen und mehr oder weniger weitreichendem Gewissen verschieden eingeschätzt und gesehen werden und damit eine Entscheidungsfindung mehr in Richtung ›Sicherheit auf Kosten der Leistung‹ oder

›Leistung auf Kosten der Sicherheit‹ pendeln. Um es krass auszudrücken, sind das Entscheidungen, die auf der einen Seite Menschen gefährden könnten und auf der anderen Seite den wirtschaftlichen Erfolg eines ganzen Betriebes. Die erforderliche Feinjustierung zwischen den Extremen scheitert im Betrieb vor Ort oft und vor allem auch an der zur Verfügung stehenden Zeit. Vor Ort muss in der Regel sofort entschieden werden, vor allem bei einer Gefahrenlage. Das alles macht diesen Beruf nicht gerade leicht, aber dafür unwahrscheinlich interessant.

Trotz vieler Bemühungen war es leider immer noch nicht gelungen, den Menschen in den Mittelpunkt des Geschehens zu stellen. Man sagte, der Ton sei rau, aber herzlich. Rau stimmt! Führungskräfte und Kumpel in ihrer Gesamtheit sind Bergleute. Sie bilden eine Gefahrengemeinschaft, sind die Garanten für den wirtschaftlichen Erfolg. Und auch wenn man aufeinander achtgab, konnte man nicht nur sanft miteinander umgehen. Ungeachtet der unterschiedlichen Aufgaben sind Kumpel aber auch eine Schicksalsgemeinschaft. Das Wissen, aufeinander angewiesen zu sein, in einem Boot zu sitzen und gemeinsam darauf zu achten, dass das Boot nicht strandet, das schweißt zusammen. Andererseits tragen aber Führungspersonen eine große und nicht teilbare gesetzliche Verantwortung für die Gesundheit und das Leben ihrer Mitarbeiter sowie für die Grubensicherheit, die Sauberkeit und Ordnung im Betrieb und natürlich auch für die Produktion und die Wirtschaftlichkeit des Betriebes. Sie stehen in der Pflicht und müssen Verstöße ahnden, was oft Gegenstand von Meinungsverschiedenheiten und Auseinandersetzungen ist. Hinzu kommt, dass ein körperlicher Einsatz, der täglich an die physischen und psychischen Grenzen führt, seine eigene Atmosphäre schafft.

Auf der Negativseite der Zusammenarbeit über alle Ebenen, vor allem unter den Führungskräften selbst, stand auch ein erheblicher Druck, der in den letzten Jahren aufgebaut wurde. Gemeint sind vor allem die permanenten Drohungen mit Entlassungen und Zechenschließungen bei Leistungseinbrüchen. Aus all dem resultierten tägliche Streitthemen, die zu unglaublichen Verhaltensweisen und Zuständen führten. Intern rechneten wir damit, dass allein die Zusammenarbeit der Führungspersonen untereinander mit bis zu 60 % Reibungsverlusten behaftet war. Im Normalfall erzeugt Reibung ja Wärme, in diesem Spezialfall aber bestimmt nicht. Nun, ich war ja mittendrin und frage mich heute oft nach meinem eigenen Stand damals im Geschehen auf der Zeche. Das zuletzt Gesagte betrifft nicht meine Tätigkeit in dem Ausbildungsbetrieb. Hier gab es auch für mich eine geregelte Arbeitszeit, keinen großen Leistungsdruck und ein gutes Betriebsklima. Durch meine persönliche und berufliche Entwicklung hatte sich bei mir ein bestimmtes Gefühl von Pflichtbewusstsein und Pflichterfüllung entwickelt, das ich in gleicher Weise bei meinen Mitarbeitern vorausgesetzt habe. Und so dachten wir alle. Im Interesse des Betriebes haben wir keinen Zeitaufwand, keine Gefahren gescheut, um ein optimales Betriebsergebnis zu erreichen und Störungen zu vermeiden oder zu beheben. Auch wenn das bis an die persönlichen physischen und psychischen Grenzen führte, ja, selbst wenn das erhebliche Auswirkungen auf das private Umfeld hatte. Das war nicht etwa Ehrgeiz, was man ja auch annehmen könnte. Nein, das entsprach ganz und gar unserem Pflichtgefühl. Ein solcher Totaleinsatz war für uns Pflichterfüllung im Sinne der uns übertragenen Verantwortung für das Leben und die Gesundheit unserer Mitarbeiter und für den wirtschaftlichen Erfolg unseres Betriebes. Ich will nicht behaupten, dass das das einzig Wahre oder dass unser Verhalten überhaupt richtig war, es entsprach aber der uns anerzogenen Grundhaltung, aus der man sich nicht leicht befreien kann.

So war ich denn auch damals betroffen, als ich mit folgendem Problem konfrontiert wurde: In einem Abbaurevier gab es erhebliche geologische Schwierigkeiten, es gab Förderausfall und Unfälle. In einem Gespräch erklärte mir der verantwortliche Fahrsteiger – ein junger Mann, der nebenbei auch noch Doktorand war –, besondere Probleme gäbe es auf der Mittagschicht und er erklärte mir auch, warum. Ich sagte ihm, unter den Voraussetzungen müsse er mal selbst auf die Mittagschicht gehen und dafür sorgen, dass sich dort die Räder wieder drehen, und zwar gefahrlos. Seine Antwort warf mich fast um und brachte mein Weltbild ins Wanken. Er sagte nämlich: „Das geht nicht, meine Frau arbeitet ebenfalls, hat Mittagsdienst und ich muss deshalb nachmittags auf die Kinder aufpassen." So sehr ich mich auch bemühte, ich hatte kein Verständnis für eine solche Einstellung und finde das auch heute noch unmöglich für Leute in Führungspositionen. Das ist jetzt nicht gegen Frauenarbeit und Kinderbetreuung durch den Mann gerichtet. Es ist in meinen Augen nur eine Verantwortungslosigkeit in einer solchen Position, verbunden mit einer Ideenlosigkeit im privaten Bereich.

Ein anderes Mal wurde ich ebenfalls mit einem Fall konfrontiert, der nicht in mein Weltbild passte, für den ich aber Verständnis aufbringen konnte: Zwei junge Ingenieure, die in meiner Abteilung arbeiteten, kamen zu mir, um sich zu verabschieden; sie hatten gekündigt. Ich war erstaunt und verblüfft, waren beide doch erst einige Monate bei uns und es hatte nie irgendwelche Probleme gegeben. Im Laufe des Gesprächs sagten sie mir, weder der Betrieb noch ich seien an ihrer Entscheidung schuld. Nach den Belastungen im Studium und nachdem sie etwas im Betrieb geschnuppert hätten, möchten sie jetzt erst mal für ein Jahr auf eine Weltreise gehen. Ich war zunächst absolut überrascht, konnte mir aber Verständnis abringen und ihnen alles Gute für ihr Vorhaben wünschen, und das sogar aus ehrlichem Herzen.

Diese beiden Vorkommnisse zeigen auch recht gut, wie sich die Vorstellungen von Arbeit und Familie im Laufe der Jahre verändert haben. Damals hatte die Arbeit die höhere Priorität, denn es ging in erster Linie darum Geld zu verdienen; das machte man in dem Bewusstsein, dass das auch das Beste für die Familie ist, damit sie in ihrer damaligen Art überhaupt erst eine Basis hatte. Die Art des Zusammenlebens von Mutter, Vater, Kind und der Stellenwert der Familie hat sich bis heute weiter gründlich geändert. Ich habe ausführlich darüber berichtet.

Im Ruhestand angekommen

Natürlich macht man sich während der aktiven Zeit Gedanken über die Zeit danach. Meine Vorstellungen waren recht simpel. Erst einmal wünschte ich mir ausreichend Zeit, um all das Liegengebliebene aufzuarbeiten, dann wollte ich viel reisen und vor allem mehr als bisher für die Gesundheit tun. Hobbys hatte ich keine; wie sollte ich auch, bei der großen Familie und den langen Arbeitszeiten, durch die auch Freundschaften zu kurz gekommen waren. Dann war es so weit, mit einem weinenden und einem lachenden Auge gab ich meinen Ausstand.

Gleich vom ersten Tag an stürzte ich mich auf alle Arbeiten im Haus, auf dem Hof und im Keller. Parallel dazu plante und organisierte ich gemeinsame Fahrradtouren mit Freunden und Nachbarn von Gladbeck bis an die Nordsee sowie nach Dänemark und in die Niederlande. Kurze Tagestouren, mehrere Übernachtungen – damit uns genügend Zeit zum Genießen der schönen Landschaft und zum Bewundern der Baudenkmäler blieb. Und diese Pläne wurden dann auch in die Tat umgesetzt. Das war immer mit viel Spaß verbunden. In regelmäßigen Abständen wurden die Fahrräder und die Kehlen geschmiert – natürlich mit jeweils anderer Flüssigkeit. Anfangs konnte ich mir auch vorstellen, noch einmal ein Studium anzufangen und dachte dabei an Physik oder Weltraumtechnik. Dann kam es aber ganz anders.

Ich kaufte mir einen Computer, um mir ein anderes Arbeitsfeld zu erschließen und mit ›Learning by doing‹ ging es an die Arbeit. Bald reichten die gekauften Geräte nicht mehr aus, seitdem rüste ich ständig auf die neusten Geräte um. Ich weiß nicht, bei der wievielten Computergeneration ich inzwischen angekommen bin; der Computer, mit dem ich das hier schreibe, hat einen Arbeitsspeicher von zwei Gigabyte und eine Festplatte von einem Terabyte. Im Vergleich zu meinen frühen Arbeiten ist die technische Entwicklung deutlich erkennbar.

Studium bei der Gesamthochschule Essen

Nicht zuletzt durch das Arbeiten mit dem Computer kam ich zur Ahnenforschung, über die ich ja schon in einem anderen Zusammenhang berichtet habe. Eine Beschäftigung mit diesem Thema bringt viele Daten, die geordnet und sortiert werden wollen. So etwas macht ein Computer schnell, gut und sicher. Viele Dokumente, die ich bei meinen Recherchen fand, waren aber für mich nicht lesbar. So beschloss ich, das Lesen dieser Schriften zu lernen und Paläografie zu studieren. Im Rahmen des Studiums der Mittelalterlichen Geschichte konnte ich mich hier auch der Paläografie widmen. Ich ließ mich immatrikulieren und wählte als zweites Fach Philosophie. Später habe ich von der „Mittelalterlichen Geschichte" auf „Neuere Geschichte" gewechselt. Vorgesehen war eigentlich nur, mir zusätzliche Kenntnisse für meine Arbeit anzueignen, und das möglichst stressfrei und auf Sparflamme.

Während meiner Studienzeit im Ruhestand haben mir zwei Seminararbeiten besondere Freude bereitet. Die Themen berührten in besonderer Weise mein Interesse. Besonders das Thema »Der große Bergarbeiterstreik von 1889«. Einige Zahlen und Fakten aus dieser Arbeit habe ich in diesem Werk verwendet. Auch die Frage, inwieweit das Klima Einfluss auf die geschichtliche Entwicklung in Europa genommen hat, war für mich hoch interessant. >Eines meiner Referate habe ich noch in guter Erinnerung, das Thema: »Ingenieurverantwortung«. Ein wichtiges Thema, das in der betrieblichen Praxis und auch in der Wissenschaft zu wenig Beachtung findet und zu dem ich wirklich etwas sagen konnte. Soweit mir bekannt ist, gibt es auch heute noch keinen verbindlichen Ethikleitfaden für Ingenieure. Die Frage ist: Darf ein Ingenieur alles machen, was denk- und machbar ist? Für mich sind da heute keine Grenzen erkennbar; einzige Hürde ist wohl die Höhe der Bezahlung – nach dem Motto: »Wenn du genug bezahlst, mache ich alles, was du willst.« Die sichtbaren Auswirkungen sind dann vergammelte Nahrungsmittel, Vergiftung der Umwelt, Atomkraftwerke und die Atombombe.

Zu Beginn des Wintersemesters 2000 musste ich mich nach elf Semestern, und ohne einen Abschluss erreicht zu haben, wegen der Krebserkrankung meiner Frau exmatrikulieren lassen. Nach einer zweijährigen Pflegezeit und ihrem Tod fehlte mir die Energie weiter zu machen.

Terrorismus, 11.09.

Ich war in der Küche, wo ein Monteur den E-Herd reparierte. Ich hörte die Stimme meiner Frau, verstand aber nicht, was sie sagte, und ging ins Wohnzimmer, um nachzuschauen. „Was siehst du dir denn für einen Horrorfilm an?", fragte ich, nachdem ich kurz meinen Blick auf den Fernsehschirm gerichtet hatte. „Das geschieht gerade in echt", rief sie ganz aufgeregt. Ich setzte mich dazu und schrie: „Wahnsinn!" Ich sah, wie ein Flugzeug in einen Turm des World Trade Centers flog. Mir lief es eiskalt den Rücken hinunter, Schweiß brach mir aus, mein Schrei lockte auch den Elektromonteur ins Wohnzimmer. Ich dachte zuerst an einen Unfall, aber den Kommentator und seine Schilderung dessen, was sich dort abspielte, konnte man nicht missverstehen. Bald wurde klar: Amerika wird angegriffen. Wer konnte so etwas wagen? Gebannt und voller Entsetzen schaute ich auf den Bildschirm, sah Feuer, Rauch, flüchtende Menschen. Sah, wie Menschen in ihrer übergroßen Not aus den oberen Stockwerken des Wolkenkratzers sprangen. Mir war sofort klar: Wir stehen am Anfang eines neuen Krieges. Einen solchen Angriff kann kein Staat der Welt ohne Gegenwehr hinnehmen. Die Ereignisse überschlugen sich; nach dem ersten Turm zerstörte ein weiteres Flugzeug auch den zweiten, was nun sogar live im Fernsehen zu sehen war. Es ging aber noch weiter. Nur kurze Zeit später raste eine Boeing 757 im Tiefflug in das Pentagon. Und das war immer noch nicht das Ende, denn ein weiteres Flugzeug wurde von Terroristen entführt. Nachdem sich die 44 Passagiere dieser Maschine gegen die Flugzeugentführer aufgelehnt hatten, stürzte es auf ein Feld in der Nähe von Pittsburgh.

Am Ende mussten durch diesen satanischen Terroranschlag circa 3.000 Menschen ihr Leben lassen. Die ganze Welt hielt den Atem an und erklärte sich solidarisch mit Amerika. Der weltweite Kampf gegen den Terrorismus begann. Er begann in Afghanistan! Vor einigen Tagen war ein Jahrestag des menschenverachtenden Terroranschlages. Amerika und mit Amerika die ganze Welt gedachten der Opfer. Der Anschlag selbst ist zum Symbol für den Widerstand gegen den weltweiten Terrorismus geworden, er ist in das globale Gedächtnis der Menschheit eingekehrt und hat die Welt verändert. Das Gedenken an die Anschläge ist richtig und wichtig. Ich vermisse allerdings, dass in der Welt, insbesondere in Amerika, mit gleicher Hinwendung der Opfer von Dresden, Hiroshima und Nagasaki gedacht wird und dabei Tat und Täter verurteilt werden.

Inzwischen breitet sich der alle Vorstellungen von Grausamkeiten übertreffende Terrorismus immer weiter aus und wird weltweit gefürchtet. Er wird von den Westmächten ebenfalls weltweit konsequent und mit Waffengewalt bekämpft. Mehrere tausend Menschen sind inzwischen durch viele einzelne Terroraktionen und durch den Krieg der IS in Syrien und dem Irak um ihr Leben gekommen. Die nicht unberechtigte Angst der Zivilbevölkerung vor Mord, Vergewaltigung und Geiselhaft hat eine Flüchtlingswelle ungeahnten Ausmaßes in Gang gesetzt. Ein Ende ist leider noch nicht abzusehen. Ich denke, es ist wichtig, den Kampf gegen den Terrorismus entschlossen weiterzuführen. Er ist aber nur zu gewinnen, wenn sich die Welt noch einmal verändert und sich dabei an einem humanen Menschenbild orientiert.

Ganz unter dem Eindruck des Anschlages
vom 11.September 2002 auf das World Trade Center schrieb meine
Cousine aus Amerika an mich und ihre ganze Familie:
„Betet für Amerika,
nicht wegen der gegen uns ausgestoßenen Drohungen,
sondern wegen der verlorenen Unschuld".

Anregende Spaziergänge im Park

Ich gehe oft allein, häufig aber auch mit Freunden über Felder und Wiesen und durch Wälder und vor allem durch den Kurpark spazieren. Wir reden dabei über Gott und die Welt in Vergangenheit, Gegenwart und Zukunft. Wir sind Zeitzeugen. Jeder von uns hat seine eigene Vergangenheit und bringt die darin erworbenen Erfahrungen in die Gespräche ein. Unsere Erfahrungen sind nicht gering, jeder von uns hat ein arbeitsreiches und erfolgreiches Leben hinter sich, und das in Kriegs- und Hungerjahren, in Zeiten der Fresswelle, des Wirtschaftswunders und der Auseinandersetzungen zwischen dem kapitalistischen und dem kommunistischen Teil unseres Landes und der Welt. Wir haben alle relevanten gesellschaftlichen und politischen Ereignisse dieser Zeit erlebt, einige sogar durchlitten rum sehen wir Dinge oft anders, als sie den Menschen durch die Medien und die Politik als absolute Wahrheit präsentiert werden und finden einiges nicht nur „nicht gut", sondern einfach nur „absolut falsch".

War das mein Leben? Ja! Das war mein Leben, ein Leben, in dem ich allerdings auch einige Male indoktriniert, manipuliert und umgeprägt wurde, und das nicht nur durch die Politik, sondern auch im Arbeitsleben, was ich aber Beides letztendlich unbeschadet überstanden habe. Das zeigt, dass auch Fehlentwicklungen korrigiert werden können. Es war ein Leben in Freud und Leid, ein Leben, das mich geformt hat. Aus all dem resultiert auch meine Einstellung zur Vergangenheit, Gegenwart und Zukunft, eben, die Bildung meiner eigenen Meinung zu den Dingen dieser Welt, die sicherlich nicht allen Leuten gefällt.

Nach all dem, was die Menschen in den europäischen Staaten in den letzten 150 Jahren durchgemacht haben, schreit die Planung eines politisch und wirtschaftlich vereinigten Europa regelrecht nach Realisierung. Die Anfänge dafür sind gemacht, weiteres wird immer noch und immer wieder durch den menschenverachtenden Nationalismus in allen europäischen Staaten verhindert. Die kulturellen- und wirtschaftlichen Unterschiede und andere nationale Egoismen sind so groß, dass sie bisher noch nicht überwunden werden konnten. Außerdem wurden bei der Gründung der EU und EG die Fehler begangen, die Menschen in den verschiedenen Ländern nicht nach Europa mitzunehmen und zu schnell zu viele Staaten in das Projekt einzubeziehen. Ein Europa ohne Staatsvolk, ohne einheitliche Wirtschaftsmechanismen und ohne Demokratie funktioniert eben nicht! Zur Zeit sieht es sogar so aus, dass die bestehenden Schwierigkeiten in einem überschaubaren Zeitraum auch nicht überwunden werden können. Zu dieser Einsicht kommen in allen Nationen inzwischen immer mehr Menschen (siehe die Wahlergebnisse) und stärken damit logischer- und verständlicherweise den nationalen Sozialismus in den Ländern, was aus der Sicht dieser Staaten sogar erforderlich ist. Jeder Nationalstaat, ohne Ausnahme, muss um die Aufrechterhaltung seiner Interessen bemüht sein, sonst geht er unter, wie uns die Geschichte zeigt.

Trotzdem, Europa ist heute in meinen Augen kein Traum, keine Schwärmerei, sondern eine Notwendigkeit. 70 Jahre Frieden zwischen den europäischen Kleinstaaten, das ist schon ein Riesenerfolg und soll auch nicht kleingeredet werden. Darüber hinaus gibt es aber auch Einigungsgründe, um wirtschaftlich mit den großen Staaten unserer Welt wie Amerika, Russland, Indien, China oder Brasilien als verlässlichen Partner auf Augenhöhe verhandeln zu können. Um mitsprechen und mitwirken zu können, ist es unerlässlich, dass Europa mit ›einer Stimme‹ spricht, und zwar mit ›einer Stimme‹, die aus europaweiten demokratischen Wahlen resultiert. Auch viele für die ganze Menschheit wichtige, langfristige Aufgaben kann nur ein großes einiges Europa mit seinen großen Partnern lösen.

Zum Beispiel verlangt der Klimaschutz jetzt sehr schnelle Entscheidungen und Handlungen, denn Nichtbeachtung und nicht ausreichende Regulierung werden unweigerlich zur Vernichtung der menschlichen Existenz auf Erden führen. Also, nicht mehr, aber auch nicht weniger als unsere eigene Existenz steht hier auf dem Spiel und wie schwer tun sich unsere Regierenden mit einer befriedigenden Lösung.

Ebenso ist die zur Zeit beginnende Völkerwanderung ein Produkt von Profitgier, Globalisierung und inzwischen schon unglaublich hohen, auseinandertreibenden und sogar unmenschlichen Unterschieden bei den Einkommens- und Lebensverhältnissen in den verschiedenen Ländern. Es ist wirklich erstaunlich, wie gering die Solidarität der Menschen in den europäischen Ländern ausgebildet ist!

Wo ist der europäische Bismarck?
Wo ist ein Metternich?

Für mich ist es keine Frage: Europa und der Euro für alle Staaten müssen bleiben, auch wenn die Staaten dafür über ihre eigenen Schatten springen müssen. Dafür sollten alle Beteiligten ihre ganze Kraft einsetzen.

Es waren große Staatsmänner, die die Kleinstaaterei im Heiligen Römischen Reich Deutscher Nation beendet haben.

Es waren große Staatsmänner, die aus den vielen Kleinstaaten in der Mitte Europas den deutschen Nationalstaat schmiedeten, und es waren große Staatsmänner, die die deutsche Einheit wiederherstellten.

Wo bleiben die großen Staatsmänner, die den vereinigten ›Bundesstaat Europa‹ schaffen? Wo ist heute der Unterschied zu den Kleinstaaten im Mittelalter und denen der frühen Neuzeit? Es bestimmen doch nach wie vor die Provinzfürsten! **Es ist erstaunlich, dass die Menschen, vor allem die jungen, in den Völkern das mitmachen.**

Ein europäisches Volk gibt es doch schon. Jeder sollte mal nach seinen Wurzeln graben. Es gab immer schon Völkerwanderung, es gab die Hugenotten, die Aussiedlungen durch Karl den Großen, den Treck vom Westen in den Osten zur Zeit des Deutschen Ordens, die Auswanderungen vom Westen nach Galizien und Bessarabien, den Zug der Alemannen durch Europa, die Wanderbewegungen vom Osten und Westen in die Industriezentren und nicht zuletzt die Vertreibung der ehemaligen Kolonisten aus den Ostgebieten wieder zurück in den Westen; dazu die Kriegsvertriebenen. Das alles ist doch nicht ohne Folgen geschehen. Warum wird nicht wieder und immer wieder durch die Politik und die Medien darauf hingewiesen, dass **ein europäisches Volk ja schon da ist und es nur auf seine offizielle Einigung wartet?**

Die EU schafft zweifelsfrei auf vielen Gebieten Freiheitsgrade, die aber zur Lösung der großen Weltprobleme nicht ausreichen. Wenn Europa weltweit maßgeblich mitreden und entscheiden will, müssen Außenpolitik und Wirtschaftspolitik mit einer Stimme, mit der Stimme Europas, sprechen und nicht faule Kompromisse durch Stammesfürsten eingehen.

Ja, auch die Energiepolitik geht mir nicht aus dem Kopf. Um es vorweg zu sagen: Ich stehe voll hinter den Entscheidungen der Bundesregierung. Es geht um den großen GAU. Meine Erfahrung lehrt mich, dass alles, was schiefgehen kann, irgendwann auch schiefgeht. Weder die Technik ist absolut perfekt noch der Mensch, der mit ihr arbeitet, er ist sogar das schwächste Glied.

Das Schlimmste, was durch die Energiegewinnung durch Atomspaltung passieren könnte, wäre also, dass Mitteleuropa auf Dauer unbewohnbar wird, ja, Sie haben richtig gelesen. Dieses Risiko können doch nur unkundige, dumme Menschen auf sich nehmen. Wenn auch die Wahrscheinlichkeit, dass das eintritt, ganz gering ist, die Auswirkungen wären unbeschreiblich. Wer nichts wagt, der nicht gewinnt?
Das ist kein Wagnis, sondern ein Wahnsinn!

Dazu kommt auch noch das Problem der Entsorgung des Atommülls! Wegen der mehr oder weniger, jedoch ständig stattfindenden Bewegungen in der Erdkruste, glaube ich nicht, dass es einen für alle Zeiten sicheren Ort in unserer Erdkruste gibt. Selbst wenn man glaubt, einen solchen Ort gefunden zu haben, ist das Problem ja noch nicht endgültig gelöst. Was ist das für eine Generation, die ihren Kindern und Enkeln nicht nur horrende Schulden hinterlässt, sondern auch Abfälle, die jahrtausendelang **bewacht,** aufbewahrt werden müssen? Deshalb: Verstand einschalten und Finger weg von der Kernspaltung!

Heute erobern wir das Weltall, landen auf dem Mond, bald auch auf dem Mars und fahren wie selbstverständlich unser Auto, das schon bald fahrerlos seinen Weg finden wird. Wir haben Fernseher, Computer, Telefon, Kühlschränke, Waschmaschinen und viele praktische Dinge mehr. Wir werden aber immer abhängiger von der Entscheidung anderer. Viele fleißige Hände schaffen Werte, die dann bei nur Wenigen landen, das ist so im eigenen Land, aber auch weltweit zwischen den Staaten.

Nehmen Sie sich mal die Zeit und setzen sich in der Dämmerung auf einen Hügel vor einer Millionenmetropole, einer Stadt mit zehn oder auch noch mehr Millionen Einwohnern und lassen die Gedanken fliegen. Sie sehen eine riesige Anzahl von beleuchteten Häusern, Straßen, Kirchen und Denkmälern; Sie sehen Lichtpunkte aus den Scheinwerfern der fahrenden Autos, die wie ein geschwungenes Lichtband aussehen. Menschen sehen Sie nicht, sie sind zwar da, aber viel zu klein, um sie zu erkennen. Das Wichtigste aber, welches das Alles überhaupt erst möglich macht, können Sie weder sehen noch erahnen, sondern nur bewundernd vermuten, nämlich die Logistik bei der Versorgung mit Nahrungsmitteln, Wasser, Strom und Kleidung sowie die Entsorgung über und unter der Erdoberfläche durch ein riesiges Kanalnetz! Eine bautechnische und organisatorische Glanzleistung, die die von uns bewunderten Prachtbauten über der Erdoberfläche in den Schatten stellen. Alles von Menschenhand geplant, errichtet und organisiert - einfach großartig!

Menschen, die andererseits aber auch mit der gleichen Energie auf Befehl oder aus Eifersucht, Neid, Gier sowie aus nationalen oder religiösen Motiven morden und zerstören. Welch ein Widerspruch!

Das alles bedenkend, wird der Betrachter auf dem Hügel bestimmt singen wollen:

Einigkeit und Recht und Freiheit
Für alle Menschen dieser Welt!

Und er wird hoffen, dass die Zeit nicht mehr fern ist, wo er singen kann:

Großer Gott wir loben dich
Und bewundern deine Werke ...

**und dabei mit gutem Gewissen bei den „Werken"
die Menschen einschließen kann.**

Literaturverzeichnis:

Leo Abel:
Ich in meiner Zeit: Nicht besiegt, sondern befreit, Verlag: KLECKS-VERLAG
Wilhelm Abel:
Massenarmut und Hungerkrisen im vorindustriellen Deutschland, Verlag: Vandenhoeck & Ruprecht
Hubert H. Lamb:
Klima und Kulturgeschichte, Rowohlts Enzyklopädie Kulturen und Ideen
Arno Borst:
Lebensformen im Mittelalter, Verlag: Ullstein Taschenbuch)
Walter Achilles:
Landwirtschaft in der Frühen Neuzeit (Enzyklopädie Deutscher Geschichte, Band 10), Verlag: Oldenbourg Wissenschaftsverlag
Paul Münch:
Lebensformen in der frühen Neuzeit, Verlag: Ullstein Tb
Ferdinand Seibt:
Glanz und Elend des Mittelalters, Verlag: Siedler Verlag; Auflage: Siedler Verlag (Dezember 1992)
Erika Uitz:
Die Frau im Mittelalter, Verlag: Tosa)
Franz Neiske:
Europa im frühen Mittelalter 500-1050, Verlag: Primus
Bea Lundt: Europas Aufbruch in die Neuzeit 1500-1800, Verlag: Primus
Johannes Grabmayer: Europa im späten Mittelalter 1250-1500, Verlag: Primus
Jutta Nowosadtko: Scharfrichter und Abdecker, Verlag: Schöningh Paderborn)
Ernst Pitz: Europäisches Städtewesen und Bürgertum, Verlag: WBG (Wissenschaftliche Buchgesellschaft)
Hermine von Hagen/Hans-Joachim Behr: Bilderbogen der westfälischen Bauerngeschichte von den Anfängen bis zur Französischen Revolution, Verlag: Landwirtschaftsverlag GmbH Bonn
Hermine von Hagen/Hans-Joachim Behr: Das 19. Jahrhundert und die Bauernbefreiung, Verlag: Landwirtschaftsverlag GmbH Bonn

Julius Schwieters: Geschichtliche Nachrichten über den westlichen Teil des Kreises Lüdinghausen, Geschichtliche Nachrichten über den östlichen Teil des Kreises Lüdinghausen, Die Bauernhöfe des östlichen Teils des Kreises Lüdinghausen, Aschendorffsche Verlagsbuchhandlung
Kreis Coesfeld: Burg Vischering, Verlag: Laumann-Verlagsgesellschaft, Dülmen
Bruno Sobotka: Witten – Wiege des Ruhrbergbaus, Bundesverlag Witten
Gustav Adolf Wüstenfeld: Auf den Spuren des Kohlenbergbaus, Laumann Verlagsgesellschaft
Arnold Esch: Wahre Geschichten aus dem Mittelalter, Verlag C.H. Beck
Paul Kukuk: Geologie, Mineralogie und Lagerstättenlehre, Springer Verlag Berlin / Göttingen / Heidelberg
Folker Kraus-Weysser: Kohle, Aufstieg, Fall und neue Zukunft, Verlag: München Meyster Verl.
Evelyn Kroker: Der Arbeitsplatz des Bergmanns Band 2, Deutsches Bergbaumuseum Bochum
Beiträge zur Westfälischen Familienforschung Band 60-65, Aschendorff Verlag
Altpreußische Geschlechterkunde: Verein für Familienforschung in Ost- und Westpreußen einschließlich Register, Jahrgang 1989, Band 19
Norbert Ohler: Sterben und Tod im Mittelalter, Verlag: Dtv Sachbuch
Sammlung Metzler: Georg Scherer - Philosophie des Mittelalters, Verlag J.B. Metzler
Christian Pfister: Bevölkerungs-Geschichte und Historische Demographie 1500-1800, Oldenbourg Wissenschaftsverlag
Helmuth Trischler: Steiger im Deutschen Bergbau, Sonderausgabe der IG Bergbau für die Mitglieder der IG Bergbau und Energie
Hans Mommsen und Ulrich Borsdorf: Glück auf, Kameraden, Bund-Verlag GmbH
Klaus Tenfelde: Sozialgeschichte der Bergarbeiterschaft an der Ruhr im 19. Jahrhundert, Verlage Neue Gesellschaft Bonn
Max Tegmark: Unser Mathematisches Universum, Ullstein Verlag
Vittorio Hösle: Moral und Politik, Grundlagen einer Politischen Ethik, C.H.Beck
Bertrand Russell: Philosophie des Abendlandes, Europaverlag Wien-Zürich